女性白書2021

コロナ禍とジェンダー平等への課題

日本婦人団体連合会編

ほるぷ出版

はじめに

新型コロナウイルス感染症の蔓延から1年半以上、今なお収束の見通しはありません。コロナ禍は、政治、経済、くらし等あらゆる分野で日本社会のゆがみを浮き彫りにしました。感染拡大の影響は、子どもや女性、高齢者、障害者、非正規労働者など、社会的に脆弱な人々の生活を直撃し、貧困・格差を拡大しました。とりわけ、DVの相談件数や女性の自殺者の増加に見られるように、女性の中でもひとり親世帯や貧困層への負荷がより大きくなっています。

昨年9月に発足した菅政権は「安倍政治」の新自由主義路線を継承し、感染拡大、医療崩壊、生活破壊という深刻な事態への無策に加え、コロナ危機の中でなお医療・社会保障の改悪や働き方の「改革」をすすめようとしています。日本学術会議への人事介入や、感染防止を口実とした憲法への緊急事態条項創設の企てなども見逃すことはできません。

今年3月に発表されたジェンダー格差指数で日本は世界120位、前回とほぼ横ばいの低位です。「女性は話が長い」などという森喜朗元首相の性差別発言、選択的夫婦別姓導入への執拗な抵抗など、ジェンダー平等を妨害する政権党の強硬な姿勢は目に余ります。しかし、こうした日本のジェンダー平等の遅れにかつてなく広範な人々が批判の声をあげ、「女性の権利を国際基準に」を掲げた行動が力強く展開されていることは、今後の希望につながります。

今年の『女性白書』のテーマは「コロナ禍とジェンダー平等への課題」としました。

総論では、コロナ禍で露呈した日本の政治・経済・社会の問題点を、ケア・ジェンダー・民主主義、新自由主義、医療・雇用保障の視点から考えます。

各論では、国連などの動向、女性労働、デジタル化、中小業者の役割、第5次男女共同参画基本計画をとりあげました。

世界の動向は、すでにコロナ禍であぶりだされた諸問題に気付き是正する方向へと踏み出しつつあります。コロナ後の世界は、現在の危機を引き起こした仕組みに戻るのではなく、より持続可能でジェンダー平等な社会・経済の再構築が求められています。本書がその道しるべとして、『女性白書2020』と併せて活用されることを願っております。

２０２１年8月

日本婦人団体連合会

女性白書

Ⅲ　女性の現状と要求

はたらく女性

女性とくらし

子どもと教育

平和・人権・民主主義

資料

装丁／横山京子　写真／WESTEND61／アフロ

I 総論

コロナ禍とケア・ジェンダー・民主主義

ケアは、社会のインフラである

２０２０年初頭から世界中を襲った新型コロナウイルスの大感染は、２０２１年に入ってからはワクチン接種を積極的に推し進めるイギリスやアメリカ合衆国などの先進国と、新薬開発や巨大薬品企業から新薬を購入するための経済力のない国との感染の沈静化にみられる差が顕著になってきました。コロナ禍は、その国が抱える社会問題や構造的な欠陥をあぶりだす現象だとして、今後も多くの研究がなされることになることでしょう。現時点で日本について明らかとなったのは、市民の多様な声への応答力という観点からみると民主主義は機能不全を起こしていることと、社会がどのように構成されているかをめぐる政権担当者たちの想像力の欠如です。

本稿執筆時の5月現在、日本政府はいまだ東京オリンピックの開催に固執しています。ほとんどの市民がその生活を制約されるなか、とりわけ医療従事者、介護労働者、保育・教育関係者たちが日々苦闘し、医療崩壊のため治療にアクセスできずに命を落とすひとが続出している現実を直視できない政府に対して、市民はもっと厳しい目を向け、自分たちの手に民主主義を取り戻さなければなりません。

日本で新型コロナウイルスの大感染が深刻化して以降、安倍前政権も菅現政権も、わたしたち市民に政治への不信感、あるいは失望を抱かせる政策を立て続けに、反省もないまま実行してきました。なぜ日本の政治は、その政治を構成しているはずの一人ひとりの生（活）にここまで無頓着でいられるのでしょうか。この問いに対して本稿では、自力では充たすことができないニーズを抱える存在に応答する実践である「ケア」という視点から論じていきます。

ところで、わたしたちのケア関係の網の目と政治が乖離している状態は、コロナ禍のなかで世界的に問題視され始めました。詳しくは、「この世界は、ケアを顧みないことが君臨する世界です」という言葉で始まる『ケア宣言』（大月書店、

２０２１年７月刊行）も参考にしていただきたいのですが、目の前で市民が亡くなっていく事態をよそに軍事費に膨大なお金を費やすことが、現代の国際社会ではまかり通っています。そうした歪みを根本から問い直す契機ともなるケアはいま、世界的にも注目を浴びているテーマです。

たとえば、合衆国の有力紙のひとつ『ニューヨーク・タイムズ』（２０２１年５月９日）のビジネス面で、政策立案者たちがチャイルド・ケアを重要な課題として取り扱ってこなかったことを批判する記事が掲載されました。合衆国では、徹底した学校・保育園の閉鎖により、２０２１年初めには１０００万人の母親が離職し、記事では共働きで２歳の子を育てる夫婦の格闘を詳細に報道しています。また、フェミニスト経済学の第一人者であるナンシー・フォーブレ教授の談話から、保育は、道路や送電網と同様の社会的インフラの一つとして認識すべきだと主張されます。フォーブレ教授によれば、公的な保育が不足している事態は、車を運転するさい、信号機を親戚や近隣のひとに支えてもらおうとしていることと同じなのです。問題は、女性の多くにとって、保育は仕事を続けるためには不可欠な要素である一方で、わたしたちが税金で賄うべきインフラとは何かは、保育を必要だと感じたことがない男性が決めているということです。

コロナ禍は、保育だけでなく、教育、医療、介護など、ケアを受け取るひとと与えるひとをめぐる時間・労力・技術・物資のやりとりこそが、経済や政治を含んだ広い社会を支える基盤（＝インフラ）であることを暴きました。そして現在のわたしたちの課題が、インフラとは何かを決めるひとと、のちに詳しく述べるように、社会だけでなく、ひとの価値をも支えるケアを実践するひとが解離している事態にあることを明らかにしました。この事態をどう変革していくか、そこにコロナ以後の民主主義の再生がかかっています。

なぜ、ケアはここまで貶められつづけているのか？

わたしは昨年２０２０年に『ケアするのは誰か？——新しい民主主義のかたちへ』（白澤社）を刊行しました。本書執筆のきっかけとなったのは、２０１５年に合衆国のフェミニスト政治学者で、最もわたしが尊敬する研究者の一人であるジョアン・トロント教授が、これまでの民主主義をめぐる研究を評価され、ペンシルヴァニア州立大学からブラウン民主主義賞を授与されたことでした。その受賞のさい、トロント教授は、*Who Cares?* というタイトルで記念講演を行い、その講演録が小さな本として刊行されました。拙著には、その講演録の邦訳が第一章に収められています。講演タイトルは、拙著のタイトルと同じにみえるかもしれませんが、拙著のタイトルは、トロント教授が講演に込められた意味を掴みきれていません。*Who* cares? は、むしろ「そんなの自分の知ったことか！」と訳されるべきであり、この言葉にじつは、ケアをめぐる難題、とくにジェンダーに関わる困難が隠されています。以下、簡単にですが3点ほど、哲学的視点、経済的視点、歴史的視点からその困難を取り上げます。

まず、わたしたち一人ひとりは、例外なく、誰かに、ときに寝食を脇に置いてもケアをしてくれる他者によって育てられます。これは、人間にとっては不変の真理であり誰も否定できません。ところが、わたしたちは誰一人として、最も他者に依存した時のことは記憶にありません。正確に言えば、それが誰だったのかさえ記憶がありません。自意識が芽生え始めてようやく気づき、かつてを想像したり誰かから教えてもらったりすることはできても、実際のところは忘れ去っています。わたしたちは、根源的にケアされる存在であるにもかかわらず、その根源は忘却のなかにあります。

第二に、生産性や効率性を価値とする現在の資本主義、近年では、あらゆる領域や活動を市場の原理に取り込もうとする新自由主義経済体制の下では、ケアの価値はますます貶められます。ケアを初めて社会のインフラと呼んだアイジェン・プーさんは、その著書『尊厳の時代』（2015年）で、〈ひとが長生きするようになったことは、危機でなく、むしろ喜びのはず〉と、高齢者たちをまるで社会の負担であるかのように考えることを批判しました。多くの社会で浸透しているように捉える考え方が、教育・医療・介護を重荷のように捉える考え方が、多くの社会で浸透しています。

ケアは、他者の手間や時間、寄り添いを必要とするひとへの働きかけです。それは、時間あたりで生産性を計るモノの製造とも、予想されるニーズをもった客に対応するサーヴィス業とも異なります。なによりも、自らのニーズを満たすために他者を必要とするひとは、乳児であれ高齢者であれ、病人であれ、ケアするひとの想像を超えた変化をしますし、ケアの成果が目にみえるわけではありません。たとえば教育をみれば、時間と手間をかけるべき生徒のほうが、手をかけずにすむ生徒よりも、成績だけをみれば遅れていることはよくあることです。つまり、ケアを通じて生み出される「価値」は、市場でつく価格とは異なるものなのです。

最後に、ではなぜ、価格とは異なる「価値」は、社会的な評価にも値しないかのように扱われてきたのでしょうか。歴史的にみれば、家族（≒女性）に担わされてきた営みが、政治的・経済的に軽視されてきました。もちろん、教育や医療、調理などをみれば分かるように、外部化され専門化されると社会的評価は変化します。それでもなお、家族で担われるべきだという強い信念が払拭されない営み（＝保育や介護）は、その価値を貶められる傾向にあります。そうした現象を批判し、社会に貫かれる公私の二元論がいかに政治的に構築され、政治権力の中枢に近い者たちが、その境界の線引きも価値づけをも担っているかを批判してきたのが、フェミニズムのケア理論です。

自然のごとく、暴力と搾取にさらされてきた家族

新自由主義がわたしたちの生活の隅々だけでなく、わたしたち自身の考え方にも影響を与えるようになって久しい現在、マルクス主義が見直されています。ケアに対する関心の高まりもまた、新自由主義に抗うひとつの形です。それ以上に、ケアという営みはなにをしているのかと、その実践内容そのものに注目するケア研究、とりわけ、その価値を評価し、人間像とともに社会像をも変革していこうとするケアの倫理研究の源流にもまた、マルクス主義フェミニストの影響が強くみられます。

たとえば、上野千鶴子さんの代表作『家父長制と資本制――マルクス主義フェミニズムの地平』(岩波書店、1990年)で上野さんは、市場を中心に、自然と家族が対峙している図を示し、市場が自然から資源を簒奪し、産業廃棄物を自然へと押しつける様と、市場が家族から労働力を簒奪し、老人・病人・障がい者を家族へ押しつける様をパラレルに描写しました。

先述したフォーブレ教授も、なぜわたしたちが手塩にかけ、文字通り多くのお金を費やしてまで育てた子どもを、社会人になるまでにかかった労力にはなんら対価も支払われることなく、当然のように企業が雇い、そのうえなお、搾取するのかと問います。もちろん、多くの親は、労働者ではなく、成長を願ってその子自身を育てています。であれば、その大切な子を使用する企業は、もっと多くの社会的負担を担うべきです。それだけでなく、子育てをしている労働者を半人前扱いするのではなく、むしろ社会に大きな貢献をしているのですから、子育てを支援するような形での働き方を提供すべきです。

ケアするとは、なにをしているのだろうか

フェミニズムの第二の波の中から誕生したフェミニズム理論は、女性たちが担う家事や育児が資本制の根源的な搾取にあっている、あるいは、男性への経済的依存を余儀なくさせ、男性支配に女性を縛り付けることを明らかにしました。また、合衆国で当時のフェミニストたちが心理学に関心を寄せたのも、〈なぜ女性たちは母親業を自ら引き受けるのだろうか〉という問いに応えるためでした。当初は、女性は自分を育ててくれる母親をみて育つからと、その育てられ方に関心が向けられていましたが、1980年代に入ると、むしろ母親がなしていることに関心が向けられ始めました。母親への関心は、あたかも女性=母親ととらえているとして母性主義・本質主義といった批判も招きますが、わたし

はそのように否定的に理解するのではなく、母親業を実践として捉えた点に注目しています。つまり、当時の研究者たちは、母性の美化を批判し、自分の想像を超える他者であり圧倒的に弱い存在に対して、いかに「倫理的」に応答するのかといった判断力と思考力を必要とする実践として母親業を再定義しました。そこから、現在のケアの倫理研究へとつながっていきます。

たとえば、他者（＝子ども）との葛藤を孕んだ、予測もつかないケア関係性のなかで鍛え上げられる考え方を母的思考として最初に論じたフェミニスト哲学者サラ・ラディクは、母親業を、保護すること、慈しむこと、育成することと分節化しました。ただ、それは決して子との一体感などという調和的なものではありません。なぜなら、母親たちは、つねに社会との葛藤――彼女を差別するような社会でもあるから――を抱えつつ、いかに子の成長を促していくか、自分のした行為は子を傷つけてしまっているのではないか、本当にこの社会に子を送り出してよいのかと、考えなければならないからです。

多くのフェミニスト理論家はその後、母親業に限らず、ニーズを充たされることを待つ他者への応答という実践から、人間像や社会像を見直していきます。たとえば、トロント教授は、ケアを人類的活動と位置づけ、むしろ政治も経済も、人間関係を維持し、時に繕い、わたしたちのニーズに応えるという意味ではケアであるとさえ言います。すると、むしろケア実践という観点から、政治や経済を見直すことが可能になります。では、ケア実践はわたしたちにどのような知見を与えてくれるのでしょうか。

ケア実践からの、人間像・社会像の変革

自己の依存の記憶を忘却しているかのような健常者である成人は、ケア実践をつうじて、ひとはVulnerable（脆弱）であって、放っておけば、死に至るかもしれない存在であることに再び気づくことになるでしょう。男性中心的な政治社会は、ひとはそれぞれ独立しており、ひとと距離をとってなるべく干渉し合わないこと、お互いの意思を尊重することが配慮だと考えてきました―こうした考え方は、国際法における他国に対する不干渉の原理にもつながっています―。たしかに、干渉しないことでひとを傷つけない事例はあるでしょう。しかし、政治は不干渉ではすみません。社会で声をあげられないひとたちの方に一歩足を踏み出す必要があります。ケアの実践は、放置されることで傷つくようなひとに関与していくことで、そのひとが自分の声を上げられるようになる、という気づきにもつながります。

さらにケア実践で重要なのは、他者の尊重です。母子関係

で典型的なように、ケアの実践を通じ、ケアの担い手は、容易に感知できない感情を持っていて、想像を超えて変化していく他者に応対します。子育てだけでなく、介護、そして教育も、ケアの担い手は、自分の想像力や能力に対し謙虚でなければならず、自分の考えを押し付けることも戒められます。ケア関係は、距離的にも近く、身体接触を含んだ密接な関係であるからこそ、厳しい倫理を実践のなかから学びます。

もちろん、ケアは、積極的に他者と密接に関係するなかで、葛藤を抱え、そのうえケアの担い手と受け手の力関係は非対称ですから、虐待につながりかねませんし、残念なことに暴力につながることが少なくありません。ケア実践を注視するフェミニストたちがケアの「倫理」を研究するのは、ケア実践の場には反・暴力（＝暴力に訴えない）という強い倫理が求められるからです。

政治の世界では、力の差があると優越者が非力な者を抑えつけると考えられてきました。だからこそ理念上は、国際社会や市民社会であらゆる存在は平等に扱われることになっています。他方で、ケアのなかで私たちが学んでいることは、相手は弱い存在だからこそ、どんなに心の底から怒りに駆られても支配や抑圧、暴力に訴えないという倫理です。

ケアする民主主義へ

ケア実践で最も重要なのは、社会のインフラとなっているだけでなく、その実践によってわたしたちの尊厳、つまり、誰とも取り換えのきかない価値をもった存在へと、わたしたちが育まれるという点です。つまり、ケアは社会とひとを支えています。ケアされるひとは、重要な他者に見守られていることで、やっと自分のなかに価値がある、尊厳があると感じ始めます。自分がどんな声をあげても耳を傾けてくれる、自分がどのような存在であれ大切にしてくれる重要な他者がいるという気づきは、人間にとってその人格を形作っていきます。つまり、ケア実践は、憲法13条にいう尊重されるべき「個人」、24条にいう「尊厳」という、立憲民主主義の根源的価値を支える大切な営みなのです。

ケア実践の根底には、つねに自分の声とは異なる声を聴く態度が要請されています。だからこそ、一人ひとりの声にしっかりと応答するという意味での民主主義のモデルの一つとして、ケア実践を見直すことが必要ですし、また、コロナ禍でこれほど政治が、困難にあるひとのニーズを聴取しないなか、ケア実践から学んだ価値や態度から、民主主義が機能しているのかと政治を厳しく問い返す契機を与えてくれています。民主主義は、これまでも社会の中枢から排除されてきた者たちの声を拾い上げることで、新しい政治イメージをわたしたちに与えてくれる理念でもありました。

トロント教授は、ケアする（ケアに満ちた《ケアリング》）民主主義にむけて、あらゆるひとが、できるかぎり完全な形で、社会全体でどのようなケア配分が平等で、正義にかなっているかを議論しあうことを、政治の中枢とするよう提案しました。自分にはケアは必要がない、あるいは、自助で十分と思っているひとは、逆に十分ケアを受けてきた特権者であるにもかかわらず、ケア責任を担わないと宣言する権力者たちです。かれらは、ケアよりも自分はもっと重要な仕事をしていると時に胸をはるでしょう。そうした「無責任な特権者」たちに対して、ケアの価値を再発見しながら、政治の意味をも見直していく。コロナ禍がわたしたちに残した教訓をどれほど活かしていけるのか。そこに、日本の民主主義の再生がかかっているといっても過言ではありません。

（岡野　八代）

人の尊厳を踏みにじる新自由主義からの脱却を

加速するジェンダー平等への道

世界経済フォーラムが発表するジェンダー・ギャップ指数で、日本は156カ国中120位（2021年）となりました。大雑把にいって世界の5カ国中第4位という低い成績です。項目別に見ると健康65位、教育92位、経済117位、政治147位となっており、100点満点に換算すると健康97・3点、教育98・3点、経済60・4点、政治はわずか6・1点という結果でした。課題はきわめて大きいと言わねばなりません（注1）。

歴史の中で「人権」が初めて国家権力によってかかげられたのは「アメリカ独立宣言」（1776年）、「フランス人権宣言」（1789年）など18世紀末のことでした（日本では1947年の日本国憲法が初めて）。ただし、その「人権」は金持ちの男性の白人の健常者などだけに与えられるもので、1791年に「女性および女性市民の権利宣言」を発表したオランプ・ドゥ・グージュは反革命の容疑で捕らえられ、1793年に革命権力によってギロチンにかけられました（注2）。

そこから、21世紀の今日にかけて、社会の「一部」のみが享受した人権を「あらゆる人」のものへと押し広げる努力が重ねられてきました。それは19世紀末からの各国での女性参政権の獲得（日本は1945年）、1979年に採択された女性差別撤廃条約（日本政府の批准は1985年）、近年ではセクシャル・マイノリティーへの抑圧を取り払う運動の広まりなどに象徴されています。

世界でも日本でも、乗り越えるべき障害も小さくはありません。しかし、2015年の国連総会で採択されたSDGs（持続可能な開発目標）が17の大項目の5つ目に「ジェンダー平等の達成」をふくめ、本音はともかく日本政府もこれに賛同せざるを得なかったように、改革の取り組みは勢いを増しています。同じ志をもつ世界の友人と手をつなぎ、日本でもジェンダー平等の推進に、大いに希望をもって取り組みましょう。以下では、当面の課題の一つである「新自由主義」からの脱却について考えてみます。

資本主義社会の確立とジェンダー・バランス

「人権」をかかげる国家権力を、まず欧米に生み出したのはブルジョア革命でした。多くの人が立ち上がり、王制という名の身分制を打ち倒し、人は生まれながらに平等であるという自然権思想にもとづいて「人権」を憲法に書き込んだのです。先にふれた「フランス人権宣言」や「アメリカ独立宣言」は、歴史上最も早くつくられた近代憲法の一つでした。「人権」を許されたものによる選挙と議会制民主主義、権力による「人権」保障を記した近代憲法、憲法によって国家権力をしばる立憲主義、これらが近代民主主義の3点セットとなりました。

こうした転換をもたらすより深い変化の原動力は、王制を政治の特徴とする封建制社会の内部に、資本主義の経済が広まったところにありました。農村などの共同体を抜け出し労資関係に入り込んでいく人々は、身分制や共同体での生活に封じられていたそれぞれの個性を次第に発展させます。それがブルジョア革命を求める個人を生み出し、また資本による経済的抑圧に抵抗する労働者運動や、当初の狭い「人権」を押し広げようとするフェミニズム、様々なマイノリティによる権利獲得の運動の土台をつくりました。世界でもっとも早く資本主義が支配的な社会を成立させたのは、1830年前後に「産業革命」を終えたイギリスでした。

資本主義の経済は、次のような歴史的特徴をもっています。①機械をもちいて活動する。これによって生産力の発展は急速となり、男にしかできない重労働は減っていきます。②雇う資本家と雇われる労働者の結合が人間関係の基本となり、両者の経済格差が拡がります。③活動の推進力は個々の資本のもうけであり、それによって労働者や自然環境が浪費され、性による賃金差別も行われる等です。

くわえて資本主義経済の発展は女性を労働市場に引き出し、過労死を頻発させる過酷な労働条件の下ではあっても、女性に経済的な自立の可能性を拡げました。19世紀後半には社会の支配層に「男は仕事、女は家庭」という「近代家族」が広まり、それが20世紀前半には労働者家庭にも広まります。しかし、女性の自立への願いの強まりと高度経済成長による「先進国」の労働力不足によって、20世紀後半には特にヨーロッパ社会で女性の労働力率が上昇しました。

それは子育てや介護に関する「福祉」の充実をともなってのことでした。大切なことは、そこに「自由権」から「自由権プラス社会権」へという人権思想と権利の拡充があったことです。社会権というのは、人間らしいくらしの保障を個人が国家に求める権利のことで、生存権、教育権、労働権などが基本です。女性がはたらきに出ることで、子どもや障害者や高齢者などの人権が疎かにされてはならない。そこで家族にかわって国家がそれを保障するということです。これによって近代憲法は現代憲法へと発展したのでした。

最初に見たジェンダー・ギャップ指数での日本の低成績は、権利の担い手としての個性の発達を促す資本主義社会の確立がそもそも遅く、また多くの人が立ち上がり、時の権力を覆して「人権」を勝ち取るという体験をもたない歴史発展の独特の経過にもとづくもので、この遅れや不足を取り戻すことが、あらゆる人権の拡充を実現する上での大きな課題となっています。またセクシャル・マイノリティーを異端視する傾向が日本で強くなるのは、「軍事的に強い国をつくるためにたくさん子どもを産め」とした明治権力以降のことで、戦前の天皇制社会を賛美する靖国史観派の政治家が「生産性のないカップル」などの言葉を繰り返すのはそうした思想をいまだに払拭できずにいるからです。

こうした事情があいまって、第二次世界大戦後の日本の女性は、憲法が「両性の本質的平等」を定めたにもかかわらず、「子を産め」「家に入れ」「男にしたがえ」という古い考え方や制度（夫婦同姓も）に苦しめられ、他方で「差別賃金」「若年定年制や結婚退職制」「非正規雇用中心」といった高度成長期以降の資本によるもうけ第一主義にも苦しめられています。「寿退職」「男の甲斐性」などの考え方を肯定的に受け止める労働者が少なからずいたことも「専業主婦」のいる「近代家族」の比率を戦後1970年代まで高め続けさせる要因となりました（注3）。

新自由主義の起源と戦後の変化

資本主義社会の発展の中で「新自由主義」が各国の経済政策に強い影響力をもつようになるのは、1980年頃からのことでした。新自由主義については、小さな政府、規制緩和、民営化、市場原理主義、資本の自由、株主資本主義など様々な角度からの特徴づけがありますが、自由とは強制のない状態のことで、その根底には市場経済の自由（競争市場）がすえられねばならないというフリードリヒ・フォン・ハイエクの主張が、理念としてはもっとも深く合致します。個人であれ資本であれ、自由は侵されてはならない。資本の自由とはすべてを市場で決することができるということで、国家も労働組合もそこに口をはさんではならない。同じく個人の自由とは、誰による介入も許さず自己責任で生きることだというのです。

こうした見解の起源が目に見える潮流を形づくった最初の取り組みは、1938年のリップマン討論会です。ウォルター・リップマンの著書『よい社会』をきっかけにパリで行われたこの企画には、主催者にリップマンを紹介したハイエクも参加していました。これをきっかけにパリに自由主義刷新国際研究センターがつくられ、中心にはジャック・リュエフ等フランスの研究者が座ります。ただし、この段階では市場での価格メカニズムを重視しながらも、貧困者への「厚生」の提供や労働時間短縮に向けた国家の介入は許容されており、今日の「市場原理主義」や「自己責任論」とは距離をおいた議論がなされていました。同研究所の活動は、ナチス・ドイツの侵攻によって1940年に閉じられます。

その後、新自由主義者の再結集と理念の再編に取り組んだのはハイエクでした。1944年に出版した『隷従への道』は、市場や個人の自由の侵害をわずかでも許せば、社会は全体主義に行き着かざるをえないと繰り返すものでした。1947年にスイスのモンペルランで行われた会合はハイエクの名で呼びかけられ、ハイエクが開会の辞を述べ、ハイエクが提起した5つの課題の中でもっとも重要だとした「自由企業と競争秩序」についてハイエク自身が基調報告をするという、ハイエク独壇場の集まりとなりました。

自由主義の復活に必要なのは労働組合からの「権力」の剥奪だとハイエクが述べ、またハイエクに指名された報告者アロン・ディレクターが社会保障を最低限の所得保障に制限するとした点は、先の国際研究センターの議論を大きく踏み越えるものとなりました。その後これが新自由主義の中心的潮流となっていきます。これをきっかけに初代会長ハイエク、事務局長ディレクターという顔ぶれでスタートしたモンペルラン協会は、今日も活動をつづけています（注4）。

サッチャー政権（英国、1979－90年）、レーガン政権（米国、1981－88年）、中曽根政権（日本、1982－87年）などの新自由主義を掲げる政権の登場以前に、各国の経済政策を裏付けていたのは、政府による巨大な軍需の創出から一定の福祉の拡充まで広く「左右」の幅をもって運用された「ケインズ主義」の財政・金融政策でした。それは1929年に発生した世界大恐慌からの教訓として資本主義の「賢明な管理」の必要を訴えるもので、この政策の下、日米欧の資本主義は1950年代終わりから「黄金の60年代」と呼ばれる高度成長を記録します。

しかし、1960年代末からドル危機、スタグフレーション（景気後退と物価上昇の同時進行）、財政赤字などの諸問題が現れ、つづく1971年のドル・ショック、1973年のオイル・ショック、当時戦後最悪といわれた1974－75年の世界同時恐慌などをへて、資本主義は大きな転換の過程に入ります。この過程を自らの利益にそって能動的に切り拓いたのが、ハイエク流の新自由主義的改革を求めて周到な用意を重ねていた巨大資本の潮流でした。

新自由主義が社会・経済改革の中心に

新自由主義を台頭させた重要なお膳立ての一つは、1968年に新設された「ノーベル経済学賞」でした。正式名称は「ノーベル記念経済学スウェーデン国立銀行賞」で、本家のノーベル財団はこれを正式な賞とは認めていません。これを財団に持ちかけたのはスウェーデン国立銀行で、同行の関係者にはモンペルラン協会の主要メンバーが含まれていました。この怪しげな賞が、1974年のハイエク、1976年のミルトン・フリードマンなど、10名を超えるモンペルラン協会員や関係者に与えられ、新自由主義こそが次代を担う新たな経済学だという大宣伝の場とされました（注5）。

もう一つの準備は、協会員がアメリカはじめ世界各国にシンクタンクをつくり、研究者だけでなく政治家への影響力を意識的に強めたことでした。サッチャーとハイエクを引き合わせたのはロンドンのシンクタンク経済問題研究所で、アメリカのヘリテージ財団はレーガン政権に1000ページを超える政策提言を行うだけでなく、前政権からの「政権移行チーム」に11名のスタッフを直接送り込みました（注6）。シンクタンクは相互のネットワークも強め、必要な資金は各国の巨大資本が拠出しています（注7）。

彼等の政権は、ハイエク流の新自由主義政策を容赦なく展開しました。事業は民間資本に譲る（電話・石炭・鉄道・航空などの民営化）、投機は自由に（金融の自由化）、雇用は市場まかせ（労働法制の縮小、労働組合の敵視と破壊）、公的保障は最小限に（社会保障の削減、年金基金も投機の財源に）、法人税は引き下げる（代わりに消費税）、各人は自己責任で生きる（個人の自由の名目で）といった具合です。

ここでとりわけ金融の自由化が重視されたのは「黄金の60年代」の終焉以後、貨幣資本の莫大な過剰が生じたためでした。過剰資本は生産以外での儲けのために巨大な設備投資を必要とする新たな産業が生まれず、ゲームの規模を拡大するために、マネーゲームの規制緩和を求め、景気刺激には貨幣供給の拡大が必要だとするマネタリスト（代表は協会設立時からの会員フリードマン）を重用していきました。

モンペルラン協会の正式な会員になるには「複数会員の推薦と事前に会合に出席していることが必須」とされ（注8）、日本人では1958年の木内信胤（経済学者）をはじめ、安井琢磨・小泉信三・青山秀夫・西山千明・松田智雄（経済学者）、山際正道（日銀総裁等）、木川田一隆・岩佐凱実（財界人）、福田赳夫（政治家）等が入会します。西山は1980－82年に協会の第12代の会長にもなり、またシンクタンクのエコノミストの加入も増えました（注9）。

1982－87年の中曽根政権は、アーバンルネッサンスやリゾート開発などの大型公共事業を全国に広げながら、専売公社・電電公社・国鉄の民営化を強行し、新自由主義的改革の課題一覧となる「前川レポート」を作成します。法人税減税に向けた売上税の導入も図りました（消費税は1988年竹下内閣で成立）。以後、改革は大型開発に依存する「ゼネコン国家」路線としばらく並行しますが、1995年には財界労務部といわれた日経連から非正規雇用の拡大を呼びかける「新時代の『日本的経営』」が、また政府の社会保障制度審議会からは「自助・共助」を組み入れ、公的保障を変質させる答申が出されます。さらに「古い自民党をぶっこわす」など支配層内部の一定の軋轢をへて、2001年誕生の小泉政権以後、郵政民営化に象徴されるアメリカへの従属色の極めて強い新自由主義的改革が「構造改革」の名で一挙に推進されました。市民に痛みを強いながら、大企業支援、異次元の金融緩和の名でのマネーゲームの拡大、軍拡などを進めたアベノミクスも同じ道を進むものでした（注10）。

あらゆる人のいのちとくらしを守る政権を

新自由主義の諸政策は、1997年をピークに日本の労働者の実質賃金と世帯所得を低下させ、以後25年にわたってこれを回復させていません。その一方で、ほとんどが巨大資本の経営者である一握りの富裕層に莫大な富をもたらし、貧富の差をかつてない規模に拡大させています。決して大きくはない社会権の諸成果を取り崩し、多くの人の人としての尊厳を踏みにじっています。

同時に、新自由主義の政策は非正規雇用の多くを女性にしわ寄せし、公的保障の後退による負担の多くを押しつけて「女性の貧困」を一段と深刻化させています。コロナ・パンデミックの下で、少なくないエッセンシャルワーカーを含む女性の自殺が急増したことは、新自由主義の理念と諸政策がジェンダー平等推進の大きな障害であり、人間社会のこれ以上の存続と相入れないことを誰の目にもわかりやすく示しています。

北欧など社会権実現の世界的な先進例にも学びながら、あらゆる人のいのちとくらしを等しく守る決意をもった政権を、なんとしても実現させていかねばなりません（注11）。

（注1）ジェンダーは、本来「あらゆる性」をもつ人々の相互関係を、特に社会的権利の平等性に注目してとらえる概念ですが、このランキングは「男女」の関係のみに焦点をあてています。「男女」に限定されない性の多様性について、最近では人の性はいくつかの固定的な「種類」にわけられるものではなく、誰もがオスからメスまでの連続した範囲のどこかに位置するという「性スペクトラム」論にもとづく研究も活発に行われています。

（注2）女性の権利をめぐる歴史については、辻村みよ子・金城清子『女性の権利の歴史』（岩波書店、1992年）を

参照して下さい。

（注3）これらの論点について、より詳しくは次の拙稿を参照して下さい。『現代を探求する経済学』第2部「ジェンダー論を考える」（新日本出版社、2004年）、「『資本論』の中のジェンダー分析―『マルクス主義フェミニズム』との関わりで―」（鰺坂真編『ジェンダーと史的唯物論』学習の友社、2005年）、「長時間労働・女性差別とマルクスのジェンダー分析」（日本共産党『前衛』2007年3月号）

（注4）新自由主義の起源と発展については、権上康男編『新自由主義と戦後資本主義』（日本経済評論社、2006年）が詳しく、また友寄英隆『「新自由主義」とは何か』（新日本出版社、2006年）は関連する多くの問題をわかりやすく論じています。

（注5）トーマス・カリアー『ノーベル経済学賞の40年』（上下　筑摩書房、2012年など、「ノーベル経済学賞」の選考には多くの疑義が呈されています。1997年にマネーゲームの利殖の技術である「金融工学」の専門家としてマイロン・ショールズとロバート・マートンがこれを受賞し、2人が経営陣に名をつらねたヘッジファンドLTCMが2年後の1999年に破綻するという事件も起こりました。

（注6）サッチャー首相は後に自伝の中で「われわれに感化を与えた」書物として、ハイエクの『隷従への道』を挙げています（マーガレット・サッチャー『サッチャー回顧録（下）』日本経済新聞社、1996年、25頁）。

（注7）高田太久吉「新自由主義イデオロギーと『思想の商人』」新日本出版社『経済』2011年12月号。高橋由明「『新制度経済学』の思想的基盤と新自由主義」中央大学『商学論纂』第57巻第5・6号、2016年3月。

（注8）前掲・権上康男編『新自由主義と戦後資本主義』47頁。

（注9）山田久「マネタリズムと新自由主義」和光大学社会経済研究所『和光経済』第50巻第3号、2018年3月、9頁。

（注10）中曽根氏は靖国「公式参拝」を行った戦後最初の首相でした。また、新自由主義的改革が本格化する1990年代後半には「日本会議」（1997年創設）はじめ多くの右派団体が政治の前面に躍り出ました。安倍首相も強調した戦前型「家族」の維持をめざすこれら復古の思想と公的保障の解体を求める新自由主義は、保障の行為を再び家族責任に解消させる面で利害を一致させるものとなっています。

（注11）ここに書き込むことのできなかった諸論点については、拙稿「新自由主義からの脱却とジェンダー平等への道」（労働運動総合研究所『労働総研クォータリー』2021年春季号）で補っていただけるとさいわいです。

（石川　康宏）

コロナ禍で可視化された医療・雇用保障の脆弱さと政策課題─ジェンダーの視点から

問題の所在─コロナ禍で可視化された医療・雇用保障の脆弱さ

新型コロナウイルス感染症（COVID−19）の第4波の感染拡大で、2021年4月25日から、東京都、大阪府などに3度目の緊急事態宣言が出され、5月7日には、福岡県と愛知県に、同月17日には、北海道や広島県などに、同月21日には、沖縄県に対象地域が拡大されました（6月21日に解除、沖縄県は7月11日に解除）。今回の第4波は、感染力の強い変異株の影響で、重症化のスピードが速く、感染拡大地域では、入院病床が不足し医療提供体制がひっ迫しています。なかでも大阪府では、重症者用病床を上回る重症者数が恒常化、自宅療養中や入院調整中に容体が急変して亡くなる人が続出し、救える命が救えない「医療崩壊」の事態が生じています。

一方、コロナ禍の中、飲食業などで営業自粛や時間短縮が求められ、雇用状況が急速に悪化、解雇や雇止めにあって仕事を失った人々は10万人を超えています。コロナ関連倒産は、飲食業の284件を最多に、1500件を超えています（2021年5月末現在。帝国データバンク調べ）。後述のように、飲食業などサービス業は、非正規雇用の女性が多くを占め、女性の失業が相次いでいます。職を失い収入の糧を失った人はその日の食費や生理用品を買うお金にも不自由しています。

また、コロナ禍による外出自粛や学校の休校等の影響で、母親労働者の家事労働やストレスが増大しています。同時に、コロナ禍で「ステイホーム」が求められる中、閉鎖的な家庭環境の中、女性に対する暴力（ドメスティックバイオレンス・以下「DV」）も増大しています。DVの相談件数は、2020年度は約19万件と、過去最高だった2019年度（11万9000件）の6割増となる見込みです。女性の自殺も、2020年7月以降、前年比4割増と急増し、2020年の小中高生の子どもの自殺は479人と過去最多を記録しました（厚生労働省・警察庁調べ）。労働環境においても、家庭内においても立場の弱い女性に被害が集中し、日本社会のジェンダー問題が顕在化したといえます。

日本国憲法25条は、人々の「健康で文化的な最低限度の生活を営む権利」（「生存権」）を明記し（25条1項）、この権利を保障する責任（義務といってもいいでしょう）を国（政府）に課しています（同条2項）。国には、コロナ禍から私たちの暮らしや命を守る責任があるはずです。ところが、現在の菅政権は「自助・共助・公助」を掲げつつ、「自助」を重視（強要）し、国の役割を最小限にとどめること（社会保障を削減すること）をめざしています。新型コロナ対策についても、病床の確保やPCR検査体制の拡充を怠り、国民・事業者の感染防止の自助努力に頼る無為無策ぶりです。感染防止の切り札とされたワクチンの接種も、急ピッチで進んでいるとはいえ、免疫ができる2回接種を受けた人は、いまだ人口の1割程度（2021年6月末時点）、免疫をもっていない人にも予防効果が及ぶ「集団免疫」が得られるとされる人口の6～7割には程遠い状況です。

本稿では、こうした現状を踏まえ、コロナ禍で明らかになった医療・雇用保障の脆弱さと諸問題が、これまでの政策に起因することを、ジェンダーの視点から検証し、今後の医療・雇用保障の政策課題を展望します。

医療費抑制政策と病床削減

(1) 減らされてきた病床

コロナ禍により「医療崩壊」が現実化した背景には、医療費抑制政策を続けてきた歴代政権の医療政策があります。医療費抑制政策の中心は病床数の削減に置かれてきました。

国は、感染症指定医療機関と感染症病床ともに削減してきました。新型コロナのような新興感染症に対応できる感染症病床は、2019年段階で全国に1869床しかなく、1996年の旧伝染病床9761床から激減していました（厚生労働省調べ）。

2014年には、病床機能報告制度がはじまり、それを受けて都道府県が地域医療構想を策定する仕組みが導入されました。病床機能報告制度は、各病院・有床診療所が有している病床の医療機能（高度急性期、急性期、回復期、慢性期）を、都道府県知事に報告する仕組みで、報告を受けて、各都道府県は、構想区域（各都道府県内の2次医療圏を原則とし、現在341区域）における病床の機能区分ごとの将来（2025年時点）の必要量等に基づく「必要病床数」を算出した地域医療構想を策定します。あわせて、都道府県は、構想区域ごとに、診療に関する学識経験者の団体その他の医療関係者、医療保険者などとの協議の場（地域医療構想調整会議）を設け、協議を行います。また、都道府県知事は、地域医療構想の達成を推進するため、病床削減（転換）などの要請、勧告（公立病院に対しては命令）、それらに従わない医療機関名の公表などの措置を発動できます。

地域医療構想のねらいは、看護師配置の手厚い（つまり診療報酬が高い）高度急性期の病床を他の病床機能に転換させ、もしくは過剰と判断された病床開設は認めないなど、計画的に削減し、入院患者を病院から在宅医療へ、さらに介護保険施設へと誘導することで（「地域包括ケアシステム」といわれます）、医療費を削減することにあります（注1）。

2018年までにすべての構想区域で地域医療構想が出そろいましたが、地域医療構想の完遂による「必要病床数」を実現した場合、全国で15万6000床（2013年時点の病床数との差引）もの病床削減が必要となり、必要な医療機関や診療科の縮小・廃止が生じかねません。

(2) 医師数の抑制と看護師の人手不足

地域医療構想で算出された「必要病床数」は医師や看護師の需給推計にも連動しており、急性期病床の削減で、とくに病院看護師の需要数は現状より大幅に少ない人員で足りるとの推計となっています。医師についても、地域医療構想と働き方改革を名目に、病院を再編し、医療体制を集約化して医師数は増やさない方針です。この計画のままでは、医師・看護師の不足と過剰負担による現場の疲弊が進むことは避けられません。

そもそも、日本の医師数は、人口1000人当たりでみると2・5人で、OECD（経済開発協力機構）加盟国のうちデータのある29カ国中の26位で、不足がきわだっています（2018年。OECD *Health Statistics 2020*）。人手不足は長時間労働を招きます。厚生労働省の「医師の働き方改革に関する検討会」の報告では、過労死ラインの月平均80時間を超える時間外労働（休日労働を含む）をしている勤務医が約8万人にのぼるとされています。

女性の割合が多い看護師についても、入院患者1人あたりの看護師数は0・86人で、ドイツ（1・61人）、フランス（1・75人）、イギリス（3・08人）、アメリカ（4・19人）など欧米諸国の2分の1から5分の1の水準にすぎず、OECD諸国の平均の半分にも達していません（OECD前出）。長時間・過密労働・低処遇の中、年間10人に1人の割合で看護師が辞めており、現場では深刻な人手不足が続いています。

病床の不足とともに、コロナ感染をおそれ、外来患者を中心に深刻な受診抑制が生じ、日本の医療機関の8割を占める民間医療機関の経営が悪化し、経営難を理由に、医師や看護師への賞与などを減額する医療機関が続出しました。新型コロナの感染患者の治療に力をつくしている医療従事者が、給与削減やボーナスカットに遭遇する事態が生じたのです。

公衆衛生と保健所機能の弱体化

公衆衛生も削減されてきました。日本国憲法25条2項に規定された「公衆衛生の向上及び増進」を担う公的機関として、都道府県、政令指定都市などに、保健所が設置されています。公衆衛生は公的責任で実施するという趣旨のもと、保健所運営に国が公費補助を行ってきたのですが、その公費負担を削減する目的で、保健所の削減が行われてきたのです。

とくに、1994年に地域保健法が制定され、保健所の設置数が、従来のおおむね人口10万人に1カ所から2次医療圏に1カ所に改められてから、保健所の統廃合が進められた結果、保健所の数は、1994年の847カ所から、2020年には469カ所に激減しました。保健所職員数も、1990年の3万4571人から2016年の2万8159人へと削減されてきました（国立社会保障・人口問題研究所「社会保障統計年報」）。

PCR検査を担う行政検査機関である地方衛生研究所は、都道府県と政令指定都市に77カ所設置されていますが（2019年現在）、法律上の根拠規定を欠いており、予算・人員ともに抑制が続いています。同様に、国立感染症研究所も、予算・人員ともに減らされ続け、国産のワクチン開発が遅れる大きな要因となりました。

雇用危機と女性

一方で、コロナ危機により、雇用情勢は急速に悪化しました。総務省「労働力調査」をみると、完全失業者数は、2021年5月で204万人、失業率は3・0％に達しています。また、雇用者数は、2020年3月から4月にかけて105万人も減少し、その後も対前年を各月で下回っています。全体として雇用者数は減少しているのですが、失業者数は漸増傾向にあるとはいえ、失業率が5％を超えて推移したリーマンショックの時の2009年に比べれば低い水準です。これは、感染への不安もあることから、転職しようにもできず、求職活動を断念した人が相当数いたためと考えられます（日本の失業統計では、失職しても求職活動をしない人は失業者にカウントされません）。実際、非労働力人口をみると、2020年4月には、前月よりも、94万人も急増しており、その後も、前年を上回って推移しています。こうした形で労働市場から撤退した人々（とくに、非正規雇用の女性）は、求職活動をしていないため、雇用保険の給付対象から外れてしまいます。

前述のように、コロナ禍で大きな影響を受けたのは宿泊業や飲食業などのサービス業です。これらの職種は、リーマンショックのときには、「雇用の受け皿」として機能したのですが、その多くが非正規雇用の女性、学生アルバイト、外国人労働者で占められています。今回のコロナ禍では、これらの人々が「雇用の調整弁」として真っ先に切られました。先の雇用者数の減少は、大半が非正規雇用の激減によるもので、２０２０年４月は前月よりも１３１万人も減少しています。その後、減少幅は縮小しつつあるものの、２０２０年３月の２１５０万人の水準は回復していません。とくに、サービス業関連の女性の非正規雇用の人数が大幅に減少しています。野村総研の「コロナによる休業・シフト減のパート・アルバイト就業者の実態に関する調査」（２０２１年２月）によれば、女性の実質的失業者数は１０３・１万人にのぼると推計されています。夫への経済的依存を前提にした「夫＝セーフティネット」システムのもと（注２）、非正規労働の多くを占めていた女性が職を失うこととなりました。

そして、これらの人々は雇用保険の加入が認められていないなど、雇用保障制度がきわめて脆弱で、失業や休業がただちに生活困窮につながりやすいのです（注３）。結果として、女性の生活困窮、貧困化がさらに深刻化しました。２０２０年から２０２１年にかけて、支援団体が東京で行った「年越し支援・コロナ被害相談村」に訪れた女性は全体の18％にのぼり、リーマンショック時の年越し派遣村（２００８年～２００９年）の際の１％に比べて、２割近くにまで増加しています（注４）。コロナ禍は、非正規雇用の女性がいかに不安定な立場にあり、日本の非正規雇用の人々への雇用保障制度がいかに脆弱であったかを明らかにしたのです。

医療政策と雇用政策の課題

コロナ禍で明らかになった以上の問題点を踏まえ、今後の医療・雇用政策の課題を考えてみたいと思います。

(1) 医療政策の課題

医療政策については、短期的には、第１に、感染症病床や宿泊療養施設を増やし、新型コロナ感染者の自宅療養を当面はゼロにすることが求められます。一般病床の感染症病床への転換が難しい現状では、臨時に感染症病床を増やすしかありません。実際、諸外国では、感染症の病床が不足している状況を踏まえ、臨時に感染症病床を設営し病床を確保しています。著名な例では、新型コロナの感染拡大の初期段階で、中国の武漢において、１０００人の患者を受け入れ可能な臨時病院が設立されました。日本の建築技術では、武漢のような臨時病院は10日間で建設可能といわれています（注５）。また、軽症者・無症状者についても、容体が急変することもあることを考慮し、医師・看護師が常駐する施設での療養を原則とするべきで、宿泊療養施設の整備も急がれます。緊急事態宣言下での措置には、医療施設・医療資源の確保に関する強制措置も含まれるのだから、政府がやる気になれば、そうした医療提供体制の整備は可能なはずです（現在の菅政権には、そのやる気がないようですが）。

第2に、院内感染を防ぐため、医療従事者・入院患者に定期的な検査を全額国庫負担で実施すべきです。医療従事者にはワクチンの先行接種がなされていますが、ワクチン接種には有効性・安全性についていまだに未知の問題が残ることを考えるならば、ワクチン頼み一辺倒ではなく、同時並行で感染症対策のための定期検査を進めていく必要があります。

第3に、コロナ対応をしていない診療所など医療機関に対しても、感染者が発生した場合の減収、外来患者などの減少に伴う損失を補償すべきです。同時に、医療従事者が新型コロナに感染した場合には、労災適用だけでなく独自の補償制度を設ける必要があります。

長期的には、医療費抑制政策からの転換をはかり、病床削減を中止する必要があります。とくに、公立病院（自治体が運営する病院）と公的病院（日本赤十字社、済生会などが運営する病院）は、統廃合が進められ、国際的にみても少ない数がさらに減少しています。そして、国（厚生労働省）は、公立・公的病院の再編リストをつくり、さらなる統廃合を進めていく方針です。結果として、さらなる病床削減が進むことになります。公立・公的病院の再編リストは撤回し、救急・小児・周産期医療などの不採算医療、過疎地域の医療提供などを担っているがゆえに経営の苦しい公立・公的病院へ公費投入をはかり、公立・公的病院を増設していくべきと考えます。その前提として、各自治体は、病床削減を目的とした地域医療構想にもとづいた病床削減計画をいったん凍結すべきです。

また、医師・看護師の計画的増員をはかり、待遇改善と人間らしい働き方のための財政支援を行う必要があります。同時に、保健所の増設と保健師の増員、地方衛生研究所、国立感染症研究所の人員・予算・研究費の拡充など公衆衛生体制の強化をはかるべきです。

これと関連して、DVや児童虐待への対応については、支援制度の弾力的運用、児童相談所や支援機関の職員の増員のための財政措置が早急に求められます。

(2) 雇用政策の課題

雇用政策では、女性に特化した支援体制を含め、休業・失業しても、当面の生活に不安を抱かずに求職活動が可能となる雇用保障制度の再構築が必要です。

まず、雇用保険については、自己都合退職の場合の給付制限の撤廃も含め雇用保険の受給要件を大幅に緩和する必要があります。短時間労働者をはじめ非正規雇用の労働者もすべて雇用保険の適用対象にすることが望まれます。また、基本手当の所定給付日数が基本的に90日ときわめて短期であるという問題があります。所定給付日数は最低でも180日とし、現在は、すべての年齢層において再就職が困難な状況にあることから、年齢による差は設けず被保険者期間に応じ最長360日までの給付日数とすべきです。

そして、より根本的な解決策として、失業扶助制度の創設が必要です。イギリス、ドイツ、フランス、スウェーデンでは、失業給付期間を超えても、減額はされるが一定額の給付が失業者に支給される失業扶助制度が存在します。失業扶助制度は、失業保険の給付期間を超えた失業者だけでなく、失業保険に加入していなかったり、給付の条件を満たさない失業者も、一定の条件を満たせば給付されます。日本では、求職者支援制度が創設されていますが、要件を緩和し、全額公費負担による失業扶助制度に転換すべきです（注6）。

一方、コロナ禍で創設された労働者個人に支給される休業支援金は、雇用保険に加入していない非正規労働者だけでなく、フリーランスと呼ばれる請負業の人にも拡大されています。当面は、新型コロナが収束するまで同制度を延長し、将来的に恒久化すべきです。

今後の展望

現在の新型コロナの感染拡大という事態を招いたのは、まさに菅政権の無為無策による「人災」といっていいでしょう。そのことを明確にしたうえで、前述の提言で示したように、医療・雇用保障のための数十兆円規模の公費の投入が早急に求められます。

これらの公費財源は消費税ではなく、所得税や法人税の累進性を強化して確保するべきですし、それで十分賄えます（注7）。社会保障・雇用保障の充実こそが国民の命を救うのです。

日本学術会議の委員の任命拒否や新型コロナの感染対策にみられるように、菅政権の強権ぶりだけでなく無策ぶりが明らかになりつつある今こそ、政権批判を強め、前述のような対案を提示し、きたるべき総選挙で、自民党を過半数割れに追い込む戦略を早急に提示すべきです。

（注1）地域医療構想について詳しくは、伊藤周平『社会保障法―権利としての社会保障の再構築に向けて』（自治体研究社、2021年）208―209頁参照

（注2）竹信三恵子「女性を直撃するコロナ災害―露呈した「夫＝安全ネット」政策の歪み」『世界』939号（2020年12月号）118頁参照

（注3）OECD報告書では、これらの労働者を「雇用脆弱勤労者」と表現しています。OECD, *Employment Outlook 2020*

（注4）雨宮処凛『コロナ禍、貧困の記録―2020年、この国の底が抜けた』（かもがわ出版、2021年）225頁参照

（注5）山田厚「患者放置の緊急事態宣言」『日本の進路・地方議員版』89号（2021年2月号）11頁参照

（注6）失業扶助制度について詳しくは、伊藤・前掲（注1）270―271頁参照

（注7）消費税に依存しない社会保障財源確保の方向性について詳しくは、伊藤周平『消費税と社会保障改革』（ちくま新書、2020年）終章参照

（伊藤　周平）

Ⅱ　各論

新型コロナと女性・少女への影響

はじめに

　最初の新型コロナウイルス感染症（COVID－19。以下「新型コロナ」と略称）が確認されてから1年半近くたちますが、世界的に症例数も死亡数も高い水準のままです。2021年7月1日現在、世界の新型コロナ感染者は1億8193万736人、亡くなられた方は394万5832人にも上ります（世界保健機関［WHO］調べ）。6月最終週には、アフリカ地域で急増しているとともに、過去10週にわたり減少していたヨーロッパ地域で上昇に転じています。特に変異株の拡大が懸念され、感染力の強いデルタ株は96カ国で確認されています。このことは、地球上のすべてのところで、緊急にパンデミックを止める必要性があることを示しています。驚異的な早さでワクチンが開発され、感染拡大防止の切り札として、欧州、アメリカ合衆国等先進国ではその投与が進み、日常生活への回帰が予測・再開されるなどパンデミックの終息に光が見えてきています。残念ながら、日本は、ようやく4月に高齢者へのワクチン投与が始まり、その投与率は急速に拡大していますが、7月初めに至るまで、先進国中最低位にいます。世界を見ると、ワクチン投与の先進国・開発途上国間の格差が顕著で、今後投与が進んでいない開発途上国への国際協力が大課題です。2021年6月に開催されたG7（主要7カ国）コーンウォールサミットでは、前回開催以降来年にかけて10億回分のワクチン供与をコミットしました。ワクチン製造能力の急速なスケールアップ、及び知見とデータを共有するメカニズムがなければ、パンデミックはまだ数年続く可能性があると、WHOは警告を発しています。

　コロナ禍の中、経済については、不確実性がありますが、世界全体では、2020年の大幅なマイナス成長から、2021年は6％、2022年4・4％の成長が予測されています。日本は、G7平均並みの落ち込みを見せた一方で、2021年の経済成長率は3・3％と、G7中最低の成長率にとどまっています。また、経済の回復度合いは、新型コロナの影響や、政策支援の規模等を反映して、各国間や業種間で差が生じ、その差が拡大しつつあります。今後の見通しは、ワクチンの接種拡大だけではなく、実施された経済政策の効果にもよります（注1）。

新型コロナは、既に指摘されているように、保健問題ばかりでなく、経済、社会、人々の生活に甚大な影響を与えています。新型コロナのインパクトは、この1年半で、かなり明確になりました。本稿は、新型コロナと、女性・少女への影響と対応について、世界の状況を、国連機関の活動や資料から概観するものです。感染拡大防止のため、移動の制限、ロックダウン、ステイホームなどの社会的隔離策が進められ、様々な課題も生じました。しかし、一方で、ＩＣＴ（情報通信技術）を利用したコミュニケーションやビジネスの進展など、ウィズコロナともいうべき積極的な対応策もみられることも事実です。

最初に指摘しておきたいことは、危機の時には、既にある格差や差別が深刻化することです。これを端的に示すのが、世界経済フォーラムのジェンダーギャップ指数です。２０２１年は、２０２０年より若干ですが格差が拡大し（WEF [2021:5]）、世界で男女平等になるのには１３５・６年もかかります。経済分野での平等が最も時間がかかり、２６７・６年もかかります（政治分野は１４５・５年）。周辺化されやすい女性・少女は、新型コロナにより、深刻な負の影響を受けています。コロナ禍により、ジェンダー平等の進歩が逆戻りしているのです。にもかかわらず、女性は、政治・経済分野などでの意思決定から大きく外されています。２０１６年から実施されている、ＳＤＧｓ（持続可能な開発）の「誰も取り残さない」理念の達成は、コロナ禍の今、大きな試練に立たされています。残念ながら、新型コロナに関しても、人種、ジェンダー等に基づく偏見、差別も目立ちます。こうしたことから、新型コロナの対応には、人権の視点が欠かせません。グテーレス国連事務総長が呼びかけたように、包摂と持続可能を基にした新しい社会契約を作り出す必要があります。それには、社会的結束への投資が必要です。

少女・女性への新型コロナの影響概観

新型コロナの女性・少女への影響は厳しいと指摘できます。まず個人の自由を制約する方策から生ずる、プレッシャーや緊張が家庭内暴力の急増につながっています。被害者は、女性・少女です。第2に、女性は、保健、ケア及びソーシャルワーカーの70％を占めています。その労働は、耐えられる限界に達しています。もちろん自身の健康や生命も危険にさらされています。第3に、仕事、収入、くらしへの影響です。女性の多くは、低賃金、非公式経済（注2）、非正規の労働に就業しています。また、女性は新型コロナによる壊減的ダメージを受けた、レストラン、ホテル、小売業、サービス業などに多く就業しています。女性の雇用は、パンデミック中に5％減少しました（男性3・9％）。仕事を失った女性の90％は、失業者にならず、労働市場から退出しています（すなわち非労働力人口）（ILO［2021b:112］）。新型コロナにより世界的に貧困の増加がみられ、非公式経済に多く就業している女性、非正規雇用やシングルマザーの深刻な影響を指摘できます。エッセンシャルワーカーの過重負担もあります。

新型コロナにより世界的に貧困の増加がみられ、非公式経済や非正規雇用に従事している女性やシングルマザーの深刻な影響を指摘できます。コロナ感染は貧困を増やし、2021年には、世界で1日1・9ドル未満で生活する、極度の貧困でくらす人々が4億3500万人と推計されています。このうち4700万人が新型コロナによる貧困の人々と推計しています。また、児童労働に従事する子どもの数が2020年には、4年前より840万人増えて、1億6000万人に達した上、新型コロナの影響で、さらに数百万人が児童労働に陥る危険があります（ILO&UNICEF:［2021:12］）。第4点目は、少女・女性の精神面も含めた健康への影響です。女性のストレスや精神的負担には大きいものがあります。日本では、女性の自殺が増加しています。第5に、性的・リプロダクティブライツの確保の問題があります。たとえば家族計画に関するサービス等、この権利に関するサービスが受けられないという課題があります。保健システムの過重負担、人的資源や資金の再配分、医薬品の不足やグローバルなサプライチェーンの混乱などが、性的・リプロダクティブライツを損なっています。第5点目は女性が多く担っている、育児、介護、掃除、洗濯、食事の世話などのケア労働、SDGsでは無報酬仕事（アンペイドワーク）ですが、ここで女性の負担増がみられています。移民（女性）労働者の問題もあります。6点目は、少女の教育への影響です。世界中で起きた学校閉鎖により、少女が安全な環境を失い、栄養ある食糧や必要なサービスを失っていることがあげられます。7点目は、女性と少女が周辺化され、特に途上国では、水の供給や衛生設備・サービスが受けられなくなっているケースもあることです。これらのことは、パンデミックが始まった初期の、2020年4月に、国連人権高等弁務官事務所でもいち早く指摘したところです。

ジェンダーに基づく暴力

国連事務総長は、いち早くコロナ感染の影のパンデミックとして、女性と少女に対する暴力の増加を警告しています（UN:［2020a］）。2020年4月以前の過去12カ月間に、15～49歳の女性・少女で親密なパートナーから性的・身体的暴力を受けた被害者は、特に家庭内での暴力で世界的に増加傾向で、2億4300万人にも上ります。新型コロナの大流行が続く中、例えばホットラインへの電話数が5倍増になった国や、ヘルスセンターへの報告の増加が多くの国でみられ、被害者が更に増えることも予想されます。アルゼンチン、カナダ、フランス、ドイツ、スペイン、イギリス、アメリカ合衆国等の政府機関、女性団体、市民社会関係者は家庭での暴力報告の増加と緊急保護施設（シェルター）を増やす必要性について注意喚起しています。

多くの国で暴力からのサバイバーへのサービスを導入・強化していますが、十分な原資がないこと、暴力に関する報告率が低いことや制度的バリアーと併せて、治安、警察、司法制度に蔓延している、家父長制及びジェンダーに対するステレオタイプの存在など、効果的な法律実施には著しいバリアーが残っています。女性に対しサービスや保護命令のような方策が十分に組み込まれていない国が多いのです。女性・少女に対する暴力の防止や新型コロナについて、18%が流行以前も対応ができていませんでした。新型コロナ流行以前の12カ月間に、15歳から49歳の女性・少女の18%が親しいパートナーから身体的・性的暴力を受けていました。新型コロナの影響によるオンライン使用の増加はオンライン暴力も増加させていること、また社会的距離を置く対応策は、交通手段、公共スペース、道路などでの性的その他の女性に対する暴力への不安も生じさせています。国連事務総長は、2020年4月5日、国連加盟国に対し、①シェルターは女性へのエッセンシャルサービスである旨の宣言、②薬局及び食料品店における緊急警告システムの設置、③オンラインサービス及び市民社会組織への投資の増加、④加害者の起訴、⑤加害者に警戒されずに、女性がサポートを模索できる安全な方法の構築、⑥女性に対する暴力の既決囚を釈放させないこと、及び⑦人々の、特に男性、少年に対する啓発キャンペーンの拡大、を呼びかけています。この呼びかけに、146国連加盟国・オブザーバー国が応じました。また、この呼びかけに応じ、国連「女性に対する暴力特別報告者」も、新型コロナの回復過程等でジェンダーに基づく暴力に対する緊急の措置を取るよう呼びかけました。

国連は、女性への暴力の予防・対応に関して、国に対し、①新型コロナの対応・回復のための国別計画において、効果的なモニター・説明責任メカニズムとともに、女性に対する暴力の予防・対応を優先課題とすべきこと、②女性に対する暴力への予防・対応への投資は、財政刺激パッケージの一部であり、より良い復興の不可欠なものとすべきである旨勧告しています。具体的に、①女性団体がその重要な役割を果たすために、新型コロナの対応・回復に関する意思決定過程への参加や②市民社会や女性の権利グループが実施しているサポートサービスへの緊急・フレキシブルな資金提供の確保などの国の役割を勧告しています。さらに、③警察・司法サービスは、女性・少女への暴力事件の優先順位を高くすること、④暴力の予防戦略として、伝統的メディア、社会メディアやオンライン技術などを利用しての規範、ステレオタイプの態度の変更や、男性・少年の女性・少女の暴力撤廃への提携を勧告しています（注7）。

おわりに

　女性・少女への新型コロナによる影響に適切に対応するためには、状況を的確にモニターする必要がありますが、基本的に性別データの収集が不可欠です。そして、新型コロナパンデミックからの復興過程で、女性・少女への対応を政策・アクションの中心に据えるとともに、意思決定への女性の参画が肝要であることを強調したいと思います。

（注1）国際通貨基金（IMF）「世界済済見通し」２０２１年４月

（注2）国際労働機関（ILO）勧告２０４号「非公式な経済から公式な経済への移行に関する勧告」（第２０４号）では、非公式経済とは、「法令上又は慣行上、公式な取決めの適用を受けていない又は十分に適用を受けていない労働者及び経済単位による全ての経済活動」と定義しています。ただし、法令で禁止されている不正な活動は含みません。

参考文献

ILO［2021］"*World employment and social trends 2021*" ILO. Geneva 2021, https://www.ilo.org/global/research/global-reports/weso/2021/WCMS_795453/lang-en/index.htm

World Economic Forum [2021] "*Global Gender Gap Report 2021*" Geneva, http://www3.weforum.org/docs/WEF_GGGR_2020.pdf

ILO & UNICEF[2021] "*Child Labour: Global estimates 2020, trends and the road forward*" https://www.ilo.org/ipec/Informationresources/WCMS_797515/lang-en/index.htm.

United Nations［2020a］"*The impact of COVID-19 on women*", *Policy Brief, New York* https://www.unwomen.org/-/media/headquarters/attachments/sections/library/publications/2020/policy-brief-the-impact-of-covid-19-on-women-en.pdf?la=en&vs=1406

United Nations［2020b］国連総会文書 A/75/275 https://undocs.org/en/A/75/274

UN Women [2020a] "Rapid gender assessment surveys on the impacts of guidance Document Covid-19" New York, NY https://data.unwomen.org/sites/default/files/documents/Publications/COVID19survey_ Guidance.pdf

——— [2020b] "Prevention: Violence against Women and Girls and COVID-19", Issue Brief, New York https://www.unwomen.org/-/media/headquarters/attachments/sections/library/publications/2020/policy-brief-covid-19-and-violence-against-women-and-girls-en.pdf?la=en&vs=640

（堀内　光子）

コロナ禍と女性労働──真の働き方改革へ

コロナ禍と女性労働者の現状

非常事態宣言が発令された2020年4月の女性の就業者数が、対前年前月比で男性の約2倍に相当する約74万人も減少したというニュースは大きな衝撃を与えました。

2020年度全体を見ても、女性の非正規労働者が65万人も減少しています。解雇に加え、保育園や学校の休園、休校や登園自粛要請で自宅で子どもの面倒を見なければならなくなり、休業や離職を選ばざるを得なくなった女性たちの増加が要因の一つです。非正規労働者の中からは、家族の感染対策であっても休業が認められない、休業手当も申請してもらえないといった声も上がってきています。さらに、雇い止めにはなっていないものの休業で仕事が減り生活できない程に収入が激減する、いわゆる実質的失業と言われる状態に置かれる人も多く、2020年10月に実施された野村総研のアンケート調査からは休業中のパートやバイトの女性の7割が休業手当も受け取っていないという結果が明らかになりました（注1）。まさに使い捨ての構図です。外出抑制で人との関係も断絶させられ、孤立した上に収入が途絶えて、治療を受けようにも医療費が捻出できないといった声も聞かれます。実際、2020年の女性の自殺者の3分の2以上が失業中だったといいます（注2）。

女性への影響が深刻だった理由

女性がコロナ不況の影響を強く受けた第1の理由は、非正規雇用労働者比率の圧倒的な高さにあります。しかも、女性では35～44歳の層以上のすべての年齢層において非正規が5割を超えています。コロナ不況で真っ先に解雇されたのはこうした非正規の女性労働者でした。

第2の原因は、女性が多く雇用されている職場の特徴にあります。雇用者全体に占める女性の比率が高い筆頭は「医療・福祉」「金融業、保険業」「卸、小売業」「宿泊、飲食業」「生活関連娯楽業（フィットネスジム、理美容業等）」「教育、学習支援業」です。これらの産業ではパートの比率も高く、

「宿泊、飲食業」（60・2％）、「生活関連娯楽業」（44・6％）、「卸、小売業」（41・1％）、「医療・福祉」（28・9％）、「教育、学習支援業」（27・0％）―いずれも2018年時点―となっています。特に今回のコロナの影響を強くうけた「宿泊、飲食業」や「生活関連娯楽業」で非正規の労働者に対する大規模な雇い止めの発生が女性の失業者の顕著な増加につながっています。

コロナ禍で崩壊した「女性活躍社会」という幻想

2020年8月の労働力調査では、25～34歳の、いわゆる子育て世代の女性の完全失業率が4・7％と5年ぶりの高水準を記録しました。これにより、近年、M字型カーブの落ち込み部分をひきあげてきたものが実際には何であったのかを暴露することとなりました。実は、政府が自慢してきた「女性活躍社会」の象徴たるものの一つが、この「子育て世代」のM字型カーブの改善でした（注3）。実際には、この多少の改善は、出産―子育て世代で無配偶者ならびに非正規雇用が増加してきたことによるものですが、政府はこの変化をあたかも結婚・出産を経てもキャリアが続行できる社会環境が整ったかのように示して「アベノミクスの成果」と強調してきました（図表1）。しかし、今回のコロナ禍でその実態が明らかになったわけです。

図表1　女性の年齢階級別労働力率の世代による特徴（配偶者有無別）

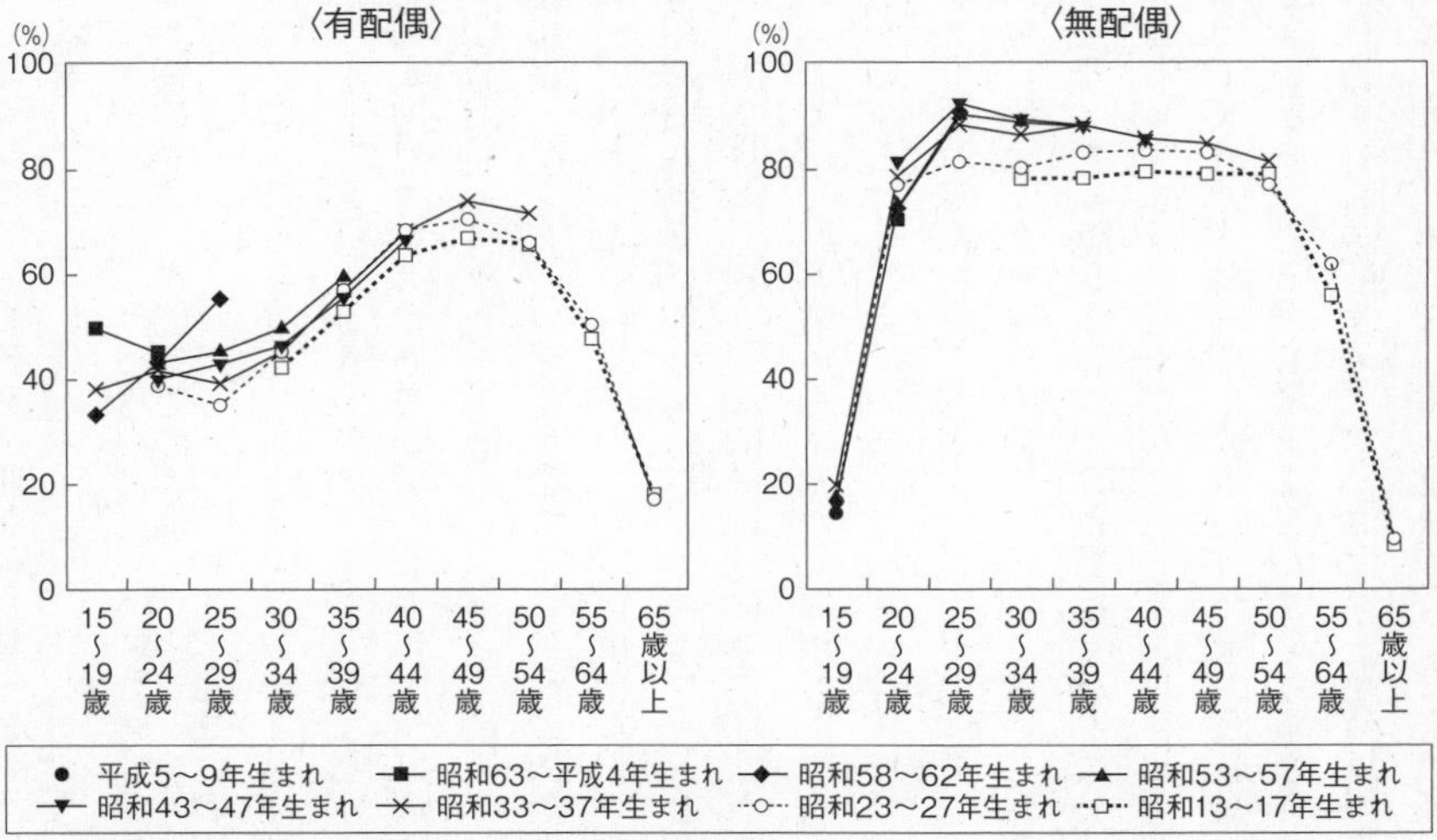

（注）1. グラフが煩雑になるのを避けるため、出生年5年間を1つの世代としてまとめたものを、昭和53～57年生まれ以前について、1世代おきに表示している。全ての世代を考慮した場合もおおむね同様の傾向が見られる。
2. 有配偶の15～19歳は標本数が非常に少ない。有配偶の平成5～9年生まれは、該当データがない。
3. 平成9年以前の調査では、55～59歳と60～64歳が1つの年齢階級にまとめられているため、ここでは55～64歳のデータを示している。

資料出所：総務省「労働力調査（基本集計）」（年平均）より作成

高齢女性への影響も深刻

非正規の割合が最大となっている65歳以上の女性もコロナ禍で苦境に直面しています。２０２０年後半の65歳以上の完全失業者数は15万人を超え、コロナ以前と比べて2万人もの増加を記録しています。高齢者の最大の雇用先は卸売・小売ですが、客と対面で接客する小売に働く高齢者のなかには、コロナによる営業の縮小や感染リスクのために雇い止めや離職を余儀なくされるケースも増えています。高齢者は、年金が引き下げられ、消費税増税、介護保険の改定、医療費の高騰などですでに家計が非常に苦しい状態に追い込まれています。この世代からは、コロナ禍で仕事を失い、再雇用先を探そうにも感染が怖くて外出できないといった声や、家賃も滞納、食を切り詰めるしかないといった声が上がっています（注4）。若い非正規雇用者が職を失い、求職活動を行う中、そこからはじき出された形で高齢者が長期に仕事を見つけられない状況が生じています。

「一億総活躍プラン」には高齢者の雇用促進が謳われていますが、その実態は非正規で働く高齢者を数多く生み出すというものでした。また、いわゆる「老老介護」は65歳以上の高齢者の54%に達しており（国民生活基礎調査、２０１９年）、コロナ禍で被介護者を預けることもできず、介護者も被介護者も社会から孤立し精神的にも経済的にも追い詰められています。こうした高齢者世帯への経済的、人的支援が求められます。

コロナ禍の家事・育児負担の増加

コロナ禍で、これまで以上に家事・育児負担が女性たちの肩にのしかかっています。ニッセイ基礎研究所によれば、特に「第1子が高校生以下」の世帯では、女性で「育児時間が増えた」との回答が37・5%に上っていたのに対して、男性は19・4%にとどまっています（注5）。子育ての負担増は、シングルマザー世帯でさらにその深刻度を増しています。もともとこの世帯の平均所得は全世帯平均の半分程度、相対的貧困率は約5割に達しています。ＮＰＯが全国のシングルマザー１８１６人に対して行ったコロナの影響に関する調査では、回答者の約7割が「雇用形態や収入減などの影響があった」と答えています。全国一斉休校によって仕事を休まなければならなくなった女性も5割に達しており、もし自分が感染したら家族の面倒が見られないと退職せざるをえなくなった女性は3割、心理的苦痛を感じている女性は6割に上っています（注6）。

こうして仕事を休んでいた女性が、宣言解除後も職場復帰できないといった事例も増えました。緊急事態宣言解除の2カ月後の7月時点で休業している人の割合は男性では0・7%でしたが、女性では6・1%に達しました（注7）。

自殺者数とＤＶ被害の増大

コロナ禍でこの10年間減少していた自殺者数が再び増加に転じました。特に女性の幅広い年代層で自殺者数が増えており、厚労省の調査によれば20代と40代で２０２０年10月の対前年同月比で２倍以上の増加となっています。男性では１万３９４３人と11年連続で自殺者数が減少したのに対して、女性は６９７６人で前年より８８５人増と２年ぶりに増加しました（注８）。これは中高年男性の自殺者が急増したリーマンショックの時とは異なる現象です。

さらに注目すべきはこうした自殺者数全体の数を押し上げているのが「同居人がいる女性」と「無職の女性」であるという点です。厚労大臣指定法人「いのち支える自殺対策推進センター」の報告によれば、「コロナでパートの仕事がなくなり、夫からは怠けるなと毎日怒鳴られる。こんな生活がずっと続くなら、もう消えてしまいたい」といった相談や、シングルマザーから「子供が発達障害で子育てがとても大変なのに、ママ友とも会えず、実家にも帰れない。子どもの検診もなくなって、一人でどうやって子育てをしていけばいいのかわからない。死んで楽になりたい」といった相談がセンターに数多く寄せられているといいます（注９）。ここからは、コロナ禍による解雇、離職の増加と同時に家事・育児の負担増やＤＶの増大、さらにはそれらの困難を分かち合う人間的つながりを絶たれ、これを補完し孤立を防ぐ行政のきめ細かい援助が行き届いていない現状が見えてきます。

リーマンショックの際に中高年の男性の自殺者数が増加した理由が解雇や倒産など経済的問題であったことを考えれば、今回の特に40代の自殺者の増加は、コロナ禍での解雇や雇い止めが大きな原因となっていることは疑いようのない事実です。厚労省は不安を感じたら自治体の窓口に相談するよう勧めていますが、その自治体の職員自身の約４割が今や非正規労働者であり、自治体によってはすでに非正規率が６割に達しているところもあります。ここでも、女性が非正規で雇用され、コロナで行政が寄り添うべき領域であるにもかかわらず、自身も低賃金で不安定な就労を余儀なくされる職員が対応させられているのが現状です。

真の働き方改革に必要なのは性別役割分業の壁を打ち壊すこと

コロナ禍で女性労働者に起きた問題のどれをとってみても、パンデミック下の特異な問題ではないことは明白です。例えば、女性が「景気の調整弁」として不安定な労働条件を引き受けさせられてきた状況はコロナ以前から存在していました。また、働きながら家事・育児・介護の大部分を同時に背負わされる姿もコロナ以前からずっと問題になってきたものです。

コロナ禍で女性を家庭に引き戻す大きな力となっているの

は性別役割分業というイデオロギーと、このイデオロギーと表裏一体の関係にある男女の賃金格差です。男性の異動に伴い職場離脱をする女性、保育施設が見つからない時に職場離脱をする女性、コロナで家庭に引き戻される女性を生み出す土壌も、そのように判断する「意識」の醸成にも、男女賃金格差の存在が極めて強く働いています。政府が公式に発表している数値によれば、女性の賃金は男性の7割程度となっていますが、リクルートワークス研究所の調査に基づいて男女賃金格差の実態を属性別にさらに細かくみていくと、20～40代で52・7％（男性＝100）、大学卒の20～40代で54・8％と、平均よりもかなりの差が生じていることがわかります。また、男性が学歴によって賃金の上昇率にかなりの差が生じるのに対して、女性の場合には男性ほどの差は生じません。そうなれば、高等教育機関に進学する動機付けにも男女で温度差が生じることになります。

家事・育児・介護の社会化が停滞、もしくは後退していることもまた、性別役割分業からの脱却を困難にする要因です。せっかく仕事についてキャリアを積もうとしても、育児や介護で家庭の中に引き戻される女性が多いのが現実です。保育施設、介護施設は圧倒的に不足し、あいかわらず福祉の担い手は家族（実際にはその多くが女性）です。女性の自立のために必要な男女の意識改革も、黙っていればいつかは意識が変わっていくものではありません。育児や介護、家事さえも、女性が担っているものをできるだけ社会化させていくことが、女性のキャリアを中断させないために必要です。女性が働き続けることができる社会的サポートに加え、制度が確立していく過程の議論もまた、男女の意識変革に有効に働くことはすでに北欧社会における制度設計の過程での議論を見れば明らかです（注10）。

「働き方改革」の1番の問題は何か

「働き方改革」関連法の目玉は「時間外労働の上限規制を中小企業へ適用」と「男女同一労働同一賃金」、そして「高度プロフェッショナル制度」の導入です。時間外労働の上限規制については既に罰則規定を伴う規定が存在しており、これまで大企業のみだった対象を中小企業にまで拡大するものです。一方で「男女同一労働同一賃金」については、罰則規定はなく強制力はありません。従って、何を基準に同一労働とみなすのかなど、長年アカデミズムの世界でも議論されている問題もまだ解決されず、その効果についてはあまり期待が持てません。

そうなると、むしろ、「働き方改革」の目玉は「高度プロフェッショナル制度」だけなのではないかと思えてなりません。この「高度プロフェッショナル制度」のもとで働く労働者には、労働法で定められた労働時間や休憩、休日や残業手当に関する規定が適用されません。この制度は欧米ではホワイトカラーエクゼンプションと呼ばれており、労働者が歴史上獲得してきた労働時間や給与に関する権利を剥ぎ取る総仕上げにあたるものです。

日本の支配層が目指してきた労働者の権利の総剥奪は、三井三池闘争のようなブルーカラーの労働運動、教育労働者や運輸労働者の労働運動の根絶、残ったホワイトカラー労働者の組織率引き下げを行い、これまで運動の中で労働者が獲得してきた数々の権利をすべて奪い取ることで完結することになります。

女性労働者もこの一連の動きの中で、男性労働者の長時間労働の支え手として、ある時は男性労働者への賃下げ圧力としての役割を担わされてきました。そして何よりも資本にとって最も好都合な景気の調整弁としての役割を押し付けられてきました。「働き方改革」を貫く裁量労働制は、一見すると男女別なく適正に評価を受けることができるかのように見えます。しかし、その行き着く先は、残業代も出ず長時間労働を自ら選ばせる「高度プロフェッショナル制度」と同じ仕組みの中にすべての労働者を組み入れるものです。労働時間や休日、休憩時間などの規定は長い労働運動の闘争を通じて勝ち取られてきたものであり、資本主義のもとで資本に奪い取られた時間を取り戻していく運動でもあります。それをかなぐり捨てることで男女平等が手に入るという考え方が拡大していくことは資本にとっては好都合です。

今、コロナ禍を経験した私たちがなすべきことは、これまで奪い取られてきた様々な労働者の権利をとりもどし、同時に性別役割分業を固定化させてきた男女の賃金格差を強制力をもって消滅させていくこと、そして、女性を家庭に引き戻す育児や介護、家事、特に育児と介護の社会化をさらに公的責任において進めることにあるのです。

（注1）野村総研「コロナによる休業者の実態と今後の意向に関する調査」https://www.nri.com/jp/knowledge/report/lst/2020/cc/mediaforum/forum299（アクセス、2021年1月14日）

（注2）2021年2月28日付東洋経済オンライン https://toyokeizai.net/articles/-/414038?page=4（アクセス、2021年4月2日）

（注3）内閣府　政府広報『データでみるアベノミクス』2020年1月版　内閣府HP、https://www.gov-online.go.jp/tokusyu/abenomics/assets/images/Abenomics_pamph.pdf（アクセス2020年11月25日）

（注4）2020年9月11日付西日本新聞

（注5）村松容子「共働き世帯におけるコロナ自粛中の家事・育

児時間の変化～家事・育児時間は男女とも増加。増加割合には男女差」２０２０年10月19日 https://www.nli-research.co.jp/report/detail/id=65850&pno=2?site=nli（アクセス、２０２０年11月20日）

（注６）２０２０年８月29日付「しんぶん赤旗」、および２０２０年９月11日付朝日新聞

（注７）周燕飛「ＪＩＬＰＴリサーチアイ　第47回コロナショックの被害は女性に集中（続編）―雇用回復の男女格差―」労働政策研究・研修機構、２０２０年９月25日 https://www.jil.go.jp/researcheye/bn/047_200925.html（アクセス、２０２０年10月25日）

（注８）２０２１年３月18日東京新聞朝刊

（注９）厚労大臣指定法人「いのち支える自殺対策推進センター」『コロナ禍における自殺の動向に関する分析緊急レポート（中間報告）』

https://jscp.or.jp/research/kinkyureport_201021.html（アクセス、２０２０年12月２日）

（注10）Åsa Lundqvist,*Transforming Gender and Family Relations: How Active Labour Market Polic€i0ies Shaped the €i0Dual Earner Model€i0,€i02017* Nov, *Cheltenham: Edward Elgar Publishing.*

（姉歯　曉）

「デジタル・ニューディール」のねらいと地方自治・人権の危機

コロナ禍の中での「デジタル・ニューディール」推進

新型コロナウイルス感染症の国内第一波の流行が収まってきたかのようにみえた2020年の初夏、安倍政権（当時）は「ポストコロナ戦略」を打ち出します。その集大成が、同年7月17日に経済財政諮問会議が決定した「骨太方針2020」でした。

経済財政諮問会議は、政府の経済及び財政政策を決定する最高意思決定機関であり、小泉構造改革以来、民主党政権期を除いて、構造改革の司令塔としての役割を果たしています。その議員には、日本経団連や経済同友会の代表、財界の意見を代弁する学識経験者2人も入っており、一般の国会議員はもとより臨時議員扱いの他の大臣よりも強い影響力を行使しています。

「骨太方針2020」においても、この民間4議員が、「ポストコロナ」戦略を前面に打ち出し、公衆衛生・医療・地方行政の領域におけるデジタル化推進（デジタル・ニューディール）、テレワークの導入による多角連携型経済社会の構築（政令市、中核市育成とスマートシティづくり）を提起するとともに、国と地方自治体とのデータ統合とマイナンバーカードの普及加速化を強調したのです。ただし、デジタル投資が巨大になることを見越して、「経済・財政一体改革」方針の堅持を説き、「資源配分にメリハリ」をつけること、すなわち社会保障費の節減も提起しました。

これらの内容は、「骨太方針2020」に盛り込まれ、安倍政権の継承を謳った菅政権によるデジタル改革に引き継がれていくことになりました。その結果、菅政権は、コロナ禍と逆行する老人医療費の窓口負担の二倍化や病床削減のための法律制定を推進していったのです。まさに、惨事便乗型政治の典型です。

第32次地方制度調査会答申と「自治体戦略2040構想」

また、地方制度改革分野では、総務省内の研究会で2018年に提言された「自治体戦略２０４０」構想に基づいて、第32次地方制度調査会で審議された結果が、２０２０年6月26日に答申として提出されました。「自治体戦略２０４０構想」とは、ＡＩ（人工知能）や情報技術を応用することによって自治体職員を２０４０年までに半減し、市町村よりも広い「圏域行政」を標準的な地方制度として作り、それがウーバーイーツのようなシェアビジネスや民間企業との連携のもとで、行政サービスを担うようにするという内容です。

結局、市町村から強い反発があり、調査会の答申では「圏域行政」の「法制化」提案は断念したものの、行政のデジタル化及びその標準化・共同化・効率化、広域連携推奨、自治体の計画・施策策定、実施過程への民間企業の参画を推進する諸方策を盛り込むものとなりました。右記の「骨太方針２０２０」の内容と共鳴関係にあり、菅政権におけるデジタル庁設置を中心とした、地方自治体も巻きこんだデジタル市場の形成と、デジタル化を軸にした新たな地方統治構造の創出を図ろうというものです。

ところが、同調査会の答申では、コロナ禍で炙り出された東京一極集中問題、さらにコロナ対策においての自治体の対応の根本的弱点（大幅職員削減による保健所等の機能マヒ、大規模自治体での給付金の遅れ、補償財源の不足問題等）の政策的検証は一切行われませんでした。その結果が、第４波に至るコロナ禍の波状的拡大であったといえます。

デジタル庁創設とデジタル改革関連法の成立

２０２１年3月から国内でコロナ禍第４波が広がっている最中、菅政権は、通常国会に「デジタル改革関連法案」として、デジタル社会形成基本法案、デジタル庁設置法案、デジタル社会形成整備法案、預貯金口座の登録・管理をめぐる2法案を提出しました。その後、地方公共団体情報システム標準化法案も上程されました。

デジタル庁の設置は、「デジタル・ニューディール」を掲げる菅内閣の目玉政策として、政権発足後に前面に押し出されてきたものです。その役割は、国及び地方自治体だけでなく、民間事業者のデジタル化を進める司令塔であるとされています。そのため、デジタル庁は他の省庁の上に立ち、トップは首相です。その下に民間出身の「デジタル監」を置くとともに、民間企業からの幹部、職員を大量に採用するとされています。9月から発足する同庁の５００人余りの職員のうち2割以上が民間企業からの採用となります。しかも、完全な移籍ではなく、これまでの会社に席を置きながら、リモートで副業的に政府の仕事をすることも認めるとしており、これまでにない民間企業と政府の癒着の温床になるのは必定です。

さらに、マイナンバーカードの普及と併せて、それらを銀行口座や各種国家資格、行政手続きに紐づけし、個人情報を省庁間だけでなく、民間企業のビジネスにも活用できるようにする法的整備を行うとしています。その先鞭をつけたのが、昨年の国家戦略特区法改正によって制度化された「スーパーシティ構想」です。

もともと、このような「デジタル・ガバメント」づくりを強く要求したのは日本経団連でした。それを、2016年頃から、「デジタルファースト法」等によって積極的に推進した人物こそ、当時官房長官であった菅義偉首相でした。この間、首相の長男も関与した総務省の通信・放送関係の接待事件で通信行政が大きく歪められてきました。そもそも、このような行政の私物化の検証なしに、法案をごり押ししたこと自体、大きな問題であるといえます。

具体化すすむ「スーパーシティ構想」

「スーパーシティ構想」の旗振り役も、竹中平蔵や菅官房長官（当時）です。かつて加計学園と安倍政権の癒着が問題となり、前川喜平前文部科学事務次官が「行政の私物化」と痛烈に批判した国家戦略特区制度を今回も活用しようとしています。手続き的には、官邸が指定するわけですので、再び政治家と癒着した地域指定がなされる可能性があります。現在、大阪市や浜松市などが立候補しており、まずは5自治体が指定を受けることになっています。

「スーパーシティ構想」の大きなポイントは、自治体の行政サービスから交通、物流、防災や教育、環境保全などに至る、地域のあらゆる分野をデータ連携基盤でつなぎ、その個人情報をビッグデータとして特定の民間企業が吸い上げて活用しながら、個々のビジネスチャンスにつなげていこうという構想です。事業実施主体として認められた企業が国や地方自治体に対して、それらが保有するデータ（個人情報）の提供を求め、それらを自らの私的ビジネスに活用するという仕組みです。

個人情報保護・人権・団体自治権の無視

今回のデジタル改革関連法は、日本経団連が求める成長戦略の一環として、国や地方自治体がもっている大量の個人情報を、民間企業が「流用」できるようにすることを最大のねらいにしています。しかも、マイナンバーカードを通して、家族、所得、銀行口座、健康保険、年金、免許証、図書館利用、交通移動、買物やコンサート等の情報をすべて紐づけして、人々の日々の行動や思考、思想を一瞬にして把握し、金儲けの手段にすることと併せて、これによって個人の行動が監視されたり人権が侵害される可能性がでてきます。

例えば、2019年に、リクルートキャリア社が「リクナビ」サイトから得た大学生の就職・内定辞退情報を、本人の同意なしに、顧客の会社に販売したリクナビ事件が発覚しました。ここでも個々人の内定辞退確率の計算にＡＩが活用されていたことがわかっています。

実は、今回の法改正では、各自治体が、住民の人権を守るために、それぞれ制定している個人情報保護条例が、右でみたような個人情報の「流用」にとって障害になっているとして、自治体が条例で規定できる内容を制約し、その運用を政府の委員会が監視する法律も盛り込んでいます。これは、私たちの人権のひとつである個人情報を犠牲にするだけでなく、地方自治体の団体自治権を蔑ろにするものです。

「トイレなきマンション」＝原発推進と同じ構造

そもそも、日本の場合、政府も企業も、個人情報の保護よりも、経済的な儲けを優先する傾向が強いといえます。世界で最も厳しい個人情報保護ルール（一般データ保護規則ＧＤＰＲ、２０１８年施行）をつくっているのはＥＵですが、２０１９年５月25日付の日本経済新聞の報道によると、日本の主要企業のうちこのルールをクリアしているのは55％にしかすぎません。また、マイナンバーに関わる個人情報流出・漏洩事故は、政府の２０１９年度「個人情報保護委員会年次報告」によると、わずか１年間で２１７件にも及んでいます。このような個人情報漏洩事件は枚挙にいとまがありませんし、巨額を投じて作られても、ほとんど役に立たなかったＣＯＣＯＡ（接触確認アプリ）に代表されるように、まだまだ未熟で、安全性が確保されていない技術水準にあるといっていいでしょう。

いったん流出した個人情報は、「覆水盆に返らず」で、その人や家族の生活や一生を台無しにする可能性もあります。これを「バーチャル・スラム」といいます。デジタル化には個人情報漏洩という人権侵害や社会経済的損失の可能性があるのに、安全性が確認されないまま、利便性と経済性だけが強調されていることに大きな問題があります。

これは、１９７０年代に安全性の確保抜きに推進された原発推進政策と酷似しています。当時、「トイレなきマンション」と称されるように、１９８１年に起きた敦賀原発事故では漏出した放射能汚染水を下請け企業の作業員がバケツと雑巾でふき取っていたのです。そのような「ヒヤリハット」事象・事故の累積のあと、２０１１年３月11日の東日本大震災による東京電力の福島第一原発事故が起き、未曽有の核災害によって多くの犠牲者をだしたうえ、今も人々が生活できない地域が広がっているのです。デジタル化にともなう安全性確保の技術が確立していない現状で、無理やり国民や企業、団体のもつ情報をすべて集権的に管理すること自体、極めて危険なことだといえます。現に、５月27日には、内閣府のサーバーから情報流出があったとの報道がありました。

デジタル化と地方自治

菅政権は、デジタル化を急ぐ理由として、コロナ対策で、保健所と国との情報のやりとりに問題があったとか、あるいは1人10万円の給付金の給付が遅れたのはマイナンバーカードの普及の遅れがあったからだとしています。しかし、それは事実ではありません。そもそも1990年代末から地方行革のなかで、保健所や公立病院の統廃合がなされ、防疫・医療体制の弱体化が進行していました。また、マイナンバーカードは、銀行口座との紐づけがされていませんので、そもそも給付作業を瞬時に行うことが出来ませんでした。デジタル化以前の問題として、公務員の数が大きく減らされたことが問題なのです。コロナ対策としては、むしろ国際的に見ても大きく減らされてしまった、保健・医療スタッフをはじめとする公務員数を増やし、デジタル技術はあくまで行政手段のひとつとして活用すべきなのです。

ところが、政府は、「自治体戦略2040構想」に基づき、2040年までにデジタル技術を使うことによって公務員数をいまの半分にし、それを補完するために民間企業を活用するだけでなく、広域的な行政サービス圏をつくり、そこでの情報サービスを標準化して整備し、「デジタルオンリー社会」にすることを目指しています。現状でも、日本の公務員数は人口当りで見ると先進国中最低であり、そのためワクチン接種では、ネット予約に安易に頼った大規模自治体は大混乱を来していますし、オンライン予約できない「ワクチン難民」がでています。

政府は、デジタル化によって地方自治体や住民の統制を強化しようとしていますが、これでは実質的に、明治憲法下での、国の出先機関としての地方公共団体という位置づけと同じになってしまいます。戦後憲法では、この中央集権的な戦争動員機構としての都道府県や市町村を廃止し、地方自治を高らかに掲げました。

地方自治は、二度と戦争をしないための制度であり、憲法9条と一体のものです。地方自治体の最大の責務は、「住民の福祉の向上」にあります。いま、デジタル化を名目に「便利で」「儲かる」自治体づくりが追求されています。ところが会計検査院の調査結果によると、マイナンバーカードの活用は目標値の5％にとどまるうえ、2019年度の情報システム発注のうち7割が「1社」応札、すなわち特定企業の独占となっているのです。このような一部の少数の企業にしか利益をもたらさないような不要不急のデジタル化はすすめるべきではありません。地方自治体を主権者である住民のものに取り戻すことが求められています。

（岡田　知弘）

中小業者の役割と存立危機―中小業者淘汰はコミュニティ破壊への一里塚

コロナ不況の実態と政府の対応

コロナ不況の深刻さをGDPでみると、コロナ禍で第1次緊急事態宣言が出された2020年4~6月期の落ち込み幅は前年同期比（年率換算）で▲《マイナス》28・8％となり、これまでで最悪であったリーマン・ショック時の▲《マイナス》17・8％を大幅に下回りました。日本経済は直前の消費税率10％への引き上げのダメージから回復できない中でコロナ不況に突入したため、危機の深まりはより深刻となりました。

コロナ不況による存立危機の典型業種は料理飲食業や旅館・ホテル業であり、衛生管理の点から厚労省所管となっており、理美容業などとともに生活衛生営業として位置づけられています。生活衛生営業の売上DI（対前年同期比での売上推移）は、第1次非常事態宣言が出された2020年4~6月期には9つの生活衛生営業業種全体で▲《マイナス》85・2と、売り上げ減に喘ぐ企業の割合は他業種と比べても異常な高率に達し、とくに飲食業（▲《マイナス》93・8）とホテル・旅館（▲《マイナス》93・5）は売上減の打撃が顕著でした。

国民生活を前代未聞の危機に追い込んでいるコロナ不況に対して、前例にとらわれない思い切った措置という触れ込みで政府は2020年4月7日に緊急経済対策を打ち出しました。しかし、その内容は見掛け倒しで、事業主の自助を基本に据えた制度設計でした。事業規模108兆円で世界的にも最大級の経済対策と安倍首相（当時）が自画自賛した中身も、国が実際に出す財政支出は39兆円に過ぎませんでした。前例にとらわれない思い切った措置というなら、少なくとも営業自粛要請は補償とセットで行うべきです。

国際比較でみると、日本の支援策は国庫負担の実質的規模が小さく、スピード感に乏しく、使い勝手が悪く、現状追随型で施策の小出しの積み重ねで整合性が乏しいものでした。例えばドイツでは2020年4月時点で、日本円で約5兆8000億円の予算で自営業者に対する緊急支援策を実施し、中小企業が月々の家賃支払いなどに困らないように、特定の業種に絞らず、経営状況の悪化を条件として、申請手続きの簡略化と給付の迅速化（申請から数日間で受け取れる仕組み）に取り組みました。欧州各国の支援政策の基本スタンスは、〝まず給付、チェックは後で〟という中小業者性善説に基づいていたことが注目されます。

これに対して日本政府が中小企業・雇用維持支援策として打ち出した二本柱は、持続化給付金と雇用調整助成金でしたが、申請書類が煩雑で、審査期間が長く、金額も少なく、緊急事態への対応とはいえない仕組みでした。支援対象を絞り込んだうえで（前年比売り上げが5割以上ダウンした事業所のみ）、厳重にチェックを行ったうえで給付するという仕組みであり、業者は施策を悪用するものだという中小業者性悪説がうかがえます。

加えて、自治体が独自に実施している支援策に対して、積極的に支援すべき政府が歯止めをかけるという事態が続きました。緊急経済対策に盛り込まれた1兆円の地方創生臨時交付金の使途について政府は「国として事業者の休業補償を取る考えはない。従って国からの交付金が（自治体が行う）事業者への休業補償には使えない」（4月13日の参院決算委員会での西村経済再生担当大臣発言）と述べ、事業主に対してはあくまでも支援であり、補償ではないと前置きしたうえで、自治体の休業要請への見返りとしての協力金への使用を認めませんでした。その後、現場からの支援要求運動の強化や知事会の要望などを反映して、政府は臨時交付金を協力金に活用することを容認しました。この点は地方自治の原則である「住民自治による団体自治」の空洞化という現実の問題点を典型的に示しており、「3割自治」といわれている自治体財政の脆弱性の打開とともに、地域特性を生かした持続可能な地域づくりという点で忘れてはならない改革課題です。そして2021年1月に2回目の緊急事態宣言が出されましたが、その内容は以上でみた政策枠組みと支援対象をさらに狭め、問題点を一層深刻化するものです。

ウソとトリックによる中小企業淘汰・新陳代謝論

菅政権は経済財政諮問会議の下に設置した成長戦略会議のメンバーに、ゴールドマン・サックスなどでグローバル金融マンとして活動した後、小西美術工藝社の社長に就任したデービッド・アトキンソン氏を起用しました。アトキンソン氏は2019年9月に刊行された『国運の分岐点』で大胆な中小企業「改革」の必要性を訴え、一躍脚光を浴びました。

その主張を要約すると、日本は少子高齢社会に突入し生産労働人口が減少する中で、成長率に影響を与える生産性が先進諸国の中で極めて低いが、その原因は生産性の低い中小企業が大量に存在するからであると結論付け、中小企業の整理・淘汰および企業統合により日本経済の生産性を高め、新たな成長軌道を切り拓こう、というものです。

しかし、アトキンソン氏の主張には事実誤認や裏付け資料の誤用が多く見られます。そこで以下、①日本の中小企業は国際的にみて本当に多すぎるのか、②日本経済の成長率が低いことの原因は中小企業にあるのか、について検証してみましょう。

アトキンソン氏は「日本政府が様々な政策を推し進めても、なかなか日本の生産性が向上しないのは、『中小企業が多すぎる』ということに原因があるのです。」(『国運の分岐点』76頁)と断言しています。しかし、氏の主張を裏付ける客観的資料は提示されていません。

日本は中小企業が多すぎるという主張ですが、三菱総研の平成27年度の調査報告書によると、人口千人当たりの中小企業の数は日本の28・5に対して、アメリカは87、イギリスは78・4、フランスは46・9、ドイツは43・9で、逆に最も少なくなっています。つまり、中小企業の数が多すぎることによる過当競争からは中小企業の生産性が低いという結論は導き出せません。

次に日本の中小企業の付加価値生産性が低い理由としては、日本特有の社会経済的な構造問題が歴史的に存在していることにあります。一つは、親企業と下請け企業との間の取引関係の公正さの問題です。これが中小企業、とくに小規模企業にとって不利な状況になっています。下請代金支払遅延防止法のような法律は他の先進諸国ではみられません。さらに税や社会保障制度をめぐる不公平です。社会保険制度に関しては、多くの国では小規模企業ほど手厚く直接支援をしているのに、日本ではこれを一切していません。所得税法56条による自家労働否認と配偶者の人格を否定する半封建的法制などは、他の先進国では考えられません。アトキンソン氏は、こういう不公平があることを全く無視しています。そこには日本経済の構造分析が欠落しています。また日本の中小企業は政府によって過度に保護されていると強調されていますが、納得できるような具体的な保護の事例は指摘されていません。

戦後日本経済の歩みをみれば、アトキンソン氏の主張とは逆に中小企業の数的増加と生産性向上とは〝正の関係〟にありました。OECDの統計によると1980年代の日本の国民一人当たりGDPの伸び率は3・71%でG7諸国の平均を上回っていました。この間は日本の中小企業の数は増加傾向にあった時期です。日本の付加価値生産性が低下するのは21世紀に入ってからで、この間に中小企業の数は減少傾向に転じています。アトキンソン氏の主張とは逆に中小企業の数が減少するのと歩調を合わせる形で付加価値生産性は低下傾向を辿っています。この時期は経済のグローバル化が進展し、生産の海外移転が急速に進んだ時期であり、多くの下請企業が消滅しました。ちなみに欧米諸国とは異なり、日本の経済グローバル化は他の国々からの日本への進出（対内投資）が少なく、生産・流通機能の対外流出一方通行型に特徴がありました。すなわち21世紀の日本の付加価値生産性の低下の問題は、日本型の経済グローバル化という経済構造転換に主因が求められるべきです。この点の考察をアトキンソン氏は一切無視しています。

地域経済を支える中小企業・商工業者の役割

中小企業の数は戦後ピーク時の1986年の532・7万件から減少傾向に転じ、2016年には357・8万件で約175万も減少しました。これを従業員数20人以下の小規模企業についてみると、21世紀に入ってから約160万件も消滅しています。とくにアベノミクス下で、従業者数20人未満の小規模企業の破壊が進みました。例えば2012年から2016年の5年間に小規模企業では新規開業が38・6万件に対して、廃業は75・8万件で差し引き37・2万件も減少しました。開廃業のバランスが取れている中規模企業以上とは質的に異なり、小規模企業の階層ぐるみの淘汰がみられました。とりわけ経済のグローバル化・市場原理主義の推進が地域密着型営業の破壊と地域社会の崩壊を進めています。中小商工業は21世紀の日本の経済社会の発展、国民生活の向上に必要ではなくなったのでしょうか。

そこで以下、中小商工業の社会経済的役割の要点についてみてみましょう。日本経済を支える製造業に関して、技術革新や製品開発の多くは既存技術の改良や、それらの組合せに起因しています。独創的と評価される技術や製品も、その基礎となっている生産・加工技術は、日本では中小企業・町工場によって担われているオーソドックスな基盤技術に求められます。切削・研削・表面処理・メッキ・鋳鍛造などの職人の技能・熟練に依拠した加工技術が、東京の大田区や墨田区、東大阪市、新潟県の燕・三条など、日本各地の個性的な地域内工業集積が日本製品の国際競争力を支えてきました。どのように特殊で難易度の高い加工であろうと対応するとともに、極少ロットや超納期などの無理な注文でも対応してくれる中小企業・町工場の存在は、国際的にみても日本が群を抜いています。

流通・サービス業についてみても、大型店の場合、量販効果をあげるため人手はできるかぎり少なくし、販売活動の規格化・標準化・マニュアル化を推し進めています。これに対して商店街や中小小売店は単にモノやサービスの受け渡しを行っているのではなく、具体的な商品知識の伝達や使用ノウハウに関する教育・相談機能を対面方式で担っており、個別的なニーズに無形の付加価値を付けて営業しています。顧客は一人一人異なった価値観や要求を持っており、こうしたニーズの個別性に的確に対応するためには、商店で働く人々が地域の風習・伝統や住民を熟知している必要があります。また商店街のお店は雑談や憩いの場の役割を発揮しています。日本で失われつつある地域コミュニティの土台は地域に根づいた「24時間市民」である中小商店・町工場であることを再評価する必要があります。

ドイツ、イタリア、フランスなどの中部ヨーロッパの先進諸国では日本のように大企業本位・グローバル化志向の成長戦略のみに軸足を置くのでなく、地域資源と技能熟練を重視した地域内循環型の文化型産業（農林漁業、食品製造、家具、衣服の地場産業や商店街など地域固有の生活文化を支える産業）をも重視した産業振興政策を実施しているため、小規模企業の比重は21世紀に入ってからも低下していません。

２０１０年に閣議決定された中小企業憲章の前文では「中小企業は、経済をけん引する力であり、社会の主役である」と明記され、「中小企業がその力と才能を発揮することが、疲弊する地方経済を活気づけ」るので、地域社会で雇用と所得を確保する役割が期待されています。また基本理念では「中小企業は、社会の主役として地域社会と住民生活に貢献し、伝統技能や文化の継承に重要な機能を果たす」という意義が示唆されています。加えて「小規模企業の多くは家族経営形態を採り、地域社会の安定をもたらす」とされ、中小企業政策に取り組むにあたっての基本原則でも、「経営資源の確保が特に困難であることの多い小規模企業に配慮する」と宣言されています。

ジェンダー平等・多様性・人間性・持続可能性を基本にした地域社会を再生するためには中小商工業は不可欠な存在であることに確信を持ち、共同・連帯の力で新しい日本の未来を切り拓きましょう。

（吉田　敬一）

第5次男女共同参画基本計画の特徴と課題

「第5次男女共同参画基本計画～すべての女性が輝く令和の社会へ～」（以下、5次計画）が2020年12月25日に閣議決定されました（閣議決定時の説明資料は資料編に掲載）。新型コロナウイルス感染症の世界的な拡大の中、ジェンダー視点でのコロナ対策、コロナ禍で苦しむ女性への支援、全国に広がったフラワーデモなど性暴力の根絶、刑法改正に向けた運動の高まり、選択的夫婦別姓制度の導入、女性差別撤廃条約選択議定書の早期批准などジェンダー平等を求める運動の高まりのもと5次計画は策定されました。

5次計画案の検討は、2019年11月27日に第5次基本計画策定専門調査会で始まり、2020年7月に「第5次男女共同参画基本計画策定に当たっての基本的な考え方（素案）」（以下、素案）が発表され、意見募集（パブリックコメント）は8月1日から9月7日、公聴会は8月に2回オンラインで行われました。意見募集には5638件（前回3616件）、ユースNGO「＃男女共同参画ってなんですかプロジェクト」等若い世代からの意見も寄せられました。公聴会はオンラインで2回行われ、参加者は421人（前回は全国6カ所881人）、公聴会の意見549件を含めると意見は全体では6187件でした。

5次計画は、刑法改正や就活セクハラの実態調査、緊急避妊薬の処方箋なしでの購入などパブコメや国民の世論と運動を反映した内容もある一方で、ジェンダー平等推進反対勢力の圧力に屈してこれまでの計画より後退した項目もあります。

第1部　基本的な方針

男女共同参画基本計画の目指すべき社会…「女性活躍・男女共同参画」並列

5次計画は、目指すべき社会として4点提示していますが、目指すべき社会の第1に「憲法と女性差別撤廃条約に基づくジェンダー平等社会を目指す」を掲げるべきです。4番目に「あらゆる分野に男女共同参画・女性活躍の視点を取り込み、ＳＤＧｓで掲げられている包摂的かつ持続可能な世界の実現と軌を一にした取組を行い、国際社会と協調する社会」と男女共同参画と女性活躍が並列して書かれています。女性活躍は、経済成長に女性をどう活用するかということに偏重しています。男女共同参画の目的は人権尊重とジェンダー平等の実現であるという基本を押さえたうえで、あらゆる政策・計画にジェンダー視点を貫くというジェンダー主流化をめざすべきです。

第２部　政策編

達成目標の先送り（第１分野）

　２００３年、男女共同参画推進本部で「２０２０年30%」の目標を掲げ、計画としては２次計画から目標が掲げられました。５次計画では、この目標は「必ずしも社会全体で十分共有されず、必要な改革もすすまなかった」とし、目標達成を「２０２０年代の可能な限り早期に」と先送りしています。ジェンダー主流化実現のためには女性の意思決定参画拡大が不可欠であるという位置づけを明確にしたうえで、国際的な目標である「２０３０５０」を明記し取り組みを強化することが必要です。

　特に遅れているのが政治分野です。女性議員の割合は世界では25・５%です。日本は、衆議院で９・９%、１９３カ国中１６６位と立ち遅れています（２０２１年３月８日列国議会同盟）。２０１８年に候補者を男女均等にするよう政党に努力を求める「政治分野における男女共同参画推進法」（以下・候補者男女均等法）が全会一致で成立しました。法成立後初の２０１９年の参議院選挙では候補者に占める女性の割合は28・１%でした。５次計画では、「政治分野が率先垂範してあるべき姿を示す必要がある」とし、国政、地方議会選挙の女性候補者の割合を２０２５年までに35%にする目標を掲げています。これは「政府が政党に働きかける際に念頭に置く努力目標」としています。候補者男女均等法の趣旨からしても、候補者数は男女同数にすべきであり、掲げる目標は50%にすべきです。

　男女共同参画会議基本問題・影響調査専門監視調査会報告書（２０１２年２月）は「一般に死票が多くなる小選挙区制より中選挙区制・大選挙区制や比例代表制の下での方が多様な民意が反映されやすく女性議員の割合が高くなる傾向が見られる」と指摘しています。小選挙区制を廃止し、多様な民意を反映し女性の政治参画拡大を可能にする比例代表制を中心とする選挙制度への抜本改正が必要です。

　民間企業の役職員の成果目標は、課長相当職18%、部長相当職12%と低い目標となっています。これでは、ジェンダーギャップ指数156カ国中120位（世界経済フォーラム2021年発表）というジェンダー平等の遅れから脱却できません。

雇用・仕事と生活の調和（第2分野）

4次計画の第1分野「男性中心型労働慣行等の変革と女性の活躍」が削除されましたが、「男性中心型労働慣行」や固定的な性別役割意識の下、家事・育児・介護などの多くを女性が担っている実態があります。誰もが仕事と生活を両立し人間らしく働き続けることができるために、ワーク・ライフ・バランス、ディーセントワークの実現に向け長時間労働の解消、そのための労働時間規制が必要です。公的保育所増設、学童保育の拡充など社会的条件整備をすすめることも必要です。

「多様で柔軟な働き方」が推奨され、「多様な正社員」や雇用によらない働き方、フリーランスが拡大しています。コロナ禍で非正規労働者が雇用の調整弁として切られ、フリーランスや多くの女性労働者が生活困窮に陥っている現状を把握し、対策を掲げるべきです。非正規労働者の賃金の底上げをはかるため、生計費原則により最低賃金を引き上げることが必要です。「より早期に全国加重平均1000円になることを目指す」としていますが、労働組合等の生計費調査で明らかになっている「1500円」を目指し、全国一律最低賃金制度の確立が必要です。また、事業主負担を軽減する中小企業への支援策を進めることが求められます。男女賃金格差解消は、女性活躍推進法に触れていますが、同法に基づく情報公表義務の対象に「男女別の賃金」を入れるべきです。

仕事の世界における暴力およびハラスメント条約（ILO190号条約）等については「批准を追求するための継続的かつ持続的な努力を払う」（第11分野）としていますが、直ちに批准できるよう包括的なハラスメント禁止法等の制定が急がれます。

家族従業者の働き分を認めない所得税法第56条については、4次計画や素案では、「女性が家族従業者として果たしている役割が適切に評価されるよう、税制等の各種制度の在り方を検討する」としていましたが、5次計画は「女性が家族従業者として果たしている役割に鑑み」と言いつつ、「事業所得等の適切な申告に向けた取組を進めながら、税制等の各種制度の在り方を検討する」と、申告方法による差別を継続する内容になっています。

世界の主要国では家族従業者の働き分を必要経費と認めており、女性差別撤廃委員会からも「所得税法の見直し」が勧告され、所得税法第56条の廃止を求める意見書は550自治体で採択されています。差別的な法規である所得税法第56条は廃止すべきです。

後退した選択的夫婦別姓制度の導入（第９分野）

選択的夫婦別姓制度の導入については、寄せられたパブコメの多くが賛成意見であり、首相が国会で「政治家として（導入に）責任がある」と答弁したにもかかわらず、自民党内反対派の意見が色濃く反映され、２０００年以来「計画」に盛り込まれてきた「選択的夫婦別氏制度」の文言を削除し「夫婦の氏に関する具体的な制度の在り方」に関しと、大幅に後退しました。

２０２０年11月男女共同参画会議の答申には「女子差別撤廃委員会の総括所見等も考慮し、選択的夫婦別氏制度の導入に関し、国会における議論の動向を注視しながら検討を進める」と記載されていました。しかし、５次計画は、「夫婦の氏に関する具体的な制度の在り方に関し、戸籍制度と一体となった夫婦同氏制度の歴史を踏まえ、また家族の一体感、子供への影響や最善の利益を考える視点も十分に考慮し、国民各層の意見や国会における議論の動向を注視しながら、司法の判断も踏まえ、更なる検討を進める」としました。

選択的夫婦別姓導入は、世論調査でも7割が賛成し、地方議会からの意見書が２００を超え、国連女性差別撤廃委員会から再三勧告されている課題であり、直ちに実施すべきです。

教育（第10分野）

第５分野「女性に対するあらゆる暴力の根絶」や第７分野「生涯を通じた健康支援」に性に関する取り組みが記載されていますが、学校教育に包括的な性教育を位置づけることが必要です。

国際的な協調及び貢献、選択議定書の批准（第11分野）

１、持続可能な開発目標（ＳＤＧｓ）や女子差別撤廃委員会など国連機関等との協調、２、Ｇ７、Ｇ20、ＡＰＥＣ、ＯＥＣＤにおける各種合意等への対応、３、ジェンダー平等と女性・女児のエンパワーメントに関する国際的なリーダーシップの発揮が掲げられています。

男女共同参画基本計画の施策の実施状況及び女性差別撤廃委員会の最終見解における指摘事項への対応状況を監視するという重要な役割を担っていた監視専門調査会は２０１６年3月に廃止されました。２０２１年4月28日に設置された「計画・監視専門調査会」は、５次計画の実行の監視、「女性活躍・男女共同参画の重点方針」策定等を目的としています。これでは、女性差別撤廃委員会の勧告への対応状況を監視し、その実施を強化することができません。常設の専門調査会の設置が求められます。

成果目標は4次計画にあった「『女子差別撤廃条約』という用語の認知度」の項目が廃止されました。認知度は、計画策定時（2012年）34・8％、最新値（2019年）34・7％。廃止の理由として「4次計画の期間中に、G7、G20、APEC、OECDといった様々な国際会議・多国間協議でジェンダー平等について国際合意がなされてきた」「女子差別撤廃条約のみの成果目標を掲げるのではなく」様々な国際合意などを国内施策に反映するためとしています（「4次計画の成果目標の達成度評価と5次計画の達成目標案について」）。国際規範である女性差別撤廃条約を軽視していると言わざるをえません。認知度が下がっているのですから、成果目標に掲げ女性差別撤廃条約の普及に努めるべきです。

女性差別撤廃条約選択議定書は、2021年3月末現在、条約締約国189カ国中114カ国が選択議定書を批准しています。女性差別撤廃委員会は、2020年3月、日本政府に対し、選択議定書批准についての「国会の承認」に向けた計画と展望を報告するよう、回答を求めています。

2019年3月女性差別撤廃条約実現アクション（共同代表浅倉むつ子・柚木康子、2021年6月現在59団体）が結成され、女性の権利を国際基準にと選択議定書批准に向けた取り組みがすすめられています。

5次計画では「諸課題の整理を含め、早期締結について真剣な検討を進める」としています。政府は、選択議定書の批准について「検討中」と言い続けてきました。「検討」のための関係省庁の研究会は、20回開催されています。国会での審議を通じて、批准への大きな障害がないことが明らかになりました。すみやかに批准すべきです。女性差別撤廃条約選択議定書の批准は「女性差別撤廃条約の積極的遵守」の証左として直ちに実行に移すべきであり、まさに「男女共同参画に関する国際的な協調及び貢献」です。

婦団連は、憲法と女性差別撤廃条約に基づく、平和・ジェンダー平等実現のために、2003年から、選択議定書の批准、選択的夫婦別姓制度の導入など民法改正、「慰安婦」問題解決、所得税法第56条の廃止（2016年から）の4つの請願署名に取り組んできました。女性差別撤廃委員会の2016年の勧告や「第9回日本定期報告への事前質問事項」に対応した計画とすべきですが、今回も「慰安婦」問題解決については、触れられていません。

コロナ禍は、女性、高齢者、障害者、フリーランスなど社会的に弱い立場にある人々を直撃しました。「女性活躍」ではなく、誰もが人権を尊重され人間らしく生きられるジェンダー平等社会を求め、さらに運動を広げることが求められています。

（柴田　真佐子）

Ⅱ　女性の現状と要求

はたらく女性

コロナ禍の女性労働者の現状と要求

内閣府男女共同参画局は、2021年4月28日に「コロナ下の女性への影響と課題に関する研究会報告書〜誰一人取り残さないポストコロナの社会へ〜」を公表しました。この公表結果にもとづく報道では、コロナ禍において、女性へのしわ寄せが、仕事・家庭・暮らしの中で起こっている特徴的なこととして、○2019年と2020年の労働者数の平均で仕事を失った女性非正規労働者50万人（男性26万人）○DVの相談件数17万5693件（前年同期の1・5倍）○自殺者935人増（男性23人減）○性犯罪の相談件数2万3050件（前年同期の1・2倍）と報じています。

このさまざまな女性たちへのしわ寄せに、女性たちが寄り添おうと、2020年から2021年の年末年始の年越し相談会に参加した女性たちから声が上がり、2021年3月13日、14日「女性による女性のための相談会」が新宿・大久保公園でもたれました。主催の「女性による女性のための相談会」実行委員会は、「コロナ禍に苦しむ女性たちの相談に寄り添う」という一点でつながった団体・個人の女性たちです。全国労働組合総連合女性部（以下、全労連女性部）も実行委員会に参加しました。

「女性による女性のための相談会」から

この相談会には、厳しい状況の女性のごく一部の方々ですが、122件の相談者が来られました。相談内容は、複合的です。複数回答で「どんなことに困っていますか」の質問に多かった順で、仕事49、こころとからだ46、家族・家庭33、住まい21、ハラスメント20、食事20、借金11と続きます。一番多い仕事の話も、「仕事が見つからない」の話であっても、過去に長時間労働やハラスメントが原因で離職せざるを得ず、非正規の不安定雇用を繰り返し、心を折る状態となり、仕事がないのは自分が悪いからと自責の念に陥り、メンタルヘルスになり、さらに仕事が見つからないという悪循環に陥っている相談が多くあります。また、家族関係がもとからよくないことや、さらに関係が悪化するケースが多くあります。相談者の46人は無回答でしたが、20代10人、30代16人、40代17人、50代23人と回答者の86％は50代以下で、一人暮らしが43％です。ネットカフェを利用している人が4人いました。住まいのない人については、待ったなしに生活保護につなげる手だてもとられています。

全労連女性部調査より

全労連女性部は、「女性労働者の労働実態及び男女平等・健康実態調査」と「妊娠・出産・育児に関する実態調査」を1992年から約5年ごとに実施しています。コロナ禍ではありましたが、7回目の調査を2020年4月から7月にかけて行いました。「女性労働者の労働実態および男女平等・健康実態調査」は、7829人（うち組合員90・9％）の回答、「妊娠・出産・育児に関する実態調査」は、2015年以降に妊娠・出産した人を対象に行い、2571人（うち組合員84・7％）の回答でした。

本調査は、働く女性の労働環境にどのような変化があり、どのような課題を抱えながら働き続けているか、また何が仕事と生活（家庭）の両立を困難にしているか実態をつかみ、女性はもちろんのことすべての労働者が人間らしく働き続けることができるよう、職場や労働行政等で活用するため行っているものです。両調査から女性たちは、仕事と生活（家庭）の両立を図るため、自身への負荷もいとわず、必死に働き続ける努力をしている姿が、浮き彫りになりました。諸法制の整備はされつつありますが不十分であること、制度周知・活用が不十分であることなど、課題が見えてきました。また、雇用形態による制度間格差と処遇労働条件の違いにより、制度利用から除外されたり、利用が困難であることが更なる格差につながる状況も明らかになっています。

「妊娠・出産・育児に関する実態調査」より

妊娠・出産・子育てで離職経験有が非正規労働者6割

「妊娠・出産・子育てを理由として仕事をやめた経験はありますか」の質問に、「ある」と回答した正規労働者（以下、正規）は7％、非正規労働者（以下、非正規）が56・4％でした。圧倒的に、非正規が仕事を辞めています。「やめたことがある」を選んだ人に、やめた理由を尋ねると「職場に両立を支援する制度や雰囲気がなかった」が正規23・7％、非正規17・7％。「両立支援制度はあったが、とれる雰囲気がなかった」が正規7・1％、非正規7・3％。「退職勧奨・解雇された」が正規5・8％、非正規6・7％と、事業所の制度整備・理解の土壌づくりが欠かせない状況です。「職場に両立を支援する制度や雰囲気がなかった」と「両立支援制度はあったが、とれる雰囲気がなかった」と合わせると約3割となり、この人たちは妊娠・出産・子育てに関する両立支援制度の拡充と制度利用の促進が図られれば、離職しなくてもすんだかもしれません。

制度があっても取れない両立支援制度

離職しないまでも、母性保護規定（妊婦の軽易業務転換、妊産婦の時間外労働、休日労働・深夜業の免除、妊娠中の通勤緩和、妊娠中の休憩に関する措置等）、産前産後休暇、育児休業、短時間勤務制度等の両立支援制度を十分利用できていません。例えば妊娠時の「時間外労働の免除」は、「多忙・代替者がいない」を理由に、正規3人に1人、非正規5人に1人は請求していません。また「収入が減るので請求しなかった」は、正規4％、非正規8・7％と非正規は正規の2倍が請求していません。このように、どの制度においても利用を阻んでいるのが、「職場の人員不足」と「収入減」による利用控えです。

「女性労働者の労働実態および男女平等・健康実態調査」より

「賃金の引き上げ」と「人員増」が二大要求

女性労働者の二大要求がはっきりと示されています。一つは、「賃金の引き上げ」50・4％であり、もう一つは「人員増」48・5％です。正規の要求は「人員増」54・2％であり、「賃金引き上げ」49・3％、「休日・休暇の増加」18・3％「退職金引き上げ」15・7％、「労働時間短縮」15・2％、と続いています。非正規の要求は、「賃金の引き上げ」54・6％、「人員増」29・3％、「正社員化」19・7％、「労働条件・賃金の均等待遇」12・3％と続いています。「賃金の引き上げ」の要求が強いのは、女性の賃金が低いからです。国税庁民間給与実態統計調査（2020年）では、平均給与は、男性正規561万円、女性正規389万円、男性非正規226万円、女性非正規152万円となっています。女性では100万円超200万円以下が526万人（構成比23・7％）と最も多く、100万円以下と合わせると867万人（同39・1％）となっています。

また、「賃金の引き上げ」が要求として強い理由の一つとして考えられる回答としては、「あなたの今の職場では、仕事の内容や待遇面で、女性は男性に比べ不当に差別されていると思いますか」に、正規で差別を感じていると回答したのが22・3％で、その上位3つは「昇進・昇格」33・6％、「能力を正当に評価しない」20・4％、「女性を幹部職員に登用しない」18・8%となっています。非正規で差別を感じている人の割合は24・2%であり、上位3つは、「賃金に差別がある」25・5%、「能力を正当に評価しない」24・9%、「昇進・昇格」15・5%の順となっています。処遇の在り方と賃金はリンクしていることから、「賃金引き上げ」の要求が強いと考えられます。また、人員増の要求が多いことは、約4割が「サービス残業を行っている」と回答していることと、また、残業をする理由として、「自らの責任でやらなければならない仕事だから」が68・2%、「要員・人手不足」32・5%の順となり、責任を果たすためサービス残業をこなさざるをえないことからも裏付けられます。

3人に1人がハラスメントを受けた

このように、ゆとりのない職場状況などからと思われますが、「あなたは職場でハラスメント（セクハラ・パワハラ）を受けたことがありますか？」に約3割が「ある」と回答し、パワハラ・セクハラを受けた人のなかで、「適切でない表現で指示、指導を受けた」と、「言葉でセクハラを受けた」が、正規も非正規も高位同順位でした。ハラスメントを受けた人の半数の50・8%が「同僚・友人に相談した」と答えていますが、「だれにも言わずに耐えた」が22・5%に上っています。そして、何らかの相談・抗議をした人でもハラスメントが解決したのは4人に1人で、半数近くが解決していません。ハラスメントのない職場を求める労働組合員、労働組合のある職場からの回答でこの状況であり、組合のない職場では、これより厳しい状況は、容易に想像ができるところです。

おわりに

「働き方改革関連法」の労働時間の上限規制（２０１９年4月1日大企業、２０２０年4月1日中小企業）と、年次有給休暇の年5日取得義務化（２０１９年4月）が施行されています。法制度として不十分さがありつつも、労働時間については上限規制が行われ、全労連女性部調査で２０１５年の調査より超・長時間労働は減少しました。また年次有給休暇取得は、罰則規定が一人当たり30万円以下と規定され、「まったくとれない」「1日から2日」はごくわずかとなりました。この例のように、労働法制での労働者保護規定は、規制を強化すること、罰則規定を設けることで、改善が図られます。パワハラが法制化されましたが、あいまいな「防止のための措置義務」規定に終わっています。罰則規定がないことから、コロナ禍であることもあり、ハラスメントの相談は全労連でも増えています。「ハラスメント禁止法」制定が求められます。男女ともに、仕事と生活を両立して働き続けていくための条件・法整備をし、活用を広げていくことが求められています。

（舟橋　初恵）

派遣法から35年
—ジェンダー差別に係る立法の変遷と課題

コロナ禍が直撃した女性の非正規雇用

今なお、宿泊、観光業、飲食店や商業施設は、コロナ禍の苦境におかれ、対人サービス業務を担う女性労働者に影響がでています。「派遣切り」を契機に失業率5%を超えたリーマンショック時に比べ、今回は休業が多く、失業率は3%前後であるため、菅政権は「雇用は底堅さがみられる」としています。労働組合の要求を受け、雇用調整助成金の上限額・助成率を引き上げた特例措置（２０２０年6月）が奏功したといえます。

しかし一見「底堅い」雇用下で深刻な問題も生じています。女性の非正規雇用は、２０２０年4月以降、前年比40〜90万人も減少しているのです（図表1）。中でも世帯主の扶養の範囲で働く週20時間未満就労者は、失業給付も受けられず、保育園や学校休校等の対応もあり、家庭にこもった方が大勢いますが、その動きは失業統計に反映されません。

２０２０年の女性の自殺者は前年より15・4%も急増（男性は0・2%減少）しました。失職によるストレス、生活困窮、家族との不和が指摘されています。国連ウィメンによるジェンダー対策を！　との警鐘どおり、弱い立場の女性にコロナ禍の困難が集中しています。

「シフト制契約」の悪用

この間、労働組合には、「テレワーク等の感染防止策や休業手当が正社員しか対象にしていない」等の相談が、多数よせられました。団体交渉で解決した事案も多い一方、宿泊業や飲食店、小売業に多い「非定型的シフト制契約」（勤務日直前にシフトを入れる）では難航しました。使用者が勤務シフトを入れずに休ませたのに「労働日が未確定なので休業でない」と手当の支払いを拒むのです。特に労働条件通知書に「週0〜20時間」等と記して本人同意の形式が整えられていると、労働基準監督署は賃金未払いを認めず、交渉は膠着しました。

そこで、労働組合と当事者は、救済制度を政府と与野党に求め、２０２０年7月に「休業支援金」を創設させました。同年10月にはシフト制不払いへの適用、２０２１年3月には大企業非正規への適用も実現しました。しかし、シフト制の悪用は野放しのままです。最近は「解雇はしないがシフトは入れない。嫌なら退職を」と追い込む手法が目立ちます。必要なとき呼び出し、不要となれば解雇手続きもとらず、仕事を干して退職させる。危険な手口の「パンドラの箱」が開いた状況です。

図表1　女性・男性の雇用・失業・非労働力の変動

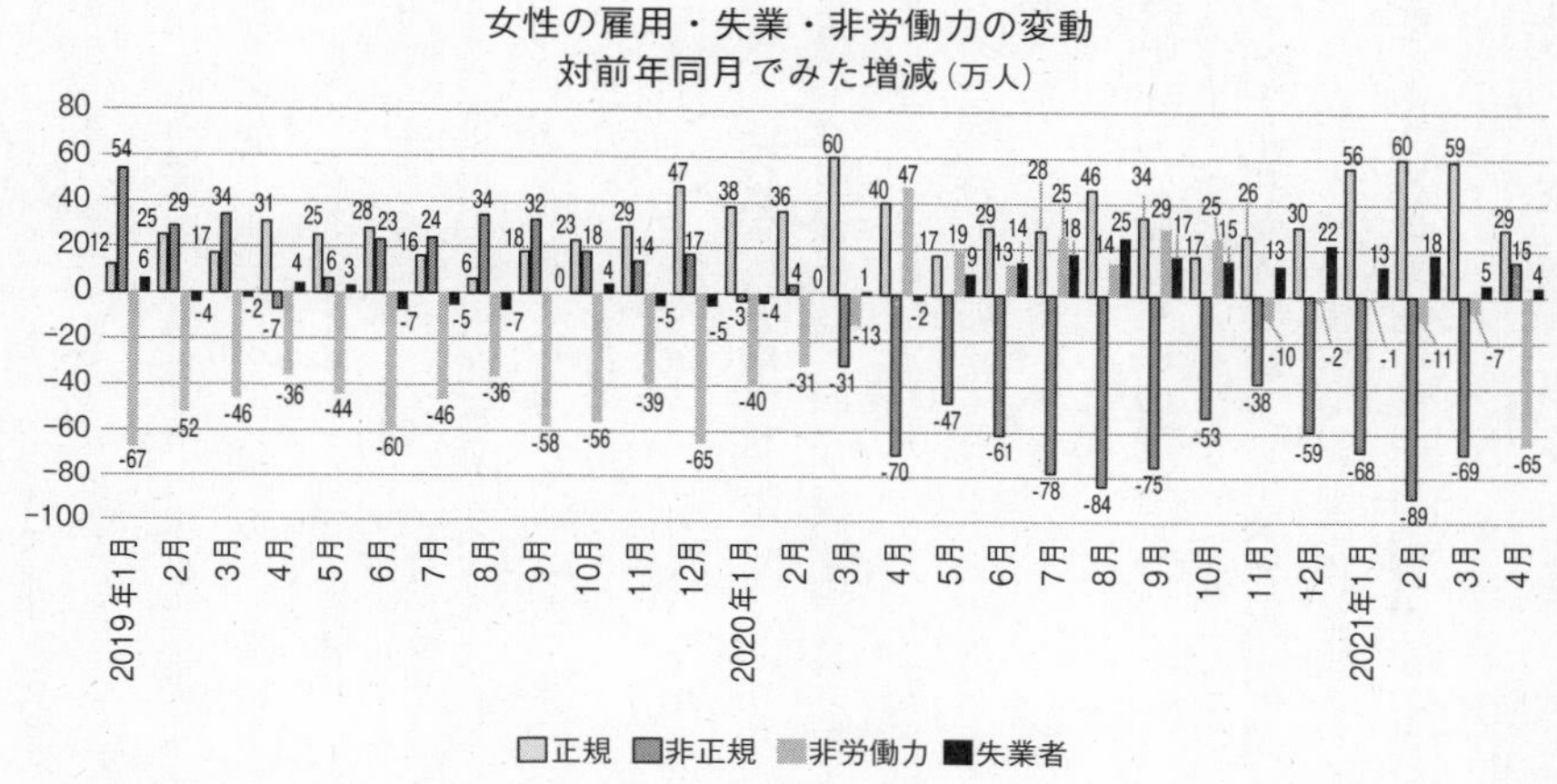

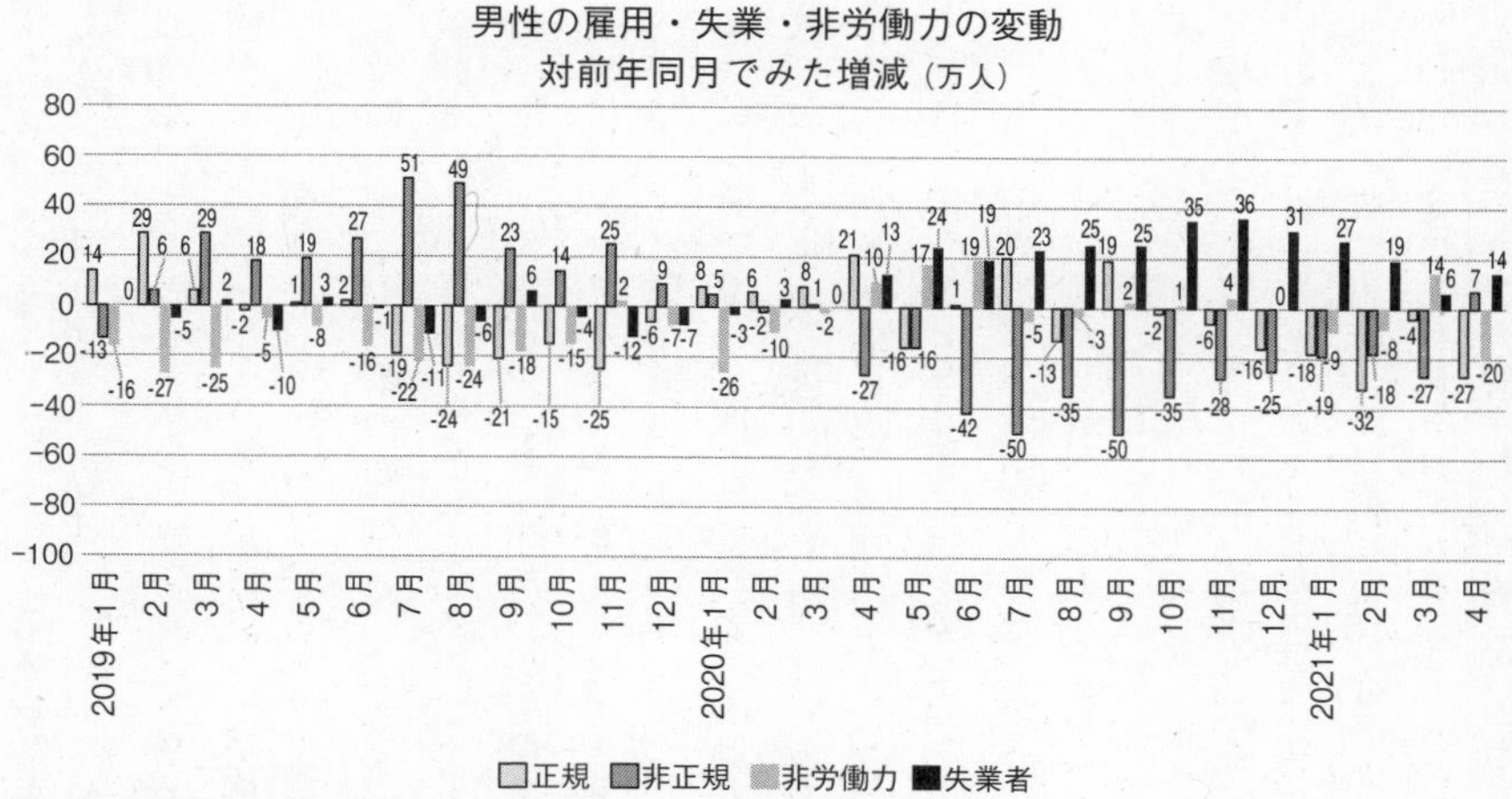

資料出所：総務省「労働力調査」より作成

女性の正規雇用は増えたものの

この間、女性の正規雇用は増えています。医療、福祉、教育・学習支援、情報通信、卸売・小売り、金融・保険、公務等が受け皿ですが、これらの産業にも格差問題があります。医療・福祉でいえば、通常でも人手不足で忙しいのに、感染防止対策が加わり、細心の注意を払いながら長時間の激務を強いられ、それでも賃金は「女性職」特有の低水準。さらに患者・利用者の減少を受けた賃金や一時金カットも起きています。

医療・福祉の賃金の大枠は、診療報酬や介護報酬で規定されますから、低賃金の原因は政治です。しかし、菅政権は政策を正さず、減収補填も医師・看護師増員も拒み、病床削減を続けています。使命感で頑張ってきた労働者のなかには、国の仕打ちに気持ちが切れ、職場を去ってしまう事態も起きています。

ジェンダー差別に係る立法の変遷

ジェンダー差別が濃厚なコロナ禍の雇用問題には、労働法制の欠陥が表われています。規制緩和が始まった１９８０年代中頃からの立法の変遷を見つつ、課題をおさえてみましょう。

①非正規雇用の創出

１９８０年代、主婦のパート労働が広がるなかで労働条件トラブルが多発し、対応するために政府は１９８４年にパートタイム労働対策要綱、１９８９年にパート労働指針、１９９３年にパート労働法を整備しました。ただし、内容は労働条件明示や年休付与の義務の周知程度で、格差是正や待遇改善の視点は弱く、安価な労働力としてのパート労働活用を後押ししました。

一方、１９８６年施行の労働者派遣法は、正面から不安定雇用の導入を狙ったものです。職業安定法44条で禁止されていた労働者供給事業の解禁には、強い反対もありましたが、政府は「女性には男性並みの働き方でなく、都合のいい日時や場所で就業したいニーズがある」とし、専門業務限定で成立させました。それが１９９６年には26業務への対象拡大が、１９９９年には対象業務の原則自由化と紹介予定派遣創設が、２００３年には製造業への派遣解禁、26業務の上限期間撤廃と一般派遣の上限3年への延長が行われ、派遣労働が広がりました。

リーマンショック後の２００９年に誕生した民主党政権は、安易な解雇や日雇派遣の労災多発を受け、規制強化を試み、違法派遣の直接雇用みなし規定ができましたが、安倍政権に無効化されてしまいました。

コロナ禍でも、派遣契約の中途解除等の問題がおきています。しかし、派遣先は団体交渉に応じず、派遣元は交渉しても、雇用安定措置は守るといいつつ、遠隔地やミスマッチの派遣先を示して就労を断念させようとします。つくづく派遣労働とは、使用者責任を無効にする仕組みだと感じます。権利救済が難しい働き方です。

②雇用機会均等　1986年には、男女雇用機会均等法も施行されました。しかし、募集・採用、配置・昇進の均等取り扱いは努力義務どまりで、教育訓練・福利厚生、定年・退職・解雇の差別的取り扱い禁止も実効性を欠き、「女性差別撤廃条約」の趣旨にそわない法でした。1997年改正で、努力義務は禁止となり、セクハラ防止の事業主配慮義務がつきましたが、同時に女性保護規制が撤廃され（時間外・休日労働の上限規制と深夜業禁止の廃止）、「男性並みに働く平等」が整備されました（1998年労基法改定）。2006年の間接差別規定の導入でも、差別行為は①募集・採用時の身体・体力要件、②転居を伴う転勤要件、③昇進における転勤経験要件の3つのみで、雇用機会均等を実現する包括的な差別禁止規定は、実現していません。

③労働時間　労働時間法制の1987年の見直しでは、労働基準法の法定労働時間を週48時間から40時間に、年休最低付与日数を6日から10日に改正する一方、1カ月・3カ月単位の変形労働時間制、専門業務型裁量労働制、事業場外みなし、フレックスタイムが創設されました。法定労働時間の短縮は改善ですが、割増賃金逃れの変形労働や裁量労働が普及し、8時間労働の原則が揺らぎました。1993年には1年単位の変形労働時間制が、1998年にはその要件緩和と企画業務型裁量労働制の導入（2000年施行）も行われました。

2018年の「働き方改革関連法」では、労働基準法に時間外労働の上限規制が導入されましたが、上限は月100時間未満の過労死ラインとされ、規制を適用除外する「高度プロフェッショナル制度」も創設されました。政府や与党は「長時間労働の解消」を語りつつ、「労働時間の柔軟化」を広げています。家事や育児に必要な時間を、毎日の生活の中で確保する視点はなく、女性に家事・育児を任せる「ケアレスマン」男性に固執する発想のままです。

④格差是正・待遇改善　ジェンダー差別是正の転機となったのは、1996年の丸子警報器事件裁判です。勤務時間や業務が同等の女性正社員と臨時社員の賃金に対し、長野地裁上田支部は「8割以上の格差は公序良俗違反」としました。これをふまえ、2008年施行のパートタイム労働法には「正社員と同視すべきパート労働者への差別的取扱い禁止」が、2015年施行のパートタイム労働法には「均衡待遇の義務規定」が盛り込まれました。しか

し、均等待遇の対象は法の要件でわずかに限定されています。

　２０１３年４月には、有期労働契約を更新し通算５年を超えた場合の「無期転換（労働契約法第18条）」が導入され、２０１８年４月から、条件を満たす労働者に無期転換申込権が発生しました。しかし、待遇改善は、従前の労働条件を引き継ぐ規定により、進みませんでした。

　女性労働者の不満の高まりをみた安倍政権は、野党のお株を奪って「同一労働同一賃金」を掲げ、働き方改革の目玉政策にしました。「正規と非正規との待遇のそれぞれについて、考慮要素に照らし不合理とみなされる相違は禁止する」規定をもつ、パートタイム・有期雇用労働法が制定され、２０２１年４月に完全施行されています。

　ただし、旧労働契約法20条に基づく格差是正訴訟について、２０２０年10月秋に出された最高裁判決は、諸手当・福利厚生の格差は認めたものの、基本給や賞与、退職金の差別は却下しました。司法の到達も、パートタイム・有期雇用労働法の射程も、基本給等の格差是正には及びにくく、さらなる法改正が必要です。

惨事便乗型の労働法制破壊

　女性の貧困と格差是正には、雇用と働き方全般に関する労働法制改正が必要です。しかし、経済界と菅政権は、コロナ禍の惨事に便乗し、雇用の流動化、労働法制の規制緩和、労働法制の適用除外（非雇用化）を進めています。政府は２０２１年の早々に雇用調整助成金の特例措置を解除し、「産業雇用安定助成金」による出向の促進方針を示し、出向前賃金の85％～１１５％、運営経費の66～90％を出向元・先に助成する雇用流動化策を具体化しています。また、日本経団連の「時間・空間にとらわれない柔軟な働き方への転換」（『新成長戦略』２０２０年11月）の提起にも、政府は素早く対応し、２０２１年３月の「テレワーク・ガイドライン」で使用者の労働時間管理義務の形骸化と事業場外みなし制度の容認方針を示しています。

　「副業・兼業」促進では、２０２０年９月に本業・副業の賃金を通算して給付日額を算定する労災保険法改正を施行し、「副業・兼業の促進に関するガイドライン」では、「使用者が副業を指示する」場面も想定した「労働時間通算制度の簡便な方法」を提示しています。２０２０年４月には65～70歳の高齢者に対し、雇用だけでなく、委託や有償ボランティアでの就業を促進する高年齢者雇用安定法「改定」も施行し、現在はフリーランス促進のため、労災保険の特別加入制度を広げようとしています。

フリーランス活用促進とジェンダー平等

副業・兼業規定のある企業の多くは、他社での雇用就労は禁じ、請負・業務委託のみ認めています。経営者は、労働者を個人事業主化しても、契約条項や業務指示書によって事実上の拘束と指揮命令が可能な上、労働法や社会保険の課す使用者の義務回避、コスト削減、契約解除（解雇）の容易化ができると考えています。古い労働者観に拘泥した日本の「労働者性判断基準」を逆手にとり、契約形式さえ整えれば、雇用関係を偽装した違法を問われることもないとみています。

フリーランス等、「雇用によらない働き方」には、報酬や就業時間の規制も労災保険も失業時補償もなく、立場の弱さから不公正な取引も強いられます。この働き方が普及すれば、長時間・過密就業、低報酬が広がり、ジェンダー差別は一層深刻化するため、ブレーキをかける必要があります。

幸い、世界でも、日本でも、女性が主導する運動が、横暴な政治をも動かしています。その成功体験を、多くの人々が実感、共有しています。あらゆる政策や運動に「ジェンダー主流化」の視点を据え、法制度や慣行、意識と行動を変えていきましょう。

（伊藤　圭一）

医療労働者の現状

はじめに

日本医労連は、全国組織（7組合）と県医労連（47都道府県）で組織しています。1957年結成から、医師・看護師・介護職をはじめとする医療従事者の増員・処遇改善の運動と国民の医療改善要求の運動を一体に進めてきました。慢性的な人手不足のもと日々医療・介護を提供しているもとに、新型コロナウイルス（以下、新型コロナ）感染症と向き合わざるを得なくなりました。国民のいのちと医療・介護従事者の権利を守る政治への転換が求められます。

「生産性向上」、「効率優先」の社会保障改革

新型コロナ感染拡大による「医療崩壊」が危惧される背景には、1980年代以降、「臨調行革」、「構造改革」路線の下で効率最優先の医療提供体制への再編・縮小や、医師・看護師をはじめとする医療従事者の抑制政策（図表1）が進められ、また、感染症対策の要となる保健所を減らしてきた政府の医療・社会保障抑制政策が、医療現場に多大な混乱と苦難をもたらし、国民の命を危うくしていることがあります。近年は、少子高齢化の進行による社会

図表1　医師・看護師数欧米対比

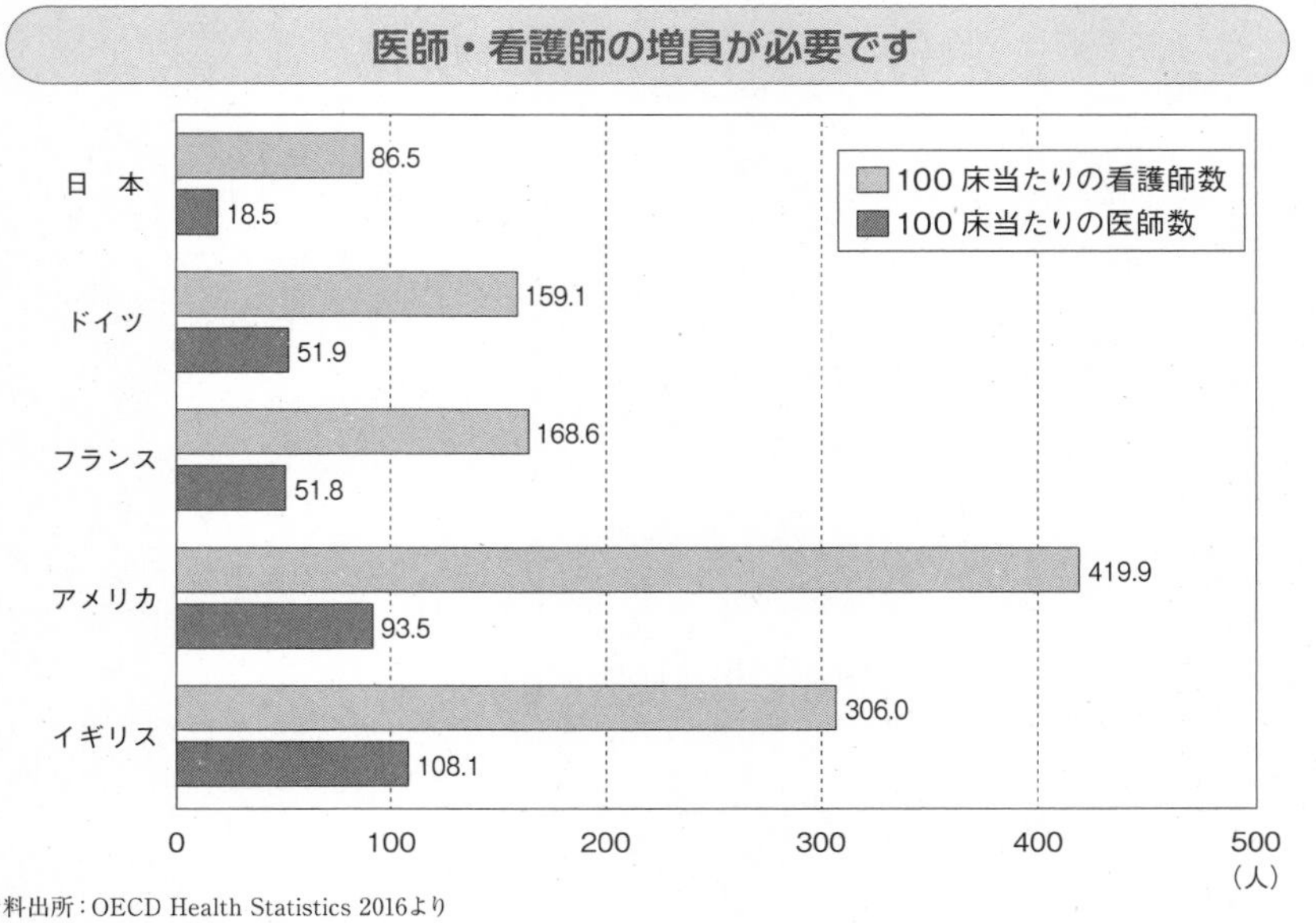

資料出所：OECD Health Statistics 2016より

保障費増大を理由に、財政再建のためとして社会保障制度改革が進められてきました。「全世代型社会保障改革」では、地域医療構想・医師の働き方改革・医師偏在対策を三位一体で進めるとしています。この間、病床削減ありきの議論が行われ、今通常国会で、病床削減と医師の働き方改革を含む「医療法等改正」法の成立が強行されました。

慢性的な人手不足、長時間過密労働

約5年毎実施の「看護職員の労働実態調査（2017年3万3402人分集約）」では、「慢性疲労」71・7%、「健康不安」67・5%、「仕事を辞めたい」が74・9%、理由は「人手不足で仕事がきつい」が47・7%でトップ、次いで賃金が安い・休暇が取れない30・0%でした。毎年実施の「2020年度夜勤実態調査」では、8時間以上の2交替夜勤の割合が42・7%と過去最多、16時間以上の長時間夜勤は2交替病棟のうち52・5%と過半数を超えています。月の夜勤回数も多いうえ、勤務と勤務の間の時間が極端に短く、疲労が回復しない勤務間隔8時間未満が41・5%と4割を超えています。

介護現場では、長時間の2交替夜勤が82・0%（当直との混合含む）を占め、グループホームや小規模施設では、1人夜勤体制が恒常的に行われています。

感染症指定病床・保健所の削減

国内の感染症指定病床は、1998年（旧伝染病床）時は9060床だったのが、2019年には、1869床まで減少しています。このうち公立・公的病院は94%を占めています。また、保健所は、1994年保健所法の改悪により1990年代全国で850カ所以上から、2020年には469カ所まで減少しています。そもそも、急性期や感染症病床がある424超の公立・公的病院を名指しして病床の削減や統廃合を迫ることをやめ、名指しリストをはじめとする地域医療構想の推進は直ちに中止すべきです（図表2）。

新型コロナ下での現場の実態と取り組み

日本医労連はこの間、医療・介護現場の実態調査を複数回実施し、現場の実態・声を世論に訴えるとともに、政府に要請（7次）を行ってきました。

直近の調査結果（3月25日発表）では、「衛生材料」は、安定的に届いている、一部にとどまっている、まだ不足しているなど様々な状況にあることがわかりました。いまだに医療用ガウンが足りず、ゴミ袋で代用しているというところもありました。職員のPCR検査は、実施しているが40・2%しかありません。そのうち定期的に実施している施設は9・8%と1割もなく、クラスター防止・感染防止対策からほど遠い状況です。人員体制では、一般病棟を閉鎖してコロナ専

図表２　感染症病床と保健所数の推移

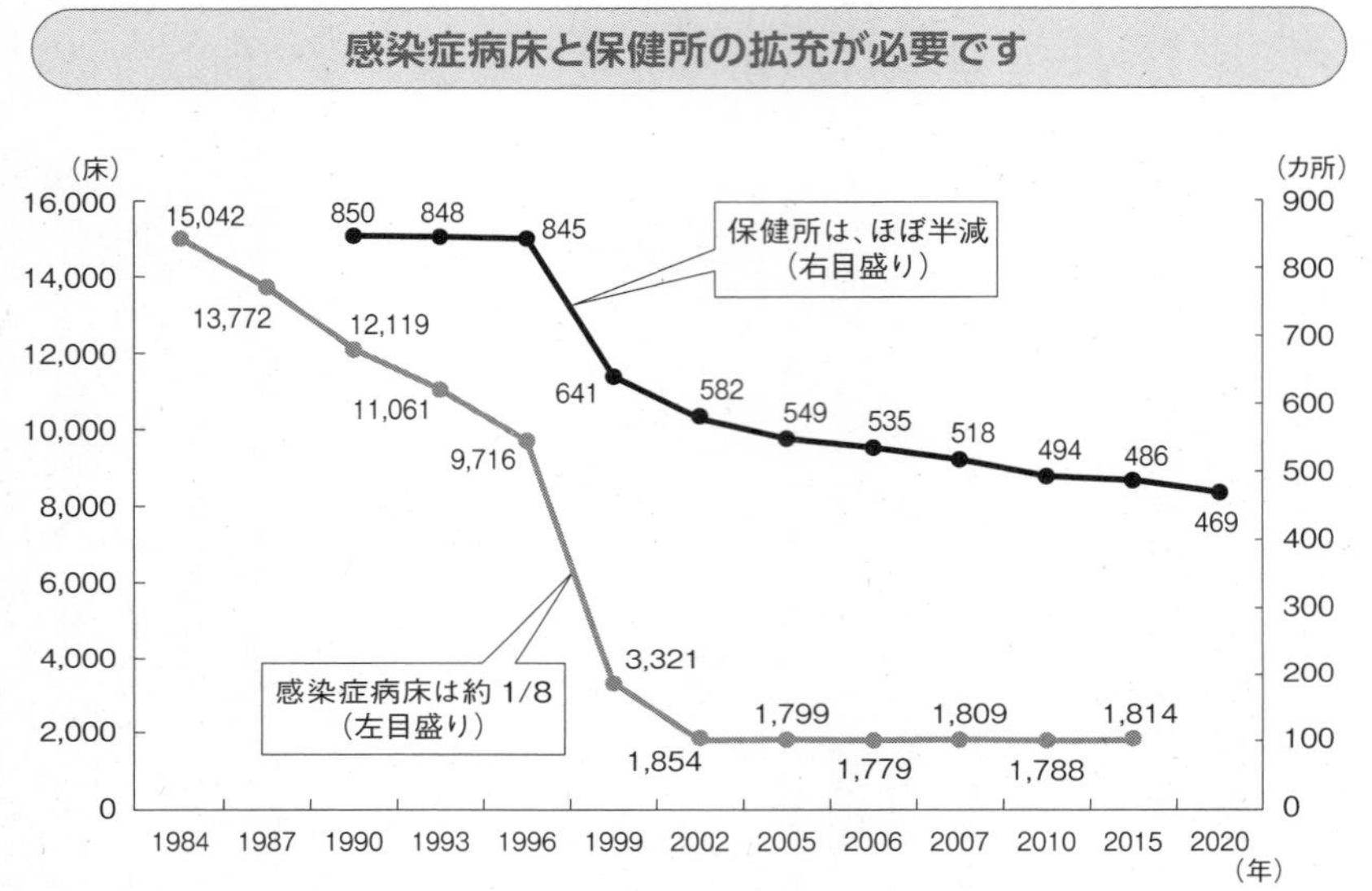

資料出所：医療施設（動態）調査・病院報告より　全国保健所長会HPより編集

用に、またコロナ病棟は長時間の2交替夜勤で対応、夜勤人員を4人から3人に減らして対応などが行われています。職場での感染の不安や、家族や近所への配慮などでストレスが強く、休日やプライベートも規制されてストレス解消ができず、メンタル不調に陥りやすい状況にあります。2月から3月上旬に実施した入職1年目看護師への聞き取りアンケートでは、コロナへの不安80・7%、心身の不調57・9%、辞めたいと思ったことがあるが50・2%でした。昨年は、1回目の緊急事態宣言下での入職で、十分なオリエンテーション・研修も受けられず、職場での交流の場も十分にないなかでの勤務となったことも影響していると思われます。

職員への差別・偏見では、調査を重ねるごとに「ある」が増えています。2回目（2020年4月下旬）9・9%、3回目（8月下旬）20・8%、今回27・6%です。職員間でも、「コロナ担当職員とはエレベーターに乗りたくない」、「コロナ対応職員は食堂を利用できない」などがありました。保育園や学校、地域などでも様々な形で差別をうけている報告が多いです。慢性的な人員不足にコロナが降りかかり、極限状態に陥ってお互いを思いやることにも支障をきたしています。

各県医労連では、自治体要請や県独自の調査結果発表、相談活動、ツイッターデモなど制約・制限が厳しい中でも工夫を凝らして実態の告発と要請を旺盛に実施してきました。

この間、政府に対して病床確保、医療機関や介護施設への財政支援、医師・看護師・介護職員などの大幅増員、誹謗中傷・風評被害の防止、労災適用基準の見直し、PCR検査体制の拡充、衛生材料の手立てなどの改善を求めました。様々報道もされ世論も広がり、国会では野党が政府の不十分な対策を正したことで、重症者と軽症者の振り分けやPCR検査体制の強化、医療・介護従事者のスムーズな労災適用に向けた判断基準の変更、医療機関や従事者に対する緊急包括支援など、一定改善につながりましたが、根本的な解決には至っていません。

いのち・人権が大切にされる施策を

政府は、毎年防衛費を増額しながら、国民生活には負担を押しつける政治を続けています。

世界では、SARS（重症急性呼吸器症候群）、新型インフルエンザ、MERS（中東呼吸器症候群）、エボラ出血熱、今回の新型コロナウイルスと21世紀に入ってからわずかな期間で次々と新たな感染症が流行しました。韓国や台湾では、MERS流行の経験から検査体制等の強化を図り、今回の新型コロナ対策に活かされました。日本は、各国の経験に学ぶことなく、効率最優先の医療・介護政策が推し進められ、慢性的な人員不足の放置と公衆衛生行政の縮小・再編が行われてきたことが、今回の感染拡大爆発と長期化につながっていることは明白です。

衛生材料、部品などの国内生産への転換や、国民のいのちに直結する医療提供体制、特に感染症病床の確保（設備・人員含む）や、公衆衛生の拡充（研究所・保健所）が必要です。平時からの感染症病床確保は、一般病院では財政的にも困難な面があります。公立・公的病院の役割は重要であり、政府が示している公立・公的病院再編・統合は中止して、各都道府県が作成する医療計画に感染症病床やICUの増床、医療従事者の大幅増員計画、人工呼吸器などの医療機器、感染防護具の備蓄計画などを具体的に盛り込むべきです。新興感染症や自然災害など不測の事態にも備えた「ゆとりある」医療・介護の提供体制を確保する、そのための社会保障財源を国民負担にせず国の責任で確保するなど、政策を大きく転換させることが必要です。地域医療を守ることは、地域経済・社会を守ることに繋がります。


（森田　しのぶ）

コロナ禍で地域社会を支える中小業者の女性たち

はじめに

新型コロナウイルスの感染症対策は、緊急事態宣言やまん延防止等重点措置による、外出自粛、営業時間の短縮や休業要請が経済活動を停滞させ、中小業者の経営と生活を危機に陥れています。消費税10％への増税によって、大きな影響を受けたところにコロナ危機が追い打ちをかけるように襲いかかり、事態をより深刻にしています。

とりわけ困難を強いられている飲食業には、事業主や家族従業者として多くの女性が働いています。コロナ感染拡大が女性の労働やくらしを直撃しているように、中小業者にとっても、家業の危機が、いのちとくらしの危機に直結しています。ジェンダー平等社会への展望について、業者婦人の現状に引き寄せながら、考えていきます。

コロナ禍の業者婦人

中小業者の営業に携わる女性家族従業者と女性事業主を総称して「業者婦人」といい、民主商工会（民商）・婦人部の運動の中で確立されてきた言葉として大切にしています。業者婦人は、地域に根付いた商売を続け、人と人のつながりや温もりがあふれる地域づくりに、努力しています。

岐阜市郊外で喫茶店を経営するFさんは、「近所のお年寄りが集まってくださるお店を何とか続けていかなければ」と、コロナ禍にも営業を続けています。

「コロナの感染が広がると、途端にお客さまは減りました。おじいちゃんやおばあちゃんは、手押し車や杖をついて、運動がてらモーニングを食べに来てくれます。『テレビや電話は生の声じゃない。ここに来たら生の声が聞けるから』と、楽しみにしてくれています。私の店は、協力金はありません。十分な補償もない中、やりくりするのは大変ですが、個人店だからできる細かな気配り、心配りで、頑張っていきたい」と話します。

宮崎県延岡市のSさんは、家業（建築業）に加え新たな事業として駄菓子屋を始めるため、県の補助金事業に応募、新分野進出事業として採択されました。近所の人たちが気軽に集まり、子どもの成長を地域で見守っていける拠点づくりに挑戦しています。

地域の「子ども食堂」にも関わっています。お弁当配布の時に出会った女性は、仕事が減り、内職でしのいでいると話します。「今何が欲しいですか？」と聞いたら「子どもの新しい靴と長ズボン」と言うので、民商が行った市長との懇談の場で「生活困窮世帯には、すぐにでも現金の給付を」と訴えました。

地域に密着した商売を営む中小業者にあって、とりわけ業者婦人は、その細やかなまなざしを、お年寄りにも子どもたちにも注いでいます。

いま、コロナ感染拡大による、商売とくらし、いのちと健康への不安が広がっています。コロナ禍の前から、多くの業者婦人が担っていた、育児や家事、介護の負担は、日常の生活が戻らないことにより、さらに重くなっています。

「家族のケアは、女性が担うもの」という性別役割分担意識は中小業者のなかにも根強く、所得税法第56条に見られるとおり、税制が家族従業者の働きを認めていないこともあって、業者婦人の地位や役割が不当に低められています。

56条の根底にある、家父長制にしばられた考え方を改めていくことは、ジェンダー平等を求める世論と運動にも関わっています。業者婦人が、コロナの先にも、地域社会を支える存在としてあり続けられるよう、生き抜くためのたたかいに力をあわせています。

コロナ危機打開の取り組み

中小業者のコロナ危機打開の運動は、当面の生活費確保と資金繰り対策に始まりました。かつてない危機に直面する中小業者・国民のあいだに、「自粛と補償は一体に」という声が大きく広がり、道理ある要求を掲げ、政治を動かしてきました。

名古屋市で三代60年続く飲食店のKさんは、コロナの事情で、お弁当の売り上げが２０２０年3月は半減、4月は0個という状態になりました。「感染拡大防止の休業要請も、補償がなければコロナ感染ではなく、政治の無策で世の中から中小業者が消えてしまう」と気持ちを奮い立たせ、国や自治体の支援策を使ってきました。

「今することは『補償を』と声を上げながら、この支援策を最大限使うこと。みんなが使うことです。知恵も情報もいります。そして、本人の決意と何よりも仲間の支えが必要です」と、励まし合ってきました。

中小業者への直接支援として、持続化給付金や家賃支援給付金が創設されたことは画期的なことです。持続化給付金は、個人事業者１００万円以内、法人２００万円以内を、休業の有無には関係なく、月の売り上げが激減したかどうかで要件を判定するもの。家賃支援給付金は事業用の土地や建物の賃料を対象に個人に最大３００万円、法人に６００万円というものでした。

中小業者の固定費補助という考え方は、阪神淡路大震災など自然災害からの復旧復興を求める運動で、民商・全商連が求め続けてきたことです。コロナ危機打開の運動を通じて、与野党の幅広い合意となり、政府がかたくなに拒否してきた直接支援の道をこじあけることにつながりました。

地方自治体は、感染症拡大の初期から多種多様な直接支援策や地域の実情に即した支援策を講じ、中小業者の経営・雇用の維持継続、地域経済の維持発展を位置付けています。

国民健康保険料・税については、売り上げが前年比30％以上減少した場合の免除が実現しました。国保の傷病手当を一部実現させたことは画期的な前進面です。各地の民商婦人部は、自治体要請の中で「今回の緊急対策では、家族従業者も対象になる」ことを確認し、条例づくりを後押ししました。

引き続き事業主まで支給することを求めています。一方で、56条があることで、傷病手当を算定できないとする自治体があることは見過ごせません。

婦人部では、「使える制度は全て使い切り、商売と暮らしを守ろう」と呼び掛けてきました。全商連婦人部協議会は２０２１年2月に国政懇談会を開催し、国会議員に業者婦人のコロナ禍の実態と要望を直接届けました。持続化給付金の再支給、自治体施策の拡充をはじめ、十分な補償を国や自治体に働きかけることが、ますます大事になっています。

ジェンダー差別のもとで

コロナ禍で浮き彫りになった感染拡大の影響が大きいスナックなど、飲食業に焦点を当て考えてみます。

時短営業や酒類提供の禁止で、売り上げが激減しても、家賃や光熱費などの固定費がかかります。協力金が入らないと、たちまち行き詰まります。苦難を抱えながらも、従業員の生活を守る中小業者は、地域雇用の担い手でもあります。

全婦協が２０１９年に行った「全国業者婦人の実態調査」では、回答者約８７００人のうち、約6割の健康保険の種類は国保でした。政府は、国保に加入する被用者（給料をもらっている人）がコロナウイルスに感染した場合、傷病手当として全額支給することを決定しました。しかし、事業主は支援の対象になっていません。自らが事業主という場合も多い、飲食業の業者婦人は、「国保料・税を納付しているのに給付で差別」されています。

コロナ禍のフリーランスの実態を告発した、ジャーナリストで和光大学名誉教授の竹信三恵子氏は、フリーランスで働く女性が、休業補償や傷病手当の対象にならなかったことを指摘。自営業主であるがゆえに自己責任が当然とされ、「夫というセーフティーネット」があることで、公的支援から除外することが正当化され、女性のフリーランスは二重苦にさらされていると言います（注1）。

業者婦人も同様の状況に置かれています。コロナ禍で収入が途絶え、生活困窮に陥る女性たちの問題を、ジェンダー視点でとらえることで、女性特有の困難が業者婦人とも共通する問題でもあることを気付かせてくれます。

中小業者に寄り添った支援を

コロナ感染拡大が収束せず、長引く自粛や休業要請が、中小業者を疲弊させています。

２０２１年２月17日から３月20日を調査期間とした、全商連付属・中小商工業研究所の営業動向調査には、経営危機が続く宿泊・飲食業が、大きく売り上げを減らしている実態が示されました。「同業者で廃業する人も増え、腹立ちと淋しさでいっぱい」（大阪）、「予約のキャンセルが相次ぎ、先の見通しがつかない。給付金も底をついた」（兵庫）、「スナック業界は今後必要とされるのか、続けていけるのか。借金だけが増えてすごく不安だ」（高知）など、飲食店を経営する女性たちの悲痛な声は、深刻さを物語っています。

国の支援施策が、飲食業者とそれ以外の業種、あるいは前年比の売り上げ50％減少という線引きにより、支援を受けられる業者と、そうでない業者に無用な分断と対立を生んでいます。一時支援金、月次支援金で一定の拡充が見られたとはいえ、「すべての中小業者を救う」という立場ではないところに問題があります。

労働者の救済にも、非正規と正規、さらにはフリーランスといった分断を持ち込む姿勢と根は同じです。

政府はコロナ危機に便乗し、中小企業淘汰をもくろんでいるとも考えられます。政府の成長戦略会議のメンバーに「日本の中小企業数は今の半分でいい」と公言する人物を採用したことに、その姿勢が表れています。罰則や社会的制裁で国民を従わせるのではなく、「誰一人取り残さない」というメッセージが、今こそ大事になっています。

おわりに

大阪市内で料飲店を営んで35年という業者婦人は、「これまでも大変な時期はありましたが、お客さまと毎日お話しして、また頑張っていこうと続けてきました。でも今回はお客さまと会えない、お客さまとのつながりがなくなってしまって、本当にまた来ていただけるのか心配」と苦しい胸の内を語ります。それでも「ワクチンができて収束するまでは頑張ろう」と前を向いています。

私たちは、中小業者が商売を続けることは、コロナ禍にいのちとくらしを守り、地域社会をつなぐことだと考えています。「コロナ収束まで、全ての業者に支援を」「消費税の減税を」と声を上げ、悪政を転換し、希望を持って生きられる社会の実現に向け、共同を広げていきましょう。

（土井　淳子）

（注１）『女性労働研究第65号　コロナ禍のフリーランス』竹信三恵子「コロナ禍の女性労働とフリーランスの労働基本権」（すいれん舎、２０２１年）による。

日本の農業と女性農業者

日本農業の大部分は家族経営であり、地域の慣習や資源管理システムに根ざしています。男性が中心で女性が補助、家事・育児・介護は女性の役割、といった保守的な意識は日本社会全体の問題でもありますが、農業においては次の3つの問題として顕在化しているといえるでしょう。第1に家事・育児・介護の負担が女性のみに大きいこと、第2に農業・農村に関する政治的意思決定の場に女性が少ないこと、第3に農業経営に関して女性の研修機会が少ないことです。この3つは、それぞれがお互いの原因ともなり結果ともなって悪循環を生んでしまっているといえます。

（1）女性に偏る家事・育児・介護の負担

2020年は、農林水産省による女性農業者に関する提言が立て続けにだされた年でした。2019年度が1999年の男女共同参画社会基本法の施行から20年の節目となったこともあり、農林水産省が2020年6月に公表した『令和元年度食料・農業・農村白書』（注1）において、「輝きを増す女性農業者」が巻頭特集にとりあげられました。12月には、1992年以来28年ぶりとなる女性農業者に関する施策の課題と方策をまとめた報告書『女性農業者が輝く農業創造のための提言～見つけて、位置づけて、つなげる～』が発行されました（注2）。2つの提言で共通して指摘されているのは、家事・育児・介護は女性の仕事だという古い性別分業意識の強さです。農林水産省が2017年に全国の女性農業者3000名に対して行ったアンケート（回答数457）でも、「女性が農業経営方針の決定に参画しやすい環境を整える上で最も必要だと思うこと」として、「農業技術・経営などに関する知識の習得」34・1％が最も多いですが、「家事・育児・介護等の負担軽減」28％、「家事・育児等は女性の仕事という固定的役割分担の意識の打破」15・5％と続き、後者2つをあわせると43％にものぼります（注3）。家事・育児の分担や社会化が、女性農業者に最も求められているといえます。

前述の報告書では、女性は農業経営に口出しすべきでないという古い意識や、子どもや介護している老人を預けてまで研修に出かけるべきではないという風潮が家庭内や地域で強いために、たとえ研修が開かれていても女性が出席することが難しいと指摘されています。行政や農業関連組織が主催する農業経営のスキルアップのための研修会などの情報が、経営主のみにしか届かなかったり、女性が家事・育児と目の前の仕事をこなすのに精一杯であることも要因といえます。コロナ禍ではオンラインでの研修や情報交換も進みつつあります。子どもがいても、自宅でも参加できる会合や研修を増やしていくことは重要な反面、子育てや介護中の女性が、家の外に出て研修に参加することそのものが、家庭や地域における古い性別分業意識の改善につながってきたことも忘れてはいけません（注2）。母親が常に自宅で子どものケアをすることを前提とした制度設計には慎重であるべきでしょう。

また、自営農業で出産・育児によって仕事ができないと収入を断たれることになってしまう若手の女性農業者にとっては、出産というライフイベントと農業をどのように両立するかは、不安の種ともなっています。家事・育児・介護は女性の役割という周囲の古い意識の改革も必要ですが、都市部にくらべて病院や保育園などの施設が近くになかったり、子どもが病気のときに預かってもらえる人や場所がないなどの問題もあり、ハード面での育児環境の整備も必要です。地域によっては農協で託児サービスを設置したり、農業法人で事業所内に託児所を設置しているところもあるようです（注1）。子どもがいる女性も、一人の職業人として行動できるような地域・社会のしくみづくりが求められます。

(2) 政治的意思決定の場に女性が少ないこと

農業・農村に関する方針決定の場である農業委員や農業協同組合役員、自治会長などに占める女性の割合を増加させることは、男女共同参画基本計画で数値目標が設定されています。2019年度の数値では、農業委員に占める女性割合は12・1%、農業協同組合役員に占める女性割合は8%、土地改良区理事に占める女性割合は6・1%、自治会長に占める女性割合は6・1%です。男女共同参画社会基本法が施行された1999年には農業委員も農業協同組合役員も女性が1%程度しかいなかったのと比べると、増加傾向ではありますが、まだまだ低い水準です。女性委員が一人もいない組織が、農業委員で273、農業協同組合で107とともに約16%あり、土地改良区では3737と95%にのぼります。2020年に発表された第5次男女共同参画基本計画では、2025年までに女性委員がいない組織数をゼロにし、農業委員に占める女性割合を30%に、農業協同組合役員に占める女性割合を15%に、土地改良区理事と自治会長に占める女性割合を10%にすることが目標として設定されています。周知の通り、農山村地域の過疎高齢化は進み、農業に従事する人口は減少を続けていますが、その約半数は女性が占めています。ふだん仕事として主に自営農業に従事している「基幹的農業従事者」は、1990年の292・7万人から2019年の140・4万人に減少を続けていますが、そのうち女性の基幹的農業従事者が占める割合は1990年の48%から2019年には40%に減少したとはいえ（注1）、方針決定の場に女性が1割程度しかいないという現状は、農業・農村に生きる人々の声を反映しているとは考えられません。

ただ、数値目標が達成されさえすればよいかというと、そうでもありません。東京五輪・パラリンピック大会組織委員会前会長・森喜朗氏が女性理事の発言時間を規制したいと述べたことが記憶に新しいですが、農業関連委員に関しても、ただ女性の「席」を埋めるためだけに「（黙って）座っているだけで大丈夫だから」と説得された女性もいます（注4）。あまりにも当然のことではありますが、数値目標の達成は、委員の席についた女性たちが意思決定の過程に正当に参画することを意味するものでなくてはならないでしょう。

（3）農業経営に関して女性の研修機会が少ないこと

近年では「女性活躍」の旗印のもと、女性農業者の創意工夫への注目も集まっています。しかし問題なのは、女性農業者の活躍が、しばしば「女性らしさ」を活かした活躍としてのみとりあげられることです。例えば、農村女性による起業の内容に特産品づくり、農産物直売所、体験農園、農家民宿など、都市との交流が多いことを、農林水産省は「女性の目線による細やかな気配りや対応、女性ならではのアイディアが経営面において強みとなっている」と評価しています（注1）。男性が特徴的な経営や新しい販売方法に取り組んだからといって「男性らしい視点を活かした」とは評価されないのに対し、女性が取り組んだ活動は、すべて「女性らしさを活かした」ものとしてしか評価されないのはなぜでしょうか。

他方で、女性が農業経営の実質的な責任者であっても、書類上は夫が経営主であるために夫の手柄と評価されてしまうことも多いようです。ある県では、県内の優れた農家をたたえる優秀農家表彰を行っていますが、女性枠ができるまで女性が表彰されることはほとんどなかったといいます。地域の農業経営体に普及指導を行う農林行政職員ですら、意識的に女性に目を配っていないと、経営内部における女性の働きに気づいていないことがあるようです（注5）。書類上は女性が経営の役員になってはいても、実際は夫や父といった男性が作付計画や販売管理、労務管理、設備管理などの意思決定をひとりでやってしまうケースもまだまだあります。

このように女性農業者が経営者と認識されない背景には、行政職員や地域の人びと個々人の「農家（経営主）は男性」という無意識の思い込みもありますが、農林水産行政の長年にわたるジェンダー化された政策の影響もあります。農林水産省が女性に対する政策を展開し始めたのは第二次世界大戦後すぐの１９４８年でしたが、当時は女性は農業経営や地域政治への参加よりも農家生活の改善を担うことが求められました（注4）。1990年代になってようやく、方針決定の場への女性の参画や農業経営への参画に目が向けられ、男女共同参画社会基本法を経て、農林水産省でも女性の農業経営における役割を適正に評価し、女性が自らの意思によって農業経営等に参画する機会を確保するための環境整備や、女性による起業活動の支援、次世代リーダーの育成、女性が働きやすい環境整備、女性農業者の能力向上のための経営管理研修などの取り組みが行われてきました（注1）。しかし、現在でも農業・農村の女性のみで組織されたグループでは、経営についての研修よりも、販売・加工・PRなどの活動やメンバー間の親睦や交流が中心になりがちなのは、過去約40年間にわたって、農業経営のための技術研修や普及教育は男性を対象にし、女性へはそれ以外の面に注力してきたことの影響といえます。前述した女性による起業も、その多くは農林水産省による生活改善の取り組みを母体にしていたり、農業経営のための地域資源管理や政治のしくみは男性の領域として女性には手が出せなかったからこそ、それ以外の分野での起業活動が盛んになったという経緯があります。つまり、女性たちが全く制約のない中で自由に選択をした結果でもなければ、「自然な」女性らしさが発揮された結果でもなく、さまざまな社会的制約のなかで選択された活動だといえます。

国（や農林水産省）の掲げる「女性活躍」のように、背後にある様々な非対称な構造と制約を見ないままに、「女性らしい」とされる活動のみをとりあげて高く評価するのではなく、女性の抱える課題を一つひとつ解決しながら、男性も女性も、外国人も障害者も、多様な人々が一人の人として生きやすい環境こそがめざされるべきではないでしょうか。

（岩島　史）

（注1）農林水産省2020『令和元年度　食料・農業・農村の動向』
（注2）女性の農業における活躍推進に向けた検討会2020『女性農業者が輝く農業創造のための提言～見つけて、位置づけて、つなげる～』
（注3）農林水産省大臣官房統計部2018『平成29年度食料・農林水産業・農山漁村に関する意向調査　農家における男女共同参画に関する意向調査結果』
（注4）岩島史　2020『つくられる〈農村女性〉　戦後日本の農村女性政策とエンパワーメントの物語』有志舎
（注5）原田英美・柏尾珠紀2019「農林行政職員から見た農業・農村女性　フォーカス・グループインタビューから」『農業と経済』85（1）：86‐98

建交労の事業団で働く高齢者の実態

はじめに

度重なる「社会保障」「年金制度」の改悪の中で、「年金だけでは生活できない」高齢者は増加しています。ここでは、全日本建設交運一般（建交労）の部門である「全国事業団・高齢者部会」が毎年とりくんでいる「事業団などではたらくみんなの要求アンケート（２０２１年）」を通じて、働く高齢者の実態を述べたいと思います。

まずはじめに、「事業団」と一口に言ってもあまりなじみがないと思うので簡単に解説をします。詳細は割愛しますが、源流は戦後の荒廃の中、あふれかえった失業者に向け１９４９年に公布された「緊急失業対策法」に基づき、失業対策事業（失対事業）に従事する労働者を組織した全日本自由労働組合（全日自労：現在の建交労の３つの組合のうちの１つ）が、失対事業打ち切り反対のたたかいの中で作りだしたものです。組織合同で組合の名称は何度か変わりましたが、長年「失業と貧乏と戦争に反対」をテーゼとしてきました。建交労の事業団は現在全国に約60カ所で２０００人ほどの団員が働いています。多くが企業組合やＮＰＯ法人として、自治体や民間から発注される仕事の受け皿を作り団員が働くというシステムとなっています。仲間の多くが年金だけではくらせない高齢者です。また、コロナ禍でますます雇用状態が悪化する中、生活困窮者の就労訓練や働く場所の受け皿としての機能強化を模索し活動しています。仕事の内容は、自治体管轄の公園や道路・河川などの清掃、公共施設や病院・民間施設の清掃、介護事業などを中心とし、除雪・庭木の剪定・墓地清掃など多岐にわたります。

事業団２０２１春闘アンケート概要

２０２１年のアンケートは１道１都１府14県より９６４人分が集約されました。

回答者のうち男性が５３１人で55・１％、女性が４１８人で43・４％、回答なしが15人で１・６％です。年齢構成では、50代までが16・４％、60歳以上が82・８％で、そのうち60代が25・９％、70代が50・８％、80歳以上が６・０％でした。アンケート総数９６４人のうち、年金を受給している人は７１７人、74・４％でした。

年金受給者の実態

これからアンケートの中から年金受給者のみを取り出し実態を述べます。年金受給者７１７人のうち厚生年金・国民年金受給者と回答したのは５８１人。分析項目のうち男女差があまりないものは、全体の数値から考察をしていきます。

①年金受給者の生活実態

受給している年金の種別は、国民年金受給者１９２人

図表1　年金受給者の年金額・労働日数（月）労働時間（日）時間給及び推定月収

	年金月額	1ヵ月の労働日数	1日の就労時間	時間給*	推定月収	年金＋推定月収
年金受給者（全体）	**89,000**	**13.0**	**5.6**	**930**	**70,000**	**160,000**
厚生年金	103,000	13.3	5.7	930	72,000	175,000
国民年金	61,000	12.6	5.6	930	67,000	129,000
年金受給者（男）	102,000	13.2	5.8	950	75,000	178,000
年金受給者（女）	68,000	12.6	5.4	900	63,000	132,000
厚生年金（男）	113,000	13.5	5.8	950	76,000	190,000
厚生年金（女）	80,000	12.5	5.3	900	62,000	142,000
国民年金（男）	69,000	12.3	5.9	950	71,000	140,000
国民年金（女）	55,000	12.8	5.4	910	64,000	120,000

資料出所：建交労 全国事業団・高齢者部会「事業団などではたらくみんなの要求アンケート」2021年

（33・0％）、厚生年金受給者389人（67・0％）でした。受給している年金額（月額）は平均で8万9000円でした。厚生年金受給者が半数以上を占めているにも関わらず、受給額10万円未満が58・5％となっており、働く場を求めている高齢者の低年金が浮き彫りとなっています（図表1）。

家族構成は、一人暮らしが21・3％、夫婦だけが44・6％で、全体の65・9％を占めています。親と子が22・4％でした。家計を支える収入状況は、自分の収入のみが40・4％、自分の収入を含む2人の収入が50・3％となり、あわせて9割となっています。

次に年金受給者の年金額を種目ごとに見ていくことにします。年金受給者の年金額（月額）の平均は8万9000円でした。年金種別に見てみると、厚生年金は10万3000円（月額）に対し、国民年金は6万1000円となり、国民年金は厚生年金に比べ4万2000円低い結果となっています。厚生年金の平均月額10万円そこそこという数字も「健康で文化的な生活」からは程遠い額なのですが、国民年金の生活はさらに過酷で、年金では生活できない実態が読み取れるものとなっています。

②顕著な女性の低年金

年金額の男女別の受給額を見てみると、年金の種類に関わらず男女格差は顕著になっています。あわせて、国民年金の受給者の男女別の割合が、男性24・3％女性47・4％で、女性の国民年金比率が高いことも特徴です。

年金額を男女別に比較してみると、厚生年金月額は男性11万3000円に対し、女性は8万円と3万円以上低くなっています。国民年金でも男性6万9000円に対し女性は5万5000円と開きがあります。現役で働いていた時の賃金の差や就労年数が年金額に大きく影響していると推測され、現役時代の男女賃金格差が年金額に反映し生涯にわたり影響することが読み取れます。

③就労実態について

次に事業団等で働く実態を見てみます。ここでは男女差はほとんどないので総数で考察します。

1カ月の労働日数は平均で13・0日です。一番多いのが10日〜15日未満で46・0％と半数を占めています。1日の就労時間は平均で5・6時間。5時間台が29・1％と最も多く、次いで6時間台が25・6％でした。時間給の平均は930円。800円台が40・8％、900円台が36・0％と全体の8割弱をしめています。

賃金に関して地域別の比較をしてみると、地域の最低賃金とリンクしていることがうかがえます。各事業団が受注する単価、特に公的な仕事が地域最賃レベルだということも関係していると思います。1カ月の希望労働日数は14・1日、1

図表2　年金種類別金額＋事業団賃金（月額）

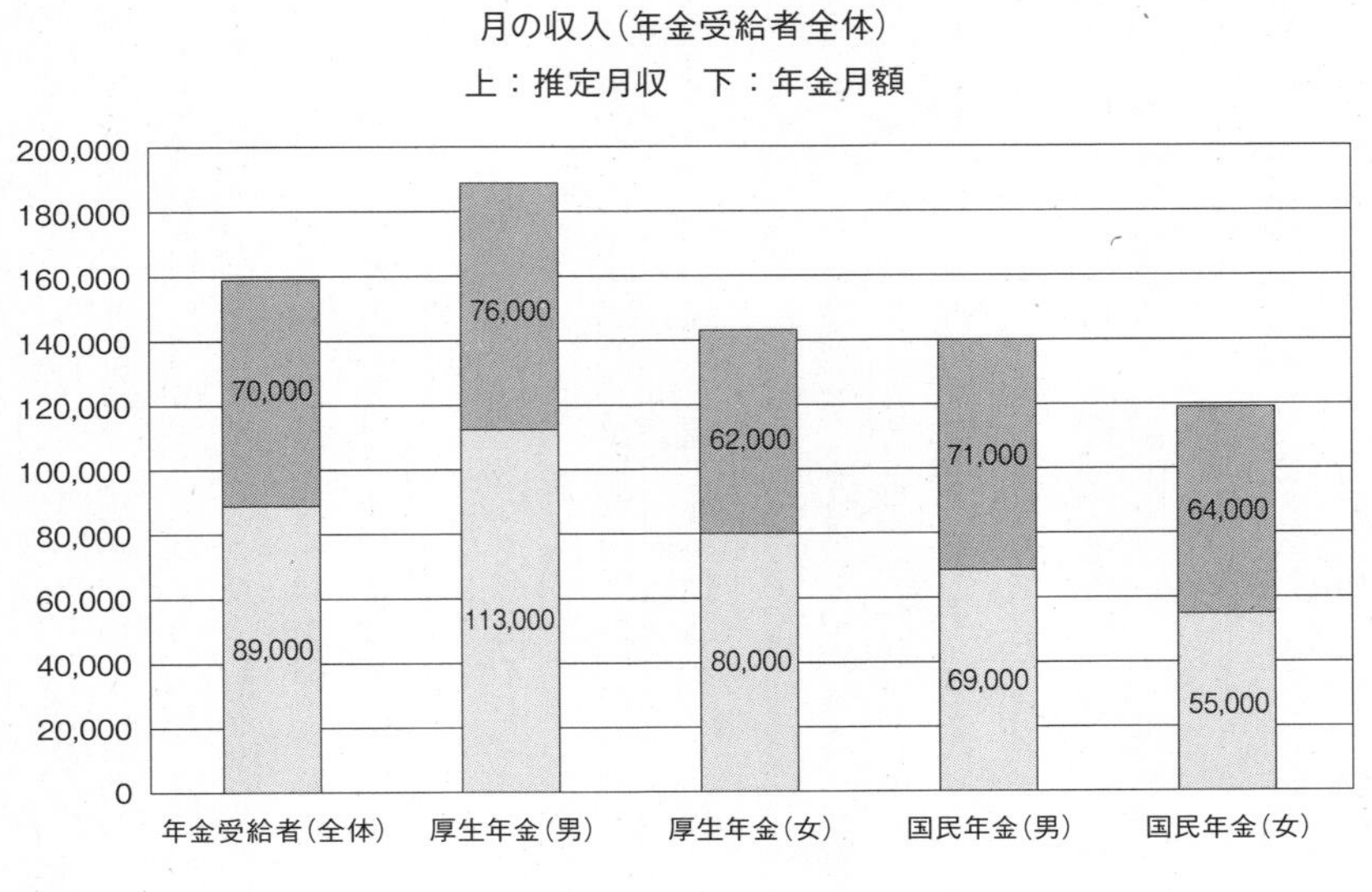

資料出所：建交労 全国事業団・高齢者部会「事業団などではたらくみんなの要求アンケート」2021年

日の希望就労時間は5・8時間となっており、体力的なことも健康上のことからもほぼ今の就労が妥当だと考えていると推察されます。こうしたことから、仕事量を無理に増やさなくても、全国一律最低賃金の創設と1500円レベルまでの引き上げが実現すれば、もう少し余裕のある生活が可能になると思われます。

④月の生活費

アンケートをもとに、年金受給者が事業団等で働いて得る賃金について、「労働日数×1日の就労時間×時間給」の計算式で月額賃金を推定し、年金額と合算した図を示します（図表2）。

あくまで推定値ですが、事業団での賃金は平均7万円です。年金と合わせると月額の推定収入は16万円となります。同じ計算式を使い前述した年金種別に推定収入を見てみると、厚生年金男性19万円・女性14万円、国民年金男性14万円・女性12万円となり、事業団で得る賃金は大きな格差はないので、年金額の格差が女性の生活費の格差に直結していることがうかがえます。

⑤医療費・家計負担

次に医療費・家計負担について考察してみます（複数回答なのでポイントとして示します）。

通院について、「病院にかかっている」が62・5％、「たまにかかっている」が24・3％で約9割弱が通院を必要としています。年間の通院費は平均で5万円、月に換算すると4167円となり、少ない生活費からの医療費負担は重いものとなっていると思われます。

家計支出で特に負担を感じるものでは、食費が圧倒的に高く56・6ポイント、ついで税金・社会保険料が28・6ポイント、ついで医療費が26・2ポイント、水道・光熱費が25・6ポイントとなっています。食費・水道・光熱費は、生活するうえで不可欠の支出項目です。生きていくための最低必要なものに負担感を強く感じるということからは、毎日のくらしの厳しさがうかがえます。また、税金や医療費の負担感が上位にきていることは、今の税・社会保障制度が高齢者を苦しめている実態を示すものとなっています。

建交労の事業団のアンケートは、働かなくては生活できない年金受給者の生活の苦しさを示すものとなっています。高齢者の雇用が自己責任論や労働力政策と一体となって取りざたされていますが、憲法に保障された「健康で文化的な生活」を実現するためには最低保障年金制度をはじめとする「まともに生活できる年金」の確立が急務だと言えます。

（角田　季代子）

公務の非正規化と官製ワーキングプアの現状および要求

はじめに

国や自治体などの公的機関で働く非正規雇用労働者の多くは、正規職員と同等の仕事をしているにもかかわらず、不安定な雇用と劣悪な処遇を余儀なくされ、「官製ワーキングプア」として社会問題化しています。実際、国会やマスコミなどで取り上げられることが多くなり、深刻な問題として可視化されつつあるものの、抜本的な改善が図られているとは言い難い状況にあります。

ここでは、国家公務における非常勤職員をめぐる現状と課題および解決方向を明らかにするとともに、官民を問わず誰もが安心して働くことのできる社会を展望します。なお、地方公務（地方自治体）における非常勤職員も劣悪な労働条件下に置かれており、その改善が急務ですが、国と自治体とでは非常勤職員制度が異なっていることも付言します。

国家公務における非常勤職員の雇用不安

国家公務の非常勤職員は一般職の国家公務員であり、労働基準法などの民間法制は適用されません。しかしながら、その法的位置づけはきわめて曖昧であり、常勤職員のように総定員法や給与法、勤務時間法などの法律・制度によって勤務条件が法定されておらず、それゆえに多くの問題が発生しています。とりわけ、国家公務の場合、各省の予算によって非常勤職員の人数が決められるため、増員される年度がある一方、減員となる年度もあり、非常に不安定な状況に置かれています。実際、人数（予算）が減らされるか否かが分かるのは1月に入ってからであり、非常勤職員は毎年、年度末が近づくにつれて雇用不安に怯えざるを得ません。

また、「パワハラ公募」として取り上げられることの多い公募問題も、雇用不安に拍車をかけています。これは、国家公務の非常勤職員のうち1週間の勤務時間が常勤職員の4分の3を超える非常勤職員を「期間業務職員」と規定した上で、当該期間業務職員について3年に1度、一般公募者と同等の面接を受けさせるものです。したがって、予算の削減に伴って採用人数が減らされる際に雇用不安が生じるだけでなく、予算が確保されて人数が減らされないときであっても、公募によって不採用になりかねず、非常勤職員は一層の不安を抱かざるを得ません。

日本国家公務員労働組合連合会（国公労連）はこうした雇用不安を解消すべく、政府に対して非常勤職員の無期化・常勤化を求めると同時に、人事院に対しても規則に基づく公募制度の撤廃を迫っています。とりわけ、多くの非常勤職員が就業している厚生労働省の地方労働行政（労働局、公共職業安定所、労働基準監督署）では、公募による弊害が著しく、全労働省労働組合（全労働）は「期間業務職員の公募にかかる見解」（２０１８年）をまとめ、①非常勤職員の精神的負荷、②職場のチームワークの阻害、③外部応募者に及ぼす負担・不信、④政府の無期転換政策との矛盾、⑤労働市場（雇用統計）への悪影響、⑥事務コストの煩雑さなどの点から批判し、改善を求めています。しかしながら、人事院はこうした問題点を認識していながら、現時点においても見直す姿勢を見せていません。

非常勤職員が置かれている現状と課題

総務省の労働力調査によると、２０２０年の非正規職員・従業員は２０９０万人・37・1％であり、前年比では若干の減少を見せているものの、労働者全体の約4割を占めている状況に変わりありません。しかも、その多くは女性労働者であり、コロナ禍の中で解雇・雇い止めなどの苦境に置かれている実態は周知のとおりです。

そして、国家公務における非常勤職員も同様であり、内閣人事局の「一般職国家公務員在職状況統計報告」（２０２０年7月1日現在）によると、常勤職員が26万８１７９人であるのに対して非常勤職員は15万５９４１人・36・８％となっており、人数にしても割合にしても増加傾向が続いています。特に、5年間で10％の国家公務員を削減するという政府の「定員合理化計画」のもと、各省とも常勤職員の削減が続いており、こうした状況下で非常勤職員の果たす役割は増しています。なお、常勤職員の削減数＝非常勤職員の増加数となるわけではありませんが、「定員合理化計画」によって常勤職員の削減が着実に進められる一方、年度ごとの変動があるものの、非常勤職員は全体として増加傾向にあります。この中でも、厚生労働省の公共職業安定所では、常勤職員以上の非常勤職員が勤務する（２０２１年4月現在、職員数1万１５２人、非常勤職員数2万７９０２人、厚生労働省公表資料）とともに、職業相談や求人受理、助成金、雇用保険などの各種業務に携わっており、非常勤職員なくして業務運営はたちまち困難となります。

このように、国の行政において常勤職員とともに力を発揮している非常勤職員について、その処遇はきわめて劣悪です。雇用の面においては先述のとおり、毎年の予算によって人数が増減されるため、いつ雇い止めになるか分からない不安定な状況に置かれています。しかも、労働契約法第18条では有期労働者の無期転換権が措置されている一方、国家公務の非常勤職員にはこうした法制度が存在せず、何年経っても1年更新の有期雇用のままです。

また、期間業務職員の公募制度について、全労働は「見解」において「予算の縮小があれば失業を余儀なくされる雇用不安も大きいが、これに加え、現に就いているポストの業務が継続するにもかかわらず、外部応募者との選考を勝ち抜かなければ失業するのは過酷極まりない」と厳しく批判しています。実際、全労働がまとめた非常勤職員の手記（『これが、労働行政の非常勤職員の実態だ』２０１５年）では、「自分が採用されたことで職場を追われた方や採用されなかった一般求職者のことを思うと、夜も眠れない」「公募を前に、不安や不満、日々ストレスが増すばかり」「自分の雇用が不安定で、メンタルを整えながら職業相談に応じることは苦しく、涙が出る」などの悲痛な訴えが寄せられています。

正規職員との均等・均衡待遇を求めて運動

一方、労働条件の面も決して十分ではありません。そもそも、国家公務の非常勤職員は常勤職員のように賃金・諸手当が厳密に決められているわけでなく、給与法でも「常勤職員の給与との均衡を考慮し、予算の範囲内で給与を支給」と規定されているのみです。したがって、省庁によって、あるいは同一省庁でも非常勤職員の種別によって賃金に違いがあり、諸手当の支給も様々です。実際、通勤手当や一時金などについて、支給されている省庁と支給されてない省庁、あるいは、支給されていても常勤職員と差がある省庁など状況は一様でありません。国公労連は、こうした格差が不合理であると指摘し、人事院も２００８年8月に給与決定のガイドラインを策定した上で、基本給や通勤手当、一時金などのあり方を示しました。その後、２０１７年5月には当該ガイドラインを基本にした各府省による申し合わせも行われ、上記のほかに給与改定の時期についても確認されました。しかし、これらはあくまで努力目標に過ぎず、各省では年度予算とそれに基づく判断での給与決定が続いています。

また、休暇制度については、給与とは異なって人事院規則において規定されているものの、常勤職員との均等・均衡待遇とは程遠い状況です。それでも、この間の国公労連の追及もあり、忌引休暇と病気休暇の制度化（２００９年10月）、短期介護休暇の制度化と子の看護休暇の改善（２０１０年６月）、育児休業と介護休暇の制度化（２０１１年4月）、妊産婦疾病休暇の制度化（２０１５年4月）、結婚休暇の制度化と忌引休暇の要件緩和（２０１９年1月）、夏季休暇の制度化（２０２０年1月）など、制度化・制度改善が着々と進められました。実際、「家族の葬儀に際しても有給休暇（年次休暇）で対応しなければならないのか」「常勤職員が夏季休暇を取得しても、非常勤職員は有給休暇で休むしかない」との非常勤職員の訴えが制度官庁である人事院を動かしたと言えます。

しかし、こうした改善を経てもなお均等・均衡待遇とは言えず、採用年度の年次休暇（常勤職員15日、非常勤職員10日）や病気休暇（常勤職員90日、非常勤職員10日）などの格差があるほか、産前・産後休暇や子の看護休暇、短期介護休暇は無給休暇です。とりわけ、病気休暇について、日数の拡充はもとより、有給化を求める声が非常に多く、民間企業における労働契約法20条裁判の最高裁判例（２０２０年10月）を見ても、無給休暇に押しとどめる理由はありません。

雇用の安定と労働条件の改善に向けて

国家公務における非常勤職員の不安定な雇用と劣悪な処遇はただちに改善される必要があります。それは、非常勤職員の労働条件を確保する観点はもとより、行政サービスの維持・向上にとっても不可欠だからです。

例えば、公共職業安定所の利用者から見れば、常勤職員か非常勤職員かは問題でありません。むしろ、非常勤職員の誠実な仕事ぶりが求職者や求人者から大きな信頼を得るとともに、そのことが再就職支援につながっており、非常勤職員の存在は労働者・国民の権利保障に直結しています。さらに、当該非常勤職員も「求職者の方が笑顔になり、安定した職に就けるようサポートする労働行政職員としての誇りがある」（前記「手記」より）と述べるなど、資格取得を含めた研さんに励みながら行政運営の中核を担っています。

しかし、こうした労働者・国民の勤労権（憲法27条）保障を担う非常勤職員が雇用不安にさらされている現状は、矛盾以外のなにものでもありません。国公労連と全労働では集会や署名、当局交渉などを積み重ねるとともに、非常勤職員の組織化も進めながら、雇用の安定と労働条件の改善をめざしています。とりわけ、非常勤職員の多くは女性であり、主たる生計者である場合も少なくありません。当面は公募の撤廃による雇用の安定および常勤職員との格差改善・均等待遇を求めるとともに、非常勤職員の無期化・常勤化を妨げている総定員法の抜本的な見直しも必要です。これからも、官民ともに正規も非正規も安心して働くことのできる職場づくりと国民のための労働行政を進めていくことで、「官製ワーキングプア」という言葉が無くなる社会を築かなければなりません。

（津川　剛）

女性とくらし

税負担のあり方と税金の使い方

「社会保障の財源の中心は消費税」「孫や子に借金を負担させてよいのか」と言い、消費税の増税を唱える人がいますが、まったくの偽りです。逆に消費税は社会保障を削り国の借金（国債）を増やすのです。

国の2021年度予算の税収は57兆4480億円で国債費（国の借金の元利合計額＝23兆7588億円）を除く歳出は82兆8509億円です。税収より歳出が25兆4029億円多いのです。不足の穴埋めに43兆5970億円もの新規国債を発行します。この額は税収の75・8％を超えます。当然借金をすれば元金と利息の支払いが生じます。同年度予算の「国債費」（国債の元利支払い額）は23兆7588億円と税収の41％を超えます。国債費負担で首が回らず、さらに国債を発行し社会保障費を削ることになります。この財政構造こそが社会保障費を削減し借金を増やす諸悪の根源なのです。

借金まみれの財政構造の主因は大企業優遇・大金持ち優遇税制ですが、政府はこれを改善するどころか消費税の減税をせず、各種控除の削減など左記の庶民増税を進めています。

(1) 給与所得控除の削減

2020年から給与所得控除額（給与控除）が一律に10万円減らされました。給与所得者の大半を占める労働者は、生きる権利を実現する手段として労働力商品を売って生活をしています。給与控除の存在理由は、労働力商品をつくるための費用（原価）を労働力商品売上から差し引くためです。労働力の原価は、①労働力の消耗を補充するための労働者自身の維持費（食べ物、衣服、冷暖房、住居等）、②労働者の次世代後継者を養育することで、労働力を永続的に再生産するために要する労働者の家族の維持費、③労働力の養成や教育に必要な養成費などから成ります。労働力商品売上から原価を控除した残額が生活の源となる総生活費です。給与控除の削減は命（生活の源）を削ることです。

同じく2020年から公的年金等控除は、公的年金控除も一律10万円減額されました。「本来不要とも考えられる」という方向でさらに削減される危険があります（政府税調中期答申2000年6月）。

(2) 所得税の基礎控除

所得税の基礎控除は、2019年まで38万円だったものが2020年から48万円になり、2400万円超では漸次縮小、年収2500万円超ではゼロになりました。この基礎控除は憲法の生存権、財産権を保障するもので、消費税がなかった時代の所得税の課税最低限です。現在は消費税があり買い物をすれば直ちに課税されます。年48万（月4万円）では生活が成り立ちません。

(3) 所得税法56条

さらに過酷なのは所得税法56条です。同条は家族従業者の働き分を税法上否認しています。72国会（1973年12月1日～1974年6月3日）において衆議院大蔵委員会は1974年6月3日、次の請願を全会一致で採択しました。ところが政府はこの請願内容をいまだに無視しています。

「中小業者に対する税制改正等に関する請願」
1. 税制改革について
(1) 現行の事業主報酬を改め、青色・白色を問わず店主・家族専従者の自家労賃を認め、完全給与制とすること。
(2) 大資本に対する特権的な租税特別措置を無くし、法人税を累進制とし、小法人の税率を大幅に引き下げること、等。
2. 税務行政の改善については、税務調査に当たり事前に納税者に通知するとともに、調査の理由を開示すること。

納税者の権利

憲法13条は、「すべて国民は、個人として尊重される。生命、自由及び幸福追求に対する国民の権利については、公共の福祉に反しない限り、立法その他の国政の上で、最大の尊重を必要とする。」と述べています。議会政治においては、国民が選出する代表者が構成する議会で法律を制定し、国の政治の根本的な事柄について決めます。そこでの中心課題は、税の「取り方」と「使い方」を決めることです（広義の納税者の権利）。

(1) 応能負担原則

憲法に基づく税負担のあり方は応能負担原則（応能原則）と呼称されます。この原則は、税は負担する能力に応じて支払うものであるとする考えです。憲法の「個人の尊重・幸福追求権」（13条）、「法の下の平等」（14条）、「生存権」（25

条）、「財産権」（29条）などの規定が要請するものです。

憲法97条は自由と人権が長い期間にわたる世界諸国民の絶えざる努力によってかちとられたものであることを忘れてはならないと強調しています。応能原則という人権もそれを主体的に追求する権利を行使する者の上にしか訪れません。つかみとる権利なのです。応能原則は以下の点を重視します。

（1）直接税（所得課税）を中心に据える。（2）各種所得を総合して（ひとまとめにする）、所得が多くなるに応じて高い税率を課す（超過累進課税を採用する）。（3）生計費には課税をしない。（4）勤労所得には軽い課税、不労所得には重い課税をする。

憲法を生かすには、国税、地方税、社会保険料（目的税）等は、すべて応能原則にかなったものにしなければなりません。

⑵ 税の使途原則

憲法は、全世界の国民が平和のうちに生存する権利を有することを確認（前文）、国権の発動たる戦争の永久放棄・戦力不保持および国の交戦権の否認（9条）、生存権（25条）を規定しています。平和と生存権を重視する憲法の下での税の使途原則は「全税が福祉目的税」となります。国民が納税の義務を負うのは、払った税金が平和に生存するために使われることを前提にしているのです。

総合累進所得課税による増収

新自由主義（利益至上主義）のもとで貧富の格差は留まるところを知りません。この弊害を是正する動きとして、英国は２０２１年度において大企業への法人税増税を約50年ぶりに行い、米国もこれに続いています。ドイツは新型コロナウイルスで受けた経済への打撃を緩和するため、消費税（付加価値税）の減税を２０２０年7月から実施し、この消費税減税の動きは世界の多くの国々に波及しています。

宮本憲一大阪市立大学名誉教授（財政学・都市経済学）は総合累進所得課税を「人類の叡智」といい、「これに代わる公平で民主主義的な税制がいまのところない」と指摘しています（宮本憲一・鶴田廣巳編著『所得税の理論と思想』税務経理協会）。

応能原則の実現は総合累進所得課税によって実現されます。次に示すのは総合累進所得課税による財源の確保です。

⑴ 所得税

①申告所得税

２０１９年分の申告所得税額に１９７４年当時適用の税率を適用すると新たに11兆３５２３億円の税収（国税庁統計情報に基づき計算）。

②源泉所得税

２０１９年度の配当・投資信託に消費税導入前の源泉分離課税（35％）を当てはめると9兆２６２５億円の増収（国税

庁統計情報に基づき計算)。

③相続税

所得税の補完税的役割がある相続税について、5億円超〜100億円超の2018年に開始した相続財産の5億円超〜100億円超の部分ににについて1988年の相続税の最高税率を摘要すると、1兆2443億円の増収(国税庁統計情報に基づき計算)。

⑵ **法人税(法人所得課税)**

大企業優遇税制をなくし、法人税に所得税並みの超過累進税率を適用すると、法人税の税収は34兆2631億円となる(2018年度)。この年の実際の法人税収は12兆386億円であるから、22兆2245億円の増収(不公平な税制をただす会共同代表 菅隆徳税理士の計算、「税制研究」第79号、2021年2月)。

⑶ **住民税**

2019年分申告所得税額の実際所得1974年当時に適用されていた税率を累進税率として概算計算すると1兆8476億円の増収(所得額は国税庁2019年分「申告所得税標本調査」に基づき計算)。

⑷ **所得課税の増収額合計**

総合累進課税により45兆9312億円の財源が生まれます。2021年度予算の消費税の税収20兆2840億円がなくても十分な財源があるのです。

税制は権利闘争

現在の日本社会は儲けを無限に求める大企業優遇利益社会です。利益社会という場合の利益は、他人はどうなっても自分さえよければよいという利己主義の考えです。儲けがあっても税金を払わない自由があるなどといいます。それが「新自由主義」という病です。日本社会に暗雲をもたらしている新自由主義の主な政策は、福祉の切り捨て、応能負担原則の廃棄、できるだけ大企業に課税をしない、消費税の増税などです。このような利益偏在社会からの脱却は、「権利闘争」によってもたされます。

権利主張は、自分たちの要求する利益の主張が正しい筋道にもとづいていることが大切です。自分たちの利益の主張が自分だけでなく、他の人の利益を同時に守る全体の利益につながるという道理が権利(正義)です。権利、法、正義は一体の言葉です(独語で recht は法、正義のことです)。国家は強大な権力をもちます。この強い国家の権力を押さえるのが権利です。社会的弱者が団結し、自分たちの利益を全体として実現するのが権利の基礎です。いいかえれば国家や大企業のような力の強いものに権利は必要でありませんが、弱者にこそ権利が必要になるのです。

税制の問題は政治の変革と密接な関係があります。そのためには権利の担い手が強くなくてはなりません。

(浦野　広明)

家計――コロナ禍におけるくらしの実態

新型コロナウイルス感染症による家計への影響

家計調査報告（注1）によると、2020年の消費支出は、新型コロナウイルス感染症（COVID−19）の影響などにより、前年に比べ実質5・3％減少し、比較可能な2001年以降最低となりました。外出自粛や在宅勤務、店舗への休業要請や営業時間短縮要請に伴い、外食の機会が減るなど食事代が大きく減少し、交通関係費、旅行関係費なども減少しました。一方、巣ごもり需要などによる内食の材料や家電の支出増加、感染予防への意識の高まりによるマスクなどの衛生用品などの支出増加がみられ、品目ごとに特徴的な違いがみられます。2020年1月〜2021年4月の日本国内のCOVID−19新規陽性者数の推移と消費支出の月次推移を季節調整済世帯消費動向指数（実質）でみると（図表1）、2020年4月7日からの最初の緊急事態宣言が発出された4・5月の消費支出が4月は86・6、5月は85・4と大きな落ち込みがみられました。その後は、感染者数の増加の波と共に消費支出の減少を繰り返しながら、若干持ち直す動きもみられています。ただし、2020年7

図表1　日本国内の新型コロナウイルス新規陽性者数の推移と消費支出の季節調整済実質指数（2人以上の世帯）―2020年1月〜2021年4月―

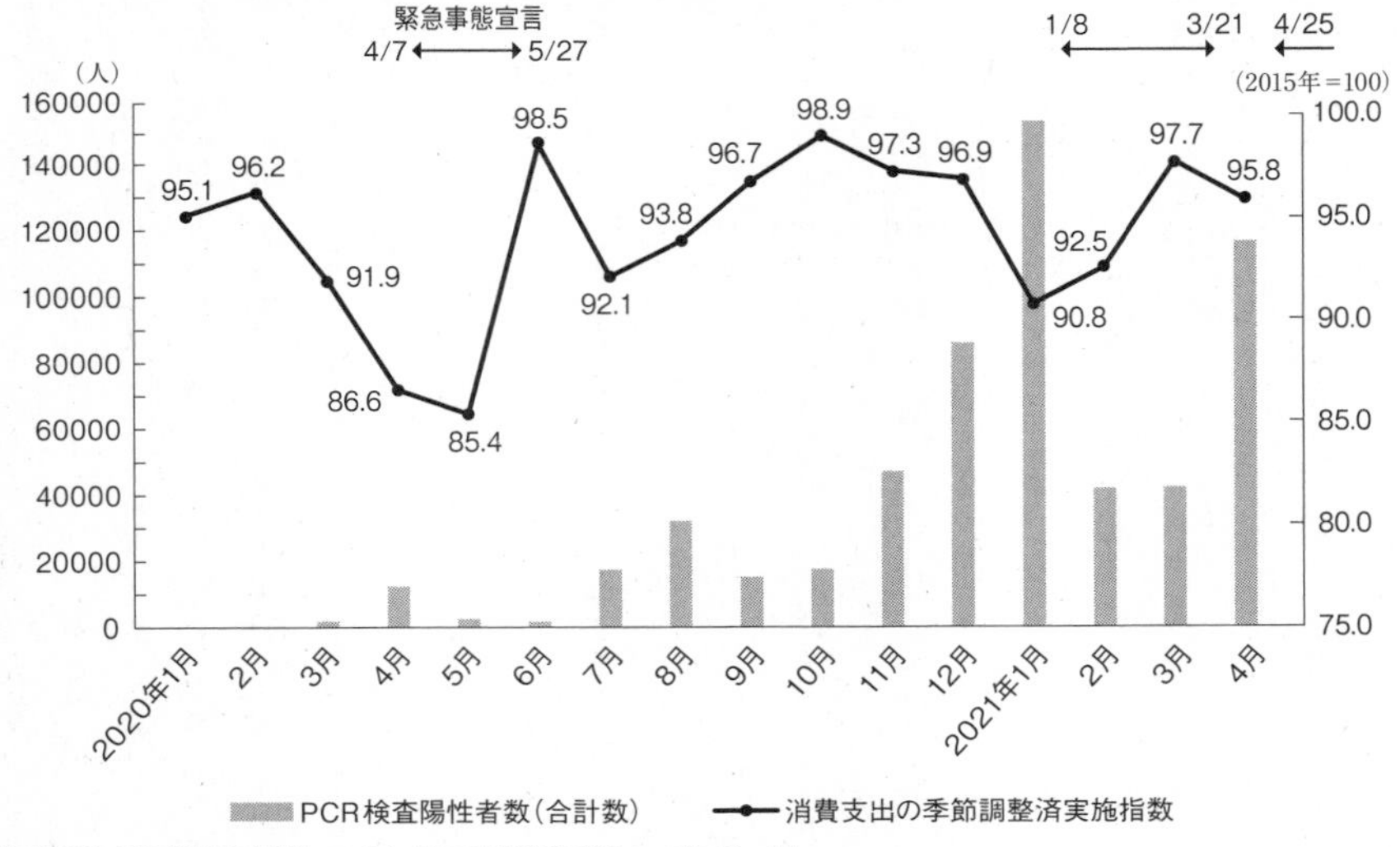

資料出所：厚生労働省「新型コロナウイルス新規陽性者数オープンデータ」
(https://www.mhlw.go.jp/stf/covid-19/open-data.html) 2021年6月20日アクセス
総務省統計局「世帯消費動向指数 分布調整値（季節調整値・実質）」第2表
(https://www.stat.go.jp/data/cti/index2.html) 2021年6月25日アクセス

月の長梅雨による天候不順や、９月・10月の前年の消費税率引き上げに伴う駆け込み需要とその反動減の影響など、ＣＯＶＩＤ－19以外の要因もあることを考慮する必要があります。

自営業世帯と雇用労働者世帯の家計

ＣＯＶＩＤ－19により飲食店の休業・時短営業や外出自粛等を余儀なくされている中で、収入の減少による家計への影響が懸念されます。ここで、産業構造の変化を背景に、比重を変化させてきた自営業世帯にも着目し、給与所得者としての雇用労働者世帯の家計と共にみてみましょう。図表２は、「世帯主の職業別１世帯当たり１カ月間の支出（総世帯）」として、勤労者世帯と勤労者以外の世帯を示したものです。自営業は、勤労者世帯以外の世帯のうちの個人営業世帯に分類され、さらに世帯主が商人及び職人、個人経営者、農林漁業従事者の３種類に分かれています。この個人営業世帯などの勤労者・無職以外の世帯については、支出のみが「家計簿」により調査されています。勤労者以外の世帯（無職世帯を除く）の収入結果は得られず、支出のデータしか得られないという限界があり、個人営業世帯の家計をジェンダー視点を含め分析することは、家計調査では、収入データが得られないため不可能ということになります。集計世帯数にはかなりばらつきがあることに留意する必要がありま

図表２　世帯主の職業別１世帯当たり１カ月間の支出（総世帯、2020年）

項　目	勤労者世　帯	勤労者以外の世帯	個人営業	商人及び職人	個人経営者	農林漁業従事者
世帯数分布（抽出率調整）	5,104	4,896	753	554	120	79
集計世帯数	4,224	3,943	624	463	96	65
世帯人員（人）	2.57	1.96	2.41	2.32	2.70	2.71
有業人員（人）	1.54	0.57	1.68	1.65	1.68	1.88
世帯主の年齢（歳）	47.6	71.5	62.4	62.2	59.3	67.8
持家率（%）	64.9	88.3	89.1	88.1	90.2	95.1
家賃・地代を支払っている世帯の割合（%）	31.6	10.3	10.3	11.4	8.2	4.8
消費支出（円）	262,359	203,607	226,951	221,189	267,131	215,604
食料	67,012	59,126	66,830	65,563	78,778	60,822
住居	22,535	14,532	13,866	14,908	11,513	9,523
光熱・水道	18,124	18,496	20,097	19,800	21,127	21,484
家具・家事用品	10,820	9,170	10,082	9,777	10,862	11,328
被服及び履物	9,297	5,370	7,589	6,540	13,501	6,291
保健医療	10,731	12,731	12,310	12,336	12,948	12,311
交通・通信	41,177	23,188	29,127	29,395	24,657	34,658
教育	11,301	1,923	5,901	4,610	14,899	1,880
教養娯楽	23,983	18,311	19,169	18,680	22,610	18,370
その他の消費支出	47,381	40,760	41,979	39,580	56,236	38,938
エンゲル係数（%）	25.5	29.0	29.4	29.6	29.5	28.2
調整集計世帯数	510,404	489,658	75,318	55,373	12,010	7,935

資料出所：総務省統計局「家計調査（家計収支編 詳細結果表）2020年」第5表より作成

すが、世帯主の年齢、持家率、消費支出の状況の違いから、それぞれの世帯のライフスタイルの概要を読み取ることができます（注２）。これらの状況から収入及びくらしに大規模な喪失が起こり、生活に困窮した場合には、より脆弱な者への影響が大きく、その中でも特に女性への影響が大きいことが表出してきています。女性が多くを占めている非正規労働者の雇用が失われており、その中でも宿泊・飲食業等で働く女性が多いことからも、ＣＯＶＩＤ－19による女性への影響は厳しさが増しています。

コロナ下における女性への影響

内閣府男女共同参画局に２０２０年９月に設置された「コロナ下の女性への影響と課題に関する研究会」が２０２１年４月に、「誰一人取り残さないポストコロナ社会へ」と副題を付した報告書を公表しました。その中でもコロナ下で女性の就労面、生活面に大きな影響が及んでおり、ひとり親、単身女性、非正規雇用労働者等の女性への影響が深刻化していることが指摘されています。民間企業で働く女性会社員で、女性の収入が１割以上減った家庭では、５世帯に１世帯が食費の切り詰めを行っており、１割弱が公共料金等の滞納をしているという家計の逼迫度が示されています（注３）。ここで、総務省統計局「２０１９年全国家計構造調査」を用いて、母親が就労している母子世帯の１カ月平均の家計収支

図表３　母子世帯と勤労者世帯平均の１世帯当たり１カ月間の収入と支出（2019 年）

（単位：円）

項目	母子世帯	勤労者世帯平均
世帯主の年齢（平均、歳）	39.20	47.3
実収入	261,587	587,347
経常収入	258,602	583,161
勤め先収入	200,447	568,532
事業・内職収入	1,231	5,573
他の経常収入	56,923	9,057
社会保障給付	46,927	8,487
仕送り金	9,963	143
特別収入	2,985	4,186
実支出	225,340	428,594
消費支出	196,379	322,378
食料	51,430	85,757
住居	28,729	14,228
光熱・水道	15,147	22,647
家具・家事用品	6,182	9,478
被服及び履物	8,806	12,750
保健医療	6,497	11,315
交通・通信	31,441	49,083
教育	9,057	46,106
教養娯楽	15,520	24,541
その他の消費支出	23,572	46,473
非消費支出	28,961	106,216
直接税	7,650	41,435
社会保険料	21,270	64,711
可処分所得	232,626	481,131
平均消費性向（%）	84.4	67.0

（注）母子世帯は、「母親と未婚の子供の世帯のうち子供が 18 歳未満の世帯」、勤労者世帯平均は、「夫婦と未婚の子供が2人の世帯（長子が高校生）」。
資料出所：総務省統計局「2019 年全国家計構造調査」第 1-10 表、第 1-12 表より作成

をみてみましょう（図表3）。「全国家計構造調査」は、1959年以来5年ごとに実施してきた「全国消費実態調査」を全面的に見直して実施され、2019年調査は13回目に当たります。母子世帯の実収入は、約26万円で、勤労者世帯平均と比べ消費支出は約19万6千円で勤労者世帯平均の60・9％です。収入が少ないため母子世帯の平均消費性向（可処分所得に占める消費支出の割合）は、84・4％と勤労者世帯平均の44・5％にあたり、高い値を示しています。収入、支出、貯蓄のいずれからみても、母子世帯は経済的にきわめて厳しい状況におかれています。経済的支援にとどまらず生活が成り立つ就労収入の確保が必要であり、雇用におけるジェンダー平等の機会や処遇改善が引き続きの課題です。

COVID－19によって、エッセンシャルワーカーによる労働、前例のない無償のケアワークの増加や暴力の急増、若者や女性（主婦や年金・雇用保険等生活者らの無職者）の自殺の増加など問題は深刻化しています。これらに対し、ジェンダー平等の視点からジェンダーセンシティブな対応が行われ、女性の経済的安定に向けて強化されることが喫緊の課題です。

（注1）総務省統計局統計調査部（2021）「家計調査報告〔家計収支編〕2020年（令和2年）平均結果の概要」

（注2）天野晴子・粕谷美砂子「家計収入・支出の構造にみるジェンダー」伊藤純・斎藤悦子編著（2021）『ジェンダーで学ぶ生活経済論〔第3版〕』ミネルヴァ書房、pp.70-92

（注3）周燕飛（2021）「コロナショックと女性の雇用危機」独立行政法人労働政策研究・研修機構（JILPT）ディスカッションペーパー21－09

（粕谷　美砂子）

介護保険制度20年、矛盾の帰結としての自助・互助推進政策

矛盾の存在としての介護保険制度

コロナ禍の只中、２００0年に発足した介護保険制度は昨年で20年の節目を迎えました。介護保険制度発足当時、政府や同制度推進派の人々は、この制度を導入するメリット・建前として、いくつかのことを掲げていました。代表的なことが「介護の社会化」です。当時、在宅介護者は家族介護等で疲弊した状況にあり、そういった人々を解放し、また要介護者には介護保険制度の下で専門職が介護を保障するということでした。

しかし、介護保険制度はその陰で、当時の自民党政権による新自由主義政策（大企業や資本家・富裕層などの利益を最大化するため、彼らが極力税やコストを負担しなくてもよいよう公共サービスや労働者保護法制などの社会制度を劣化していく政策）の流れの中で、高齢化が進む中でも社会保障費を極力抑制する思惑を持って構想されてきました。当時、高齢者介護は医療機関が担っている面もありましたが（「社会的入院」など）、それでは健康保険制度の医療費が高くつくため、より安価な介護の受け皿の制度整備が必要とされました。他にも高齢者介護を担う制度として措置制度がありましたが、これは主に税を財源として運営されていました。これをそのまま発展させていくと大企業や資本家・富裕層に対し税等の負担増を求めることになります。そこで、国民からも新たに保険料などを徴収しかつサービス利用時に利用者の１割負担を基本とする介護保険制度が構想されました。

以後高齢化の進行が予想される中で、「介護の社会化」を進めるためには、本来はこの時期、社会保障費を大幅に増加させ、専門職の数を増やし、医療・介護現場の人々が活き活きと働き続けられる労働環境を整備することが必要でした。しかし、介護保険制度は看板では「介護の社会化」を掲げながら、裏では社会保障費を抑制する思惑を持つ、矛盾の存在としてスタートしたのでした。

同制度が発足して間もなく、小泉首相は新自由主義「構造改革」政策の中で社会保障費を大幅に抑制する路線を強力に展開し始め、２００３年、２００６年の介護報酬大幅マイナス改定により、介護労働者の賃金や労働条件は大幅に引き下げられました。２００２年頃までは、「施設介護職員（一般労働者）」の平均年収（残業代、賞与等の諸手当を含む）は３４９万円ほどあったのですが、上記の介護報酬大幅マイナス改定により、３００万円近くまで一気に引き下げられました（厚労省「賃金構造基本統計調査」より算出）。

制度発足当時は、これからは高齢化、「介護の社会化」の時代ということで、若者が生涯の仕事として介護職などを目指す機運が社会的に高まっていました。この労働条件の引き下げは介護という職業にブラックなイメージを与え、2000年代中頃以降、次第に人材不足が深刻化していきました。

その後、麻生政権が2009年夏の衆議院総選挙直前に選挙対策的に介護職員処遇改善交付金を打ち出し、その後の民主党政権時代にその介護報酬上の加算化が行われました。この時期から政府は一定の人材不足解消に取り組むポーズはとってきましたが、時すでに遅し、の感が拭えません。その後も、ブラックイメージは払拭されず、人材不足の激化は止まらず今日に至っています。介護現場の人材（専門職）不足は、少子高齢化だから、という単純なものではなく、社会保障費を抑制する新自由主義「構造改革」政策の中で政策的につくり出され・助長されてきました。

「介護の社会化」路線の放棄と「自助」「互助」活用論

その後の自公政権は、「介護の社会化」という看板を実質的に放棄し、介護保険サービスの利用を抑制して、その受け皿として家族・親族による扶養、助け合いを強化、ないし義務化するベクトルの政策を進めています。2012年8月、民主・自民・公明の3党協議により社会保障制度改革推進法が成立しました。同法は、以後の社会保障制度改革を、「家族相互及び国民相互の助け合い」をもとに国民に「自立」を求めることを基本に進めることを定めました。同法については、筆者など社会保障研究者から、国が社会保障を向上増進することを規定した憲法25条2項に違反する違憲立法と批判が上がりました。

同法に基づき、2015年の介護保険制度改定では、要介護度3未満の者の特養入居制限が行われ、要支援者に対する介護予防給付（訪問介護・通所介護）の「総合事業」（担い手にボランティア等を含むこと可）への移行も進められました。また、一定以上の所得のある利用者の介護サービスの自己負担の2割への引き上げも断行されました。2018年改定時には、一定以上の所得のある利用者について更に自己負担3割が設定され、いっそうの負担増・サービス受給抑制が追求されました。また、「自助」「互助」「共助」を掲げ、高齢者等のケアに住民を動員する「地域包括ケアシステム」構築への動きも進められています。

自民党は、社会保障の「自助」「互助」への転化の完成形として日本国憲法の「改正」を目指しています。自民党は2012年に「日本国憲法改正草案」を取りまとめています。同改憲草案は、婚姻に関して規定する憲法24条の中に、「家族は、社会の自然かつ基礎的な単位として、尊重される。家族は、互いに助け合わなければならない」という、家族の助け合い義務を強制する条項の新設を提案し、同時に、社会保障の国家責任について規定した25条2項についても、現行憲法の「国は、すべての生活部面について、社会福祉、社会保障及び公衆衛生の向上及び増進に努めなければならない。」の文言から、「国は、国民生活のあらゆる側面において……」という文言に変更し、社会保障における国家の役割を「側面」からの支援に後退させることを打ち出しています。

筆者はこの間、地域で在宅介護者の方々の健康調査などをしてきましたが、日本の公的介護サービス保障が脆弱な中で家族などに介護をゆだねていくと、在宅介護者の健康状態が悪化していく危険性が非常に高いという結果が出ています。この間、疲弊した在宅介護者による要介護者への虐待も増加しています。市民への「自助」「互助」の押し付けは、要介護者・在宅介護者双方の健康や生命を犠牲にする非現実的な精神論であると言わざるを得ません。

コロナ禍で噴出する社会保障費抑制政策の矛盾

今日のコロナ禍による医療・介護現場の逼迫や対応の困難の根源にも、これまで述べてきたような政府の社会保障抑制政策が主として存在しています。

たとえば、従来からの社会保障費抑制政策による医療従事者数の抑制ないし普段からの医療現場の逼迫は、新型コロナウイルス感染拡大を食い止めるのに不可欠なPCR等検査の遅れ・不能の一因（もちろん、加えて東京五輪を見据えた政治家の判断のまずさも影響しています）となり、初期段階での感染拡大食い止めを困難にしました。特にこの間の保健所削減の悪影響が指摘されていますが、このような結果、感染拡大により医療・介護現場の疲弊を助長しました。

また介護保険は、公的事業体などの安定した経営主体が責任をもって介護保障をするのではなく、主に民間事業者（一部系型で営利事業者も含む）の新規参入によってまかなう方式を取りました。介護事業者には提供したサービスの量に応じて、介護報酬が支払われ、それを主として事業所経営をすることになります。この方式では、コロナ控えなどによって利用者が減少すると、たちまち経営は危機に晒されます。コロナ禍以前から介護報酬は低位に抑えられてきたうえに、今般のような緊急時の対応は困難です。対人接触の避けられない職場であるにもかかわらず、PCR検査は労働者の自己負担という事業所も出ています。東京商工リサーチの調べでは、2020年1月から12月2日までの「老人福祉・介護事業」倒産数は112件に達し、介護保険法施行以降で最多、また休廃業・解散も400件を超え、過去最多ペースとなりました（東京商工リサーチ「2020年『老人福祉・介護事業』の倒産状況」）。地域における事業所消滅のしわ寄せは、要介護者本人や家族に転嫁されてしまいます。

さらに、コロナ禍では各地の介護施設でのクラスターが発生しています。そういったことへの対応も困難にしています。神戸市内の介護老人保健施設で２０２１年４月中旬からクラスターが発生し、入居者と職員合わせて１３３人が感染、25人の方が亡くなっています（ＮＨＫ２０２１年５月７日報道）。従前からの病床抑制政策で市内の病床数がひっ迫しているため、感染した入居者も原則施設内で療養をせざるを得なかった結果です。

人権としての介護保障制度構築の必要性

介護保険20年とコロナ禍の教訓をもとに、真の介護保障実現のための方向性をいくつか簡潔に示します。

第1に、近年も史上最高益を更新するなど、税負担能力を十二分に持っている大企業や資本家・富裕層への課税強化による社会保障財源確保（垂直的所得再配分）の必要性です。コロナ禍のような緊急時にこそ、従来にも増して正面からこの点を要求しなければなりません。介護保険制度は、現在およそ財源の半分を税が占めていますが、大企業や富裕層などの負担能力ある主体への課税強化をもとに、税財源部分を増やし、財政基盤を強化していくことです。こうして、労働者の労働条件の向上や、サービス供給量の増加に取り組む必要があります。もちろん、庶民に保険料の増額を求めたり、消費税のような水平的再配分（庶民同士の傷の舐め合い的な）傾向の強い税によって財源を確保したりするといった方法は、社会保障の目的・理念からすれば採られるべきではなく、逆にこれらは軽減が目指されるべきです。

第2に、サービス利用時の1～3割の利用者負担の廃止です。この利用者負担は、要介護者の介護サービスを受ける権利を妨害するものであり、人権としての介護保障の観点から存続されるべき理由はありません。

第3に、要介護認定制度による利用者選別の廃止です。要介護者本人固有のニーズに応じて柔軟にサービスを保障できる形に変えていかなければなりません。

第4に、介護サービス保障に関する公的責任性の明確化です。現在の介護保険制度では、介護サービス供給にかかる責任の多くを民間の各事業者に委ねています。医療や介護といった人権保障のための基盤に対しては、その運営を経営体力の不安定な民間事業者に丸投げするのではなく、公的事業主体を増加させるなどし、コロナ禍のような事態においても事業を継続し、安定的にサービスの保障に努めることができるよう、運営基盤を強化することが必要です。

以上のような方向性を見据えながら、介護保険制度に替わる、憲法が活きる介護保障制度を市民・当事者の目線から展望し・要求として構築していくことが不可欠です。

（井口　克郎）

コロナ禍における医療の現状と政府が進める制度改悪

はじめに

感染力が強く重症化のリスクも大きいとされる変異株が広がる中、入院も治療も受けられない患者の急増、長引く新型コロナウイルス感染危機によるくらしと事業の疲弊が深刻になっています。

コロナ危機から1年半が経過する中、感染拡大の度に病床・医療機能が逼迫する事態が繰り返され、命が失われています。この間、明らかになった我が国の医療をめぐる現状・課題と政府の対応、また政府が進める医療制度改革について記します。

脆弱な公衆衛生行政、感染症医療体制

感染が拡大する度に医療崩壊が取りざたされる背景には、感染症医療体制の脆さ、医療現場の余力のなさがあります。1980年代以降、政府が進めてきた医療費抑制政策による結果です。

行政改革と称して、保健所は、高齢化に伴い通常業務が増えているにもかかわらず、保健所・勤務職員数は半減されています。第2次安倍政権では、感染症対策の司令塔である国立感染症研究所の予算を3割削減し、研究者定員も削減されました。

感染症医療体制も、感染症病床は1900床弱と6分の1に激減し、感染症専門医も3～4千人必要とされるところ、1560人にすぎません。感染症指定病院でさえ、感染症専門医がいるのは3分の1にすぎません。重篤な患者に対応する集中治療室等はフランス・イタリア水準並みでそん色ありませんが、集中治療専門医が大幅に不足しています。

少なすぎる医師、余力がない現場

日本は先進国で高齢化が最も進み、患者さんにかかる手間は増しているにもかかわらず、医師数は欧米諸国に比べ3割以上も少なく、看護師数も辛うじて先進国平均並みです。普段より、病院では、医師の4割が過労死ラインを超えて働き、看護職員は9割で生理休暇が全く取れない、妊娠者の半数が夜勤に従事するなど、過酷な働き方を強いられています。入院診療報酬が極端に低く、職員増員やICT化などで負担軽減を進める経営的余裕がありません。

感染症対応を最前線で担っている国公立病院などに加えて、民間病院も、通常医療を縮小するなど無理を押して、コロナ患者を受け入れています。しかし、普段よりギリギリの人数で回し、感染症に対応できる従事者、病床・資材にもこと欠く中、通常の10倍以上も手間を要するコロナ重症患者が急増したことで受け入れ困難となり、自宅や宿泊施設療養で

助けられる命が失われています。救急医療はじめ通常医療も制限せざるを得ないなど、医療崩壊の瀬戸際に立たされることとなりました。

弱すぎる生活保障・事業補償

政府が、自己責任に固執して、抜本的な生活保障・事業補償に踏み出さないことが、感染拡大を十分に抑えられず、医療現場の疲弊・困難を助長させています。

規制緩和や消費税増税などで、民間労働者の半数近くが非正規となり、年収200万円未満で働く人が民間だけで1200万人を超え、2人以上世帯では4世帯に1つ、単身では4割弱が貯金ゼロです。中小企業も大企業からの買いたたき、消費低迷や人手不足などで苦境が続いています。生活・事業もギリギリな中、賃金・事業へのまともな補償もなく、自粛・忍耐などを繰り返し求められても限度があります。持続化給付金・家賃支援、雇用調整助成金や休業支援金など給付要件を大幅に緩和・廃止するなど、生活保障・事業補償を抜本的に拡充することが、感染拡大を防止し、医療崩壊を再燃させないためにも必要不可欠です。

また、コロナ感染しても無症状な患者も多く、無症状者に焦点を当てた幅広いPCR検査（社会的検査）を恒常的に大規模に行うことが必要です。感染拡大や変異株発生などを招きかねないオリンピックは中止するとともに、ワクチンの安全・迅速な接種と一体で感染拡大を抑える支援策を進め、医療現場への負荷を可能な限り引き下げることが必要です。

全ての医療機関への支援強化を

国の医療機関への支援策にも問題が山積みです。経済面からの医療崩壊や地域医療縮小を防ぐため、地域医療を支えている全ての医療機関に対して支援を強化することが求められています。しかし、政府はコロナに直接対応する医療機関に支援を重点化する姿勢を示してきました。

これまで、感染拡大防止策に伴う実費補助、発熱外来を実施した場合への手当、コロナ患者を受け入れた場合（受け入れ可能な病床確保含め）の補助金や診療報酬上の特例、職員への慰労金など様々な手立てが講じられています。

個々に相違は残るものの、コロナ重症患者を多く受け入れた病院や発熱外来を行った医療機関などでは一定の経営上の安定が見られますが、申請の煩雑さや着金の遅れなど課題も散見されます。特に、医療機関に発熱外来体制の確保を引き続き求める一方、発熱外来への手当が打ち切られたことは問題です。

また、重症患者の入院先確保は喫緊の課題です。中等症や回復期のコロナ患者入院について診療報酬で手当てされているものの、院内感染・クラスターが発生した場合の減収補填や風評被害に対する補償はないため、設備・スタッフに余裕がある民間病院でも患者受け入れに及び腰にならざるを得ません。重症患者の入院を保障するため、後方病院への万全な補償が必要です。

他方、コロナ患者を直接治療していない医療機関では、感染拡大防止策に伴う補助や職員への慰労金などに支援が限られ、患者減少による減収は補填されず、地域医療の縮小にもつながりかねない事態です。特に、小児科・耳鼻咽喉科は患者の大幅減少で経営ダメージは深刻です。全ての医療機関が地域を一体となって支えています。全ての医療機関に対する支援の継続・強化が求められます。

国費での支援を継続・強化すべき

政府は、コロナ危機の終息も見えない中、コロナ医療への財政支援を税金（特に国費）から公的医療保険財政に軸足を移すことを狙っています。国の財政負担を4分の1程度に低下させ、保険料と患者負担で賄うよう求めるものです。長引くコロナ危機により、保険料や患者負担の支払いに困難を来す人や事業者が増えてきています。コロナの完全終息まで国が責任を持って、税金による支援を継続・強化すべきです。

補助金を中心とした支援策がとられてきたことで、申請の煩雑さ、審査・交付決定から振込に至るまで大幅な遅れが生じるなど、医療現場に多大な負荷がかかっています。市町村合併や職員削減などで行政能力が大幅に低下していることも支援の遅れに拍車をかけています。補助金に比べて事務負担が少ない診療報酬請求システムの活用も含め、添付書類なしの簡素な申請で交付し、審査は事後チェックにするなど抜本的な改善が必要です。

ショック・ドクトリンで医療を儲け先に

コロナ対策に傾注すべきにもかかわらず、政府は、「デジタル改革」と称して医療を企業の儲け先に変える動きを進めています。

個人情報漏洩が危惧されるマイナンバーカードの保険証利用の環境整備に1000億円以上の税金をつぎ込み、秋口までに本格稼働させるとしています。現在、通院時の感染拡大防止として緊急避難的に認められている初診からのオンライン診療について、恒久化を図る構えです。

「スーパーシティ」（国家戦略特区）と称して、マイナンバーカード普及・利用と一体で、個人の医療・健康・介護等の生涯情報を集積する基盤を構築しつつ、自治体よりシステム基盤を受託管理するICT大企業などがオンライン診療はじめ健康管理・生活介入を行い、ビジネスチャンス拡大と医療費抑制を狙います。

自治体には、「デジタル化」と称して、医療・介護・福祉行政において国が決めた標準仕様システムを使うよう義務付けます。システムのカスタマイズ（仕様変更）を抑えこんで、自治体が住民生活向上のため独自に行う社会保障施策の抑制を狙うものです。

さらに、改革の司令塔としてデジタル庁を9月にも発足させて、ＩＣＴ業界のビジネスチャンスを拡大・加速させていきます。デジタル改革は、コロナ危機に便乗して公的医療サービスを企業の儲け先に変えていくショック・ドクトリンというべきものです。医療・社会保障はさらに抑制された上、ＩＣＴ業界に流れる巨大な利権（費用）が国民には増税としてしわ寄せされていくことが危惧されます。

コロナ禍でも患者負担増進める

菅政権は、全世代に負担増を強いる「全世代型社会保障改革」も引き続き進める方針です。▽75歳以上の高齢者（単身では年収２００万円以上）については窓口負担の1割から2割負担への引き上げを、早ければ来年秋口にも導入する構えです。来年4月を視野に、▽一定の中規模以上の病院（２００床以上）に紹介状を持たずに受診した患者には７０００円以上の追加負担を求める仕組みを導入する方針です。▽ドラッグストアで買える医薬品（風邪薬、湿布、漢方等）は保険給付から外す▽先発品を希望した場合、後発品との差額分は追加で患者が自己負担する▽高額な薬剤（抗がん剤等）は保険給付を制限・保険から外す―ことなどを引き続き検討していきます。

医師増やさず、医療提供体制も縮小へ

政府は、コロナ禍を通じて、医療提供体制の抜本的な強化が求められているにもかかわらず、医療提供を縮小・弱体化しようとしています。

重症者を受け入れる病床が不足しているにもかかわらず、急性期医療を多く担う公立・公的病院４３６（当初発表は４２４）病院の再編統合リストは撤回はおろか、修正すらされていません。稼働している急性期病床を1割以上減らした病院を再編統合した場合、消費税を使い補助金を出す事業を法制化します。社会保障の「充実」と称して、庶民や中小業者から消費税収を巻き上げた上、医療提供の弱体化に使うなど国民を愚弄するものです。

医師が大幅に不足するにもかかわらず、２０２３年度以降、医学部定員数を減らし、医師数を更に抑制します。看護職員の確保策に向けた入院診療報酬の引き上げ・改善も示されていません。医師・看護師の不足に対して、医師は過労死ラインの2倍まで残業（時間外労働）できるように合法化するとともに、医師・看護師以外の医療関係職（診療放射線技師等）に静脈路確保や薬物投与など侵襲性の高い医療行為を法的に可能とします。更に、医学部実習で医療行為を促進することで、卒後臨床研修期間（2年）を縮めて、医師不足に対処することまで狙っています。医療従事者の抜本的増員には背を向けた上、医療の質・安全の確保も二の次です。

今後も予想される新興感染症の蔓延に対しても、医療提供の縮小・効率化でマンパワーを捻出して対応するよう求める構えです。医療現場を更に疲弊させていくことは必至です。

新自由主義とは決別し医療・社会保障充実へ

新型コロナウイルス危機は、大企業・富裕層への減税を続け、公共サービスを削減してきた新自由主義の矛盾を浮き彫りにしました。全ての国民の命と健康を守るため、有事のコロナ医療体制の充実と平時の医療確保を両輪として進めていくことが大切です。社会保障削減路線から脱却し、医療・社会保障を充実させる政治への転換が早急に望まれます。

（松山　洋）

コロナ禍の女性のくらしと「#わきまえない女」たちの取り組み

新型コロナウイルス感染の日本初の確認（2020年1月15日）とその後の広がりは、女性のくらしを一変させ、女性たちは「困った」の声をあげ、自治体や国を動かしています。2021年2月、森喜朗氏の女性蔑視発言に「#わきまえない女」（注1）たちの怒りが噴出したのは、長年の自公政権の女性差別政策、困窮女性の叫びに何ら応えない無策が背景にあります。菅内閣が3月23日、コロナ禍で困窮する非正規労働者や女性などへの緊急支援策を不十分ながら決めたのも、こうした世論と運動の高まりのなかでのことでした。

新日本婦人の会（新婦人）は、「いのち守れ」「暮らし守れ」と昨年2月から今年6月15日まで55回239項目のコロナ対策を国に要請、47都道府県すべてで448項目の要求を今年5月までに実現しています。この1年半の運動から特徴的な取り組みを紹介し、今後の課題を探ります。

「困窮女性の力になりたい」
―ひろがる支援活動

1つは、困窮する女性への支援活動の取り組みが広がっていることです。

若者や学生の支援活動は日本民主青年同盟が先駆けて全国的に取り組み、新婦人はその多くに物資を提供するなど各地で共同してきました。そのなかで、女性支援として始めたのが新婦人の奈良でした。コロナ禍で、とくに女性が貧困に追い込まれ、性産業で収入を得る女性が増え、女性の自殺が増えていることに心を痛め、女性団体である新婦人として何かできないかと相談会&食糧支援「つながろう　年越しホットスペース」を20年12月28日に支部と県本部の事務所で開催しました。

女性は困難に直面しても支援の場にたどりつきにくいなか、安心して訪ねて来られるよう、事務所のカーテンを開け、目立つ看板を立て、チラシを保育園前などで配り、ツイッターで宣伝。当日、20人が訪れました。シングルマザーで、「両親が他界してだれも頼る人がいない」という女性は「甘えていいんですか」と遠慮がちに物資支援を受け取り、また、コロナで解雇され、無保険状態で通院回数を減らしている女性には無料・低額診療などの制度を紹介するとほっとする表情に。孤立し、一人で悩んでいた女性たちに「あなたのせいじゃないよ、頼っていいんだよ、受けられる支援がある」と伝える場となりました。これをきっかけに奈良では10回、ホットスペースを開催。同時に、「私たちはいつまでも物資を提供できない。今年中に行われる総選挙はだれもが安心して子育てできる社会に変える絶好のチャンス。いっしょに社会を変えていきましょう」と新婦人にお誘いし、また、このなかから声をまとめて自治体へ最低賃金の引き上げなど女性支援強化の要望書を提出しています。

この経験が学ばれ、各地でも「女性むけ物資支援&相談のほっこりスペースに42人が」（石川）、「会員の喫茶店を会場に、オーナーが手づくりお弁当を50食提供など商店街と協力、2回開催」（兵庫・尼崎）、「実行委員会での支援活動で女性相談コーナーを設けて担当。生理用品がすぐなくなった。物資提供だけでなく、女性アンケートも」（京都）、「紙おむつ、ミルク、食料などを自立相談支援センターに月1回届けている」（静岡・沼津）など、広がっています。神奈川では新婦人の事務所16カ所で女性支援を開催し、「こういうことをしたかった」と喜ばれ、1万円のカンパが寄せられたり、入会したばかりの30代の会員がキャリーバッグいっぱいに、生理用品やマスクなどを持ってきてくれ、職場でパワハラを受けたつらい体験を話してくれるなど、地域と新婦人が一体となり、文字通り「女性がホッとできる場」となっています。就学援助や生活保護など役立つ各種制度を知らせ、活用も広げています。

ジェンダー視点で──「生理の貧困」なくそうと各地で

2つは、ジェンダー視点での取り組みが広がっていることです。国に対しては、非正規雇用やシングルマザーなど困窮女性の生活実態にあった経済支援、給付金や補償は世帯単位でなく個人単位に、住まいの確保、DV被害の相談充実、妊婦のPCR検査、コロナ対策本部への女性登用などを繰り返し要請しました。各地では自治体にむけての要請で、「コロナ対策本部に女性増員」（埼玉）、「特別給付金10万円のDV被害者本人への直接送付を実現」（島根）、「DVや虐待相談の周知、窓口の拡充」（岐阜、兵庫・神戸、広島）などを実現しています。

コロナ禍で見えてきた「生理の貧困」をなくすとりくみが急速に広がっていることは、タブーを打ち破る新しい動きです。「新婦人しんぶん」21年1月16日号が「生理の貧困」をとりあげたのをはじめ、NHKが3月4日、「高校生・学生の5人に1人が生理用品を買うのに苦労している」と報じると、衝撃が走りました。新婦人はただちに3月5日、「児童・生徒（学生）の健康と学習権を守るために生理用品の配布と相談環境の整備を」と政府に要請。3月11日には、政府が策定中の困窮女性への緊急支援策に「生理用品無料配布」を入れるよう求め、16日に方針が決まると23日の閣議決定の予備費支出に生理用品提供が入りました。

しかし翌24日、新婦人がおこなった文科省と内閣府との懇談では「保健室で生理用品1つもらったら2つ返さなければならない」などの実態を示して迫りましたが、「女性活躍に児童・生徒は含まれない、学校配布は対象外」とのこと。一方、各地で防災備蓄品の生理用品活用の動きが広がり、新婦人は学校配備を、保健室でなくトイレ配備になどを求めて学校や教育委員会に一斉に要請。相手は男性ばかりでなかなか通じないこともあり、女性も同席してもらい、懇談をすすめました。神奈川・大和市では独自に37万円の予算で学校トイレへの配備を決定、富山県も補正予算1000万円がつけられました。

　こうした動きが広がるなか、国会でも取り上げられ、内閣府は「各省庁と連携をおこなう」と表明し、文科省は4月14日に事務連絡を出し、「提供場所を保健室のほかに設けたりするなど、必要とする児童生徒が安心して入手出来るよう、提供方法や配置場所等の工夫などをご検討いただきたい」「保健室等に通常備えている生理用品を渡した場合に返却を求めない」としました。厚労省も「マザーズハローワークや福祉事務所での生理用品の配備」（倉林明子参院議員〈共産〉の国会質問への副大臣答弁）を表明しました。

　内閣府は5月28日、生理用品配布にとりくんでいるのは39都道府県の255自治体（5月19日時点）との初めての調査結果を発表しました。新婦人が要請した自治体は354となり、私たちの声と運動が国を一歩一歩動かしていると実感します。

　世界を見れば、スコットランドは2020年、「必要とする全ての人に、生理用品を無料で提供する世界で最初の国になる」と学校や大学などのトイレ、公共施設でナプキンとタンポンを無料で提供することを決め、ニュージーランドでも「生理用品はぜいたく品でなく必需品」と小中高校生への無償提供を決めました。一時的でなく、必要とするすべての人に無償提供されるよう国での予算化を求めて、さらに運動をつよめています。

雇用の実態告発、小学校休業補償で前進

　3つは、コロナ禍が女性の雇用を直撃し、DVや虐待の深刻化の背景となっていることです。

　新婦人は2020年11月、「コロナ禍での仕事の『困った』の声」を集める緊急女性アンケートをおこないました。47都道府県358人から、生々しい実態と痛切な声が寄せられました。回答者の52%が30代、40代で、非正規が43%を占め、その特徴は、①「突然解雇、住居も退去させられ、途方に暮れた」（大分・20代）など非正規が真っ先に職を失い、長年の自公政治が「女性活躍」の名で調整弁として非正規雇用を広げてきた政策の深刻な矛盾を露呈、②シングルマザーの困窮が際立ち、2人の子育て中の40代女性（岐阜・製造業）は、週5日、9時から16時まで時給852円、手取り12万円、一時金なしで6年間働きながら、一斉休校による休業補

償もなく、緊急支給が求められている、③正規雇用でも、とくに医療・保健・介護・保育・教育など女性の多いエッセンシャルワーカーは疲労困憊のうえ、医療現場では賃金・一時金カットが横行、④自営業やフリーランスは直接支援なしには生活していけないところに追い込まれている、⑤子育てや介護などの負担が集中し、家族の失業や家庭不和などで、コロナうつ、ストレス、体調不良を訴える声が多く、経済的にも精神的にも追い込まれ、自死の土壌ともなっている、とくにPCR検査の遅れが不要な不安を広げていることなどです。

この結果をもって政府に緊急支援を要請しました。とくに②の小学校休業等対応助成金制度は「（一斉休校に伴う）責任はすべて政府が負う」として創設されましたが、壁となったのが会社申請。新婦人は、制度創設の2020年2月から女性支援としても改善をと当事者とともに繰り返し求め続け、さっぽろ青年ユニオンのみなさんとも共同して21年3月、ついに個人申請が実現しました。「あきらめなくてよかった。国の理不尽なことに対して、立ち向かっていいんだ」との声が寄せられました。しかし、支給の予算執行率は33・3％（6月25日現在）にとどまり給付の全額から8割、6割への引き下げなど問題も多く、運動が続いています。

ジェンダー平等、持続可能な社会へ、政権交代を

コロナ禍の今、ジェンダー平等社会を求める声が高まっています。新婦人が、毎春に取り組んでいるジェンダー署名は今年、例年を大きく超え、エッセンシャルワークにふさわしい賃金と労働条件、全国一律時給1500円以上の最低賃金制度など、女性が自立してくらせる働き方とジェンダー平等施策の強化を国に求めています。

コロナ禍を乗り越えるためにも、憲法が生きる、持続可能（SDGs）でジェンダー平等の社会をめざし、迫る総選挙で市民と野党の共闘で政権交代をと女性パワーを発揮します。

（注1）東京五輪・パラリンピック大会組織委員会の会長だった森喜朗氏が女性理事をふやす議論のなかで「女性が多いと時間がかかる」「（組織委員会の7人の女性は）わきまえておられる」と発言。ツイッターで「#わきまえない女」の投稿がトレンド1位となり、新婦人中央本部の「あら、お呼びでしょうか？大先輩の平塚らいてうはじめ、その系譜は脈々と受け継がれています」の投稿が「わきまえない女が歴史をつくる」と反響を呼び、新聞やNHKで紹介された。森氏は辞任に追い込まれた。

（藤井　住枝）

性暴力―コロナ禍での実態と法改正の課題

コロナ禍での「女性に対する暴力」

内閣府「コロナ下の女性への影響と課題に関する研究会」報告書（２０２１年）は、雇用面や生活面で女性に特に強い影響を与えている問題の一つとして、ＤＶの増加、性犯罪・性暴力および若年女性に対する支援など、「女性に対する暴力」を取り上げています。

ＤＶについて注目されるのは、「これまで見過ごされてきた精神的な暴力や経済的な暴力」の顕在化です。２０２０年4月に特別定額給付金の支給がありましたが、世帯単位であったため、ＤＶ被害者からの相談が相次ぎました。ＤＶ加害者から逃れて別居しているケースではＤＶ被害者に個別に支給される「救済措置」が取られたものの、同居している場合は、「世帯主である夫に給付金が全額振り込まれ」生活費として使えない、「家を追い出されて別居しているのに、夫は離婚に応じず、給付金も奪われた」などの相談が寄せられました。個人単位ではなく世帯単位の「世帯主給付」の弊害が顕わになったといえます。

さらに、同報告書は、２０２０年7月以降顕著になったコロナ下での女性の自殺者増に関して、ＤＶ被害者の自殺リスクが約4・5倍に増加しており、自殺がＤＶ被害者の抱える健康上の最大の問題であることを指摘しています。

若年女性の困難

性暴力被害の相談も増えています。内閣府男女共同参画局によると（２０２１年5月）、性犯罪・性暴力被害者支援ワンストップセンターの全国の２０２０年度の相談件数は前年度より増加し、とくに、２０２０年度下半期は前年度の同期を30％も上回り、２万7８５５件を数えました。

ワンストップ支援センターでは、若年層からのＳＮＳを悪用した性被害の相談も目立ちます。また、コロナ禍で働く場を失って困窮状態に陥り、家族の失業や在宅勤務による家族関係の悪化や家族からの暴力で居場所を失った若年女性の深刻な状況も浮かび上がりました。また、内閣府が設置したＳＮＳ相談 cure time には、自分が被害を受けたという認識がない若年女性からの相談が寄せられていますが、チャットでの会話を継続することによって性暴力についての理解を深める様子がうかがえます。

児童福祉法と婦人保護事業の狭間に置かれている18歳、19歳を中心に、10代後半から20代前半の女性への公的支援は不十分であり、若年女性支援民間団体が大都市に集中している現状の改善も課題です。

激増したDV相談

コロナ禍で世界的にもDV被害が激増し、ヨーロッパ諸国では迅速にDV被害者支援が動き出しました。日本で女性の窮状を真っ先に指摘し、国の動きを引き出したのは民間の女性支援団体でした。国はすぐさま呼応し、従来のDV相談窓口をバージョンアップした「DV相談プラス」を立ち上げました。DV相談プラスは24時間対応体制の下、電話相談のほかにメールおよびSNS相談や外国語相談を設けるとともに、同行支援や宿泊を提供する緊急保護支援を行いました。

「DV相談プラス事業における相談支援の分析に係る調査研究事業報告書」（2021年4月）によれば、初めて相談したという人が多く、特別定額給付金の相談をきっかけにDV被害が明らかになり、支援につながったケースも少なくありません。相談内容では、「住んでいる家を今出なければならない」「加害者から自宅のカギをかけられ戻れない」など、「今までのDV相談で受けたことのない」切迫した状況にある相談が寄せられ、コロナ禍の影響によるDVの深刻さが浮き彫りになりました。さらに、若年層の深刻なデートDV被害や孤立した外国人の被害者、男性からの相談、親やきょうだい、親族からの暴力被害など、さまざまな暴力被害について相談が寄せられました。

DV被害類型でもっとも多かったのは精神的DVで6割近くに達し、次に多い身体的DVの2倍を占めました。DVはさまざまな暴力が複合的にふるわれますが、精神的DVは身体的暴力や性的暴力と合わさってふるわれることが多く、暴力による支配とコントロールの中核にあることがわかります。内閣府女性に対する暴力専門調査会報告書「DV対策の今後の在り方」（2021年）が言うように、精神的暴力や性的暴力の影響の深刻さは身体的暴力と変わりません。DV防止法改正によって、保護命令申立理由に精神的暴力や性的暴力を加えるべきです。

性暴力被害者のためのワンストップ支援センターの現在

2018年11月、全都道府県に性犯罪・性暴力被害者のためのワンストップ支援センターが設置され、形の上では、全国どこでも性暴力被害者支援が受けられる体制が整備されました。2021年2月現在、全国で52カ所が設置されています。

ワンストップ支援センターは、産婦人科医療、相談、カウンセリング等の心理的支援、捜査関係の支援や法的支援などを「可能な限り1か所で提供」して被害者の心身の負担軽減や健康の回復を図ること、つまり、「被害直後からの総合的支援」を目的としています。

全都道府県に設置されたとはいえ、地域によって支援内容にばらつきが大きく、多くの支援センターが支援員やコーデイネーター不足に苦慮しています。国の「第5次男女共同参画基本計画」（2020年）でも、5年後の成果目標に「365日対応できるセンター」を掲げましたが、24時間対応を目標に掲げることは、人員面や予算不足から断念しました。ただし、国が24時間対応の代替案として出している「夜間休日対応のコールセンター」設置は、ワンストップセンターとの連携のあり方など慎重な検討が必要です。このように、急性期での支援体制さえも整備途上であり、実際にもワンストップセンターへの電話相談では、1年以上過去の被害についての相談が最多を占め（26・3％）、10年以上過去の被害の相談も約1割を占めます（内閣府「ワンストップ支援センターを対象とした支援状況等調査報告書」2020年）。今後の課題として、ワンストップセンターの法的根拠となる「性暴力被害者支援法」の制定と予算の拡充・人員の整備による地域差の是正や若年女性の被害の顕在化を進めるためのSNS相談の活用、婦人保護施設を利用した中長期的な生活再建支援の具体化などがあげられます。

国の性暴力対策強化政策の推進

国は110年ぶりの刑法性犯罪規定の大幅改正（2017年）を機に、2020年度から3年間を性暴力対策の「集中強化期間」と位置づけ、「性犯罪・性暴力対策の強化の方針」を策定しました（2020年）。同方針は、刑法性犯罪規定の再検討や性犯罪者の再犯防止施策、被害を申告・相談しやすい環境の整備、切れ目のない中長期的な支援体制の整備、暴力予防教育の充実などについて、具体的な施策と実施工程を示しています。

同方針では、被害直後の支援に加えて、トラウマ専門の医師の育成や婦人保護施設における生活面の包括的な支援の推進など、中長期的な支援体制整備を課題として掲げています。また、学校での予防教育の重視や警察やワンストップセンターとの連携による相談体制の強化、子どもに対してわいせつ行為を行った教師の厳正な処分（原則懲戒免職、懲戒免職となった教員の再免許交付の判断を都道府県教育委員会が行う「教育職員等による児童生徒性暴力等防止法」が2021年成立）など、従来見過ごされてきた学校での子どもへの性暴力被害にようやく目が向けられるようになりました。ただし、性暴力被害防止のために不可欠の性教育が「生命の安全教育」と名を変えられており、性と生殖についての女性の自己決定権を軽視する生命尊重教育に偏らないか危惧されます。

前述の「男女共同参画基本計画第5分野女性に対するあらゆる暴力の根絶」で画期的なのは、買売春対策推進策の考え方の転換です。「施策の基本的方向」で、売春の背景に貧困や孤立があることを指摘し、アウトリーチを含めた相談支援や生活支援、自立支援の推進を掲げています。具体的な取り組みにおいても、「売買春にかかる要保護女子」が「様々な支援を必要とする女性である」ことから、関係機関との連携による総合的な支援充実の必要性を強調するだけではなく、「売春防止法の見直し」を含めた検討を行うとしています。ここには、厚生労働省「困難な問題を抱える女性への支援の在り方検討会」中間まとめ（2019年）の成果が反映されています。

刑法再改正

2017年の刑法改正は多くの課題を残しており、施行3年後にあたる2020年の見直しに期待が寄せられていました。2021年5月、法務省「性犯罪に関する刑事法検討会」（以下、検討会）は審議の結果を取りまとめた報告書（以下、報告書）を公表し、法務大臣に提出しました。今後、法制審議会を経て、刑法改正案が国会に上程されることになります。

検討会であげられた論点は、①刑法177条の「暴行・脅迫」要件の見直し、②地位・関係性を利用した犯罪規定の創設、③性交同意年齢（177条）の引き上げ、④配偶者による強制性交等罪の刑法上の明記、⑤強制性交等罪における公訴時効の撤廃もしくは停止などですが、本稿では①〜③を取り上げます。

不同意性交罪の創設を明記しなかった

今回の報告書では刑法再改正の明確な方向性は示されていません。中でも、女性たちが強く望んでいた「不同意性交罪」の新設（177条）が見送られたことは残念です。

現行刑法177条では強制性交等罪が成立するためには「暴行脅迫」が必要であり、たとえ被害者が性交に同意していなかったとしても「暴行脅迫」がなければ犯罪とならず、加害者は処罰されません。本来、強制性交等罪は「性交に同意していない」ことを要件にしているのですが、内心は外側からはわからないので外形的に示すものがないと「不同意」かどうか判断できないとして、「暴行脅迫」行為を判断の基準とする解釈が行われてきました。しかも、刑事裁判における「暴行脅迫」の有無の判断は被害者の抵抗の程度で図られますので、死ぬほど抵抗しないと「暴行脅迫」があったとは認められません。さらに、「嫌だったら逃げたはずだ」、「大声を出して助けを求めたはずだ」、「大けがをするほど必死に抵抗したはずだ」という、裁判官個人の価値観に左右されることが多く、被害者の「ノー」という意思表示があっても犯罪とはならない、なかったことにされてしまっていたのです。

そこで、女性たちは「暴行脅迫」要件を廃止して、少なくとも不同意の意思表示があれば強制性交等罪が認められるNo means No 原則の採用を主張してきましたが、「意に反するという要件は、不明確である」という反論などがあり、今回の報告書はそれさえも採用しませんでした。

欧州評議会が2011年に採択した「イスタンブール条約」では「同意のない性行為」は犯罪であり、「同意は自由意思の結果として、自発的に行われなければならない」としています（36条）。イスタンブール条約批准国は国内法を改正し、最先端を行くスウェーデンでは Yes means Yes 原則の下、同意が表明されない限り有罪とする刑法改正を2018年に行っています。また、英国、ドイツでは No means No の不同意性交罪を規定しています。2021年中には開始されると思われる法制審議会は、被害当事者と支援者及び被害者の視点に立つ研究者などが半数を占める委員構成にして、被害実態を直視した審議を行うべきです。また、国会議員には、不同意性交罪実現をめざした積極的な動きが求められます。

地位・関係性を利用した犯罪規定の新設

教師と生徒や学生、コーチと選手、上司と部下、施設の職員と入所者などの関係にある場合は、「暴行脅迫」なしに容易に性的関係を強要できますが、「暴行脅迫」要件を満たさないために処罰を免れてしまいます。このような地位・関係性を利用した性行為の強要を処罰する新たな性犯罪規定の新設も今回の報告書では提言されませんでした。「高校生の場合は教員との上下関係が逆転することがあり無視できない」、「障害のない成人の場合は脆弱性がないので、地位の優劣があっても対等である場合がある」などの反対論が検討会では主張されました。しかし、これらの考え方には、地位・関係性を利用した性犯罪は「支配的・権力的な関係性を背景に」行われるという構造的な理解が欠けています。

性交同意年齢

性交同意年齢を現行の13歳から16歳まで引き上げることも報告書では提案していません。親などによる監護者性交等罪に当てはまらない限り、13歳以上の未成年でも「暴行脅迫」要件が該当します。子どもを性被害から守るために、法改正は喫緊の課題です。

刑法改正の他に、2021年6月に発効予定のＩＬＯ「仕事の世界における暴力とハラスメント」禁止条約の批准をめざして、国内法におけるセクハラ行為の禁止規定の整備が必要です。

（戒能　民江）

生活保護制度の現状と課題
―コロナ禍で可視化された問題点

生活保護とは―厚生労働省のホームページが一新

生活保護は、さまざまな事情で生活に困った人に対し、憲法第25条・生存権保障の理念に基づき国が保障する制度です。生活保護で支給される保護費は厚生労働大臣が定める基準で計算される最低生活費と収入を比較して、収入が最低生活費に満たない場合に、最低生活費から収入を差し引いた差額が保護費として支給されます。収入には、就労による収入、年金や児童扶養手当など社会保障給付などがあります。計算式にすると「支給される保護費＝最低生活費－収入」となります。収入がなければ最低生活費と同額が支給されます。

保護費には、生活扶助、住宅扶助、教育扶助、医療扶助、介護扶助、出産扶助、生業扶助、葬祭扶助の8つの扶助と、妊産婦加算や障害者加算など8つの加算があります。また、最低生活費は住んでいる地域、世帯の人数・構成、それぞれの年齢、各世帯の個別の事情（障害の有無・程度、家賃額）によって決められます。

食費、被服費、光熱水費にあたる生活扶助基準（2021年4月1日現在）について4つのパターンで紹介します。金額の前者Ⓐは東京都区部、後者Ⓑは地方郡部。①3人世帯（33歳、29歳、4歳）Ⓐ15万8760円、Ⓑ13万9630円、②高齢者単身世帯（68歳）Ⓐ7万7980円、Ⓑ6万6300円、③高齢者夫婦世帯（68歳、65歳）Ⓐ12万1489円、Ⓑ10万6350円、④母子世帯（30歳、4歳、2歳）Ⓐ19万5550円、Ⓑ16万8360円（いずれも児童養育加算を含む）。これ以外に住宅扶助費、医療扶助、冬には冬季加算などがあります。

コロナ感染が広がり生活が深刻になり始めた昨年6月、国会で野党議員が「生活保護は権利だと呼びかけてほしい」と質問したことに対して、安倍晋三首相（当時）は「（国民は）文化的な生活を送る権利がある。生活保護は国民の権利。ためらわず申請していただきたい」と答弁しました。

この答弁を広めよと要求し、各団体、各地での運動が広がる中で2020年末、厚生労働省（以下、厚労省）のホームページが一新しました。ホームページから紹介します。

「生活保護を申請したい方へ　生活保護の申請は国民の権利です。生活保護を必要とする可能性はどなたにもあるものですので、ためらわずに相談ください」とあり、よくある誤解など以下のように解説しています。「◎住むところがない人でも申請できます。例えば、施設に入ることに同意することが申請の条件ということはありません。◎持ち家がある人でも申請できます。利用しうる資産を活用することは保護の要件ですが、居住用の持ち家については、保有が認められる場合があります。」

また、緊急事態宣言中に求職している方へは、「◎働く能力がある人はその能力を活用することが保護の要件ですが、現在の状況下において、十分に求職活動を行うことが難しいと認められる場合は、この要件についていったん判断されないまま、保護を受けることができる場合があります。◎利用しうる資産を活用することが保護の要件ですが、例外もあります。自動車については、通勤用の自動車を持ちながら求職している場合に、処分しないまま保護を受けることができる場合があります。自営業のために必要な店舗・器具も、処分しないまま保護を受けることができる場合があります」とあります。

「生活保護は国民の権利、ためらわず申請を」とは当然のことですが、この一新は大きな反響を呼びました。なぜなら生活保護の申請時に相談だけで追い返される、他の課に回されるといった、いわゆる「水際作戦」があるからです。

コロナ禍の中で柔軟・迅速な対応を求める厚労省からの事務連絡は2020年4月7日、5月26日に出され、9月11日には「（生活保護の）申請拒否と思われることのないような対応」を求める事務連絡が出されました。

コロナ禍の中で寄せられた相談

札幌市での事例。妻と子ども3人のIT関連に勤務する30代男性が、歩合と残業代を合わせて38万円の収入からテレワークとなり手取りは20万円に。派遣労働者の妻はコロナ感染防止のため職場閉鎖となり無収入に。2台の車のローンや出産費用を銀行ローンで用立てたため月々の返済があり、社会福祉協議会で借りた緊急小口資金20万円もなくなり手持ち金が3000円となり、生活保護を申請。車2台の保有は半年間の猶予、扶養調査も半年間しない、ローンの支払いは半年間は容認するなど柔軟な対応でした。

東京の事例。左官職人が仕事がなくなり生活保護を申請。仕事に使う車を売れと言われましたが、執拗には言われず保護を利用。その後、仕事が入り生活保護をやめました。

大阪・寝屋川市、50代の男性。ステンレス加工関係の仕事をしていますが、コロナ感染で仕事が激減。別世帯の70代の親と40代の弟の面倒を見られなくなったということで相談に来て、親と同居するということで、生活保護を申請することができました。

扶養照会は人権侵害
申請に高いハードル

収入がなくなっても生活保護は受けたくないという人の理由の一つが、親族への扶養照会です。

親族に自分が生活保護を受けることを知られたくないという思いがあるのです。国会で扶養照会が生活保護利用の障壁になっていることから議員が「扶養照会は義務か」と質問すると、田村憲久厚生労働大臣は、「義務ではない」と答弁しています。虐待やDVなどの事情で親族に居場所を知られると危険な場合や長年音信不通などの場合は扶養照会をしないことになっていますが、そうなっていない実態があります。扶養照会があることから生活保護を諦める事例はあとを絶ちません。

埼玉での事例です。生活保護しかないという生活状況でしたが、世間的に知られるのがいやで保護だけはいやという74歳と71歳の夫婦が、半年間の説得のもとやっと申請しました。親はすでになく、異母きょうだいはいますが40年間行き来がないので扶養照会はしないよう頼みました。福祉事務所は「決まりなので」という対応でした。

千葉の事例。16歳の息子、19歳の娘がいる40歳代のシングルマザーで、娘のアルバイトで家計を支えていましたが、仕事がなくなり手持ち金が3000円までになります。「いっしょに死のう」と紐まで用意したときに、相談が支援者へつながり電話で生活保護の申請。このシングルマザーは、父親からの虐待があったため扶養照会はしないよう訴えました。その後、同行した支援者が「DVなどの場合は扶養照会しないと厚労省の通知がある」と言って、生活保護の申請を認めさせました。

新潟県の53歳のAさんは93歳の母親と2人暮らしで、季節工の期限が切れて退職。母親の介護やコロナの影響もあって、次の仕事が見つからず、母親の年金収入のみの生活。収入が保護基準以下のため生活保護の申請を勧めましたが、島根県にいる姉に知られるのがいやだとして、強く辞退。そのため、緊急小口資金を受けてしのぎました。

住宅問題も深刻です。東京で派遣社員の人が失業し会社の寮を追い出されました。生活保護の申請に同行すると、「無料低額宿泊所に3カ月入って」といわれる。「アパートを用意して住めるように対応してほしい」と要求しても対応しません。そのやり取りを聞いていた申請者が「生活保護を利用するのは大変だな」「友人に頼み家を探してそれからもう1回来る」と、その場では諦めたといいます。

低すぎる生活保護基準
厳しい資産要件で低い捕捉率

生活保護の問題の1つ目は保護基準が低すぎることです。

現在の基準の決め方は、第I・十分位の世帯より高くならないようにするというものです。第I・十分位は、各家庭の所得を少ない順から並べて人口で10等分したときの下位1割の層です。生活保護世帯はもちろん、保護を受けずに保護基準より低い収入で生活している人たちを含みます。以前は一般的世帯の消費水準の6～7割で保護基準を均衡させる方式でした。

2つ目は、資産要件が厳しいこと。預金が保護基準の2分の1までにならないと保護を利用できません。車を持つ条件が厳しいため、子どもの保育所や少年野球などの場所への送迎などで車が必要なひとり親世帯は保護を諦める実態があります。

3つ目は、政府の自己責任論の思想攻撃のもと、差別と偏見が助長され「権利としての生活保護」へ結びつかないことです。

こうしたことから、本来なら生活保護を受けられる世帯が利用していないため、日本の生活保護の捕捉率（保護基準以下の収入の世帯のうち、保護を利用している世帯が占める割合）は18％～20％で、残りの約80％は利用していません。ヨーロッパの先進国では60～90％が利用していることに比べると日本は低すぎます。

基準引き下げは憲法違反と提訴、原告の陳述

２０１２年5月、お笑い芸人の親が生活保護を受けているのは不正受給と意図的に誤った報道がされ、「生活保護を受けるのは怠け者」と差別と偏見を助長するバッシングが強められました。自民党は同年12月の総選挙で生活保護費の10％削減を選挙公約にして政権に返り咲き、翌年からの保護基準引き下げを強行しました。そのやり方は、生活保護基準部会にもかけず、物価下落という基準決定の禁じ手を使うというものでした。このことで、２０１３年10月から「公約」通り基準の最大10％、平均6・5％、95％の世帯に影響する引き下げを3年間かけて行いました。すでにぎりぎりの生活でさらなる減額は、食事を減らす、入浴を減らす、人と会うことを減らす、最後に残った趣味を諦めるという、人間らしい生活を奪うものでした。29都道府県で１０００人を超える保護利用者が、処分の取り消しを求めて、生活保護法と憲法に違反すると提訴しました。北海道の原告、Dさんの陳述（２０１９年）から紹介します。

「私は１９４８（昭和23）年生まれです。夫が生活費を入れないことなどから離婚し、仕事をしながら生活保護を受けて3人の子どもを育てました。子どもが中学卒業のときケースワーカーから『生活保護の子どもが高校進学はとんでもない。働きなさい』と言われましたが、将来のために進学すると、世帯分離されて保護費が削られ、大変な生活を強いられました。１９９９年、私は歩行困難な病気になり障害1種2級となり、働けず年金と生活保護が頼りでした。当時は化粧品はもちろん、衣類も買えず、食事の回数を減らしての生活になりました。

２０１３年からの保護費削減はさらに深刻でした。冬の出

費に備えて夏から節約をしてきたのですが、節約に拍車がかかりました。一体どこを削ろうかと悩む日々でした。結論として①最低限の食品以外は買い物しない、②交通費がかかる外出はしない、③灯油代節約のため早く床に入り、朝は遅く起きる、④電気はこまめに消す、室内では厚着をする。食事は1日2食を続けてきたが、さらに夕食の分量を減らすことにしました。

毎年減額されてきました。削減分をどこからひねり出すかは、決まっています。『食費を減らす』しかありません。

こうした生活が憲法25条で保障された『健康で文化的な生活』なのでしょうか。保護費の切り下げはやめてほしい、老齢加算も復活してほしいです。私はただ、みんなと同様に『人間らしいくらしがしたい』だけです。」

「権利です。ためらわず申請を」分断を乗り越えて

扶養照会が社会問題となった結果、厚労省は事務連絡を出し、本人に寄り添った対応をする中で扶養義務の履行が期待できない人に関しては、扶養照会を省略できる取り扱いをできるようにしました。

この間、コロナ禍でも給付金や失業給付などコロナ対応の特例措置があり生活保護がすぐに増加する状況ではありませんでした。しかし事態は深刻で、6カ月連続で申請件数が前年同月比で増加しています。２０２１年２月の申請件数は全国で1万７４２４件で、前年の同じ年に比べて１３０９件、率にして８・１％増えました。

生活保護バッシングがある一方、コロナ禍の中で最近は女性週刊誌でも生活保護が特集される状況です。必要な人が必要なときに生活保護を利用できるように、自己責任論を打ち破り分断を乗り越えて憲法25条が生きる社会へと手を携えていきましょう。

（前田　美津恵）

子どもと教育

ＧＩＧＡスクール構想と学校教育

ＧＩＧＡスクール元年？

学校現場では、ＧＩＧＡ（注１）スクール構想の行方に熱い視線が注がれています。児童・生徒に１人１台の端末を配布し、日本中の学校を高速大容量の通信ネットワークで結ぶというものです。もともとは２０１９年度の補正予算に組み込まれたものですが、コロナ禍の２０２０年度の補正予算で増額され、当該年度中には１人１台端末の配布を終える計画に前倒しされました。その結果、２０２１年度は、ＧＩＧＡスクール構想が本格的に始動する「ＧＩＧＡスクール元年」であるというのです。

教育には最低限のお金しかかけてこなかったこの国において、突然、何が起きたのでしょうか。ＧＩＧＡスクール構想は、実は出発点では、消費税10%への引き上げで経済が落ち込んだことへの「景気対策」的な色彩の濃いものでした。それが、コロナ禍では、オンライン学習への期待ともつながりました。しかし、もっと根本には、ここ数年、財界と政府がしゃかりきになって進めている、国家戦略としてのSociety5.0構想との密接な関連があるのです。その意味では、ＧＩＧＡスクールは、純粋な教育（ＩＣＴ、注２）環境の整備の問題ではありません。

Society5.0とは何か

そもそも、Society5.0とは何でしょうか。それは、２０１６年に閣議決定された「第５期科学技術基本計画」で初めて登場した概念なのですが、人類社会の発展を、Society1.0＝狩猟社会、2.0＝農耕社会、3.0＝工業社会、4.0＝情報社会（現在はこれに当たります）と捉えたうえで、それに続く新たな将来社会を指すとされます。政府によれば、Society5.0が到来すれば、ＩｏＴ（すべてのモノがインターネットとつながる）、ＡＩ（人工知能）、ビッグデータ、ロボット工学といった最新テクノロジーの発展によって、新たな経済発展とともに社会的課題の解決も期待できるというのです。

　何とも怪しげです。しかし、何より注意したいのは、Society5.0の推進役は、日本の財界であったという事実です。財界による売り込みによって、それは、２０１７年に閣議決定された「未来投資戦略２０１７」にも位置づけられることになりました。簡単に言ってしまえば、Society5.0は、「失われた30年」とも称される日本経済の長期停滞からの脱却をはかるための、国家戦略としての成長戦略として提起されたのです。

Society5.0で教育はどう変わるのか

　それでは、Society5.0で、教育はどう変わるのでしょうか。Society5.0型教育のねらいは、３つに整理できます。

1つは、教育には、Society5.0を担う人材の育成という役割を担わせること。２つめは、学校は、ＩＣＴやＡＩ、ビッグデータなどの最新テクノロジーがフル稼働する場となること。３つめは、上記のような教育を実現するために、教育と産業界との連携・協働（実際には、民間企業の公教育への参入）が必須となることです。

　文科省の報告書「Society5.0に向けた人材育成――社会が変わる、学びが変わる」（２０１８年）を手がかりにすると、Society5.0型の教育がめざすのは、「個別最適化された学び」の実現です。その学習イメージは、端的には、子どもたちがＰＣやタブレット等の端末を前にして、ＡＩが提供する学習プログラムにそれぞれ取り組むという個別学習でしょう。そして、報告書でも指摘されていますが、そうした「個別最適化された学び」を軸にする学校では、①「一斉一律授業」から「個人の進度や能力、関心に応じた学び」へ、②「同一学年集団の学習」から「学習到達度や学習課題等に応じた異年齢・異学年集団での協働学習」へ、③「学校の教室での学習」から大学、企業、教育文化スポーツ施設等における「多様な学習プログラム」への転換が必然化するというのです。

　これは明らかに、これまでの学校教育のかたちの解体です。その先に見えているのは、徹底した「能力主義」であり、学習成果の格差も「自己責任」としてしまう危うい発想です。その意味で、教育の公共性についての思想は、完全に欠落してしまっています。

文科省を追い詰めた経産省の影

　文科省による政策構想であるにもかかわらず、なぜこんなことになってしまったのでしょうか。Society5.0に向けた教育改変は、国家戦略としての既定路線だという事情はもちろんあります。しかし、それだけではなく、以下に触れるような経産省の影が、文科省を脅かしていました。

経産省は、２０１８年に有識者会議である「『未来の教室』とEdTech研究会」を発足させました。研究会のねらいは、教育と最新テクノロジーの結合（EdTech）によるイノベーションを通じて、教育産業やＩＴ産業等の民間企業が学校教育に参入していく道筋をつけることにありました。

同研究会の「第１次提言」（２０１８年）や「『未来の教室』ビジョン」（第２次提言、２０１９年）がめざしたのは、教科学習に関しては、文科省と同様に「個別最適化された学び」の実現です。そして、協働学習としては、「ＳＴＥＡＭ教育」（産業界と連携しつつ、Science・Technology・Engineering・Art・Mathematicsを組み合わせて、課題解決的に学ぶ教育）の推進でした。文科省とはちがって、産業界との連携がより大胆に強調され、公教育と民間企業による教育とが、完全にフラットで対等な関係に立つものと把握されている点に何よりの特徴があります。つまり、経産省の立場からすれば、民間企業による教育が躍動し、社会全体が学びの場となること（逆に、学校教育はスリム化し、解体していくこと）こそが、彼らの考える「未来の教室」の姿なのです。

教育政策としての着地点へ

見てきたようなSociety5.0型の教育への改変構想を具体的な教育政策に落とし込む作業は、２０１８年に再開された教育再生実行会議の議論を皮切りにして、２０１９年４月には、中央教育審議会への諮問と続きます。そして、教育再生実行会議の「第11次提言」は、２０１９年６月に提出されていましたが、中教審の審議に関しては、いまだ論点整理にも至らないような段階で登場したのが、まさに小論の冒頭で触れたＧＩＧＡスクール構想（２０１９年12月）だったのです。

こうした経緯を見ただけでも、ＧＩＧＡスクールは、学校現場での基本的な合意を欠き、「何のために、どんな教育を実現するために、ＩＣＴを活用するのか」といった議論さえなされないままに、まず１人１台端末の配布ありき、まず学校のネットワーク環境の整備ありき、で推進されたものであることがわかります。

コロナ禍における政策構想の分岐

その後、２０２０年になると、日本の教育は、コロナ禍と全国一斉の臨時休校という想定外の事態を経験することになりました。そして、そのプロセスにおいて、Society5.0に向けた教育改変をすすめる政策的立場には、２つの潮流の分岐が目立つようになったのです。

１つは、コロナ禍を、Society5.0型の教育を推進するための絶好のチャンスと捉えた「急進派」です。「学びを止めない」というスローガンのもとでの、学校の休校期間における民間教育産業の活躍の場の演出、「未来の教室」実証事業、

「EdTech導入補助金」事業などの経産省の施策が、こちら側に位置します。２０２０年度予算で増強されたＧＩＧＡスクール構想も、基本的にはこれを後押しするものと考えてよいでしょう。

もう１つは、Society5.0型の教育への緩やかな着地をめざそうとする「穏健派」です。文科省の立場が、こちら側に位置します。その背景には、長期にわたる臨時休校を通じて、人々のあいだで学校の役割が再認識され、再評価されたことがありました。つまり、学校のスリム化や解体にもつながりかねない経産省流のやり方は退けて、Society5.0型の教育は受け入れつつも、これまでの学校教育のかたちや枠は守ろうとする路線が生まれてきたのです。

令和の日本型学校教育

２つの潮流のうち、「穏健派」である文科省の考え方は、２０２１年１月に取りまとめられた中教審答申「『令和の日本型学校教育』の構築を目指して」に端的に表明されました。

答申では、Society5.0に向けた「個別最適な学び」は、ＡＩに導かれる個別学習プログラムによってのみ実現するのではなく、以前から学校教育が取り組んできた「個に応じた指導」に連なること、そして、「個別最適な学び」だけでは「孤立した学び」になってしまう危険性もあるため、「協働的な学び」にも同時に取り組んでいくことの重要性が主張されました。

また、ＩＣＴの活用やオンライン学習の導入、対面とオンラインとのハイブリッド型の学びの実現が推奨される一方、それらが、学年、学級、教育課程、一斉授業といったこれまでの学校教育の枠を壊してしまうのではなく、これまでの「日本型学校教育」の成果を今日的に継承・発展させるものであることが強調されています。

日本の学校はどこへ

この先、学校はどこに向かうのでしょうか。当面のあいだは、いま指摘した２つの潮流のせめぎあいが続くように思います。

一方では、ＧＩＧＡスクールを後ろ盾にし、コロナ禍にも便乗しながら、教育のＩＣＴ化、オンライン活用を推進する動きが加速します。１人１台端末の整備が終われば、今度は、どのプラットフォームを使うのか、どんな学習プログラムを利用するのかといった点で、民間教育産業等との連携が強められるのではないでしょうか。この方向は、菅政権が打ち出している「ＤＸ（デジタルトランスフォーメーション）」とも合致します。

他方、そうした動きが、学校や教育のあり方についての規制緩和を進めすぎ、これまでの学校のあり方を破壊してしまうことに対しては、「日本型学校教育」を盾にして抵抗していく反応も強まるでしょう。注意しておきたいのは、「日本型学校教育」を守ることは、従来の学校教育の競争主義や管理主義、道徳や国家主義的な価値観の教え込み、教職員に長時間過密労働を強いる働き方などを許容することにも容易に接続してしまいかねない点にあります。

2つの政策的立場のせめぎあいのどちらの方向にすすんでも、それが、子どもたちの未来を託すことのできる学校の姿を実現させるとは思えません。私たちはこの点について十分に自覚的になり、自分たちが求める学校像を自前で紡いでいく必要があります。それは、コロナ禍の長期にわたる臨時休校のあいだに、多くの人々が感じた学校のありがたさや役割、学校の存在意義や価値に根ざすものであるはずです。

（児美川　孝一郎）

（注1）Global and Innovation Gateway for All
（注2）Information and Communication Technology

コロナ禍の大学の現状と課題

はじめに　コロナ禍の直撃が明らかにしたもの

コロナ禍は日本社会の格差に基づく脆弱性を露わにしましたが、それを象徴するのが大学でした。その衝撃の大きさは、ほとんどの大学で4月授業開始が延期され、開講後も授業の大部分が遠隔（オンライン）授業で占められたことに示されます。教職員は突然のオンライン授業への移行に極めて貧困な通信インフラとノウハウの蓄積のもとで取り組むことになりました。学生も図書館など学びの場が失われ、下宿等で孤立し、かつ多様な通信環境のもとでオンライン授業を受けることになりました。コロナ禍が長期化し、大学の研究と教育の苦闘が続いている中で、「誰一人学びから取り残さない大学」に向けてどのような教訓を学び、どういう課題に取り組むべきなのでしょうか。

コロナ禍はどういう大学の現実を直撃したのか

大学はどのような条件下でコロナ禍の直撃を受けたのでしょうか。

国立・公立・私立間の多様な格差の広がり、そして学生の学びの環境の貧困が進行し、大学の教育と研究の危機が叫ばれるなかでコロナ禍が直撃したのです。

第1に、学生を支える家計所得減少と大学学費上昇の結果、脆弱性を増していた学生生活の基盤を直撃しました。東京私大教連「私立大学新入生の家計負担調査2020年度」によるとその仕送り額はピークの1994年度12万5000円から2020年度8万2000円に減少し、家賃を除いた1日当り生活費は607円とされます。日本学生支援機構「学生生活調査結果」でも学費負担増加・生活費圧迫、仕送り減・バイト依存増という傾向が続いています。アルバイト従事比率も年々増加し大学（昼間部）で86・1％（2018年度）です。バイトをしなければ学生生活が成り立たない現実をコロナ禍が襲い、多くの学生から生活の糧を奪い食にも事欠く困窮に学生を追い込むことになったのです。

第2に、国立大学法人化以降の運営費交付金の削減と私大助成金の減額、そして競争原理に基づく大学間格差拡大等で貧困化してきた大学の教育研究の現場を直撃しました。人件費を主に賄う運営費交付金が2004年度1兆2425億円から2020年度1兆807億円に減額された結果、退職者等の後任補充がままならず、常勤の教職員が削減されて、時限プロジェクトのための外部資金による雇用、期限付き雇用の教職員が増えました。また基盤的な教育研究設備予算の大幅削減で教育研究設備等の老朽化と陳腐化が進行しました。

この結果、オンライン授業への移行に貧困な通信インフラや人的スタッフのもとで教職員は苦闘せざるを得なかったのです。通信インフラ整備が先行していた東大などのように双方向型中心にオンライン授業を展開できた大学とオンデマンド型や教材配信型のオンライン授業で乗り切るしかなかった大学では、学生の授業満足度に大きな違いが生じたように学習成果面で大きな格差を生むことになりました。

第3に、大学自治の衰退、学長等によるトップダウンの運営、大学の財政ひっ迫と硬直化の下で、高等教育サービスの受け手である学生の声を反映させる仕組みがない大学を直撃しました。コロナ感染対策のためとして図書館等の学内施設の利用制限や学生の諸活動の制限が一方的に行われる一方で、学生がどのような環境に置かれ、どのようなサポートが必要なのかを十分に汲み上げる仕組みが非常に弱かったと言えます。この結果、高額の学費負担と生活基盤の崩壊で苦しむ学生からの学費返還や学生生活への経済的支援を求める運動が全国に広がることになりました。少なからぬ大学で学生の声を汲み上げ独自の支援策を模索する取り組みが行われた一方で、大学の方針決定過程における学生関与の欠如は学生の人権や学習権の保障への配慮不足を生み出し、緊急事態宣言地域出身学生に対して「学内では一人で食事」など8項目について誓約書を取る事例（三重大学、朝日5月11日）やバイト規制など学生生活の一方的な規制が発生することになりました。

コロナ禍のもとでの大学で明らかになったこと

デジタルナレッジ調査によると2019年度までにオンライン授業を活用していた大学比率は4・2％に過ぎませんでした。しかし文科省調査では2020年後期には授業の8割以上がオンラインの大学比率が59・6％であり、5~8割がオンラインの19・9％も含めるとほとんどがオンライン授業中心に移行する結果となっています。

しかし通信インフラが貧困な中では、様々な形態でのオンライン授業が行われることになりました。リアルタイムでの双方向型は少数であり、大部分が授業録画を配信するオンデマンド型や教材と課題の配信型で行われた結果、オンライン授業に対する評価が大きく割れる結果となりました。また学内施設の利用制限や学生活動の制限も含めた大学生活への評価がオンライン授業評価と一体となって行われた結果、オンライン授業への否定的評価から対面中心の授業への復帰への文科省の指導（2021年3月通知他）もたびたび行われ、コロナ禍と対面授業実施の「圧力」の狭間で多くの混乱が生まれる結果も生じています。多くの大学では2021年前期（計画）で8割以上の授業を対面とする方針でしたが、コロナ禍で再びオンライン授業実施に追い込まれる（日経4月27

日）など混乱が生じています。

コロナ禍によって明らかになったオンライン授業の可能性を活かした大学づくりのためには「授業が一方通行にならない『同時双方向型』の授業推進が求められる。対応できるサーバーなどの整備も必要」（日経4月27日）です。またオンライン授業と対面授業を対立的に捉えるのではなく、それぞれの特色を生かした大学授業の充実に向けた科学的な検討が必要です（東大大学経営・政策研究センター「コロナ禍後の大学教育」）が、それが文科省の政策形成過程で十分に行われたとは言い難いと言えます。

大学数と学生数の増大は、国立・公立・私学の格差拡大と絡み合いながら学生の学びを様々な貧困構造に置くことになっています。私学では２０１６年度以降非公表ですが経常費に占める補助金割合は80年度29・5％→２０１５年度９・９％に低下し、１人当たり公的財政支出２０１８年度国立１９４万円、私学15万円となっているとされます。予算不足で大人数のマスプロ授業中心の大学でオンライン移行が強いられる一方で、その整備費用負担の重さからマスプロ授業のままでの対面復帰が試みられる結果となっていると言えます。

また学生の生活基盤の崩壊も深刻化しています。Ｆｒｅｅ（高等教育無償化プロジェクト）などコロナ下での学費削減や生活支援への学生諸団体の取り組みが全国的に広がり生活給付金が実現したのは画期的ですが、それは学生が置かれた状況の深刻さを反映した結果でもあります。文科省「新型コロナウイルス感染症の影響による学生等の学生生活に関する調査」（２０２１年5月）によれば何らかの支援を受けた学生は49・９％ですが28・１％は既存の貸与型奨学金です。各大学別でも様々な独自の支援が行われましたが財源確保に多くの大学は苦慮しました。また経済支援を受けていない学生の６・２％が、支援が必要であったが対象外とされており、要件の厳しさが浮き彫りとなっています。大学教職員等と相談した比率は17・４％であり、大学の支援制度が十分機能していないことが浮き彫りになっています。学生の窮状を汲み上げる公的な仕組みが不十分な中で、教職員の自発的な学生への食糧給付などの取り組みが行われましたが、「生理の貧困」に象徴されるようにジェンダー視点での対応はほとんどなされなかったと言えます。

低所得階層の進学率の低さは、経済格差によって高等教育の機会均等が著しく損なわれてきたことを示しています。住民税非課税世帯やそれに準ずる低所得世帯（３８０万円以下）を対象とした授業料の減免と給付型奨学金の支給を行う修学支援制度はこの格差を是正する政策の一歩として評価できます。この結果、初年度27万人に支援が実施され、対象所得階層の進学率が10％程度上昇したとされ、この制度がなければ進学を諦めていた比率が34・2％、進学先を低学費の大学に変更していた26・2％とされます（文科省記者会見4月13日）。一方でこの制度導入の結果、中間所得階層への支援が後退するなどの問題も顕在化しています。修学支援制度が従来の授業料減免制度と代替することとなり、授業料減免の継続については各大学の独自の判断に委ねられた結果、380万円以上の中間所得階層の学生が授業料減免措置を受けることが困難になっているのです。

おわりに　コロナ禍で明らかになった課題と解決方向

コロナ禍への対応のなかでアフターコロナに向けた様々な課題も浮き彫りになっています。第1は持続可能な社会構築に向けて科学に基づく政策形成はもとより、学術の発展が自然災害への社会のレジリエンスを高めるのであり、国公私立の設置形態を超えた大学そのものの教育研究の環境充実と学生の学びの機会均等の保障がより重要な課題として明らかになっています。高等教育無償化を展望しつつ学費負担の軽減や給付型奨学金制度の充実、何よりもバイトに依存せずに済む学生生活基盤の確立が必要なのです。ＯＥＣＤ（２０２1年4月10日レポート）が指摘するように低所得者層に限定されない中間層の支援が重要なのです。

第2は、オンライン授業の可能性を活かした大学の学びの充実が求められています。前掲「コロナ禍後の大学教育」が「一般的にオンライン授業が対面より劣っているとは言えないことについて、社会の理解を得る必要がある」と訴えるように対面型授業とオンライン授業の優劣という二者対立的な枠組みではなく、学生の学びの多様性に対応しつつ学習成果の充実のためには両者を有機的に組み合わせることの重要性が明らかになっています。この点で日経（２０２1年5月23日）「大学、遠隔連携広がる」が「大学再編の足がかりになる可能性もある」とするように大学再編・合理化の手段としてオンライン授業を活用する安易な姿勢は諫められなければなりません。オンライン授業の可能性を活かした大学の教育環境の整備のためには通信環境インフラの整備が優先されねばならないし、それを支える人的スタッフの充実が欠かせないのです。

第3は、学生におけるジェンダー格差の是正です。男女共同参画推進で教職員の格差是正は進められて来ましたが、学生におけるジェンダー格差是正の取り組みは不十分と言えます。文科省「学校基本調査」によれば女子学生の割合は学部45・4％と過去最高ですが修士31・6％、博士33・6％と低いままとなっています。また学問領域別の女性比率格差の大きさを反映して（理学・工学での低さ）、国立35・3％　公立53・0％　私立46・3％という進学率の違いも生まれています。両親年収が高いほど進学率が高くなり、かつ男女間の進学率格差（男性が高い）が大きく（「高校生の進路と親の年収の関連について」東大大学経営・政策研究センター、２００９年７月）、かつ経済格差が学力格差（低所得家庭の難関校への進学率の低さ）として現れる格差構造の是正が求められているのです。低所得家計の学生の私学進学比率が高く、また女子学生比率が45％と過去最高に上昇するもとでも東大など難関校における女性比率が低いままとなっています。大学入試において男性有利な仕組みが医学部で問題になりましたが、高等教育におけるジェンダー格差の是正が求められているのです。

（鳥畑　与一）

性教育の現状と課題からみるジェンダー平等

まず、日本における新型コロナ禍のジェンダー問題と教育をみましょう。

コロナ禍の女性と教育

「コロナ下の女性への影響と課題に関する研究会報告書」（2021年4月28内閣府発表）では、新型コロナ感染症の拡大によって、男女で異なる影響があり、女性の多い産業や非正規雇用労働者の減少や自殺者数の増加など女性への深刻な状況が報告されています。報告書を教育面でみると、安倍前首相が昨年の年度末に唐突に打ち出した学校への「臨時休校要請」の影響が大きく、特に小学生の母親が就業困難になり、子どものいる有配偶女性の非労働力化が進行、シングルマザーも失業率が上昇で支援強化の必要性が報告されています。それに加えて、夫などのステイホーム・リモートワークも重なり、女性の家事・育児・介護の負担感が増しました。

コロナ禍における女性の困窮に関連して、「生理の貧困」の問題が浮き彫りになりました。「#みんなの生理」の調査（2021年3月2日）で、20・1%もの学生が経済的理由から生理用品の入手に苦労し、27・1%もの学生が生理用品でないものを使用したことが明らかになり、「#みんなの生理」は「学校で無償配布」を訴えています。

新型コロナ禍において、「忖度」してくれず「隠蔽」「改ざん」もできないウイルスに対して、日本政府はやるべきことをやらない無為無策と、「アベノマスク」に代表される、やってはいけない愚策の連続でした。その失政のしわ寄せは教育面でもより女性に大きかったといえます。

全人の権利、ジェンダー平等と性の多様性

私の専門はセクシュアリティ教育ですが、その目標を「誰もが子どもとして人間として平等にいのちと生活を大切にされ、性においても個々の多様な幸福追求権を保障する」ことと捉えています。性別はもちろん障がいの有無などに関係なく、あらゆる人が平和で健康な人間らしい生活ができる土台の上に、個々人の多様な性的幸福を実現する社会と学校教育を実現させるわけです。それは全人平等の基本的な権利であり、望むべき性の幸せの形は100人いれば100通りあって多様であるべきということです。「みんな違って、みんな平等で、みんな幸せ」な社会を目標としています。

その性教育の中でもジェンダー平等と性の多様性はその基盤となる重要性を持っています。いまや世界の性教育のスタンダードとなりつつあるユネスコなどの作った『国際セクシュアリティ教育ガイダンス』にも基本理念に、性の権利（ウ

エルビーイング）保障とセクシュアリティ・ジェンダー平等と性の多様性尊重があります。このうちの「セクシュアリティ・ジェンダー平等と多様性」では、「性を『セクシュアリティ』としてとらえ、その多様性・個別性を基盤として、男女を二分することが前提となる『男女平等』ではなく、家族・からだ・価値観・行動などの性の多様性を含むジェンダー平等の視点を重視する」とされています。

「世の中は男と女しかいない。男女の地位や役割は生まれつき違い、男は男らしく、女は女らしくあるべき」という固定観念や現実からの解放と進化を提言しているのです。

ところが日本では、ジェンダー平等もセクシュアリティ教育も大きく遅れています。

森喜朗氏の差別発言からみる日本の遅れ

日本のジェンダー平等の遅れを象徴する出来事が、東京オリンピック・パラリンピック組織委員会の森喜朗前会長による女性蔑視発言でした。これには国内外で批判はやまず、森さんは、辞任に追い込まれました。五輪憲章は「人種、肌の色、性別、性的指向、言語、宗教、（中略）いかなる種類の差別」も禁止しています。発言は、明らかにこれに違反していました。森さんは、かつてから『子どもを一人もつくらない女性が、年とって税金で面倒みなさいというのはおかしい』などと、差別失言を繰り返した人物、五輪憲章からみて、そもそも会長になる資格はなかったのです。森さんのような人物を重用する日本のジェンダー平等の遅れの原因を考えてみましょう。

日本のジェンダーギャップランキングの推移を見て行くと、計測開始の２００６年の80位から、年々ランキングが下がり２０２１年に１２０位まで後退しています。他の国が改善している中、有効な施策が講じられなかった結果です。

これには政治的なバックラッシュが大きく影響しています。１９８６年に男女雇用機会均等法が施行され、１９９９年には男女共同参画社会基本法が制定され、遅ればせで不十分ながら平等への改善がみられました。ところが90年代終盤から見られたバックラッシュが２０００年代前半にかけて本格化して、このような流れは、停滞を余儀なくされました。

これを強く主導したのが「新しい歴史教科書をつくる会」などの右派勢力です。保守系右派政治家と結びつき、「選択的夫婦別姓」に反対し、２００５年の第2次男女共同参画基本計画の策定にあたってはジェンダーの言葉すら「削除せよ」という攻撃さえ行われました。もちろん「同性婚」導入にも反対をしています。それは今も影響があり、昨年閣議決定された第5次男女共同参画基本計画では、4次計画にあった「選択的夫婦別氏制度の導入」の文言が削られ、「戸籍制度と一体となった夫婦同氏制度の歴史を踏まえ」に後退しています。今年5月20日にあった「性的少数者理解増進法案」の自民党審査会では、「生物学上、種の保存をしなければならず、LGBTはそれに背くもの」、「道徳的にLGBTは認められない」などと、耳を疑うような発言が報道されました。

性教育・ジェンダーフリーバッシング

教育面でも、遅滞をもたらした大きな要因は、2000年代初頭から始まった大規模な性教育・ジェンダーフリーバッシングでした。「ウソも百篇言えば…」というような非科学的で欺瞞に満ち溢れた異常なバッシングの嵐が日本中で吹き荒れました。政治的に影響が大きかったのが、2005年3月に自民党が立ち上げた「過激な性教育・ジェンダーフリー教育実態調査プロジェクトチーム」の安倍晋三座長（当時）です。当時安倍座長は「男女共同参画社会基本法が決定され、男女がお互いに支えあう社会をつくっていくという意図は良かったが、ある意味でこれを利用した問題のあるジェンダーフリー教育が蔓延している。この問題をしっかりと把握し、是正に取り組んでいきたい」と強調しています。

ところが、このチームが発表した調査事例にあった「高校で、同室で男女生徒が着替えている」「小学校の林間学校で男女同室」「WHOはピルの10代での使用を禁止」は、後に新聞によって、事実無根の虚偽記載と断じられました。

ジェンダー平等と関連して、当時言われた「ジェンダーフリー」を「フリーセックスの実現を目論むもの」との曲解を無理押しして、「過激な性教育」批判も行われました。母子衛生研究会編『思春期のためのラブ&ボディBOOK』を「ピル推奨本」、性教育実践用の人形を「セックス人形」などとポルノ的視点でレッテル張りして、議会や保守系メディアで批判が繰り広げられました。中でも最も大規模であったのが、2003年7月の旧東京都立七生養護学校（当時）への性教育バッシングでした。それらによって、人権、ジェンダー平等と多様性を基盤にするセクシュアリティ教育実践を狙い撃ちにして、教育現場を委縮させ実践の意欲と研修機会を削いできました。教育行政面でも世界ではすでにスタンダードとなっている既述の『国際セクシュアリティ教育ガイダンス』を黙殺し続けて、結果的に先進諸国からは20年30年遅れと言われるような性教育の後退と停滞をもたらしています。かつてから「日本は性産業大国で性教育後進国」と言われていましたが、その状況がさらに悪化してしまったのです。

すすむ社会の変化

それでも社会は変化しています。厳しかった性教育バッシングは、2010年代あたりから表面化しなくなってきます。2005年5月12日に提訴された旧東京都立七生養護学校の「こころとからだの学習」裁判は、2013年11月28日、教職員・保護者らの原告勝訴が確定しました。介入した都議らの行為と、これを黙認し厳重注意処分を発した都教委の行為を違法として断罪したのです。法の下でバッシングの不当性と実践の正当性が証明されたのです。裁判の影響もあり、直接介入型の性教育バッシングはなくなっていきました。唯一の例外は、２０１８年３月に起きた、東京都公立中学校における「避妊」と「人工妊娠中絶」「性交」を扱った３年向けの性教育への都議会議員の批判質問と追随した都教委答弁でした。しかし、逆に性教育実践への関心が全国的に高まり、むしろ当該中学校実践への賛同の声がメディア等を通して大きな潮流となって、都教委はこの実践を認めざるを得ないところまで追い込まれました。

性暴力や性的虐待に関しても２０１７年には、自身の経験を「#MeToo」とツイッターに投稿する抗議運動が米国で広がり日本にも波及し、２０１９年３月に続いた性暴力への無罪判決を受け、被害者によりそう「#WithYou」の声を上げるために、「フラワーデモ」が全国各地で起こりました。

性暴力に関しては、世界保健機構（ＷＨＯ）が２０２１年3月9日に、「世界中で15歳以上の女性の３人に１人が男性からの身体的または性的暴力の被害に遭って、７億３６００万人に上り、若い女性の４人に１人が暴力を経験している」と警鐘を鳴らしました。ＷＨＯは各国に対し、「被害者を中心に据えたケアと関係機関につなぐ保健体制の強化」と「包括的な性教育を含む差別的態度や信念を是正する学校教育の実施」などを求めて、支援と教育の必要性を訴えています。

同性婚に関しても２０２１年3月17日札幌地裁で同性婚否認は違憲との画期的判決が出されました。判決は、法の下の平等を定めた憲法14条1項に違反しているとの判断でした。

教育面でもさらなる進展を

これまで述べてきたように、日本は教育面でも大きく遅れています。学習指導要領には「妊娠の経過は取り扱わない」の歯止め規定とか「異性への関心」のみの多様性に反する記述などが見られます。

しかし、全く不十分ながらも教育行政でも、変化の兆しが見られます。文科省が学校へ性的マイノリティ対応の通知を出し、「プライベートゾーン」「デートＤＶ」「ＳＮＳ被害」防止の「生命の安全教育」を推奨しています。今後さらに「性の権利」を認識し、包括的性教育実践ができるように、他の先進諸国レベルにまで日本を引き上げることが必要です。そのためには、『国際セクシュアリティ教育ガイダンス』などの世界基準に合わせた学習指導要領の抜本的改善、学校教育実践の自由保障、教員研修の整備などの確かな制度設計が求められます。

（関口　久志）

平和・人権・民主主義

福島原発「生業訴訟」が問いかけるもの

二つの緊急事態宣言と原告団5000人超えの生業訴訟

私たちは、いま二つの緊急事態宣言の下で生きています。

一つは、新型コロナウイルス感染症の緊急事態宣言。もう一つが、原子力緊急事態宣言。2011年3月11日に原子力災害対策特別措置法15条に基づき発令された宣言は、今日も解除されていません。政府によれば、解除は、「原子力災害の拡大の防止を図るための応急の対策を実施する必要がなくなったと認めるときに行うこととされており、住民の避難や原子力事業所の施設及び設備の応急の復旧等の実施状況等を踏まえ、総合的な見地からこれを行うかどうか判断するものであるため、現時点において確たる見通しを述べることは困難である」とされています。

この二つの緊急事態宣言には、いずれも国には責任（ここでは、責任を「法的責任」の意味で用います）がないという前提で出されているという共通点があります。このうち後者の宣言の根拠となった事故について、これを人災であり未曽有の公害だとして国の責任を問うたのが、いわゆる生業訴訟（「生業を返せ、地域を返せ！」福島原発訴訟）です。

生業訴訟は、原発事故の被害者が、国と東電を被告として、原状回復や損害賠償を求めて訴えたもので、第一陣と第二陣合わせて5000名を超える原告団となっています。原状回復、全体救済（原告にとどまらない全ての被害者の救済）、脱原発の3点を目的とした取り組みですが、その根底には原発事故に対する国の責任という問題意識があります。

2017年の福島地裁判決、昨年の仙台高裁判決と、いずれも国と東電の責任を認める判決が出ました。

訴訟で問われた国の責任というのは、原子力規制に関して権限を有していた経産大臣が、その規制権限を適時適切に行使していれば原発事故を回避しえたにもかかわらず、それを怠った不作為を違法と評価しうるかということであり、具体的には、原発事故前に原子力発電所の敷地高さを超える津波の襲来を予見しえたのか（予見可能性）、予見しえたとして対策を講じさせれば事態を回避しえたのか（結果回避可能性）という点でした。

仙台高裁は、予見可能性と結果回避可能性のいずれも認めたうえで、国の姿勢について、「規制当局に期待される役割を果たさなかった」とし、原子力事業者を指導・監督する立場であることについて、「一般に営利企業たる原子力事業においては、利益を重視するあまりややもすれば費用を要する安全対策を怠る方向に向かいがちな傾向が生じることは否定できないから、規制当局としては、原子力事業者にそうした傾向が生じていないかを不断に注視しつつ、安全寄りの指導・規制をしていくことが期待されていたというべきであって、上記対応は、規制当局の姿勢としては不十分なものであったとの批判を免れない」と断罪しました。

三重苦の被害者が国と東電へ訴訟

以上は、訴訟で問われた国の責任についてですが、原発事故で被害を受けた住民が原告になろうとした動機は、原発事故前の国や東電の姿勢を解明したかったという点に尽きるわけではありません。

一般的に、訴訟の原告になりたいなどと思っている人はいません。地震と津波と原発事故という三重苦に晒された被害者の立場であれば、なおさらです。したがって、国が自ら被害救済に乗りだし、充分なものであれば訴訟にはなりませんでした。あるいは、国会が必要な立法を行い、制度化を進めたのであれば原告と称される者はいませんでした。しかし、実際にはそうはなりませんでした。被害者は自ら声をあげなければならず、原告とはやむにやまれず訴訟を提起した者なのであり、泣き寝入りするわけにはいかないという怒りをもつ者でした。

この怒りは私憤に基づくものですが、決してそれにとどまりません。怒りを共有する者が多ければ多いほど、怒りの対象が全体や将来にかかわるものであればあるほど、私憤は公憤となります「自分が最後の犠牲者であってほしい」――この想いがその核心にあります。

原告は、原発事故前のみならず、原発事故後の国の姿勢、それは誰一人として自らの責任を認めず、同心円で線を引き、避難指示という形を取りながら実質的には被害者を分断させ、被害を金銭賠償の問題に矮小化し、被害者の声を聞かないまま賠償の水準を定め、被害者の存在など無視するかのごとく原発再稼働を行うところの国の姿勢に対して異議を申し立てたのであり、人々の尊厳や共同体の営みを奪ったことに憤っているのです。

このように、責任に向き合わない国への怒りは、決して過去の姿勢についてだけではありません。現在の、そして将来に見込まれるところの姿勢に対するものでもあります。

また、責任に向き合わないというのは原発事故に限ったことでもありません。公害の歴史を振り返れば、被害を否定し、被害者を否定し、因果関係を否定し続けてきたのは国であり、要するに事実に相対することを拒絶してきました。過去の話に限らず、新型コロナウイルス感染症の対策、あるいは沖縄の圧倒的な民意が示されているなかでの辺野古新基地建設の強行など、国の責任なるものはどこにあるのかという状態です。

そうした意味でいえば、国の責任を追及しようとする原告の営為は、原発事故という問題を超えて、誰一人として責任に向き合わない国に対して、その所在と重みを突きつけるものともいえます。3・11を「第二の戦後」と位置づけることが許されるのであれば、原告の責任追及は、まさに「無責任体系」を許さず、それを改めさせようとする実践なのです。

原発事故の解明なしの再稼働、汚染水放出

ところで、こうした責任追及は、無風状態の下でなされているわけではありません。

原発事故を起こした当事者は、責任と向き合わないどころか反省すらしていません。その証拠に、事故原因も解明されておらず、被害の収束もないにもかかわらず、原発を再稼働させ、輸出しようとすらしてきました。

昨年10月、菅首相は、初めての所信表明演説で、「我が国は、2050年までに、温室効果ガスの排出を全体としてゼロにする、すなわち2050年カーボンニュートラル、脱炭素社会の実現を目指すことを、ここに宣言いたします」と打ち出し、その具体的な内容の一つとして、「省エネルギーを徹底し、再生可能エネルギーを最大限導入するとともに、安全最優先で原子力政策を進めることで、安定的なエネルギー供給を確立します。長年続けてきた石炭火力発電に対する政策を抜本的に転換します」としたうえで、「安全最優先で原子力政策を進める」と結びました。新聞などでは、脱炭素化のための原発再稼働と解説したものが散見されました。

また、電力業界や経団連などは、一貫して原発の活用を訴えています。経団連は、昨年11月に発表した『新成長戦略』において、「脱炭素社会の実現を追求するうえで、原子力は欠くことのできない手段である。福島第一原子力発電所事故の教訓を活かし、最新の科学的知見を踏まえて安全確保を確固たるものとすることを大前提に、原子力を継続的に活用していく必要がある。原子力事業者と規制当局とが連携・協力して不断の安全性向上に取り組むとともに、国が前面に立っ

て、原子力の安全確保策と国策の観点からの必要性を正面から論じる必要がある。そうした取り組みを通じて、既設再稼働・建設再開、リプレース・新増設を問わず、安全性が確認され、地元の理解が得られた原子力発電所の稼働を推進していくべきである」とし、「将来を見据え、軽水炉の安全性向上につながる技術はもちろんのこと、安全性に優れ経済性が見込まれる新型原子炉（例：ＳＭＲ、高温ガス炉、核融合炉等）の開発を推進することもきわめて重要である。脱炭素社会の早期実現を目指し、２０３０年までには新型炉の建設に着手すべく、国家プロジェクトとして取り組みを進める必要がある」と、新型原子炉の建設を訴えています。菅首相も、国会において、「原発の新増設は現時点では想定していない」と含みを残した答弁に終始していますが、既存原子炉の活用に加え、原発の新設というのが経済界の一貫した意向です。

さらに、政府は、4月、原発事故に由来する汚染水を海洋に放出することを決定しました。公共のものである海洋に汚染水を放出し、原発事故による放射性物質の拡散に続き、再度環境に影響を与えることを行おうという方針です。トリチウムの安全性についても、現在のところ確立した知見が存するわけではなく、ＡＬＰＳ（多核種除去設備）処理した水にトリチウム以外の核種が含まれていることも明らかになっており、取り除かれるべきものが取り除かれておらず、基準を満たしていない実態にあるにもかかわらず、海洋放出という結論のみが先行的に決められたことになります。

このように、原発を推進しようとする勢力は、着々と自らの工程表に従い歩みを続けています。そして、原発事故から10年を迎えた本年は、改めて原発をめぐる課題が大きな焦点となります。責任追及は、無風状態の下でなされているのではないのです。

国の責任を確定、履行させるのは私たち

生業訴訟は、現在、最高裁に係属しています。最高裁での勝訴を目指していますが、勝訴したとして、判決それ自体では、原告ではない人々までを救済することはできません。また、判決そのものの効果として、原発政策が変わるわけでも、海洋放出の話が消えるわけでもありません。判決は手がかりを得たということにとどまります。そうだとすれば、判決を梃子にして国に責任を履行させなければならず、それをさせるのは誰かといえば、私たちでしかないはずです。

被害者が、被害者のままでは終わろうとしなかったのが生業訴訟なのであり、主権者たろうとする実践でもあります。同時に、国の責任をどう果たさせるのか、国というのが主権者である私たちのことであるということも問われています。

（馬奈木　巌太郎）

日本学術会議会員の任命拒否事件の本質

はじめに　２０２０年10月1日、菅義偉内閣総理大臣は、日本学術会議（以下、学術会議）が次期会員として推薦した候補者１０５名のうち6名の任命を、理由も示さずに拒否しました。この前代未聞の「暴挙」は、科学者だけではなく一般市民をも震撼させ、直後から、幅広い抗議の波が全国に広がっています。私は２００３年から２０１４年にかけて学術会議の会員だったので（注1）、その経験をもとに、本稿では、任命拒否のねらいとその違憲性・違法性を明らかにしたいと思います。

何が起きたのか　学術会議の会員は２１０名です。任期は6年ですが、3年ごとに半数が改選されるため、２０２０年9月末には１０５名が改選時期を迎えました。学術会議は8月末に内閣府人事課に、新会員候補の推薦名簿を提出しましたが、うち6名が任命拒否されました。現在、学術会議会員は２０４名しかいない状況です。拒否された6名は人文・社会科学分野の研究者（第1部）で、専門は、法学3名、哲学1名、史学1名、政治学1名です。

学術会議は10月3日に、①任命拒否の理由を明らかにすること、②6名を推薦どおりに任命することを求める「要望書」を決議しました。１０００を超える学協会、弁護士会、大学関係、市民団体等は、学術会議の要望書を支持して、任命拒否に強く抗議する声明や要望書が次々に公表されました。

一方、学術会議を非難・中傷するフェイクニュースが扇動的に流されました。フジテレビ解説委員の平井文夫氏は、「学術会議会員になると、そのあと学士院に行って年金２５０万円がもらえる」と発言し、翌日に訂正しましたが、ＳＮＳなどでは「学術会議は10億円の税金を無駄に使っている」という非難が飛び交いました。元経済産業大臣・衆議院議員の甘利明氏は、自身のブログで、「学術会議は中国の千人計画に協力している」と述べ、学術会議事務局から「事実ではない」と言われると、「間接的に協力していることになりはしないか」と、修正しました。

任命拒否の違憲性・違法性　今回の任命拒否は、明らかに違憲・違法な行為です。学術会議法は、学術会議が「優れた研究又は業績がある科学者のうちから」会員候補者を選考して、内閣総理大臣に推薦し（同法17条）、総理大臣はその「推薦に基づいて」会員を任命する、と規定しています（7条2項）。

現在行われている会員選出方法は、Co-option方式ですが（注2）、総理大臣の「任命」は法に羈束《きそく》された権限行使であり（注3）、「推薦」を無視することは許されません。菅首相は、学術会議は国の機関で会員は特別職公務員だから、自分に「公務員の選定・罷免権」がある（憲法15条1項）と言いますが、憲法15条1項は国民の権利に関する規定であり、首相も公務員であって、絶対的な裁量権をもつ独裁者ではありません。この解釈はまったくの誤りで、任命拒否は、学術会議法7条と17条違反の行為です。

　任命拒否は、さらに、憲法19条（思想・良心の自由）、21条（表現の自由）、23条（学問の自由）違反です。憲法23条はとくに重要です。「学問の自由」は、学問の自律性を尊重すること、とくに政治の世界からの介入・干渉を防止することを目的とするからです（注4）。研究機関が業績評価により人事を行っているときに、内閣や大臣が、当人の政治信条を理由に人事に介入する行為は、明白に憲法23条違反です。

　同じく、学術会議は、学問の世界の評価基準にのっとって「研究・業績」を自律的に評価し、会員を推薦しているのですから、その推薦を否定する任命拒否は、政治による学問の世界の独立性・自律性を破壊する介入行為です（注5）。これは明白な憲法違反です。

任命拒否に「正当理由」はあるのか

　菅首相は、「人事のことだから理由は言えない」としつつも、国会で追及されると、自らの行為を正当化するいくつかの理由を持ち出しました。その一つが、２０１8年11月の内閣府「内部文書」です（注6）。学術会議の会長や幹事会も知らなかったこの「怪文書」（注7）は、総理大臣は任命権者として一定の監督権を行使できるから、学術会議の「推薦のとおりに任命すべき義務があるとまでは言えないと考えられる」、と書かれたものです。

　このような解釈が誤りであることはすでに述べましたが、この文書の存在自体が驚愕の対象でした。なぜなら１９８３年の学術会議法改正時の国会では、当時の中曽根首相をはじめ政府関係者がことごとく、学術会議からの推薦を尊重する、首相の任命権限は形式的なものである、と解釈していたからです。内閣府は、その従来の政府解釈を一方的に変更する「内部文書」を、数年前に密かに策定し、周到な準備をしたうえで、今回の任命拒否を行ったのでした。

　広渡清吾・元学術会議会長は、「この論法には既視感がある」と述べています（注8）。集団的自衛権を認めないという憲法9条の政府解釈を、「変更した」と言わずに、以前からの解釈を確認したと言いくるめて、安保法制を強行した安倍政権の論法と同じ、というわけです。日本の政治は、もはや「欺罔《ぎもう》政治」になり下がったかのようです。

　菅首相は、任命拒否は「総合的・俯瞰的な活動を確保する」ためだ、とも述べています。しかし「総合的」とは「人文・社会科学を含めた視点」、「俯瞰的」とは「科学者コミュニティの総体を代表する観点」という意味であって、これらは学術会議自身が用いてきた表現です。任命拒否の根拠として持ち出す意味があるとは思えません。

さらに、会員の「多様性確保」のためだ、とも言っています。しかし学術会議は、多様性を尊重して推薦を行っており、とくにCo-optation方式は、多様な特性の候補をバランスよく推薦名簿に掲載しうる方法です。実際、任命拒否された6名は、女性、若手、私学、地方在住の会員候補者という多様な方々ですから、首相の説明は詭弁としか言いようがありません。

任命拒否の本当の理由

6名は、政権が歓迎する「従順な学者」でないことは確かですが、優れた研究者としてすでに高い評価を得ている方々なので、任命されなかったことが研究活動の妨げになるとは思えません。かえって「研究上の余裕が生まれた」との感想を口にした方がいても、少しも不思議はないでしょう。それだけに、今回の任命拒否は、6名の排除自体が目的というよりは、これを機に学術会議の弱体化をはかることがより根本的なねらいだと思われます。問題は、なぜ学術会議がそれほど現政権にとって「うとましい存在」なのか、です。

歴史をたどると、それがみえてきます。学術会議法の前文は、学術会議は日本の「平和的復興、人類社会の福祉に貢献」することを使命とする、と宣言しています。これは、科学者が戦争目的の研究にかりたてられ、学問の自由が失われたことへの深い反省を示すものです。実際、学術会議は、1950年と1967年の2度にわたって、軍事研究を拒否する声明を出してきました。

そして2017年3月、学術会議は3度目の「声明」を出しました（注9）。2015年に防衛省が、「安全保障技術研究推進制度」という競争資金を開始したからです。「声明」は、学術研究には自主性・自律性・公開性が必要であるため、競争資金を受けるには、大学等研究機関が自ら審査制度を設けるべきである、と提言しています。「声明」は、研究機関に対して居丈高に「研究費申請を拒絶せよ」と迫るものではありません。しかしこの「声明」を受けて、多くの大学や研究機関は、自主的に応募を控える良心的な決断をしました。政権にとっては、このような学術会議の動きがうとましかったのでしょう。

この「声明」以外にも、学術会議は、政権にとって「耳の痛い」数多くの提言を出しており（注10）、なかにはジェンダー視点からの提言もあります（注11）。提言の対象は、国のみならず市民も含むのですから、国にとって都合のよいことばかりでは、社会的責任を果たしているとはいえません。

学術会議の設置形態をめぐる議論

学術会議の改革は、これまでに幾度も議論されてきました。１９８３年と２００４年には学術会議法改正が行われ、直近では、２０１５年3月に、内閣府有識者会議の意見が出されました（注12）。従来の改革論議は、学術会議の「目的」（学術会議法2条：我が国の科学者の代表機関）、「職務」（3条：独立して科学に関する重要事項を審議し実現する）、「権限」（5条：政府への勧告）をよりよく行うためであり、学術会議や学協会の意見を十分に聴取しながら行われてきました。

ところが、２０２０年末、自民党プロジェクトチーム（ＰＴ）は、任命拒否問題を未解決にしたまま、一方的に、学術会議の組織改革を提言しました（注13）。「提言」は、日本学術会議はその「機能を十分に果たしているとは言い難い」から、「独立した新たな組織として再出発すべき」であり、「組織形態としては、独立行政法人、特殊法人、公益法人等が考えられる」、としています。財政については、「当面の間は運営費交付金等により、基礎的な予算措置を続ける」が、同時に「競争的資金の獲得、……会費徴収、……寄付等による自主的な財政基盤を強化すべき」としています。これは、学術会議の機能強化や活性化のためではなく、学術会議を国から切り離し、財政基盤の弱体化をねらっているとしか思えない提言です。

もっとも、学術会議はこれまでにも「改革」自体を拒否することなく、さまざまな議論に真摯に向き合ってきました。今回の自民党ＰＴの「提言」に対しても、学術会議は、改革にあたって満たすべき5要件を示して、自らの見解を出しました（注14）。5要件とは、①学術的に国を代表する機関としての地位、②そのための公的資格の付与、③国家財政支出による安定した財政基盤、④活動面での政府からの独立、⑤会員選考における自主性・独立性、です。

学術会議が「国の機関」である場合、５要件は満たされますが、それ以外の設置形態では、５要件は完全には満たされず、相当な準備と時間が必要、という結論が示されました。２０１５年の内閣府有識者会議も、「現在の制度は、日本学術会議に期待される機能に照らして相応しいものであり、これを変える積極的な理由は見出しにくい」、と述べていました。これらの検討と比較すれば、自民党ＰＴの組織改革案がいかに無謀で非論理的であるかは、十分、明らかです。

おわりに

学術会議は、２０２１年4月の総会で「声明：日本学術会議会員任命問題の解決を求めます」を出し、学協会等も、任命拒否を撤回すべきという声を強めています。２０２１年4月には、法律家１１６２名（法学者３２２名、弁護士８４０名）が、内閣府に対して、任命拒否問題に関する行政文書の開示請求を行いました。２０２０年11月５日の参議院予算委員会で、加藤勝信内閣官房長官が、「任命に至る経緯で、杉田副長官と内閣府のやりとりの記録は内閣府が管理している」旨の答弁をしたため、その記録文書の開示を請求することにしたのです。同時に、６名の方々も、行政機関の保有する個人情報の保護に関する法律にもとづき、自己情報の開示請求を行っています。

　内閣府は、開示請求先の部署によって、不開示あるいは開示期限を延長すると回答しています（２０２１年６月20日現在）。「記録」の公開があれば、任命拒否に至ったプロセス、責任の所在、任命拒否の違法性・不当性が多少なりとも明らかになるでしょう。この事件はきわめて重大な歴史の一齣ですから、私たちは、任命問題が解決するまで決して緩むことなく、政府の責任を追求していかねばなりません。

（注１）私は、第19期から第22期には会員として、その後は連携会員や特任連携会員として、学術会議に関与している。

（注２）Co-optation 方式の下で、学術会議は、会員・連携会員および学協会からの推薦をもとに、約２５００名程度のリストを作り、選考委員会の審査を通じて、その中から、優れた研究・業績の人を候補者とする「推薦名簿」を作成する。この手続きは、約半年かけて慎重・公平に行われる。ちなみに当初の会員選出は完全な公選制だったが、票の獲得競争になってしまうことから、１９８３年に学会推薦制になった。しかし、これも出身母体の利益代表になってしまう欠点があったため、２００４年に現行の Co-optation 方式が採用された。

（注３）広渡清吾「科学者コミュニティと科学的助言」『世界』２０２１年２月号77頁。「羈束《きそく》」とは「しばりがある」という意味で、行政庁は、羈束行為については、法律が定めることを機械的に執行するのみ。

（注４）長谷部恭男『憲法（第７版）』（新世社、２０１８年）２３７頁

（注５）木村草太「学問の自律と憲法」佐藤学・上野千鶴子・内田樹編『学問の自由が危ない』（晶文社、２０２１年）81頁以下

（注６）内閣府日本学術会議事務局「日本学術会議法第17条による推薦と内閣総理大臣による会員の任命との関係について（平成30年11月13日）」

（注７）前田朗「民主主義と学問の危機」『神奈川大学評論』97号49頁

（注８）広渡清吾「科学と政治：日本学術会議の会員任命拒否問題をめぐって」（２０２０年10月６日）https://www.web-nippyo.jp/20948/

（注９）学術会議幹事会「軍事的安全保障研究に関する声明」（２０１７年３月24日）

（注10）一例として、原子力委員会の審議依頼に応えた「回答：高レベル放射性廃棄物の処分について」（２０１２年９月）

（注11）２０２０年にはジェンダー関連の３つの提言が出された。「性的マイノリティの権利保障をめざして（Ⅱ）」（９月23日）、「『同意の有無』を中核に置く刑法改正に向けて」（９月29日）、「社会と学術における男女共同参画の実現を目指して」（９月29日）

（注12）日本学術会議の新たな展望を考える有識者会議「日本学術会議の今後の展望について」（２０１５年３月20日）

（注13）自由民主党政策調査会・政策決定におけるアカデミアの役割に関する検討プロジェクトチーム「日本学術会議の改革に向けた提言」（２０２０年12月９日）

（注14）日本学術会議「日本学術会議のより良い役割発揮に向けて」（２０２１年４月22日）

（浅倉　むつ子）

核兵器禁止条約と日本
―ジェンダーの視点から

核兵器禁止条約が２０２１年1月22日に発効しました。核兵器を初めて違法なものとした画期的な条約であり、「核兵器の終わりのはじまり」と言っていいでしょう。

「それは『革命』である」
―禁止条約発効の意義

核兵器禁止条約は、「（核兵器の使用は）国際法の規定、特に国際人道法の原則と規定に反している」と、明確に国際法に違反するとしています。そのうえで、核兵器の使用とその威嚇、開発、実験、生産、製造、取得、保有、貯蔵、移譲、配置といった核兵器にかかわる活動をトータルに禁止しています。また、禁止された活動を行う国を援助、奨励、勧誘することも禁じています。さらに、核兵器の完全廃絶に向けた道筋を示し、被害者の支援や環境の回復、そのための国際的な協力・援助を行うことまで義務づけています。

この条約は、国連安全保障理事会の常任理事国である米ロ英仏中、つまり核保有五大国が一致して拒否したにもかかわらず実現した、歴史上はじめての核軍縮条約です。それは国連が、大国の主導から、多数の国の意思で動いていく、歴史的な転換を示すものだと言っていいでしょう。

禁止条約を交渉した国連会議（２０１７年）のオーストリア代表団長で、この条約を実現する先頭にたってきたトーマス・ハイノッチ大使は、核兵器禁止条約は「ある種の革命」だったと言いました（注１）。それは、この条約が「核軍縮交渉を前進させることを一貫して妨害してきた核武装国から核軍縮の独占権を奪うものとなった」（前掲）からです。少数者の独占物を、多数者が取り戻すという点では、「革命」と呼ぶにふさわしい出来事でした。

この「革命」は、世界の市民社会の力を得て実現したものです。ハイノッチ氏は「市民社会と、決意をもって取り組んだ国々の協力こそが、この画期的な条約を実現した」と述べています。アントニオ・グテーレス国連事務総長も、次のように語っています。「交渉と批准を促進する上で不可欠であった市民社会の役割に敬意を表します。核爆発と核実験の生存者は悲劇的な証言を行い、条約を下支えする道徳的な推進力となりました。条約の発効は、そうした人々のたゆまぬ活動への賛辞です」（注２）

禁止条約のジェンダー視点（１）
―核兵器被害

禁止条約は、核軍縮にジェンダー視点を位置付けたという点でも画期的です。条約は前文で、核兵器の使用が、「国境を越え、人類の生存、環境、社会経済的発展、世界経済、食料安全保障、現在および将来世代の健康に重大な影響を与え（る）」と述べ、その非人道性を告発しています。なかでも「電離放射線がもたらす結果と相まって、女性と女子に不均衡な影響をあたえることを認識」するとしている点が重要です。「不均衡な影響」とは、女性が男性よりも、大きな被害を受けるということです。

この規定には裏付けがありました。国連軍縮研究所（UNIDIR）と国際法政策研究所（ILPI）は共同で「ジェンダー・インパクト」（2014年）と題する報告書を作成し、核兵器が女性にあたえる影響を多角的に分析しました。そこでは、広島と長崎の被爆者の追跡調査にもとづいて、女性のガンの罹患率と死亡率が、男性よりも高いことが指摘されていました。また、この報告書では、男女の心理的影響の違い、被爆後の女性へのハラスメント、被爆者の結婚と妊娠をめぐる偏見や差別、その他の文化的・社会的影響など、多岐にわたってジェンダー視点からの分析を行っています。

こうした新しい角度からの分析によって、被爆の実態がよりトータルに認識できるようになったのです。核兵器禁止条約を作るうえで、核兵器の非人道性への認識が大きな力となりましたが、この点でもジェンダー視点は重要な意義を持ちました。

もうひとつの重要なポイントは、核軍縮交渉により多くの女性の参加を追求するよう強調されたことです。禁止条約の前文では、「女性および男性の双方による、平等で十分かつ効果的な参加が、持続可能な平和と安全の促進と達成のための不可欠な要素であることを認識し、女性の核軍縮への効果的な参加を支援し強化することを約束」するとしました。

禁止条約のジェンダー視点（2）
─核軍縮への女性の参加

核軍縮の交渉はこれまで、国の大小で言えば「大国」が、男女で言えば男が支配的でした。前述のUNIDIRとILPIは2015年に、新たな共同文書「ジェンダー・開発・核兵器」を発表します。そこでは、核軍縮プロセスにおけるジェンダー不平等、つまり、男性に比べて、女性の参加が圧倒的に少ないことを指摘し、この不均衡がもたらす問題点と、改善方向をあきらかにしました。

共同文書では、1980年から2015年までの35年間に行われた、35の軍縮関連の会議（NPT再検討会議、国連総会・第一委員会を含む）を対象に男女比を調べています。

例えば2015年のNPT再検討会議の場合、1226人の外交官が登録されていますが、そのうち男性が901人で、73・5％をしめ、女性は325人で26・5％にとどまりました。ちなみにこの年の国連総会・第一委員会では、登録された６９３人の外交官のうち、70・３%が男性、女性は29・７%でした。

では、このような不均衡がなぜ克服されなければならないのでしょうか。

前述のように、核兵器爆発が女性に「不均衡な影響」をもたらすものだけに、この問題での意思決定過程に女性が参加することは当然です。同時に、実際に核軍縮を前進させるうえで、女性の参加が欠かせないという点が重要です。共同文書は次のように指摘しています。「(女性の参加が拡大すれば)個々の視点が多様になるため、集団による予測と問題解決がより効果的になる」。逆に「女性代表が少なさすぎることは、核軍縮などの集団的課題にたいする様々な視点を阻害する可能性がある」のです。

なお、核兵器禁止条約の国連会議で議長をつとめたのは女性(コスタリカのエレン・ホワイト大使)でしたし、「二人三脚」的役割をはたした国連の軍縮問題の最高責任者も女性(中満泉上級代表)でした。また、議長団や書記局(事務局)でも多くの女性が活躍していたのが印象的でした。核兵器禁止条約の交渉過程そのものが、核軍縮交渉におけるジェンダー視点の主流化を象徴するものだと言っていいでしょう。

禁止条約採択後の変化—国連決議

２０１７年に禁止条約が採択されて以後、国連での軍縮議論にも変化が生まれています。

例えば、ジェンダー視点についての言及がある国連総会決議が増えつつあり、その比率は、２０１５年と比べると、２０１９年は2倍以上になっています(図表１)。

もっとも大きな変化は、禁止条約が採択された翌年の２０１８年でした。第一委員会では、軍縮における、ジェンダーの視点と男女の平等な参加の必要性について、これまでになく多くの政府代表団が発言しました。そして、委員会が採択した69の決議のうち17がこの問題に言及したのです。

２０１９年にはこの流れは、核兵器以外にもひろがりました。その一つが、生物兵器禁止条約についての国連総会決議

図表１　国連総会・第一委員会におけるジェンダー言及のある決議の比率

2015年	12%
2016年	13%
2017年	15%
2018年	25%
2019年	28%

資料出所："Reaching Critical Will" の集計より

です。同じテーマの決議はこれまでも、採択されてきましたが、この年には、「(生物兵器禁止) 条約の枠組みへの男女の平等な参加」を奨励することがはじめて明記されました。また、対人地雷禁止条約の実行に関する決議では、この兵器が女性や少女を殺したり傷つけたりすることに終止符を打つ決意を再確認し、地雷対策にジェンダーの視点を含めるよう求めていいます。クラスター弾に関する決議では、この兵器の性別による影響、とくに女性に対する被害を指摘し、「犠牲者への適切な、ジェンダーおよび年齢に配慮した支援」を強く求めています。

日本政府が2020年の国連総会に提案した決議（注3）では、「ジェンダーの違いを超えた包括的な努力」が「核兵器のない世界」の実現にむけた「努力」を強め、「機運」を生み出す、という文言が入りました。日本政府の決議に「ジェンダー」の言葉が明記されたのは、これが初めてです。この間の、世界的な流れを反映したものといえるでしょう。ただ、内容的には、核軍縮にジェンダー平等を貫くというレベルからは、かなり「距離」のあるものとなっています。世論に押されて、とにかく「ジェンダー」の言葉を入れた、というのが実態かもしれません。

日本政府――一刻も早く批准を

しかし、日本政府の最大の問題点は、唯一の戦争被爆国であるにもかかわらず、核兵器禁止条約への参加を拒否していることです。日本の国連決議も、核兵器禁止条約については一言も触れずに、まったく無視しています。それどころか、核兵器廃絶を「究極」の課題と位置づけ、実際には未来永劫のかなたに先送りしています。日本がこうした態度をとっているこことは、核兵器廃絶に背をむける核保有国には、「助け舟」となっています。本来なら「核兵器のない世界」を実現する先頭にたつべき日本が、その流れを妨害し、「足を引っ張っている」のです。

日本政府の態度の根本には、アメリカの「核の傘」への依存があります。北朝鮮の核兵器開発や中国の軍備増強など、「安全保障環境の悪化」を理由に、日本の自衛のためにはアメリカの核戦力が必要だという主張です。しかし、「核の傘」＝「核抑止力」とは、いざというときには核兵器で攻撃するというものです。被爆国がヒロシマ・ナガサキの惨禍を他国で再現してもいいなどという態度はけっして許されません。しかも、「核対核」の対峙は、北東アジアでは、すべての国の破局につながりかねません。「核の傘」は、日本の安全を高めるどころか、核破局の危険を増大させるものです。

一刻も早く核兵器禁止条約に参加する政府を実現することが、日本とアジア、世界の人々の安全と平和にとって重要となっています。それを実現する土台となるのが、世論と市民の運動です。核兵器禁止条約は、核軍縮により多くの女性の参加を実現することを締約国に義務づけました。反核平和運動では、女性や女性団体が大きな役割をはたしています。いっそう広大な世論をきずき、核兵器に固執する勢力を追い詰めていくうえでも、市民社会の活動におけるジェンダー平等、とりわけ女性の参加と役割発揮が重要になっています。

（注1）アジア・ヨーロッパ人民フォーラム（AEPF）主催「核兵器禁止条約と草の根運動」（4月16日）での講演

（注2）核兵器禁止条約発効にあたっての国連事務総長の声明（2021年1月22日）

（注3）「核兵器のない世界に向けた共同行動の指針と未来志向の対話」賛成150、反対4、棄権35（2020年12月7日採択）

（川田　忠明）

日本軍「慰安婦」問題

はじめに

2020年は、国連北京世界女性会議から25年の節目であっただけでなく、国連安全保障理事会による「女性・平和・安全保障」に関する初めての決議、第1325号の採択や、「日本軍性奴隷制の責任者を裁く　女性国際戦犯法廷」が東京で開催されてから20年の節目でもありました。この年の9月には、憲政史上、在任期間が最長となった安倍晋三首相が退陣して菅義偉政権に代わりましたが、日本軍「慰安婦」の被害を否定し、サバイバーの女性たちを苦しめる歴史修正主義は引き継がれました。本稿では、「女性国際戦犯法廷」から20年の取り組みをはじめ、この1年の日本軍「慰安婦」問題をめぐる主なできごとをまとめて、今後の課題を明らかにしたいと思います。

「女性国際戦犯法廷」から20年

「女性国際戦犯法廷」は、日本軍性奴隷制（日本軍「慰安婦」制度）の責任者を裁くために、2000年12月に東京で開かれた民衆法廷です。日本軍の「慰安婦」として被害を受けた女性たち64人が参加し、被害9カ国と加害国日本はそれぞれ検事団を結成、日本軍性奴隷制の責任者を訴追し

図表1「女性国際戦犯法廷」20周年を記念する主な取り組み　　筆者作成

2020年５月10日　「女性国際戦犯法廷 ウェブ・アーカイブズ」公開／制作：「女たちの戦争と平和資料館」(wam)

2020年10月25日　オンライン・イベント「日本軍性奴隷制の原点―女性国際戦犯法廷20周年」／主催：「女性・戦争・人権」学会

2020年11月７日「阿嬤を支えて―民衆法廷からみた戦時性暴力審判」／主催：阿嬤の家　平和と人権館（台湾）

2020年11月20日　オンライン・イベント「2020年日本軍性奴隷戦犯女性国際法廷20周年記念座談会　‘2000年女性法廷’とトランスナショナルな連帯を語る」／主催：韓国女性家族部、韓国女性人権振興院、日本軍「慰安婦」問題研究所

2020年12月４～５日　オンライン・イベント　「2000年女性国際法廷の公共記憶と拡散：植民主義を超え未来世代に向けて」／主催：ソウル大学アジア研究所、主管：日本軍「慰安婦」研究会

2020年12月８日、10日　オンライン・イベント「Gendered Peace：東京女性法廷の遺産」／主催：ロンドン・スクール・オブ・エコノミクス（LSE）女性・平和・安全保障センター

2020年12月12日～2021年12月４日　第17回特別展「天皇の戦争責任、忘却に抗する声　女性国際戦犯法廷から20年」／於「女たちの戦争と平和資料館」(wam)

2020年12月12日　オンライン・イベント「女性国際戦犯法廷の判決／証言を未来にどう活かすか～いまこそ性暴力不処罰と植民地主義を断ち切るために～」／主催：女性国際戦犯法廷20周年実行委員会、共催：「戦争と女性への暴力」リサーチ・アクションセンター（VAWW RAC)、日本軍性奴隷制問題解決のための正義記憶連帯、日本軍「慰安婦」問題解決全国行動、後援：明治学院大学国際平和研究所

2020年12月13日　オンライン・イベント　「女性国際戦犯法廷20周年を記念して」／主催：リラ・ピリピーナ（フィリピン）

ました。翌２００１年12月には、オランダのハーグで最終判決がくだされ、当時の国際法に基づき、天皇裕仁以下10人の軍高官の有罪と、日本政府の国家責任が認定されました。「国際法は国家の占有物ではなく市民社会の道具である」と世界的に活躍する活動家や専門家が実現に向けて奔走した、まさにグローバルな市民社会による法廷でした。

「女性国際戦犯法廷」から20周年を記念するイベントは前年から準備されていましたが、新型コロナ（ＣＯＶＩＤ－19）の世界的な感染拡大のために、多くのイベントが内容の変更を余儀なくされ、オンラインでの開催になりました。とはいえ、10周年の際は日本でイベントが開催されただけだったのが、20周年には韓国の政府機関や市民団体、イギリスの大学付属機関、フィリピンの支援団体など、主なものだけでも5つの記念イベントが開かれており、「女性国際戦犯法廷」への関心や再評価は高まっているようです（図表1）。その背景には、武力紛争や軍事主義のもとで、今も軍隊による性暴力の根絶にはほど遠い現状があるのでしょう。

「女性国際戦犯法廷」の判事の一人であり、ロンドン・スクール・オブ・エコノミクス（ＬＳＥ）教授のクリスティーン・チンキンさんは、同大学の「女性・平和・安全保障センター」で法廷から20年を記念するシンポジウムを企画していましたが、コロナ禍のもと、実際には映像制作とオンライン・シンポジウムになりましたが、法廷をいま振り返りたいと考えた理由として、国連安保理の「女性・平和・安全保障」アジェンダのもとでは、十分に成果をあげられていない状況があると指摘しています。ジェンダーと安全保障の問題は安保理にとっても無視できない課題になったとはいえ、安全保障の在り方は相変わらず国家主義かつ男性中心主義的であり、意思決定への女性の参加や性暴力の根絶は遅々として進んでいません。そのようななか、フェミニストの原則を国際法に組み込み、アジアの女性たちによる、真に女性を中心に据えた取り組みとして開催された２０００年の「女性国際戦犯法廷」は、改めて高く評価できるといいます（『wam だより』47号参照）。

一方、日本社会では、天皇の戦争責任をはじめとして、軍高官の犯罪に対する責任を問うことは常にタブーであり続けました。「女性国際戦犯法廷」は日本社会に影響を与えながらも、「ＮＨＫ番組改ざん問題」で明らかになった政治家による圧力、報道機関の国家権力との癒着、さらには歴史修正主義へ舵をきった日本社会の在り方など、加害の歴史と戦争責任、植民地支配責任に向きあうことを避け続けた20年でした。

２０２０年を振り返る
—バックラッシュに抗して

　２０２０年はまた、日本軍の「慰安婦」として被害を受けた女性たちを支えてきた支援団体にとっては試練の年でもありました。２０２０年5月、日本軍「慰安婦」制度のサバイバーである韓国の李容洙さんが、「日本軍性奴隷制問題解決のための正義記憶連帯」（旧韓国挺身隊問題対策協議会、以下、正義連）の活動を批判する記者会見を開催すると、マスコミは事実誤認も交えてセンセーショナルに報道し、政治的な思惑も絡んで、後に正義連の元代表の在宅起訴につながる事件となりました。また、サバイバーの女性たちがくらす韓国の「ナヌムの家」でも、寄付の不正使用やハラスメントが内部告発によって発覚し、運営体制の改革は現在進行形です。

　日本軍の「慰安婦」として被害を受けた女性たちが、日本政府が法的責任を果たすよう求めて30年経つにもかかわらず、日本軍の関与や強制性を認めた１９９３年の河野官房長官談話から一歩も進まないだけでなく、性奴隷ではなかった、軍による強制連行はなかった、20万人という総数に根拠はないと、日本政府による歴史修正が強まる状況に失望や焦りを感じるサバイバーの女性たち。韓国で起こった事件は、私たち日本に住む者と無縁ではありません。

　２０２０年には韓国、フィリピン、東ティモール、台湾、中国、インドネシアから「慰安婦」にされた女性たちの訃報が次々と届きました。これから先、どのように日本軍「慰安婦」制度の歴史を伝え、尊厳の回復を求めた女性たちの記憶を受け継いでいくのか、各国で模索が続いています。２０１１年12月14日、韓国ソウルの日本大使館前で毎週水曜日に行われてきたデモが１０００回を迎えた日、女性たちが立ち続けたその場所に「平和の少女像」が設置されましたが、同様の像はその後、韓国国内で数十基、さらに米国、カナダ、オーストラリア、ドイツなどで設置されています。しかし、日本政府はその度に「政府の立場と違う」と外交ルートを通じて撤去を申し入れ、国際的にも嘲笑を買ってきました。フィリピンでは２０１８年、いったん設置されたフィリピンの「慰安婦」被害を記念する碑が、日本政府の度重なる圧力で撤去されてしまう事件もありました。

　２０２０年9月には、ドイツの首都ベルリンの中心部にあるミッテ区の路上に、区の認可を得てドイツの市民団体が「平和の少女像」を設置しました。しかし、日本政府はまたもや外交ルートを通じて圧力をかけ、ミッテ区長は認可を撤回しました。しかし、それがかえって「加害を想起する文化」が根付くベルリン市民の怒りを買い、ミッテ区議会はいま、恒久的な設置に向けて動き出しています。

　日本国内では２０１９年8月、愛知県知事が実行委員会会長をつとめて開催された「あいちトリエンナーレ2019」の一区画に「平和の少女像」や天皇に関する作品が展示された際、県への抗議や攻撃の電話が相次ぎ、その展示室が一時閉鎖される事件がありました。この事件をめぐっては、政府や名古屋市が補助金を凍結するなど表現の自由に公権力が圧力をかける事態に社会的批判が高まりました。さらには展示を再開した愛知県知事のリコール運動まで起こり、リコールは不成立だったものの、運動の過程で署名の大量偽造が発覚、日本の民主主義を踏みにじる事態となっています。

学問の倫理が問われる事件も起こりました。2020年12月、国際的な学術誌『インターナショナル・レビュー・オブ・ロー・アンド・エコノミクス』（IRLE）のオンライン版に、米ハーバード大学ロースクール教授のJ・マーク・ラムザイヤー氏の「太平洋戦争における性行為契約」と題する論文が掲載されました。翌年1月、『産経新聞』がこの論文掲載を報道したことを機に、韓国メディアが大きく報じ、米国の主要メディアでも批判記事が掲載されました。日本軍の「慰安婦」は性奴隷ではなく、自ら契約を結んでいたとの主張が展開された論文ですが、引用文献やその解釈には学問上の疑義が指摘され、英語圏の日本研究者を中心に論文撤回を求める声明や署名の呼びかけがなされています。査読付きの学術誌がなぜ欠陥の多い論文を掲載したのかについて、発行元は説明責任を果たすことなく「反論」を掲載する両論併記的な対応を取る姿勢を見せていますが、差別を正当化する役割を果たしてきたアカデミズムの植民地主義や学問の倫理について、議論が活発化することが期待されます。

画期的な韓国地裁判決

2021年1月8日、日本軍の「慰安婦」にされた韓国の女性たちが日本政府を被告に訴えた裁判で、韓国ソウル中央地方法院第34民事部は、原告1人当たり1億ウォン（約950万円）の賠償を日本国に命ずる画期的な判決を下しました。判決は、日本国による「慰安婦」の動員は反人道的犯罪行為であり、「主権免除」（他国の裁判権に服することはないという国際慣習法）は認められず、韓国の裁判所には例外的に日本に対する管轄権があると判断しました。訴状の受け取りさえ拒否し、外交ルートを通じて訴訟却下を求めてきた日本政府は控訴せず、判決は確定しました。一方で、同年4月21日に韓国ソウル中央地方法院第15民事部は、同様の訴えの裁判で真逆の判決（主権免除を認め原告の請求を却下）を下したため、日本国の法的責任を確定させるための韓国の被害女性たちのたたかいは続いています。

日本に住む私たちの課題

1991年8月14日に韓国の金学順さんが日本軍の「慰安婦」として名乗り出てから30年が経とうとしています。この間に多くの女性たちがこの世を去りましたが、共通して求めてきたのは、日本政府がありのままに事実を認めて謝罪することでした。謝罪は、どのような行為に対する謝罪なのか、事実の認知が伴って初めて意味を成します。日本政府がみずから日本軍「慰安婦」制度の事実をこれだけ大っぴらに否定していながら、「すでにお詫びした」と言っても通じるわけがありません。30年もの長きにわたって「一刻も早い解決」を求めてきましたが、この世を去った女性たちの顔を思い浮かべる時、このたった一つの願いを踏みにじり、日韓両国の「和解」のための曖昧な「解決」はできません。

まずは日本政府が「慰安婦」制度に関わる事実の否定をきっぱりと止めること、「河野談話」で約束した歴史教育を実施することがすべてのスタートラインです。日本軍「慰安婦」問題はそもそも、日韓のみの問題ではありません。旧日本軍がアジア太平洋の女性たちを性奴隷化した事実を認め、日本軍「慰安婦」制度にかかわる記録と記憶を次の世代に伝えていく、その努力が見せかけではないと思える程度に継続されて初めて、これまでの「お詫び」がやっと「謝罪」として理解され、アジアの人びとから信頼を回復できるのではないでしょうか。

（渡辺　美奈）

資料

第５次男女共同参画基本計画（説明資料）～すべての女性が輝く令和の社会へ～

2020年12月25日
閣議決定

社会情勢の現状、予想される環境変化及び課題

(1)　新型コロナウイルス感染症拡大による女性への影響
(2)　人口減少社会の本格化と未婚・単独世帯の増加
(3)　人生100年時代の到来（女性の51・１％が90歳まで生存）
(4)　法律・制度の整備（働き方改革等）
(5)　デジタル化社会への対応（Society 5.0）
(6)　国内外で高まる女性に対する暴力根絶の社会運動
(7)　頻発する大規模災害（女性の視点からの防災）
(8)　ジェンダー平等に向けた世界的な潮流

政策・方針決定過程への女性の参画拡大

・「202030目標」：社会のあらゆる分野において、2020年までに、指導的地位に女性が占める割合が、少なくとも30％程度となるよう期待する（2003年に目標設定）
・この目標に向けて、女性就業者数や上場企業女性役員数の増加等、道筋をつけてきたが、全体として「30％」の水準に到達しそうとは言えない状況。
・国際社会に目を向けると諸外国の推進スピードは速く、日本は遅れている。
・進捗が遅れている要因

政治分野（有権者の約52％は女性）
- 立候補や議員活動と家庭生活との両立が困難
- 人材育成の機会の不足
- 候補者や政治家に対するハラスメント

経済分野
- 管理職・役員へのパイプラインの構築が途上

社会全体
- 固定的な性別役割分担意識

＜新しい目標＞

◆2030年代には、誰もが性別を意識することなく活躍でき、指導的地位にある人々の性別に偏りがないような社会となることを目指す。

◆そのための通過点として、2020年代の可能な限り早期に指導的地位に占める女性の割合が30％程度となるよう目指して取組を進める。

「世界経済フォーラム」（ダボス会議）
ジェンダー・ギャップ指数2020 153か国中121位

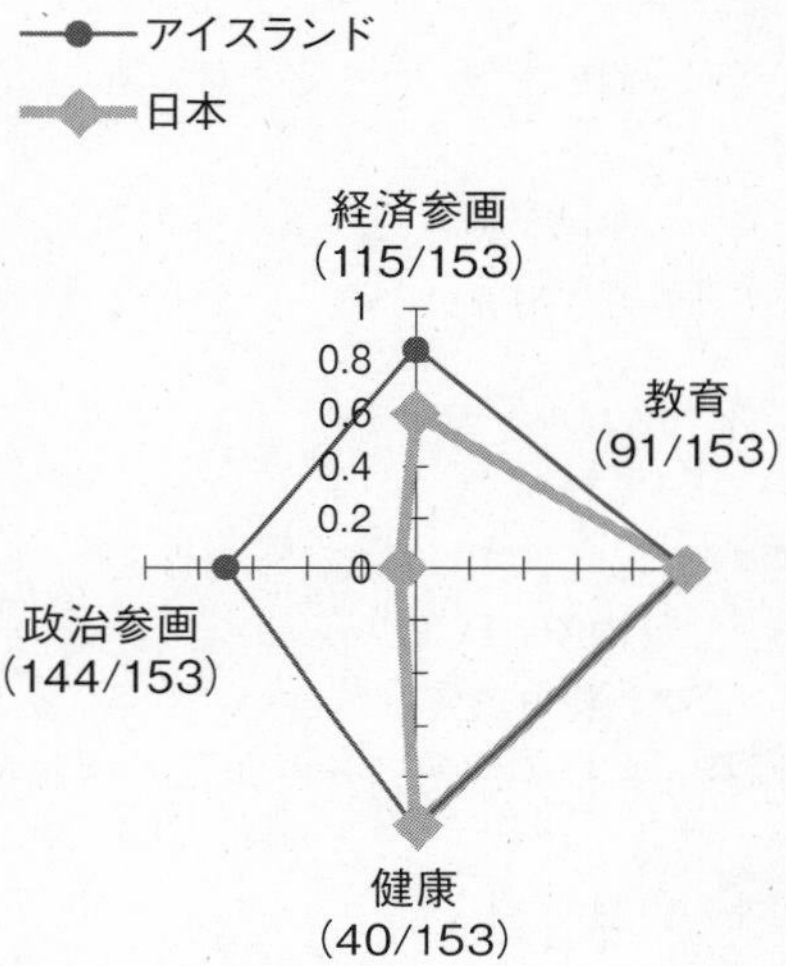

順位	国名	値
1	アイスランド	0.877
2	ノルウェー	0.842
3	フィンランド	0.832
10	ドイツ	0.787
15	フランス	0.781
21	イギリス	0.767
53	アメリカ	0.724
106	中国	0.676
108	韓国	0.672
120	アラブ首長国連邦	0.655
121	日本	0.652
122	クウェート	0.650

管理的職業従事者に占める女性の割合

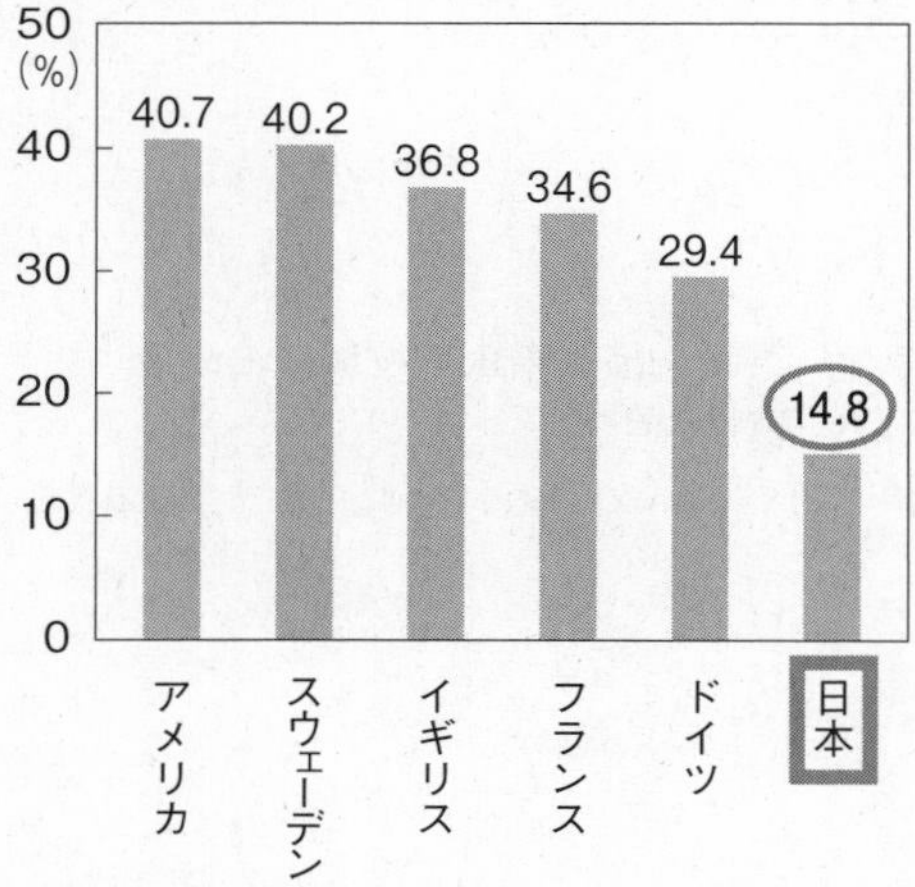

(注) いずれの国も2019年の値。
資料出所：日本の値は、総務省「労働力調査」、その他の国は、ILO 'ILOSTAT'（2020年11月時点）

衆議院の女性議員比率

国名	割合(%)	クオータ制の状況
フランス	39.5	・法的候補者クオータ制 ・政党による自発的なクオータ制
イギリス	33.9	・政党による自発的なクオータ制
ドイツ	31.2	・政党による自発的なクオータ制
アメリカ	23.4	―
韓国	19.0	・法的候補者クオータ制
日本	9.9	―

(注) 下院又は一院制議会における女性議員割合。
資料出所：列国議会同盟（2020年10月時点）

第１分野　政策・方針決定過程への女性の参画拡大

【ポイント】

○政党に対し、政治分野における男女共同参画の推進に関する法律の趣旨に沿って女性候補者の割合を高めることを要請

○地方議会における取組の要請（議員活動と家庭生活との両立、ハラスメント防止）

○最高裁判事も含む裁判官全体に占める女性の割合を高めるよう裁判所等の関係方面に要請

(参考)

・衆議院の女性議員比率9.9％、参議院の女性議員比率22.9％

（出典）衆議院 HP、参議院 HP より内閣府確認

・裁判官に占める女性割合22.6％、女性最高裁判事15名中２名

（出典）内閣府男女共同参画局「女性の政策・方針決定参画状況調べ」(2020)

・国家公務員の各役職段階に占める女性の割合

指定職相当4.4％、本省課室長相当職5.9％

（出典）内閣人事局「女性国家公務員の登用状況のフォローアップ」(2020)

第２分野　雇用分野、仕事と生活の調和

【ポイント】

○男性の育児休業取得率の向上

○就活セクハラの防止

(参考) 民間企業における男性の育児休業取得率

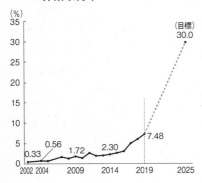

(参考) 東証一部上場企業役員に占める女性の割合

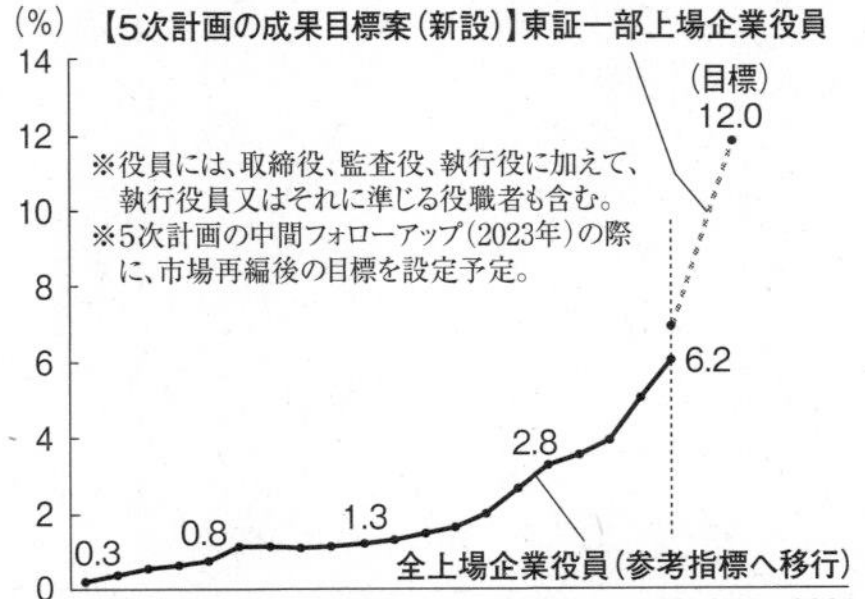

第３分野　地域

【ポイント】

○地域活動における女性の活躍・男女共同参画が重要

○固定的な性別役割分担意識等を背景に、若い女性の大都市圏への流出が増大。地域経済にとっても男女共同参画が不可欠

○地域における女性デジタル人材の育成など学び直しを推進

○女性農林水産業者の活躍推進

（参考）地域における10代～20代女性の人口に対する転出超過数の割合

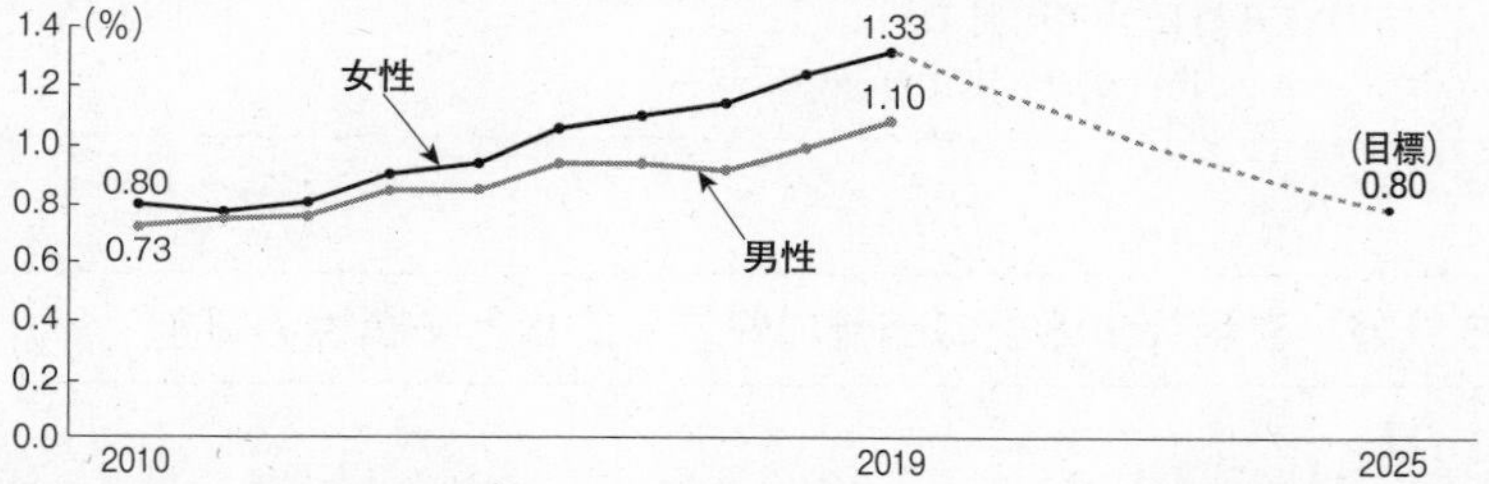

（資料出所）総務省「住民基本台帳人口移動報告」、「住民基本台帳に基づく人口、人口動態及び世帯数調査」により内閣府で算出。

第４分野　科学技術・学術

【ポイント】

○若手研究者ポストや研究費採択で、育児等による研究中断に配慮した応募要件

○女子生徒の理工系進路選択の促進

（参考）研究職・技術職に占める女性の割合

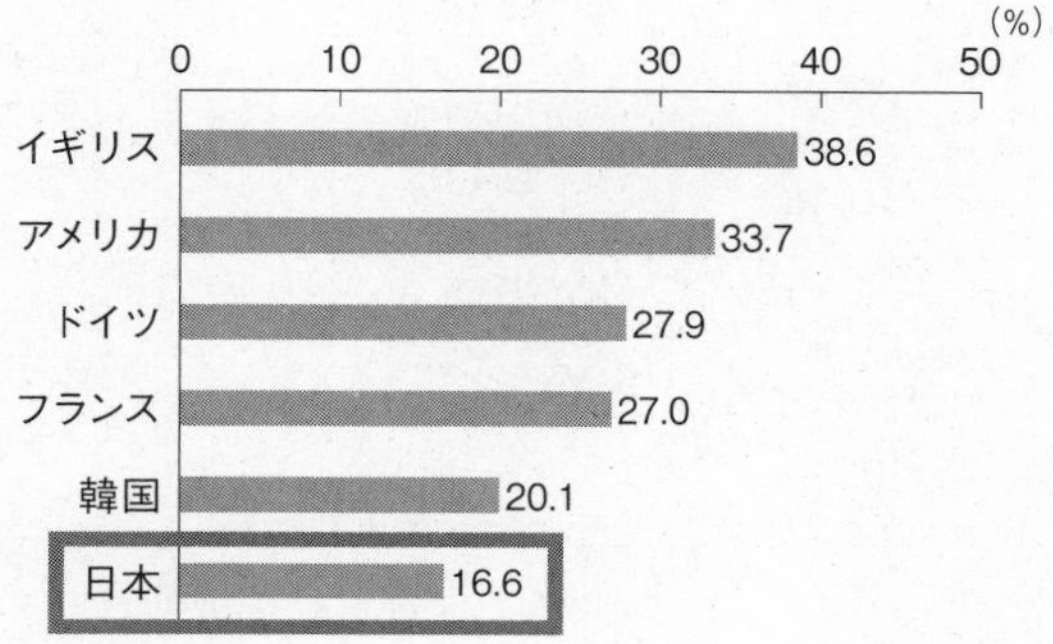

女性ノーベル賞受賞者数（自然科学分野）

アメリカ	9名
欧州	10名
その他（※）	4名
日本	0名

※イスラエル、オーストラリア、中国、カナダ

第５分野　女性に対するあらゆる暴力の根絶

【ポイント】

○「性犯罪・性暴力対策の強化の方針」に基づき、今後３年間を「集中強化期間」として取組を推進

○「生命（いのち）を大切にする」「性暴力の加害者にならない」「被害者にならない」「傍観者にならない」ことを教える教育

○新型コロナウイルス感染症に対応するため、DV 相談支援体制を強化

（参考）コロナ禍によるDV・性暴力の相談件数の増加

・DV：５月、６月は前年同月の1.6倍

・性暴力：４～９月は前年同期の1.2倍

第６分野　貧困等生活上の困難に対する支援と多様性の尊重

【ポイント】

○ひとり親家庭への養育費の支払い確保

○高齢者、障害者、外国人等が安心して暮らせる環境の整備

（参考）ひとり親家庭が置かれた状況

およそ30年間で、母子世帯は約1.5倍、父子世帯は約1.1倍

母子世帯数（注）123.2万世帯（ひとり親世帯の約87%）

父子世帯数（注）　18.7万世帯（ひとり親世帯の約13%）

（注）母子又は父子以外の同居者がいる世帯を含めた全体の母子世帯、父子世帯の数

平成28（2016）年	母子世帯	父子世帯	一般世帯（参考）
就業率	81.8%	85.4%	女性66.0% 男性82.5%
雇用者のうち正規	47.7%	89.7%	女性45.9% 男性82.1%
雇用者のうち非正規	52.3%	10.3%	女性54.1% 男性17.9%
平均年間就労収入	200万円 正規:305万円 パート・アルバイト等:133万円	398万円 正規:428万円 パート・アルバイト等:190万円	平均給与所得 女性280万円 男性521万円
養育費受取率	24.3%	3.2%	―

第７分野　生涯を通じた健康支援

【ポイント】

○不妊治療の保険適用の実現。それまでの間、現行の助成制度の大幅な拡大。仕事との両立環境の整備

○緊急避妊薬について検討

○「スポーツ団体ガバナンスコード」に基づく各中央競技団体における女性理事の目標割合（40％）の達成に向けた取組

（参考）不妊の検査や治療を受けたことがある夫婦の割合

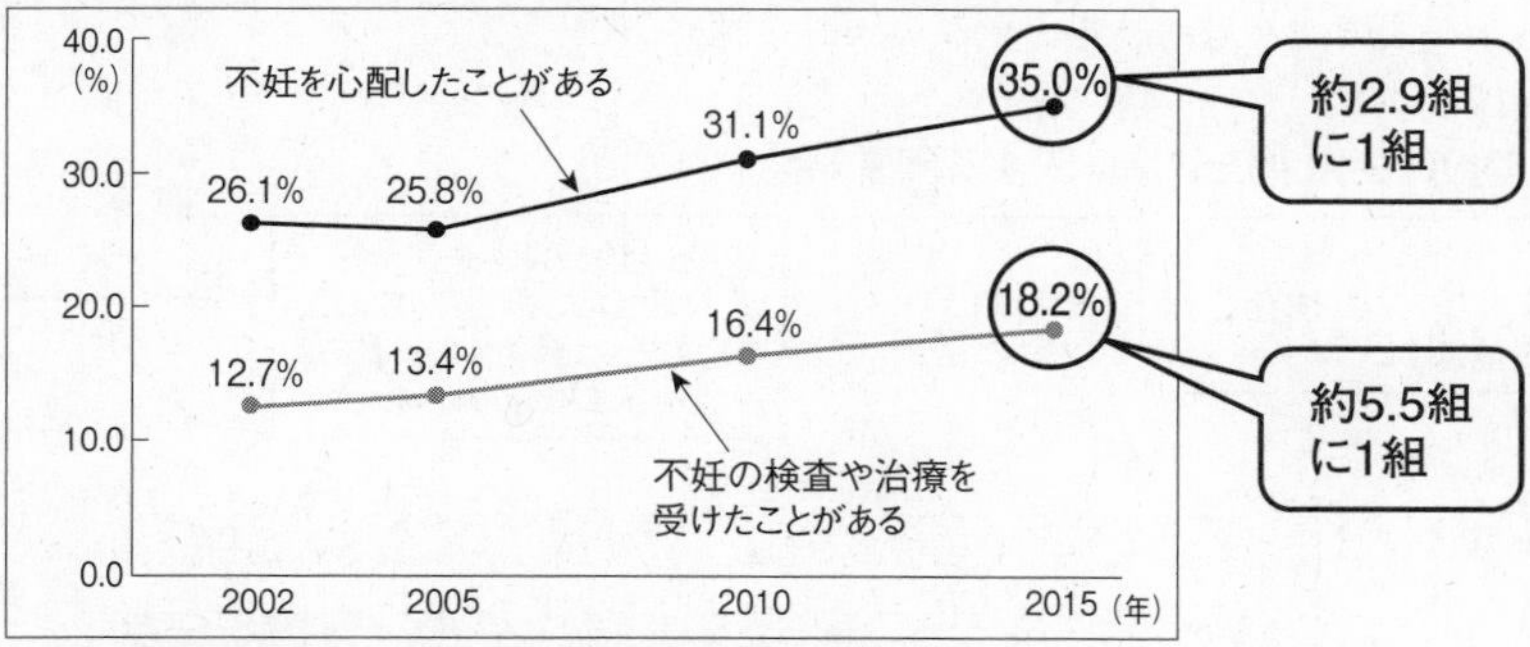

（注）妻の年齢が50歳未満の初婚どうしの夫婦を対象（回答者は妻）に調査。
（資料出所）国立社会保障・人口問題研究所「社会保障・人口問題基本調査」（各年版）

第８分野　防災・復興等

【ポイント】

○女性の視点からの防災・復興ガイドラインに基づく取組の浸透、地方公共団体との連携

（参考）ガイドラインの主な内容

□ 避難所の責任者には男女両方を配置する
□ プライバシーの十分に確保された間仕切りを用いる
□ 男女別の更衣室や、授乳室を設ける
□ 女性用品（生理用品、下着等）は女性担当者が配布を行う
□ 女性トイレと男性トイレは離れた場所に設置する
□ 性暴力・DV防止ポスターを、避難所の見やすい場所に掲示する
□ 自治体の災害対策本部において、下部組織に必ず男女共同参画担当部局の職員を配置する

第９分野　各種制度等の整備

【ポイント】

○税制や社会保障制度をはじめとする社会制度全般について、経済社会情勢を踏まえて不断に見直す必要がある

○各種制度において給付と負担が世帯単位から個人単位になるよう、マイナンバーも活用しつつ、見直しを検討

○第３号被保険者については、縮小する方向で検討

○旧姓の通称使用拡大

○夫婦の氏に関する具体的な制度の在り方に関し、国会における議論の動向を注視しながら、司法の判断も踏まえ、更なる検討を進める

（参考）選択的夫婦別氏制度に関する調査結果

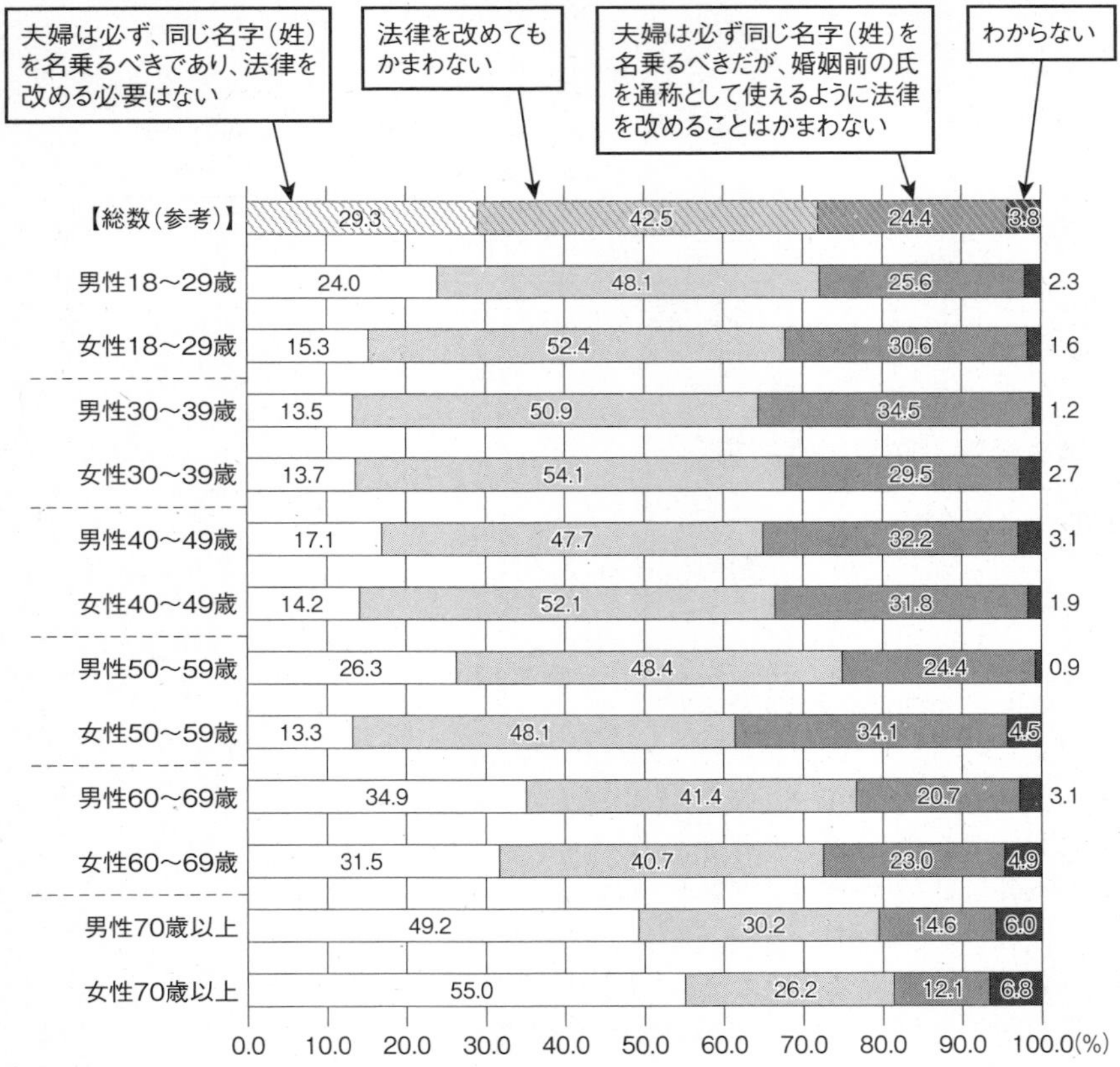

（資料出所）内閣府「家族の法制に関する世論調査（2017年）」

第10分野　教育・メディア等を通じた意識改革、理解の促進

【ポイント】

○校長・教頭への女性の登用

○医学部入試について、男女別合格率の開示促進

（参考）初等中等教育機関における管理職
の割合

<初等中等教育機関における教員>

	総数	割合
男性	455,637	50.6%
女性	444,442	49.4%
合計	900,079	100%

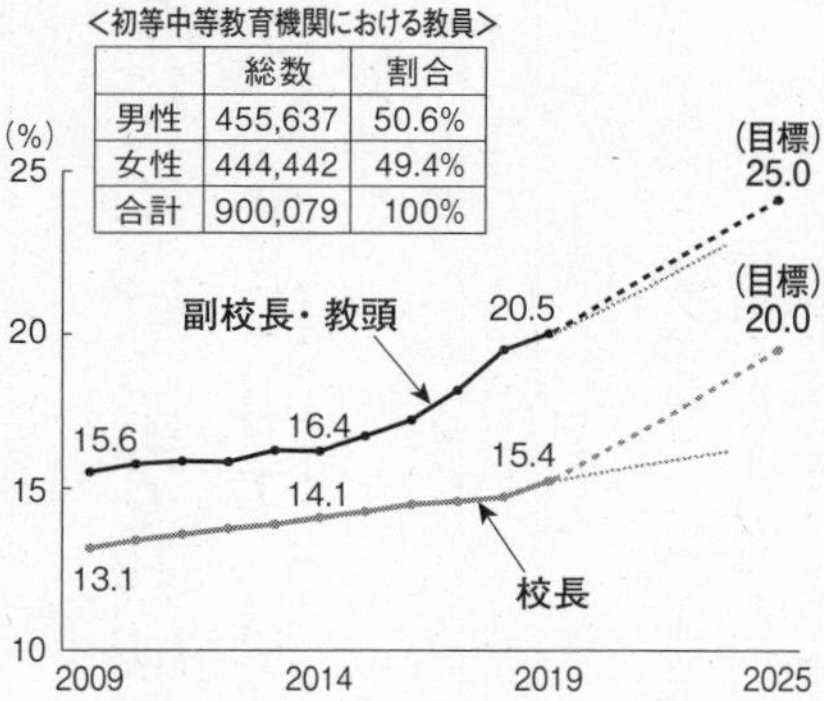

（参考）社会全体における男女の地位の
平等感

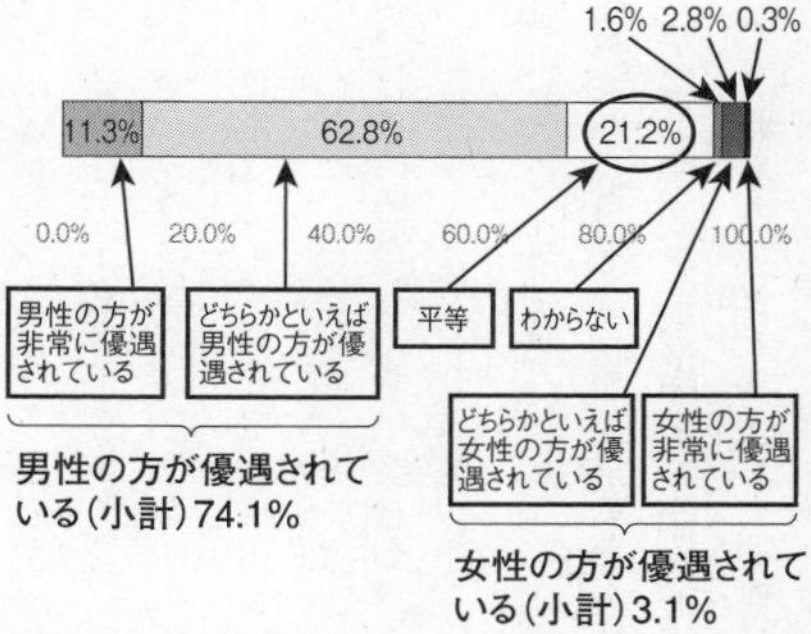

（資料出所）内閣府「令和元年男女共同参画社会に関する
世論調査」

第11分野　男女共同参画に関する国際的な協調及び貢献

【ポイント】

○我が国が国際会議の議長国となる場合、ジェンダー平等を全ての大臣会合において
アジェンダとして取り上げる

Ⅳ　推進体制の強化

【ポイント】

○ EBPM の観点を踏まえ、計画中間年（令和5年度目途）における点検・評価を
実施

○男女共同参画の推進に当たっては、若年層を含め国民の幅広い意見を反映

○地域における男女共同参画センターの機能強化

提言「社会と学術における男女共同参画の実現を目指して
―2030年に向けた課題―」

2020年9月29日
日本学術会議

要旨

1．本提言の目的と背景

2020年、世界では新型コロナウイルス感染症（COVID－19）が脆弱な立場にある女性・女児に深刻な影響を及ぼしている。コロナ危機が顕在化させたジェンダー不平等のほとんどは、新しい問題ではない。それらは、もっとも包括的なジェンダー平等の行動計画とされる「北京行動綱領」（1995年）や「ミレニアム開発目標（MDGs）」（2001～2015年）及びその後継である「持続可能な開発目標（SDGs）」（2016～2030年）などでかねてから国際的課題として指摘されてきた。コロナ危機は、取組が不十分であったことを顕在化させ、問題の深刻さと解決の緊急性を世界及び日本のわたしたちに突きつけたと言えよう。

本提言では、「男女共同参画／ジェンダー平等」政策の対象期間を2020～2030年に設定し、危急かつ重点的に取り組むべき課題を示したい。2020年は「北京行動綱領」制定25周年にあたり、2030年はSDGs最終年にあたるという意味で、いずれも国際社会におけるジェンダー平等の達成度をはかる重要な節目となる年である。国内でも2020～2030年には、第5次（2020年）及び第6次（2025年）の　男女共同参画基本計画に基づいて男女共同参画政策の整備が進められる予定である。

男女共同参画社会基本法（1999年）が21世紀日本社会の「最重要課題」とした男女共同参画を人権・家族・労働・教育・医療・福祉を貫く横断的な重要政策の一つと位置付けて取り組まなければ、未来社会は立ちゆかない。本提言が、2030年を見据えた日本のあらゆる法・政策において十分考慮されることを期待する。

2．日本の男女共同参画政策の推進に向けた五つの提言

提言1．あらゆる法・政策における「ジェンダー視点の主流化」を基本方針として明示すべきである。

内閣府男女共同参画局をはじめとして、すべての省庁及び自治体は、2030年までにあらゆる法・政策における「ジェンダー

視点の主流化」を基本方針として明示した上で、21世紀日本社会が「持続可能なジェンダー平等社会」になるための明確なビジョンを示すべきである。目下、社会のジェンダー・バイアス（雇用形態・職種・賃金・暴力被害・ケアワークなどの男女格差）を反映して、コロナ危機による負担・リスクの男女不均衡が顕在化しつつある。関係省庁及びすべての自治体は、負担・リスクの男女差も含めた公的なジェンダー統計の整備・統合をはかり、これらのデータをもとに男女共同参画政策を含むあらゆる法・政策をジェンダー視点から総合的に検証・立案・実施・評価すべきである。

提言2．21世紀日本社会を「持続可能なジェンダー平等社会」にするための最優先課題として、意思決定への女性参画と「無意識の偏見」の克服に取り組むべきである。

すべての省庁・自治体及び教育・研究機関は、改革を加速するために達成目標を明示し、クオータ制等を導入して指導的立場の女性比率を計画的に引き上げることにより、政治・経済・学術分野の意思決定過程への女性参画をはからねばならない。また、文部科学省、自治体、教育・研究機関は、「無意識の偏見」の克服を次世代育成政策として明確に位置付け、学校や地域における啓発・教育活動を組織化すべきである。

提言3．「ジェンダー平等社会」をめざすための重点的政策課題として、性的指向・性自認（ＳＯＧＩ）差別の解消、男性・男児のためのジェンダー平等実現、「性やジェンダーに基づく暴力」の根絶、ケアワークの適正な評価と男女対等な配分に取り組むべきである。

国際社会の動向に従い、日本でもＳＯＧＩ／ＬＧＢＴ政策を男女共同参画基本計画に明確に位置付けるべきである。コロナ危機は、ＤＶ被害とケアワーク負担が女性に偏ることを顕著に示した。「歪んだ男性性」の克服を取り込んだ公的なＤＶ加害者更生プログラムの開設を義務づけるなど、現行ＤＶ法の改正に向けた取組が急務である。ステイホームによるケアワークの急増が女性の大きな負担となったことに鑑み、内閣府・厚生労働省・自治体が協力して「ケアする男性性」の開発を目指すことが望まれる。また、「女性に対する暴力」根絶の法・政策を国際人権基準にあわせるべく、国はハラスメント禁止条約をすみやかに批准し、刑法性犯罪規定の改正にも取り組むべきである。

提言4．科学技術や医療においてこれまで不可視化されてきた「性差（ジェンダー）」という要因に積極的に着目すべきである。

大学・研究機関・学協会は、ジェンダー視点がイノベーションの新たな地平を拓き、社会の安全性を高めるという認識を共有して研究を進め、その成果を国・産業界・市民社会に向けて積極的に発信・提供すべきである。また、厚生労働省・文部科学省などの関係省庁及び自治体は、人生１００年時代に向けて、ホルモン等の身体的性差をふまえた生涯にわたる健康支援を行うべきである。その重要な柱として、妊娠を生活習慣病の予防的介入を行う機会として位置付けるとともに、性差を踏まえた男女の健康支援に資する調査・研究の推進をはかる必要がある。大学は医学部医学系入試の女子学生への不公正処遇をなくすための取組を徹底するとともに、厚生労働省はこのような不正を引き起こした背景にある医師の過酷な就労環境の改善と固定的性別役割分担に対する意識改革に努めるべきである。

提言５．学術の振興をはかるために、学術のあらゆる分野でジェンダー視点を主流化すべきである。

大学・研究機関・学協会は、ポジティブ・アクションの活用、ワーク・ライフ・バランスの拡充、ハラスメント対策の強化をはかり、計画的な対策を進めることが望まれる。また、若手研究者をエンパワーメントするために安定した雇用とキャリアの多様化、多様な研究者が自由に発想できる研究環境の整備をはかるべきである。内閣府は、科学技術・イノベーション基本計画における人文社会科学系女性研究者の採用目標値を設定し、指導的地位を担う人文社会科学系領域の女性研究者の育成をはかるべきである。生命科学分野及び理学・工学分野について、大学・研究機関は、文部科学省と協力して「無意識の偏見」の払拭と世代を超えたその再生産の阻止、女子の理工系進路選択への理解を進めるための情報の積極的提供に努めるべきである。

目次

(3)「性やジェンダーに基づく暴力」の根絶
(4) ケアワークの適正な評価と男女対等な配分

4. 科学技術の発展を促すものとしての男女共同参画の推進
(1) 科学技術の発展とジェンダー視点の有効性——性差に着目したイノベーション
(2)「人生100年時代」における性差をふまえた男女の健康支援
(3) 医学部医学系入試における不公正処遇の問題と解決に向けて

5. 学術のいっそうの振興をはかるための男女共同参画の推進
(1) 大学・研究機関における男女共同参画の現状と課題
(2) 人文・社会科学分野における男女共同参画の現状と課題
(3) 生命科学分野における男女共同参画の現状と課題
(4) 理学・工学分野における男女共同参画の現状と課題
(5) 若手研究者のエンパワーメント

6. 日本の男女共同参画政策の推進に向けた五つの提言

用語解説

①男女共同参画／ジェンダー平等

「男女共同参画」は、日本政府の公式英訳では「Gender Equality（ジェンダー平等）」と訳される。たとえば、「男女共同参画社会基本法（平成十一年六月二十三日法律第七十八号）Basic Act for Gender Equal Society（ActNo.78of1999）」のほか、以下のロゴも参照。男女共同参画社会とは「男女が、社会の対等な構成員として、自らの意思によって社会のあらゆる分野における活動に参画する機会が確保され、もって男女が均等に政治的、経済的、社会的及び文化的利益を享受することができ、かつ、共に責任を担うべき社会」（男女共同参画社会基本法第二条）とされている。

（参考）http://www.gender.go.jp/english_contents/about_danjo/lbp/laws/pdf/laws_01.pdf

②ジェンダー主流化（Gender Mainstreaming）

「ジェンダー主流化」とは、あらゆる分野やレベルにおいて、法律やプログラムを含む政策が異なるジェンダーの人びとにどのような影響を与えるかを評価するという公共政策の概念である。ジェンダー主流化の概念は、第3回世界女性会議（ナイロビ会議：1985年）で初めて提案され、1995年の第4回世界女性会議（北京会議）とその成果文書である「北京行動綱領」で正式に取り上げられた。今日もっともよく引用される定義は、1997年国連経済社会理事会（ECOSOC）による以下のような定義である。「ジェンダー視点の主流化とは、法律、政策、事業など、あらゆる分野のすべてのレベルにおける取組みが及ぼしうる女性と男性への異なる影響を精査するプロセスである。それは、政治、経済、社会の領域のすべての政策と事業の策定、実施、モニタリング、評価を含むすべてのプロセスに、女性と男性の関心事と経験を統合し、女性と男性が平等に恩恵を受け、不平等が永続しないようにするための戦略である。究極的な目的は、ジェンダー平等の達成である。」

（大崎麻子訳）

（出典）http://www.gender.go.jp/public/kyodosankaku/2018/201806/201806_07.html

③国連女性機関（UN Women = United Nations Entity for Gender Equality and the Empowerment of Women：ジェンダー平等と女性のエンパワーメントのための国連機関）

国連女性機関（UN Women）は、ジェンダー平等と女性のエンパワーメントのための機関。

国連は長年、ジェンダー平等を世界的に促進するための活動において、資金調達や国連活動の全体的な統括が十分でないなど、深刻な課題に直面していた。このような背景から、２０１０年７月の国連総会決議により、複数の機関を統合してUNWomenが設立された。UNWomenの取組の五つの柱は、女性のリーダーシップの向上と参画の増加、女性に対する暴力の撤廃、平和と安全保障のあらゆる局面における女性の関与、女性の経済的エンパワーメントの推進、国家の開発計画と予算におけるジェンダー平等の反映、である。

（参考）UNWomen日本事務所 https://japan.unwomen.org/ja

④ジェンダー・フリー・バッシング（Gender Free Bashing）

「性別規範に制約されず、女性も男性もより自由に生きるために、一人ひとりの個性と能力の発揮を支えようとする考え方（ジェンダー・フリー）およびそれに基づく教育（ジェンダー・フリー教育）への攻撃。固定的な性別分業や性別による束縛の解消を目指す社会教育・学校教育、社会政策を批判し、伝統的な女性役割・男性役割の重要性を強調する。ジェンダー・フリーは、生物学的性差や社会的・文化的性別（ジェンダー）を無視するのではなく、それに基づく根強い性差別をなくそうとする考えであるが、これに対し「雌雄同体を目指す」「伝統文化や家族を破壊する」といった反対をする。男女平等推進に対する揺り戻しとして、アメリカでは保守派による反動が１９８０年代から起きたが、日本では、男女共同参画社会基本法の制定以降に目立つようになった。」

（出典）国広陽子・上松由紀子「ジェンダー・フリー・バッシング」『時事用語辞典』２００９年、集英社 https://imidas.jp/genre/detail/F-102-0010.html

⑤グローバル・ジェンダー・ギャップ指数

世界経済フォーラムが毎年公表するデータ。各国の男女の格差を経済・教育・健康・政治の４分野14項目で分析する。２０２０年版では、G７各国のうち、ドイツ10位、フランス15位、カナダ19位、英国21位、米国53位、イタリア76位であり、日本は１２１位とG７の中で圧倒的な最下位となった。

（参考）『グローバル・ジェンダー・ギャップ報告書２０２０年

版』WorldEconomicForum,GlobalGenderGapReport2020,2019,http://www3.weforum.org/docs/WEF_GGR_2020.pdf

⑥無意識の偏見（アンコンシャス・バイアス：Unconscious Bias）

「無意識の偏見」とは、人の持つ属性（男女や人種、貧富）などから、その能力や可能性について固定的な観念を持ち、対人関係において相手の経験、能力、可能性を正当に評価できなくなる傾向のことで、誰でも多かれ少なかれ持っている。無意識の偏見の有名な例としては、オーケストラの団員オーディションにおいて、応募者の性別を審査員がわからないように工夫するブラインドオーディションを行うことで、女性の合格者の比率が劇的に上がった事例がある。このような事例は、現在でも、人事採用、昇格、研究評価等を対象とした研究において確認されている。

無意識の偏見は、バイアスの対象になる人の能力を低下させることも知られている。親、教師、学校の動機付けによって、ジェンダーのステレオタイプが生まれ、それから外れないように、自己抑制を行ったり、ステレオタイプに合わない同性や異性を排除するといった傾向が日本を含め多くの国で指摘されている。不用意な発言が、成果に大きな影響を与えることも指摘されており、数学等の試験の前に、「これから実施する問題は女子が苦手であるということがわかっている」と告げると、動機付けがなされない場合に比べて、女子の点数が下がるといった事例も報告されている。

無意識の偏見は、他人に対するものだけではなく、自己についての認識の中にもあり、自分のジェンダーのステレオタイプに外れないように、自己抑制を行ったり、ステレオタイプに合わない同性や異性を排除するといった傾向があることが指摘されている。このような行動は個人の能力の発揮を妨げ、進路や職業選択に影響を及ぼすことが明らかになっている。

（参考）男女共同参画学協会連絡会「無意識のバイアス -Unconscious Bias-を知っていますか？-」２０１７年。https://www.djrenrakukai.org/doc_pdf/2019/UnconsciousBias_leaflet.pdf

⑦女性差別撤廃委員会（CEDAW）

女性差別撤廃条約（１９７９年）は、ジェンダー平等推進のためのもっとも基本的な国際条約である。日本は１９８５年にこれを批准し、条約批准国は１９８ヶ国に達する（２０１９年現在）。同条約は、批准国の進捗状況を審査するために、女性差別撤廃委員会の設置を定めた。すべての批准国は、定期的に女性差別撤廃委員会に対してジェンダー平等の推進状況に関する政府レポートを提出し、審査を受けねばならない。審査の結果、総括所見として勧告が出され、政府はそれに従うべきことが求められている。なお、政府公式英訳は「女子差別撤廃条約／委員会」であるが、「女子」という呼称に伴うジェンダー・バイアスに考慮して、ジェンダー研究では一般に「女性」という呼称を用いる。

（参考）内閣府男女共同参画局「女子に対するあらゆる形態の差

別の撤廃に関する条約（CEDAW）」
http://www.gender.go.jp/international/int_kaigi/int_teppai/index.html

⑧クオータ制（割当制）

「クオータ制」は、「候補者割当制」「議席割当制」と訳される。ポジティブ・アクションのうち、もっとも強制力が強く、実効性が高い施策である。

⑨ポジティブ・アクション（積極的改善措置）

「ポジティブ・アクション（積極的改善措置）とは、男女が、社会の対等な構成員として、自らの意思によって社会のあらゆる分野における活動に参画する機会に係る男女間の格差を改善するために必要な範囲において、男女のいずれか一方に対し、当該機会を積極的に提供することをいう（男女共同参画社会基本法第2条第2号参照）。男女間において形式的な機会の平等が確保されていても、社会的・経済的な格差が現実に存在する場合には、実質的な機会の平等を担保するためにポジティブ・アクションの導入が必要となる。」（第4次男女共同参画基本計画1頁の注1）。

個人の努力によって克服できない生得的属性（性別や人種など）にもとづく比率の偏りを是正する措置を「ポジティブ・アクション（積極的改善措置）」という。ジェンダー平等に関するポジティブ・アクションは、女性差別撤廃条約第4条がこれを定めている。日本でも、ポジティブ・アクションには法的根拠がある。日本国憲法14条1項（法の下の平等、性差別禁止）、男女共同参画社会基本法2条・8条、政治分野の男女共同参画推進法（候補者男女均等法）2条・4条・9条である。国連女性差別撤廃委員会（CEDAW）からは、「法定クオータ制などの暫定的特別措置をさらに取り入れること」（2016年3月 CEDAW 最終見解パラグラフ31）との勧告を受けている。

具体的な制度は多様である。クオータ制（候補者割当制・議席割当制）、ツイン方式（ペア投票制）、プラス・ファクター方式（能力が同等な場合に一方を優先、公共契約上の評価等）、インセンティブ付与方式（補助金助成・税制優遇等）、ゴール・アンド・タイムテーブル方式（数値目標型）、基盤整備（両立支援、研修、メンター制度、財政支援、職域拡大）など。

（参考）内閣府男女共同参画局
http://www.gender.go.jp/about_danjo/basic_plans/4th/pdf/kihon_houshin.pdf

⑩PISA（Programme for International Student Assessment）

ＯＥＣＤが実施する生徒の学習到達度調査。義務教育終了段階（15歳児）を対象に読解力、数学的リテラシー、科学的リテラシーの3分野について、3年ごとに実施。国際的な規定にもとづいて、日本からは６０００人ほどが参加している。ＰＩＳＡ調査によれば、日本人は、読解力、科学リテラシー、数学的リテラシーにおいて、ＯＥＣＤ平均よりも高い得点を示している。しかし、数学的リテラシー・科学的リテラシーの高い女子であっても、技術者や科学者として働くという期待を持つ比率が男子より低く、むしろ資格を持って働くことができる医療関係の職に就くことを期待する割合が高い。内閣府の調査でも、理科に対する女子の関心は、小学校時点では国語より高いが、中学になるにつれて著しく低下する。OECD最低レベルの理工系の女性比率に符合する結果である。

（参考）国立教育政策研究所　https://www.nier.go.jp/kokusai/pisa/index.html

⑪**隠れたカリキュラム**

「『隠れたカリキュラム』とは、『教育する側が意図する、しないに関わらず、学校生活を営むなかで、児童生徒自らが学びとっていく全ての事柄』を指す」（文部科学省 https://www.mext.go.jp/a_menu/shotou/seitoshidou/jinken/06082102/004.htm）。「隠れたカリキュラム」としての「ジェンダー・バイアス」には、次のような例がある。（図表1）

⑫**SOGI/SOGIE/SOGIESC**

「性的指向（Sexual Orientation）と性自認（Gender Identity）の英語の頭文字をあわせたSOGIという用語は、性的マイノリティ／LGBTのような主体を表す言葉と並行して、性に関する個人の属性や特徴をあらわす言葉の総称として用いられる。性的マジョリティないし総称としてのLGBTに当てはまらない人々を含むすべての人がもつ属性や特徴であることから、人権保障な

図表1　学校のなかのジェンダー：隠れたカリキュラムの事例

	①不必要な二分法	②性別役割	③上下関係	④機会の不均等
A 教室環境	掲示物の男女別掲示		男子が上・女子が下の掲示	
B 学級生活	男女別名簿／男女別整列	係・委員会などの役割分担	男子の意見がとおる教室	発言の機会
C 学校施設・慣行	入学式・卒業式等の座席の二分／出席・成績・保健等の男女別統計	行事での役割分担	生徒会の役員（長は男子、副は女子）／表彰代表は男子	入学式の男女別合格枠
D 教師と生徒の関係	さん・くんの呼称／男子は・女子は、と一括りにした言い方	役割の男女別人数の指示／教科担当についての決めつけ	副や補助の女子への割り当て	男子と関わる時間が長い
E 生徒間の関係	休み時間は男女に分かれる	実験の操作は男子、記録は女子	実験・司会などの役割担当	校庭・運動場の占有率
F 教師間の関係	男女別職員名簿	校務分掌・教科担当の男女による偏り	女性は主任や部長にしない	管理職への登用
G 保護者・地域との関係	学用品の男女色分け購入	日頃のしつけ・挨拶・不登校は母親の責任とみなす	父親名の保護者名欄	就職時の男女で異なる採用数

（出典）村松泰子「学校教育とジェンダー：研究と実践の動向」『学術の動向』2003年4月号、37ページ

いし尊厳や平等の問題を取り扱う際に用いられることが多い。また、本人が自覚する実際（actual）のＳＯＧＩだけでなく、周囲からそのように受けとめられた（perceived）、また、そのように決めつけられた（attribute）ＳＯＧＩに起因する権利侵害や差別・ハラスメントを可視化する場面でも用いられる。ＳＯＧＩにジェンダー表現を加えたＳＯＧＩＥ、また、ジェンダー表現と性的特徴を加えたSOGIESCも同様の文脈で用いられる。」

（出典）日本学術会議法学委員会社会と教育におけるＬＧＢＴＩの権利保障分科会「（提言）性的マイノリティの権利保障をめざして（Ⅱ）―トランスジェンダーの尊厳を保障するための法整備に向けて―」２０２０年9月23日、用語解説⑧。

⑬ケアする男性性（Caring Masculinity）

「ケアする男性性」への着目は、「覇権主義的な男性性」の対極にあるもので、男性が「稼ぎ手としての役割」ではなく、「介護をする役割（関与する父親としての役割）」を担うことを基本としている。

（参考）https://eige.europa.eu/thesaurus/terms/1060

⑭歪んだ男性性（Toxic Masculinity）

「歪んだ（有害な）男性性」とは、男性、女性、および社会全体に有害な可能性のある伝統的な男性規範や性別役割意識を指す。たとえば、男は泣いてはいけないとか、強くあるべきという規範や、男性優位の意識、男は性的に活発であるべきという意識などである。

このような「男らしさ」の規範／意識は、少年や男性の自由な感情表現や進路選択を制限したり、ジェンダー差別や暴力行為を肯定したりすることにつながりやすい。

（参考）https://dictionary.cambridge.org/ja/dictionary/english/toxic-masculinity

⑮#ＭｅＴｏｏ運動

「性犯罪やセクハラの被害にあった人たちがその被害体験を告白し、共有し始めた運動を指す。ＭｅＴｏｏは「私も」を意味し、その前に「＃（ハッシュタグ）」をつけることでＳＮＳ（ソーシャル・ネットワーク・サービス）用語として使用される。ＭｅＴｏｏという用語はアメリカで若年女性を支援するＮＰＯ団体を設立した市民活動家タラナ・バークが性暴力被害者支援のスローガンとして２００７年に使用したのがその始まりである。ハリウッドの有名プロデューサーからの性暴力被害に遭っていた女優たちがその被害を告白したことがきっかけで２０１７年ごろからこの運動が世界中に広がった。」

（出典）日本学術会議法学委員会ジェンダー法分科会・社会学委員会ジェンダー政策分科会・社会学委員会ジェンダー研究分科会「（提言）『同意の有無』を中核に置く刑法改正に向けて―性暴力に対する国際人権基準の反映―」２０２０年9月29日、用語解説⑥

⑯ジェンダード・イノベーション（Gendered Innovation）

「ジェンダード・イノベーション」は、イノベーション（技術革新）や発見を推進するために、ジェンダー視点を創造的に活用することを意味する。ジェンダー視点は、研究の新しい次元を拓き、研究を新しい方向に導く可能性をもつ。

（参考）https://genderedinnovations.stanford.edu/

⑰人生100年時代

「人生100年時代」は、リンダ・グラットン他『ライフシフト』で提唱された。グラットンは、多くの人が100歳以上長生きするようになれば、人は75歳から85歳まで働かなくてはならなくなると予想している。日本では、政府主導で人生100年時代に向けた取組が始められた。2017年に「人生100年時代構想会議」が発足し、2018年には「人づくり革命基本構想」が公表された。そこには、「人生100年時代には、高齢者から若者まで、全ての国民に活躍の場があり、全ての人が元気に活躍し続けられる社会、安心して暮らすことのできる社会をつくる必要があり、その重要な鍵を握るのが「人づくり革命」、人材への投資である。」と記されている。同基本構想に基づき、厚生労働省は、幼児教育の無償化、待機児童の解消、介護人材の処遇改善、リカレント教育、高齢者雇用の促進、の取組を進めている。

（参考）リンダ・グラットン、アンドリュー・スコット『LIFESHIFT（ライフ・シフト）―100年時代の人生戦略』東洋経済新報社、2016年。

厚生労働省 https://www.mhlw.go.jp/stf/seisakunitsuite/bunya/0000207430.html

⑱性差医学（性差医療）

発症率や病態の違いなど、疾患の背景にある性差を考慮した医療・医学のこと。

「米国では、1960～70年代のサリドマイド薬害等を受けて、77年に食品医薬品局（FDA）が、妊娠の可能性のある女性を薬の治験に加えるのは好ましくないという通達を出した。その後、十数年に渡り、女性は薬の治験を含む臨床研究から除外された。しかしながら、女性の健康に関するエビデンスの欠如は問題だとする政府の主導の下、90年代初めから、女性の健康に関するインフラ整備、大規模疫学調査等が進められた。94年に、FDAは77年の通達を廃止し、薬の治験では対象の半数に女性を入れることが望ましいとのガイドラインを公表、98年には、男女や年齢のバランスの取れたデータを集めるよう義務付けた。こうした政府の取組を通じて、米国では性差医療が大きく前進した。

日本では、平成11年（1999）の第47回日本心臓病学会において、天野恵子医師により「性差医療」の概念が紹介された。」

（出典）男女共同参画白書（平成30年版）「コラム10　日本での性差医療の実践と展望～天野恵子医師に聞く～」
http://www.gender.go.jp/about_danjo/whitepaper/h30/zentai/html/column/clm_10.html

⑲プレコンセプションケア

「プレコンセプションケア」は、「前思春期から生殖可能年齢にあるすべての人々の身体的、心理的および社会的な健康の保持および増進」であり、現在から将来にわたる自らの健康のみならず次世代の健康の保持および増進に繋がることから、若い世代への教育が必要とされている。

（参考）「プレコンセプションケアを考える会」国立成育医療研究センタープレコンセプションケアセンター、令和元年度厚生労働科学研究費補助金（女性の健康の包括的支援政策研究事業）「保険・医療・教育機関・産業等における女性の健康支援のための研究」研究班共催 https://www.ncchd.go.jp/hospital/about/section/preconception/pcc_seminar2019.html

（参考）日本性差医学・医療学会 http://www.jagsm.org/aisatsu.html

⑳リーキーパイプライン（Leaky pipeline）

「出産や育児等を機に女性が研究職としてのキャリアから次第に離れていく現象は「パイプラインの漏れ（Leaky pipeline）」と表され、理工学分野で女性研究者が増加しない要因のひとつとされている。」

（出典）日本学術会議第三部理工学ジェンダー・ダイバーシティ分科会「（報告）理工学分野におけるジェンダーバランスの現状と課題」２０２０年６月、２ページ

㉑日本学術会議若手アカデミー

若手研究者の定義は様々にあるが、日本学術会議若手アカデミーでは、「45歳未満の研究者」を「若手研究者」と定義している。若手アカデミーは、２０１１年９月の日本学術会議提言「若手アカデミー設置について」に基づき、２０１３年より若手アカデミーとして正式に発足し、独立した活動を展開している。２０２０年３月現在、62名のメンバー中21名が女性であり、国際分科会では世話人４名のうち３名が女性と、中心的な役割を担っている。若手アカデミーとしては、２０１８年10月30日に公開シンポジウム「博士キャリアの可能性—企業が博士に求めること—」を開催し、アカデミア外で活躍する博士課程進学者、博士号所持者をアカデミア外へつなげる役割を持つ企業関係者、また博士キャリアについて施策を考える政府関係者と共に、博士に求められるものは何か、博士号が担保する能力とは何か、について議論を行うなどの活動を行った。

（参考）日本学術会議若手アカデミー専用ページ http://www.scj.go.jp/ja/scj/wakate/index.html

２０２０年人権デーに寄せて

「より良い回復へ―人権のために立ち上がろう」

２０２０年12月10日
国連女性差別撤廃委員会声明

女性差別撤廃条約選択議定書発効から20年

選択議定書は、女性と少女の権利を守り、司法への効果的なアクセスを可能にする世界共通の文書である

女性差別撤廃委員会は、２０２０年の人権デーに際して、委員会の女性差別撤廃条約選択議定書（OP-CEDAW、以下「選択議定書」と略称）に関わる活動が、過去20年にわたり、世界中で、女性と少女の人権を守り、確保してきたこと、そして新型コロナウイルス感染症（ＣＯＶＩＤ－１９）の世界的大流行の下においても、女性と少女の人権を守り続けることに顕著な役割を果たし、貢献してきたことを強調する。

女性と少女の人権を守る鍵となるこの文書（訳注「選択議定書」）の採択へのプロセスは、１９９０年代に、ウィーン宣言及び行動計画で導入への言及があり、北京行動綱領に明示されて、女性の地位委員会で始められた。このプロセスにおいて、グローバルな市民社会組織と国際女性運動のプレッシャー、専門知識と積極的な参加があり、それが、女性と少女の司法へのアクセスを世界的に広げ、これを成功させる上で極めて重要であった。

選択議定書は、現在までに、女性差別撤廃条約の締約国（１８９カ国）中の１１４カ国で批准されている。選択議定書は、他の７つの国連人権条約機関の個人通報及び緊急行動手続きと同様に国連レベルでの条約に基づく、最もアクセスしやすく、かつ広く使われている人権保障手続きの１つになっている。選択議定書は、「非選択性、公平性、客観性」の原則に則り行われている女性差別撤廃委員会の任務と機能の中核に位置づけられている（国連総会決議 A/RES/54/4、パラグラフ４）。

選択議定書の下で、女性差別撤廃委員会は、締約国による批准・加入により、条約に基づく女性の権利を守るために、２つの基本的な手続きを通じて介入する権限を有する。委員会は、第一に、個人又は個人のグループからの申立てについて、受理可能性の基準に従い、審議する権限を有する。第二に、信頼できる情報に基づいて、女性の権利の重大又は組織的な侵害の疑いに関する調査を行う権限を有する。

■ 個人通報制度

２０２０年１月31日現在、１５５件の通報が女性差別撤廃委員会に登録された。そのうち32件に条約違反があった。さらに女性差別撤廃委員会は２０２０年11月までに、６件の条約違反を認定した。現在、およそ50件が委員会で審査中である。

申立ては、女性の多様な権利の侵害にわたっており、条約のほとんどすべての条文が対象になっている。それらは、ドメスティックバイオレンス（ＤＶ）、武力紛争中を含む性的暴力、司法におけるジェンダー・ステレオタイプ化、人身取引及び買春からの搾取、セクシャルハラスメント、雇用における不平等なアクセス及び差別、司法へのアクセスの制約、女性に対する交差的差別、出産休暇と社会保障を受ける権利の侵害、不平等な国籍に関する権利、差別的な難民手続き、居住許可の拒否、性的及びリプロダクティブ・ヘルス／ライツ（訳注「性と生殖に関する健康と権利」）の侵害（妊婦の健康、安全な中絶、強制不妊手術からの保護）、先住民女性への財産権の否認、女性受刑者の権利、差別的な相続法及び子どもの後見手続きである。委員会が条約違反ありとした通報の約半数は、ジェンダーに基づく女性に対する暴力の事例である。

違反を認定する場合に女性差別撤廃委員会が発出する勧告等（「見解」）は、締約国が条約に基づく義務をどのように果たすべきかを明らかにすることによって、国際法における女性の人権に関する先例の蓄積に貢献してきた。委員会は、条約の規定及び人権尊重のために当然払うべき注意義務を含む締約国の中核的義務の解釈を提供してきた。これらの義務の追加的解釈については、委員会はこれまでに採択した「一般勧告」に示している。

選択議定書により、委員会は、権利を侵害された女性のために独自に組み合わせた複数の救済策を推奨することができる。救済策には、補償や賠償など個々の被害者に対する救済策とともに、当該締約国が違反の再発防止のために実施すべき、構造的又は体系的な変革に関する、より一般的な勧告が含まれる（法律の施行、法律家及び法執行官の訓練、司法へのアクセスの確保、意識向上プログラムなど）。

委員会が「違反あり」として見解を表明したいくつかの事例を以下に挙げる。

ゲクセ対オーストリア（5/2015）／V.K. 対ブルガリア（20/2008）／ゴンザレス・カレノ対スペイン（47/2017）／X. 及びY対ジョージア（29/2009）／O.G. 対ロシア連邦（91/2015）／S.L. 対ブルガリア（142/2019）／ジャロウ対ブルガリア（32/2011）／V.P.P 対ブルガリア（31/2011）／X. 対東チモール（88/2015）／J.I. 対フィンランド（103/2016）／X. 及びY対ロシア連邦（100/2016）／KTV 対フィリピン（18/2008）／ピメンテル対ブラジル（17/2008）／L.C. 対ペルー（22/2009）／S.F.M. 対スペイン（138/2016）／アブラモバ対ベラルーシ（23/2009）／T.S. 対ロシア連邦（69/2014）／S.H. 対ボスニアヘルツェゴビナ（116/2017）／プロモレックス対モルドバ（105/2016）／メドヴェージェバ対ロシア連邦（60/2013）／シ

オバヌ対モルドバ（104/2016）。

■ **調査制度**

委員会は、締約国が条約に定める権利の重大又は組織的な侵害をおこなっていることを示す信頼できる情報を受け取ったときには、選択議定書第8条に基づく調査手続を開始することができる。この手続きは、当該締約国と緊密に協力して、より広範な規模で女性と少女の権利の保護を確保するものである。選択議定書の発効以来、委員会は第8条に基づき、幾つかの調査報告書を採択し、公表している。

これまでの調査結果から、締約国が緊急事態に即応した対処をしていなかったことが明らかになった事例には以下がある。

2014年に、シウダ・ファーレスで女性がレイプされ、誘拐され、殺害されたメキシコの事例で、条約の重大かつ組織的な違反が確認された。

2015年に、委員会は、マニラ市による新しい避妊具・ピルなどに対する広範な販売制限が、女性の性的及びリプロダクティブ・ヘルス／ライツを組織的に侵害していると判断し、また、女性の健康や生命が危険にさらされている場合、重度の胎児障害の場合、レイプ及び近親姦の場合に、中絶を犯罪としないようフィリピンに要請した（CEDAW/C/OP.8/PHL/1 2015.4.22採択）。

2015年に、委員会は、カナダが失踪や殺人を含む先住民族の女性が直面する深刻な暴力を迅速かつ徹底的に調査しなかったことで、条約上の重大な違反を犯したことを確認した（CEDAW/C/OP.8/CAN1 2015.3.30採択）。

2018年に採択された別の調査報告書（CEDAW/C/OP.8/GBR/1 2018.3.6採択）は、北アイルランドの何千人もの女性と少女が、合法的な中絶の権利を得るために北アイルランド以外に赴くか、さもなければ子どもを生むことを余儀なくされた事例に関するものである。委員会は、イギリスに対して、少なくとも、妊婦の身体的又は精神的健康への脅威がある場合、レイプ及び近親姦、並びに重度の胎児障害の場合には、中絶を合法化するための法律改正を勧告した。

2018年に、キルギスタンに関する調査報告書（CEDAW/C/OP.8/KGZ/3）を採択し、新婦誘拐の防止、保護及び被害者支援をしなかったことによる重大かつ組織的な条約上の権利の侵害とともに、新婦誘拐の加害者を起訴し、適切に処罰していないことを確認した。

2019年に、マリが、女性性器切除（ＦＧＭ）から女性と少女を保護し、そのような切除の施術者を起訴し、処罰する義務を果たしていない責任があることを確認した（CEDAW/C/IR/MLI/1 2019.12採択）。

調査報告書の調査結果と勧告に関して、締約国が報告書発出後6カ月以内に対応するために、委員会が、締約国の協力に依拠して選択議定書の下でのその機能を果たすことは極めて重要である。

委員会は、女性被害者に十分な補償を提供するなど、近年、選択議定書とその見解及び勧告に対する締約国の認識と遵守の高まりがみられることを歓迎する。女性差別撤廃条約を含む国際人権規範を確実に遵守するために、国内メカニズムを積極的に整備しようとする締約国の意欲の高まりにも励まされる。例えば、スペインは暴力の被害者に約60万ユーロの補償を提供、ブラジルは妊産婦の死亡者に約10万米ドル相当を提供することを約束、ブルガリアはドメスティックバイオレンスの被害者に2500から5000ユーロの補償を支払い、ペルーは医者による中絶ができず、リプロダクティブ・ライツを侵害された被害者に21万ユーロ相当を提供、ジョージアとハンガリーは、それぞれ7600米ドルと2000ユーロ相当をドメスティックバイオレンス被害者に支払い、トルコはジェンダーに基づく労働争議の被害者に補償をしている。このリストは、決して網羅的ではなく、将来的に同様の違反の再発を許さないことを目的として、各締約国が取った構造的その他の追加措置は含まれていない。

締約国からのこれらの肯定的な反応と合わせて、新型コロナウイルス感染症の世界的大流行の中で、委員会が、業務遂行上その他の課題に直面していたにもかかわらず、選択議定書に関わる業務を継続し、女性と少女の保護をめぐる格差拡大を防ぐことができたという事実は、今年の人権デーのテーマ―より良い回復―に対する重要な貢献である。またこれは、女性の権利の確保と経済成長、社会の福利との間の重要な繋がりを示している。

選択議定書に基づく中核的な任務をより高いレベルに引き上げようとする委員会の努力は、女性と少女の人権保障をより現実的で効果的かつ確実なものにすることによって、感染症の世界的大流行後の女性と少女の権利のための、より良い成果を保障するものになるであろう。

（国際女性の地位協会訳）

（堀内光子訳、矢澤澄子・山下泰子監訳）

育児休業、介護休業等育児又は家族介護を行う労働者の福祉に関する法律及び雇用保険法の一部を改正する法律案要綱

2021年6月9日公布

第一　育児休業、介護休業等育児又は家族介護を行う労働者の福祉に関する法律の一部改正

一　育児休業の改正

一歳に満たない子についてする育児休業について、期間を定めて雇用される者にあっては、その養育する子が一歳六か月に達する日までに、その労働契約（労働契約が更新される場合にあっては、更新後のもの。二及び第二の二の1の㈠において同じ。）が満了することが明らかでない者に限り、その事業主に育児休業の申出をすることができるものとすること。（第五条第一項関係）

二　介護休業の改正

介護休業について、期間を定めて雇用される者にあっては、介護休業開始予定日から起算して九十三日を経過する日から六月を経過する日までに、その労働契約が満了することが明らかでない者に限り、その事業主に介護休業の申出をすることができるものとすること。（第十一条第一項関係）

三　事業主が講ずべき措置の改正

1　事業主は、労働者が当該事業主に対し、当該労働者又はその配偶者が妊娠し、又は出産したことその他これに準ずるものとして厚生労働省令で定める事実を申し出たときは、厚生労働省令で定めるところにより、当該労働者に対して、育児休業に関する制度その他の厚生労働省令で定める事項を知らせるとともに、育児休業申出に係る当該労働者の意向を確認するための面談その他の厚生労働省令で定める措置を講じなければならないものとすること。（第二十一条第一項関係）

2　事業主は、労働者が1の申出をしたことを理由として、当該労働者に対して解雇その他不利益な取扱いをしてはならないものとすること。（第二十一条第二項関係）

3　事業主は、育児休業申出が円滑に行われるようにするため、次のいずれかの措置を講じなければならないものとすること。（第二十二条第一項関係）

㈠　その雇用する労働者に対する育児休業に係る研修の実施

㈡　育児休業に関する相談体制の整備

㈢　その他厚生労働省令で定める育児休業に係る雇用環境

の整備に関する措置

四　その他

その他所要の改正を行うこと。

第二　育児休業、介護休業等育児又は家族介護を行う労働者の福祉に関する法律の一部改正

一　育児休業の改正

1　一歳に満たない子についてする育児休業（二の1の㈠の「出生時育児休業」を除く。以下一及び二の5において同じ。）について、子の出生後八週間の期間内に労働者が当該子を養育するために育児休業をした場合に限らず、分割して二回の育児休業申出をすることができるものとすること。（第五条第二項関係）

2　一歳から一歳六か月に達するまでの子についてする育児休業について、厚生労働省令で定める特別の事情がある場合には、当該子の一歳到達日後の期間において育児休業をしたことがある場合でも再度育児休業をすることができるものとすること。（第五条第三項関係）

3　一歳から一歳六か月に達するまでの子についてする育児休業について、申出をした労働者の配偶者が当該一歳から一歳六か月に達するまでの子についてする育児休業をしている場合には、当該育児休業に係る育児休業終了予定日の翌日以前の日を育児休業開始予定日とするものとすること。（第五条第六項関係）

4　一歳六か月から二歳に達するまでの子についてする育児休業について、2及び3と同様の規定を設けるものとすること。（第五条第四項及び第六項関係）

5　労働者が育児休業申出を撤回した場合には、育児休業の取得回数に関する規定の適用については、当該申出に係る育児休業をしたものとみなすものとすること。（第八条第二項関係）

二　出生時育児休業の新設

1　出生時育児休業の申出

㈠　労働者は、その養育する子について、その事業主に申し出ることにより、育児休業のうち、1から4までによる子の出生の日から起算して八週間を経過する日の翌日まで（出産予定日前に当該子が出生した場合にあっては当該出生の日から当該出産予定日から起算して八週間を経過する日の翌日までとし、出産予定日後に当該子が出生した場合にあっては当該出産予定日から当該出生の日から起算して八週間を経過する日の翌日までとする。）の期間内に四週間以内の期間を定めてする休業（以下二において「出生時育児休業」という。）をすることができるものとすること。ただし、期間を定めて雇用される者にあっては、その養育する子の出生の日から起算して八週間を経過する日の翌日から六月を経過する日までに、その労働契約が満了することが明らかでない者に限り、当該申出をすることができるものとすること。（第九条の二第一項関係）

㈡　労働者は、その養育する子について、その事業主に申し出ることにより、合計二十八日を限度として、二回の出生時育児休業をすることができるものとすること。（第九条の二第二項関係）

㈢　㈠の申出（以下「出生時育児休業申出」という。）は、厚生労働省令で定めるところにより、その期間中は出生時育児休業をすることとする一の期間について、その初日（以下「出生時育児休業開始予定日」という。）及び末日（以下「出生時育児休業終了予定日」という。）とする日を明らかにして、しなければならないものとすること。（第九条の二第三項関係）

㈣　期間を定めて雇用される者であって、その締結する労働契約の期間の末日を出生時育児休業終了予定日とする出生時育児休業をしているものが、当該労働契約の更新に伴い、引き続き出生時育児休業をしようとする場合についての特例を設けるものとすること。（第九条の二第四項関係）

2　出生時育児休業申出があった場合における事業主の義務等

㈠　事業主は、労働者から出生時育児休業申出があったときは、当該出生時育児休業申出を拒むことができないものとすること。ただし、労働者からその養育する子について出生時育児休業申出がなされた後に、当該労働者から当該申出をした日に養育していた子について新たに出生時育児休業申出がなされた場合は、この限りではないものとするとともに、労働者のうち育児休業をすることができないものについて、事業主と労働者が雇用される事業所の労働者の過半数で組織する労働組合があるときはその労働組合、その事業所の労働者の過半数で組織する労働組合がないときはその労働者の過半数を代表する者との書面による協定（以下「労使協定」という。）で定めた場合に当該労働者からの育児休業申出を拒むことができる旨の規定を準用するものとすること。（第九条の三第一項及び第二項関係）

㈡　事業主は、出生時育児休業申出があった場合において、出生時育児休業開始予定日とされた日が当該申出があった日の翌日から起算して二週間を経過する日前の日であるときは、厚生労働省令で定めるところにより、出生時育児休業開始予定日とされた日から当該二週間を経過する日（当該出生時育児休業申出があった日までに、出産予定日前に子が出生したことその他の厚生労働省令で定める事由が生じた場合にあっては、当該二週間を経過する日前の日で厚生労働省令で定める日）までの間のいずれかの日を出生時育児休業開始予定日として指定することができるものとすること。（第九条の三第三項関係）

㈢　労使協定で次に掲げる事項を定めた場合においては、㈡について「二週間を経過する日」とあるのは「㈢のロ

に掲げる期間を経過する日」とするものとすること。（第九条の三第四項関係）

イ　出生時育児休業申出が円滑に行われるようにするための雇用環境の整備その他の厚生労働省令で定める措置の内容

ロ　事業主が出生時育児休業開始予定日を指定することができる出生時育児休業申出があった日の翌日から出生時育児休業開始予定日とされた日までの期間（二週間を超え一月以内の期間に限る。）

3　出生時育児休業開始予定日の変更の申出等及び出生時育児休業申出の撤回等

出生時育児休業開始予定日の変更の申出等及び出生時育児休業申出の撤回等について、育児休業開始予定日の変更の申出等及び育児休業申出の撤回等に係る規定の準用をするものとすること。（第九条の四関係）

4　出生時育児休業期間等

(一)　出生時育児休業申出をした労働者がその期間中は出生時育児休業をすることができる期間（以下「出生時育児休業期間」という。）は、出生時育児休業開始予定日とされた日から出生時育児休業終了予定日とされた日までの間とするものとすること。（第九条の五第一項関係）

(二)　出生時育児休業申出をした労働者（労使協定で、出生時育児休業期間中に就業させることができるものとして定められた労働者に該当するものに限る。）は、当該申出に係る出生時育児休業開始予定日とされた日の前日までの間、事業主に対し、当該申出に係る出生時育児休業期間において就業することができる日その他の厚生労働省令で定める事項（以下「就業可能日等」という。）を申し出ることができるものとすること。（第九条の五第二項関係）

(三)　(二)の申出をした労働者は、出生時育児休業開始予定日とされた日の前日までは、当該申出に係る就業可能日等を変更し、又は当該申出を撤回することができるものとすること。（第九条の五第三項関係）

(四)　事業主は、労働者から(二)の申出があった場合には、その範囲内で日時を提示し、厚生労働省令で定めるところにより、当該申出に係る出生時育児休業開始予定日とされた日の前日までに当該労働者の同意を得た場合に限り、厚生労働省令で定める範囲内で、当該労働者を当該日時に就業させることができるものとすること。（第九条の五第四項関係）

(五)　(四)の同意をした労働者は、当該同意の全部又は一部を撤回することができるものとすること。ただし、出生時育児休業開始予定日とされた日以後においては、厚生労働省令で定める特別の事情がある場合に限るものとすること。（第九条の五第五項関係）

(六)　出生時育児休業終了予定日とされた日の前日までに、子の死亡その他の労働者が出生時育児休業申出に係る子を養育しないこととなった事由として厚生労働省令で定める事由が生じた場合等には、当該事情が生じた日に、出生時育児休業期間が終了するものとすること。（第九条の五第六項関係）

5　不利益取扱いの禁止

事業主は、労働者が育児休業申出をし、又は育児休業をしたことに加え、出生時育児休業申出をし、若しくは出生時育児休業をしたこと又は4の(二)の申出若しくは4の(四)の同意をしなかったことその他の4の(二)から(五)までに関する事由であって厚生労働省令で定めるものを理由として、当該労働者に対して解雇その他不利益な取扱いをしてはならないものとすること。（第十条関係）

三　その他

その他所要の改正を行うこと。

第三　育児休業、介護休業等育児又は家族介護を行う労働者の福祉に関する法律の一部改正

一　事業主が講ずべき措置の改正

常時雇用する労働者の数が千人を超える事業主は、厚生労働省令で定めるところにより、毎年少なくとも一回、その雇用する労働者の育児休業の取得の状況として厚生労働省令で定めるものを公表しなければならないものとすること。（第二十二条の二関係）

二　その他

その他所要の改正を行うこと。

第四　雇用保険法の一部改正

一　育児休業給付金の支給に係るみなし被保険者期間の計算方法の改正

育児休業給付金の支給に係るみなし被保険者期間（育児休業（被保険者が、その一歳に満たない子（その子が一歳に達した日後の期間について休業することが雇用の継続のために特に必要と認められる場合にあっては、一歳六か月に満たない子（その子が一歳六か月に達した日後の期間について休業することが雇用の継続のために特に必要と認められる場合にあっては、二歳に満たない子））を養育するための休業をいう。第五において同じ。）を開始した日又は各月においてその日に応当し、かつ、被保険者である期間内にある日（以下「休業開始応当日」という。）の各前日から各前月の休業開始応当日までさかのぼった各期間のうち賃金の支払の基礎となった日数が十一日以上であるものをいう。）が十二箇月に満たない場合は、労働基準法第六十五条第一項の規定による休業を開始した日（厚生労働省令で定める理由により当該日によることが適当でないと認められる場合においては、当該理由に応じて厚生労働省令で定める日）から起算して計算するものとすること。（第六十一条の七第三項関係）

二　その他

その他所要の改正を行うこと。

第五　雇用保険法の一部改正

一　育児休業給付金の改正

1　被保険者が同一の子について三回以上の育児休業（厚生労働省令で定める場合に該当するものを除く。）をした場合の三回目以後の育児休業については、育児休業給付金を支給しないものとすること。（第六十一条の七第二項関係）

2　被保険者が同一の子について二回以上の育児休業をした場合は、初回の育児休業を開始した日を基準としてみなし被保険者期間及び休業開始時賃金日額（当該被保険者が育児休業を開始した日に受給資格者となったものとみなしたときに算定されることとなる賃金日額をいう。）を計算するものとすること。（第六十一条の七第一項及び第六項関係）

二　出生時育児休業給付金の創設

1　育児休業給付に出生時育児休業給付金を追加すること。（第六十一条の六第一項関係）

2　被保険者が、厚生労働省令で定めるところにより、出生時育児休業（子の出生の日から起算して八週間を経過する日の翌日まで（出産予定日前に当該子が出生した場合にあっては当該出生の日から当該出産予定日から起算して八週間を経過する日の翌日までとし、出産予定日後に当該子が出生した場合にあっては当該出産予定日から当該出生の日から起算して八週間を経過する日の翌日までとする。）の期間内に四週間以内の期間を定めて当該子を養育するための休業であって、当該被保険者が出生時育児休業給付金の支給を受けることを希望する旨を公共職業安定所長に申し出たものに限る。以下同じ。）をした場合において、当該出生時育児休業をした場合にあっては、初回の出生時育児休業とする。）を開始した日前二年間に、みなし被保険者期間が通算して十二箇月以上であったときに、休業開始時賃金日額（当該被保険者が出生時育児休業をした場合にあっては、当該子について二回目の出生時育児休業をした場合にあっては、初回の出生時育児休業とする。）を開始した日に受給資格者となったものとみなしたときに算定されることとなる賃金日額をいう。4において同じ。）に、当該子に係る出生時育児休業をした期間の日数を乗じて得た額の百分の六十七に相当する額（4において支給額という。）の出生時育児休業給付金を支給するものとすること。（第六十一条の八第一項及び第四項関係）

3　2にかかわらず、被保険者が次のいずれかに該当する出生時育児休業をしたときは、出生時育児休業給付金を支給しないものとすること。（第六十一条の八第二項関係）

㈠　同一の子について当該被保険者が三回以上の出生時育児休業をした場合の三回目以後の出生時育児休業

㈡　同一の子についてした出生時育児休業の日数が合計二十八日に達した日後の出生時育児休業

4　2にかかわらず、出生時育児休業をした被保険者にその事業主から当該出生時育児休業の期間に賃金が支払われた場合において、当該賃金の額と支給額との合計額が休業開始時賃金日額に当該出生時育児休業をした期間の日数を乗じて得た額の百分の八十に相当する額を超えるときは、当該超える額を支給額から減じて得た額を支給することとし、当該超える額が支給額を超えるときは、支給しないものとすること。（第六十一条の八第五項関係）

5　育児休業給付金の支給を受けようとする被保険者が既に同一の子について出生時育児休業給付金の支給を受けていた場合における育児休業給付金の額は、当該被保険者が初回の育児休業を開始した日から起算し育児休業給付金の支給に係る休業日数及び出生時育児休業給付金の支給に係る休業日数が通算して百八十日に達する日までの間に限り、休業開始時賃金日額（当該被保険者が育児休業（当該子について二回以上の育児休業をした場合にあっては、初回の育児休業とする。）を開始した日に受給資格者となったものとみなしたときに算定されることとなる賃金日額をいう。）に支給日数を乗じて得た額の百分の六十七に相当する額とすること。（第六十一条の八第八項関係）

三　その他

その他所要の改正を行うこと。

第六　施行期日等

一　施行期日

この法律は、令和四年四月一日から施行すること。ただし、次に掲げる事項は、それぞれ次に定める日から施行すること。（附則第一条関係）

1　第一の四の一部公布の日

2　第四公布の日から起算して三月を超えない範囲内において政令で定める日

3　第二及び第五公布の日から起算して一年六月を超えない範囲内において政令で定める日

4　第三令和五年四月一日

二　検討

政府は、この法律の施行後五年を目途として、この法律により改正された育児休業、介護休業等育児又は家族介護を行う労働者の福祉に関する法律の規定の施行の状況、男性労働者の育児休業の取得の状況その他の状況の変化を勘案し、同法の規定について検討を加え、必要があると認めるときは、その結果に基づいて所要の措置を講ずるものとすること。（附則第二条関係）

三　経過措置及び関係法律の整備

この法律の施行に関し必要な経過措置を定めるとともに、関係法律の規定の整備を行うこと。（附則第三条から第十四条まで関係）

全世代対応型の社会保障制度を構築するための健康保険法等の一部を改正する法律案要綱

２０２１年６月11日公布

第一　改正の趣旨

全世代対応型の社会保障制度を構築するため、健康保険等における傷病手当金の支給期間の通算化、育児休業中の保険料の免除要件の見直し及び保健事業における健康診断等の情報の活用促進、後期高齢者医療における一部負担金の負担割合の見直し、未就学児に係る国民健康保険料等の被保険者均等割額の減額措置の導入等の措置を講ずること。

第二　健康保険法の一部改正

一　任意継続被保険者に関する事項

1　任意継続被保険者でなくなることを希望する旨を、厚生労働省令で定めるところにより、保険者（全国健康保険協会及び健康保険組合をいう。二の2並びに三の1及び3において同じ。）に申し出た場合において、その申出が受理された日の属する月の末日が到来するに至った日の翌日から、任意継続被保険者の資格を喪失するものとすること。（第三十八条関係）

2　健康保険組合は、任意継続被保険者が被保険者の資格を喪失したときの標準報酬月額（以下この2において「資格喪失時標準報酬月額」という。）が当該任意継続被保険者の属する健康保険組合が管掌する全被保険者の前年度の九月の標準報酬月額の平均額に基づいた標準報酬月額（以下この2において「平均標準報酬月額」という。）を超える任意継続被保険者について、規約で定めるところにより、資格喪失時標準報酬月額（平均標準報酬月額を超え資格喪失時標準報酬月額未満の範囲内においてその規約で定めた額があるときは、当該規約で定めた額に基づいた標準報酬月額）をその者の標準報酬月額とすることができるものとすること。（第四十七条第二項関係）

二　傷病手当金に関する事項

1　傷病手当金について、その支給を始めた日から起算して一年六月を超えない期間支給することとされているところ、その支給を始めた日から通算して一年六月間支給するものとすること。（第九十九条第四項関係）

2　保険者は、傷病手当金の支給を行うにつき必要があると認めるときは、労働者災害補償保険法、国家公務員災害補償法（他の法律において準用し、又は例による場合を含む。）又は地方公務員災害補償法若しくは同法に基づく条例の規定により給付を行う者に対し、当該給付の支給状況につき、必要な資料の提供を求めることができるものとすること。（第五十五条第二項及び第百二十八条第二項関係）

三　保健事業における健康診断等の情報の活用促進に関する事項

1　保険者は、被保険者等の健康の保持増進のために必要な事業を行うに当たって必要があると認めるときは、被保険者等を使用している事業者等（労働安全衛生法に規定する事業者その他の法令に基づき健康診断（特定健康診査に相当する項目を実施するものに限る。）を実施する責務を有する者その他厚生労働省令で定める者をいう。以下この三において同じ。）又は使用していた事業者等に対し、厚生労働省令で定めるところにより、同法その他の法令に基づき当該事業者等が保存している当該被保険者等に係る健康診断に関する記録の写しその他これに準ずるものとして厚生労働省令で定めるものを提供するよう求めることができるものとすること。（第百五十条第二項関係）

2　1の規定により、労働安全衛生法その他の法令に基づき保存している被保険者等に係る健康診断に関する記録の写しの提供を求められた事業者等は、厚生労働省令で定めるところにより、当該記録の写しを提供しなければならないものとすること。（第百五十条第三項関係）

3　保険者は、保健事業を行うに当たっては、事業者等から提供を受けた被保険者等に係る健康診断に関する記録の写しその他必要な情報を活用し、適切かつ有効に行うものとすること。（第百五十条第四項関係）

四　育児休業中の保険料の免除要件に関する事項

1　育児休業等をしている被保険者（産前産後休業をしていることにより保険料を徴収しないこととされている被保険者を除く。2において同じ。）の保険料について、その育児休業等を開始した日の属する月からその育児休業等が終了する日の翌日が属する月の前月までの月の保険料の徴収を免除することとされているところ、これに加え、その育児休業等を開始した日の属する月とその育児休業等が終了する日の翌日が属する月とが同一であり、かつ、当該月における育児休業等の日数として厚生労働省令で定めるところにより計算した日数が十四日以上である場合は、当該月の保険料の徴収を免除するものとし、また、育児休業等の期間が一月以下である者については、標準報酬月額に係る保険料に限り徴収を免除するものとすること。（第百五十九条第一項関係）

2　被保険者が連続する二以上の育児休業等をしている場合（これに準ずる場合として厚生労働省令で定める場合を含む。）における1の規定の適用については、その全部を一の育児休業等とみなすものとすること。（第百五十九条第二項関係）

五　その他所要の改正を行うこと。

第三　船員保険法の一部改正

一　疾病任意継続被保険者について、第二の一の1に準じた改正を行うこと。（第十四条関係）
二　傷病手当金について、第二の二に準じた改正を行うこと。（第三十三条第三項及び第六十九条第五項関係）
三　全国健康保険協会が実施する保健事業における健康診断等の情報の活用促進について、第二の三に準じた改正を行うこと。（第百十一条第二項から第四項まで関係）
四　育児休業中の保険料の免除要件について、第二の四に準じた改正を行うこと。（第百十八条関係）
五　その他所要の改正を行うこと。

第四　厚生年金保険法の一部改正
一　育児休業中の保険料の免除要件について、第二の四に準じた改正を行うこと。（第八十一条の二関係）
二　その他所要の改正を行うこと。

第五　公的年金制度の健全性及び信頼性の確保のための厚生年金保険法等の一部を改正する法律の一部改正
一　育児休業中の掛金又は徴収金のうち免除保険料額の免除要件について、第二の四に準じた改正を行うこと。（附則第五条第二項関係）
二　その他所要の改正を行うこと。

第六　高齢者の医療の確保に関する法律の一部改正
一　後期高齢者医療における一部負担金の負担割合に関する事項被保険者の療養の給付に係る一部負担金の負担割合について、当該療養の給付を受ける者又はその属する世帯の他の世帯員である被保険者その他政令で定める者について政令で定めるところにより算定した所得の額が政令で定める額以上である場合は、その負担割合を百分の二十とすること。（第六十七条第一項関係）
二　特定健康診査等及び高齢者保健事業における健康診断等の情報の活用促進に関する事項
1　保険者（全国健康保険協会、健康保険組合、市町村（特別区を含む。以下同じ。）、国民健康保険組合、共済組合又は日本私立学校振興・共済事業団をいう。以下この1において同じ。）は、特定健康診査及び特定保健指導の適切かつ有効な実施を図るため、加入者（高齢者の医療の確保に関する法律に規定する加入者をいう。以下この1において同じ。）の資格を取得した者が後期高齢者医療広域連合の被保険者の資格を有していたことがあるときは、当該後期高齢者医療広域連合に対し、当該後期高齢者医療広域連合が保存している当該加入者に係る健康診査又は保健指導に関する記録の写しを提供するよう求めることができるものとすること。（第二十七条第二項関係）
2　後期高齢者医療広域連合及び当該後期高齢者医療広域連合から高齢者保健事業の実施の委託を受けた市町村は、当該後期高齢者医療広域連合の被保険者の資格を取得した者があるときは、当該被保険者が加入していた保険者に対し、当該保険者が保存している当該被保険者に係る特定健康診査又は特定保健指導に関する記録の写しを提供するよ

う求めることができるものとすること。（第百二十五条の三第一項関係）

3　1又は2の規定により、健康診査若しくは保健指導に関する記録又は特定健康診査若しくは特定保健指導に関する記録の写しの提供を求められた後期高齢者医療広域連合又は保険者は、厚生労働省令で定めるところにより、当該記録の写しを提供しなければならないものとすること。（第二十七条第四項及び第百二十五条の三第四項関係）

三　その他所要の改正を行うこと。

第七　国民健康保険法の一部改正

一　未就学児に係る国民健康保険料等の被保険者均等割額の減額措置に関する事項

1　市町村は、政令で定めるところにより、一般会計から、六歳に達する日以後の最初の三月三十一日以前である被保険者について条例で定めるところにより行う保険料の減額賦課又は第八の一に規定する国民健康保険税の減額に基づき被保険者に係る保険料又は地方税法の規定による国民健康保険税につき減額した額の総額を基礎とし、国民健康保険の財政の状況その他の事情を勘案して政令で定めるところにより算定した額を当該市町村の国民健康保険に関する特別会計に繰り入れなければならないものとすること。（第七十二条の三の二第一項関係）

2　国は、政令で定めるところにより、1の規定による繰入金の二分の一に相当する額を負担するものとすること。（第七十二条の三の二第二項関係）

3　都道府県は、政令で定めるところにより、1の規定による繰入金の四分の一に相当する額を負担するものとすること。（第七十二条の三の二第三項関係）

二　財政安定化基金に関する事項

都道府県は、国民健康保険の医療に要する費用及び財政の見通しを勘案して国民健康保険事業費納付金の著しい上昇の抑制その他の都道府県等が行う国民健康保険の安定的な財政運営の確保のために必要があると認められる場合に、政令で定めるところにより、これに要する額として政令で定めるところにより算定した額の範囲内で財政安定化基金を取り崩し、当該都道府県の国民健康保険に関する特別会計に繰り入れることができるものとすること。（第八十一条の二第四項関係）

三　保健事業における健康診断等の情報の活用促進に関する事項市町村及び国民健康保険組合が実施する保健事業における健康診断等の情報の活用促進について、第二の三に準じた改正を行うこと。（第八十二条第二項から第四項まで関係）

四　都道府県国民健康保険運営方針に関する事項都道府県は、都道府県国民健康保険運営方針において、当該都道府県内の市町村における保険料の水準の平準化に関する事項を定めるとともに、当該都道府県及び当該都道府県内の市町村の国民健康保険に関する特別会計における財政の状況及びその見通しその他の事情を勘案し、当該都道府県内の市町村の国民健康保険に関する特別会計における財政の均衡を保つために必要な措置を定めるよう努めるものとすること。(第八十二条の二第二項及び第五項関係)

五　その他所要の改正を行うこと。

第八　地方税法の一部改正

一　市町村は、国民健康保険税の納税義務者の属する世帯内に六歳に達する日以後の最初の三月三十一日以前である被保険者がある場合には、政令で定める基準に従い当該市町村の条例で定めるところにより、当該納税義務者に対して課する被保険者均等割額を減額するものとすること。(第七百三条の五第二項関係)

二　その他所要の改正を行うこと。

第九　生活保護法の一部改正

一　電子資格確認及び受給者番号等の告知制限等に関する事項

1　電子資格確認に関する事項

(一)　被保護者は、医療の給付のうち、指定医療機関に委託して行うものを受けるときは、厚生労働省令で定めるところにより、当該指定医療機関から、電子資格確認その他厚生労働省令で定める方法により、医療扶助を受給する被保護者であることの確認を受けるものとすること。(第三十四条第五項関係)

(二)　(一)の「電子資格確認」とは、被保護者が、保護の実施機関に対し、個人番号カードに記録された利用者証明用電子証明書を送信する方法その他の厚生労働省令で定める方法により、被保護者の医療扶助の受給資格に係る情報(医療の給付に係る費用の請求に必要な情報を含む。)の照会を行い、電子情報処理組織を使用する方法その他の情報通信の技術を利用する方法により、保護の実施機関から回答を受けて当該情報を医療の給付を受ける医療機関に提供し、当該医療機関から医療扶助を受給する被保護者であることの確認を受けることをいうものとすること。(第三十四条第六項関係)

(三)　国、都道府県及び市町村並びに指定医療機関その他の関係者は、電子資格確認の仕組みの導入その他手続における情報通信の技術の利用の推進により、医療保険各法等その他医療に関する給付を定める法令の規定により行われる事務が円滑に実施されるよう、相互に連携を図りながら協力するものとすること。(第八十条の五関係)

2　受給者番号等の告知制限等に関する事項

(一)　厚生労働大臣、保護の実施機関、都道府県知事、市町村長、指定医療機関その他の保護の決定若しくは実施に関する事務若しくは被保護者健康管理支援事業の実施に関する事務又はこれらに関連する事務(以下この2において「保護の決定・実施に関する事務等」という。)の遂行のため受給者番号等(公費負担者番号(厚生労働大臣が保護の決定・実施に関する事務等において保護の実施機関を識別するための番号として、保護の実施機関ごとに定めるものをいう。)及び受給者番号(保護の実施機関が被保護者に係る情報を管理するための番号として、被保護者ごとに定めるものをいう。）をいう。以下この2及び第十一において同じ。）を利用する者として厚生労働省令で定める者（㈡において「厚生労働大臣等」という。）は、当該保護の決定・実施に関する事務等の遂行のため必要がある場合を除き、何人に対しても、その者又はその者以外の者に係る受給者番号等を告知することを求めてはならないものとすること。（第八十条の二第一項関係）

㈡ 厚生労働大臣等以外の者は、保護の決定・実施に関する事務等の遂行のため受給者番号等の利用が特に必要な場合として厚生労働省令で定める場合を除き、何人に対しても、その者又はその者以外の者に係る受給者番号等を告知することを求めてはならないものとすること。（第八十条の二第二項関係）

二 被保護者健康管理支援事業に関する事項

保護の実施機関は、被保護者健康管理支援事業の実施に関し必要があると認めるときは、市町村長その他厚生労働省令で定める者に対し、被保護者に対する健康増進法による健康増進事業の実施に関する情報その他厚生労働省令で定める必要な情報の提供を求めることができるものとすること。（第五十五条の八第二項関係）

三 支払基金等への事務の委託に関する事項

1 保護の実施機関は、医療の給付、被保護者健康管理支援事業の実施その他の厚生労働省令で定める事務に係る被保護者又は被保護者であった者に係る情報の収集若しくは整理又は利用若しくは提供に関する事務を、社会保険診療報酬支払基金（第十の一及び第十一において「支払基金」という。）又は国民健康保険団体連合会（第十一において「連合会」という。）に委託することができるものとすること。（第八十条の四第一項関係）

2 保護の実施機関は、1の規定により事務を委託する場合は、他の保護の実施機関、社会保険診療報酬支払基金法に規定する保険者及び法令の規定により医療に関する給付その他の事務を行う者であって厚生労働省令で定めるものと共同して委託するものとすること。（第八十条の四第二項関係）

四 その他所要の改正を行うこと。

第十 社会保険診療報酬支払基金法の一部改正

一 支払基金は、第九の三の1の規定により情報の収集若しくは整理又は利用若しくは提供に関する事務を委託されたときは、その収集若しくは整理又は利用若しくは提供に必要な事務を行うことができるものとすること。（第十五条第二項関係）

二 その他所要の改正を行うこと。

第十一 地域における医療及び介護の総合的な確保の促進に関する法律の一部改正

一 高齢者の医療の確保に関する法律の規定により厚生労働大

臣から委託を受けて医療保険等関連情報を収集する者、介護保険法の規定により厚生労働大臣から委託を受けて介護保険等関連情報を収集する者その他の保健医療等情報（法律の規定に基づき調査若しくは分析又は利用若しくは提供が行われる医療保険等関連情報、介護保険等関連情報その他の情報であってその調査若しくは分析又は利用若しくは提供が国民の保健医療の向上及び福祉の増進に資するものをいう。以下この一において同じ。）を収集する者（二において「連結情報照会者」という。）は、保健医療等情報を正確に連結するため、支払基金又は連合会に対し、当該保健医療等情報に係る生活保護法に規定する受給者番号等を提供した上で、保健医療等情報を正確に連結するために必要な情報として厚生労働省令で定めるものの提供を求めることができるものとすること。（第十二条第一項関係）

二　支払基金又は連合会は、一の規定による求めがあったときは、連結情報照会者に対し、生活保護法の規定により委託を受けて行う電子資格確認の事務に係る受給者番号等を利用し、一の厚生労働省令で定める情報を提供することができるものとすること。（第十二条第二項関係）

第十二　施行期日等

一　施行期日

この法律は、令和四年一月一日から施行するものとすること。ただし、次に掲げる事項は、それぞれ次に定める日から施行するものとすること。（附則第一条関係）

1　第九の二公布の日

2　第七の一及び二並びに第八令和四年四月一日

3　第二の四、第三の四、第四及び第五令和四年十月一日

4　第六の一令和四年十月一日から令和五年三月一日までの間において政令で定める日

5　第七の四令和六年四月一日

6　第九の一及び三、第十並びに第十一公布の日から起算して三年を超えない範囲内において政令で定める日

二　検討規定

1　政府は、この法律の公布後速やかに、全世代対応型の持続可能な社会保障制度を構築する観点から、社会保障制度の改革及び少子化に対処するための施策について、その実施状況の検証を行うとともに、総合的な検討に着手し、その検討の結果に基づいて速やかに法制の整備その他の必要な措置を講ずるものとすること。（附則第二条第一項関係）

2　政府は、この法律の施行後五年を目途として、この法律による改正後のそれぞれの法律の施行の状況等を勘案し、必要があると認めるときは、改正後の各法律の規定について検討を加え、その結果に基づいて必要な措置を講ずるものとすること。（附則第二条第二項関係）

三　経過措置等

この法律の施行に関し、必要な経過措置を定めるとともに、関係法律について所要の改正を行うものとすること。（附則第三条から第三十二条まで関係）

政治分野における男女共同参画の推進に関する法律の一部を改正する法律

2021年6月16日公布・施行

政治分野における男女共同参画の推進に関する法律（平成三十年法律第二十八号）の一部を次のように改正する。

第一条中「次条において」を「以下」に改める。

第二条に次の一項を加える。

4　政治分野における男女共同参画の推進は、政党その他の政治団体が自主的に取り組むほか、衆議院、参議院及び地方公共団体の議会並びに内閣府、総務省その他の関係行政機関等が適切な役割分担の下でそれぞれ積極的に取り組むことにより、行われるものとする。

第三条中「よう努めるものとする」を「責務を有する」に改める。

第四条中「ついて目標を定める等」を「係る目標の設定、当該政党その他の政治団体に所属する公職の候補者の選定方法の改善、公職の候補者となるにふさわしい能力を有する人材の育成、当該政党その他の政治団体に所属する公選による公職等にある者及び公職の候補者についての性的な言動、妊娠又は出産に関する言動等に起因する問題の発生の防止及び適切な解決その他の事項について」に改める。

第九条の見出しを「（その他の施策）」に改め、同条中「国は、」を「国及び地方公共団体は、第七条から前条までに定めるもののほか、第六条の規定による」に、「法制上又は財政上の措置その他の措置」を「施策」に改め、同条を第十一条とする。

第八条中「推進されるよう、」の下に「議会における審議を体験する機会の提供、公選による公職等としての活動に対する関心を深めこれに必要な知見を提供する講演会等の開催の推進その他の」を加え、「よう努める」を削り、同条を第十条とする。

第七条中「地方公共団体は、」の下に「議会における欠席事由の拡大をはじめとする公選による公職等としての活動と妊娠、出産、育児、介護等の家庭生活との円滑かつ継続的な両立を支援するための体制の整備その他の」を加え、「よう努める」を削り、同条を第八条とし、同条の次に次の一条を加える。

（性的な言動等に起因する問題への対応）

第九条　国及び地方公共団体は、政治分野における男女共同参画の推進に資するよう、公選による公職等にある者及び公職の候補者について、性的な言動、妊娠又は出産に関する言動等に起因する問題の発生の防止を図るとともに、当該問題の適切な解決を図るため、当該問題の発生の防止に資する研修の実施、当該問題に係る相談体制の整備その他の必要な施策を講ずるものとする。

第六条中「よう努める」を削り、同条を第七条とする。

第五条第一項中「資するよう、」の下に「その推進に当たって障壁となるような社会における制度、慣行、観念その他一切のもの（次項において「社会的障壁」という。）及び」を加え、「状況に関する」を「状況について、」に改め、「当該取組に関する」を削り、「次項及び第九条」を「同項及び第十一条」に改め、同条第二項中「地方公共団体における」の下に「社会的障壁及び当該取組の状況について、」を加え、同条を第六条とし、第四条の次に次の一条を加える。

（法制上の措置等）

第五条　国は、政治分野における男女共同参画の推進に関する施策を実施するため必要な法制上又は財政上の措置その他の措置を講ずるものとする。

附　則

この法律は、公布の日から施行する。

理　由

政治分野における男女共同参画をより一層推進するため、政党その他の政治団体が自主的に取り組むよう努める事項の例示として政党その他の政治団体に所属する公職の候補者の選定方法の改善等を規定するとともに、性的な言動等に起因する問題の発生の防止及び適切な解決を図るための必要な施策を講ずる旨の規定の新設その他の国及び地方公共団体の施策の強化等を行う必要がある。これが、この法律案を提出する理由である。

付属統計表

本書では、資料としてできる限りジェンダーの視点から国民のくらしや社会状況を図表で紹介しています。出典の多くを政府統計を基に作成しています。2020年は、新型コロナウイルスの蔓延があり、「国民生活基礎調査」が実施されませんでした。そのため、図表15〜36は更新をしていません。昨年まで掲載していた「制度別社会保障給付の推移」は、政府統計が今年度から詳細なクロス表となったため、これまでの単純な統計にすることができませんでした。そのため今年は、削除しました。

今年の特集は、テーマに添って「コロナ禍と女性」として内閣府男女共同参画局の「コロナ下の女性への影響と課題に関する研究会」が公表している統計資料の一部を掲載しました。消費税廃止各界連絡会作成の各国の付加価値税減税実施国、全国労働組合総連合女性部の2020年調査から一部を掲載しました。

ジェンダー統計として、本文とあわせてご活用ください。

付属統計表

4、農林・水産

5、労働

図表付-1　わが国の5歳階級人口ピラミッド（2020年10月1日現在）

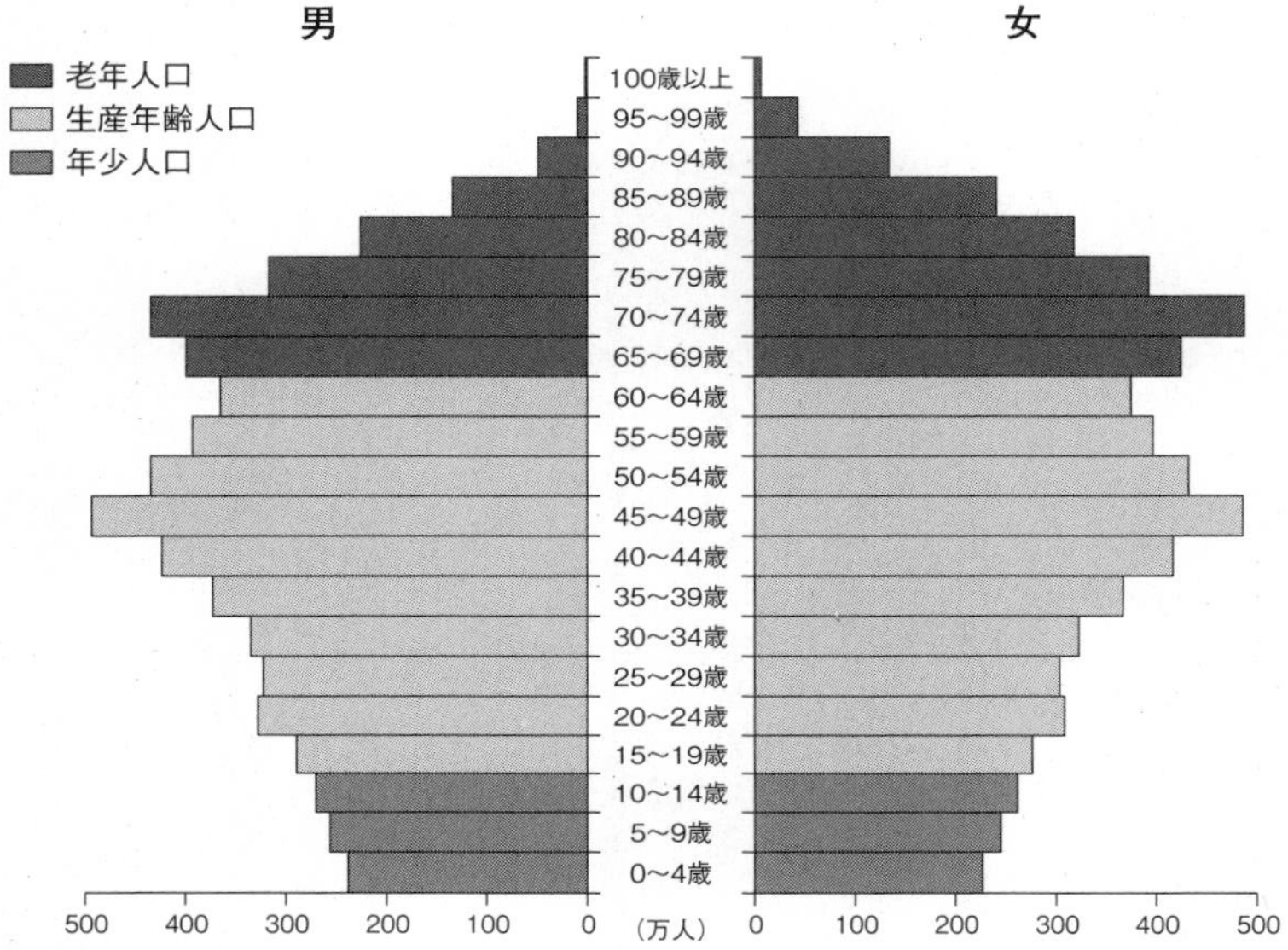

（注）2015年国勢調査人口に基づく推計人口。
資料出所：総務省統計局「人口推計」

図表付-2　年齢3区分別人口の推移

年次	総人口（千人）				年齢３区分割合（%）		
	総数	0～14歳	15～64歳	65歳以上	0～14歳	15～64歳	65歳以上
1960年	94,302	28,434	60,469	5,398	30.2	64.1	5.7
1970	104,665	25,153	72,119	7,393	24.0	68.9	7.1
1975	111,940	27,221	75,807	8,865	24.3	67.7	7.9
1980	117,060	27,507	78,835	10,647	23.5	67.4	9.1
1985	121,049	26,033	82,506	12,468	21.5	68.2	10.3
1990	123,611	22,486	85,904	14,895	18.2	69.7	12.1
1995	125,570	20,014	87,165	18,261	16.0	69.5	14.6
2000	126,926	18,472	86,220	22,005	14.6	68.1	17.4
2005	127,768	17,521	84,092	25,672	13.8	66.1	20.2
2010	128,057	16,803	81,032	29,246	13.2	63.8	23.0
2015	127,095	15,887	76,289	33,465	12.6	60.7	26.6
2016	126,933	15,780	76,562	34,591	12.4	60.3	27.3
2017	126,706	15,592	75,962	35,152	12.3	60.0	27.7
2018	126,443	15,415	75,451	35,578	12.2	59.7	28.1
2019	126,167	15,210	75,072	35,885	12.1	59.5	28.4
2020	125,708	15,025	74,492	36,191	12.0	59.3	28.8

（注）１．各年10月1日現在。総数には年齢不詳を含む。年齢3区分割合は年齢不詳を除いて算出。。
　　２．2016年以降は2015年国勢調査人口に基づく推計人口。
資料出所：総務省統計局「国勢調査」、「推計人口」（2016～2020年）

図表付-3　平均寿命（出生時の平均余命）の推移

（単位：年）

年次	女	男	男女差
1947年	53.96	50.06	3.90
1960	70.19	65.32	4.87
1970	74.66	69.31	5.35
1975	76.89	71.73	5.16
1980	78.76	73.35	5.41
1985	80.48	74.78	5.70
1990	81.90	75.92	5.98
1995	82.85	76.38	6.47
2000	84.60	77.72	6.88
2005	85.52	78.56	6.96
2010	86.30	79.55	6.75
2015	86.99	80.75	6.24
2016	87.14	80.98	6.16
2017	87.26	81.09	6.17
2018	87.32	81.25	6.06
2019	87.45	81.41	6.04

（注）1970年以前は沖縄県を含まない。
資料出所：厚生労働省「完全生命表」、「簡易生命表」（2016～2019年）

図表付-4　出生数および合計特殊出生率の推移

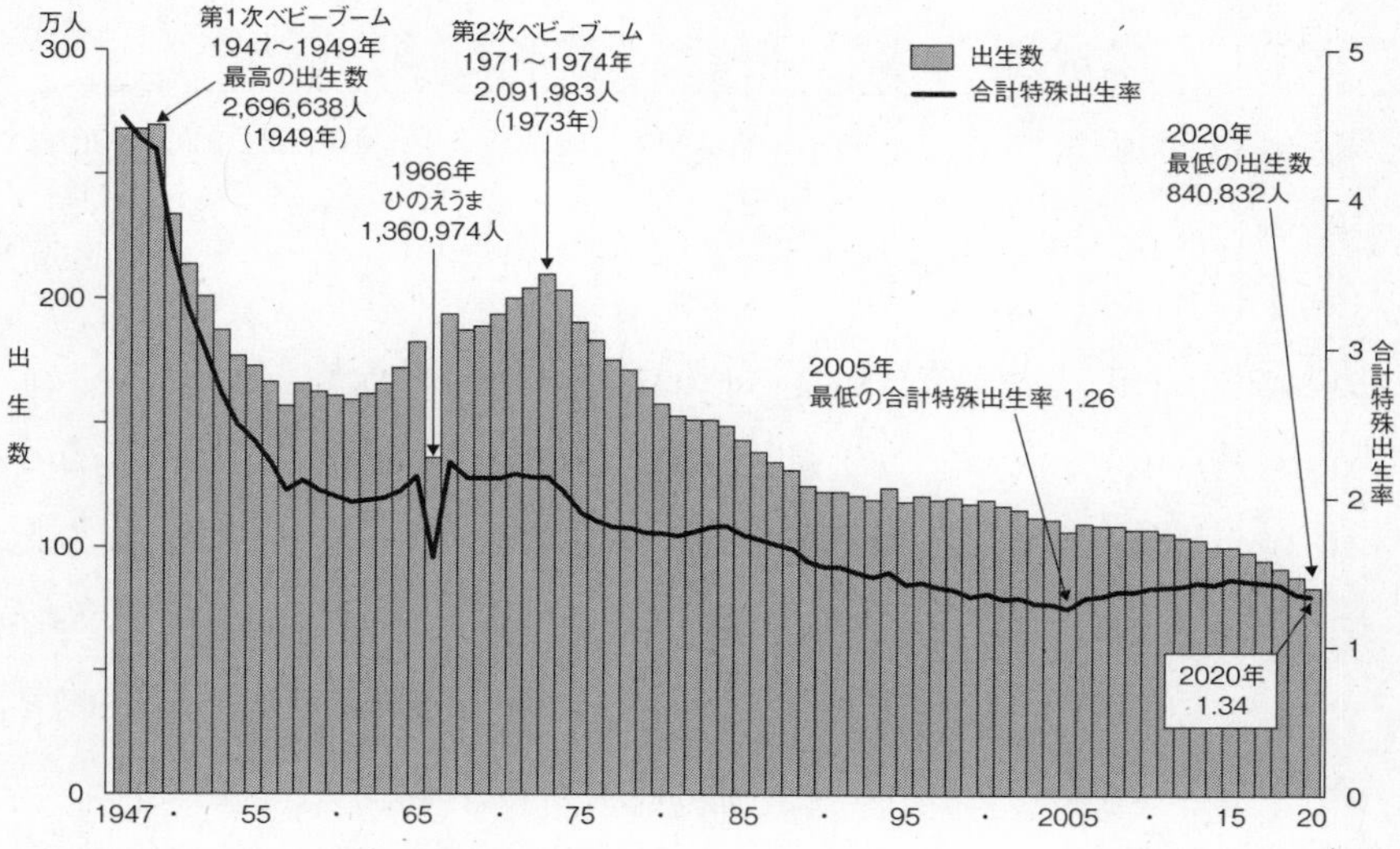

（注）1．1972年以前は沖縄県を含まない。2020年は概数。
　　　2．合計特殊出生率（期間合計特殊出生率）とは、その年次の15歳から49歳までの女性の年齢別出生率を合計したもので、1人の女性が仮にその年次の年齢別出生率で一生の間に生むとしたときの子ども数に相当する。
資料出所：厚生労働省「人口動態統計」

図表付-5　人口動態率の推移

年次	出生	死亡	自然増減	乳児死亡	新生児死亡	死産	周産期死亡	合計特殊出生率
	（人口千対）			（出生千対）		（出産千対）		
1947年	34.3	14.6	19.7	76.7	31.4	44.2	…	4.54
1960	17.2	7.6	9.6	30.7	17.0	100.4	…	2.00
1970	18.8	6.9	11.8	13.1	8.7	65.3	…	2.13
1980	13.6	6.2	7.3	7.5	4.9	46.8	20.2	1.75
1985	11.9	6.3	5.6	5.5	3.4	46.0	15.4	1.76
1990	10.0	6.7	3.3	4.6	2.6	42.3	11.1	1.54
1995	9.6	7.4	2.1	4.3	2.2	32.1	7.0	1.42
2000	9.5	7.7	1.8	3.2	1.8	31.2	5.8	1.36
2005	8.4	8.6	−0.2	2.8	1.4	29.1	4.8	1.26
2010	8.5	9.5	−1.0	2.3	1.1	24.2	4.2	1.39
2015	8.0	10.3	−2.3	1.9	0.9	22.0	3.7	1.45
2018	7.4	11.0	−3.6	1.9	0.9	20.9	3.3	1.42
2019	7.0	11.2	−4.2	1.9	0.9	22.0	3.4	1.36
2020	6.8	11.1	−4.3	1.8	0.8	20.1	3.2	1.34

（注）１．1970年以前は沖縄県を含まない。2020年は概数。
２．「乳児死亡」とは、生後１年未満の死亡、「新生児死亡」とは、乳児死亡のうち、生後４週未満の死亡をいう。
３．「死産」とは、妊娠満12週以後の死児の出産、「周産期死亡」とは、妊娠満22週以降の死産に早期（生後１週未満）新生児死亡を加えたものをいう。
４．周産期死亡率は周産期死亡数を出産数（妊娠満22週以後の死産数に出生数を加えたもの）で除している。
５．「合計特殊出生率」（期間合計特殊出生率）とは、その年次の15歳から49歳までの女性の年齢別出生率を合計したもので、１人の女性が仮にその年次の年齢別出生率で一生の間に生むとしたときの子ども数に相当する。

資料出所：厚生労働省「人口動態統計」

図表付-6　母の年齢階級別出生数の推移

母の年齢	1975年	1985	1995	2005	2015	2018	2019	2020
総　数	1,901,440	1,431,577	1,187,064	1,062,530	1,005,721	918,400	865,239	840,832
15歳未満	9	23	37	42	39	37	40	6,948
15〜19	15,990	17,854	16,075	16,531	11,891	8,741	7,742	
20〜24	479,041	247,341	193,514	128,135	84,465	77,023	72,092	66,750
25〜29	1,014,624	682,885	492,714	339,328	262,266	233,754	220,933	217,802
30〜34	320,060	381,466	371,773	404,700	364,887	334,906	312,582	303,434
35〜39	62,663	93,501	100,053	153,440	228,302	211,021	201,010	196,322
40〜44	8,727	8,224	12,472	19,750	52,561	51,258	49,191	47,899
45〜49	312	244	414	564	1,256	1,591	1,593	1,676
50歳以上	7	1	−	34	52	68	56	

（注）総数には年齢不詳を含む。2020年は概数。
資料出所：厚生労働省「人口動態統計」

図表付-7　合計特殊出生率の推移（年齢階級別）

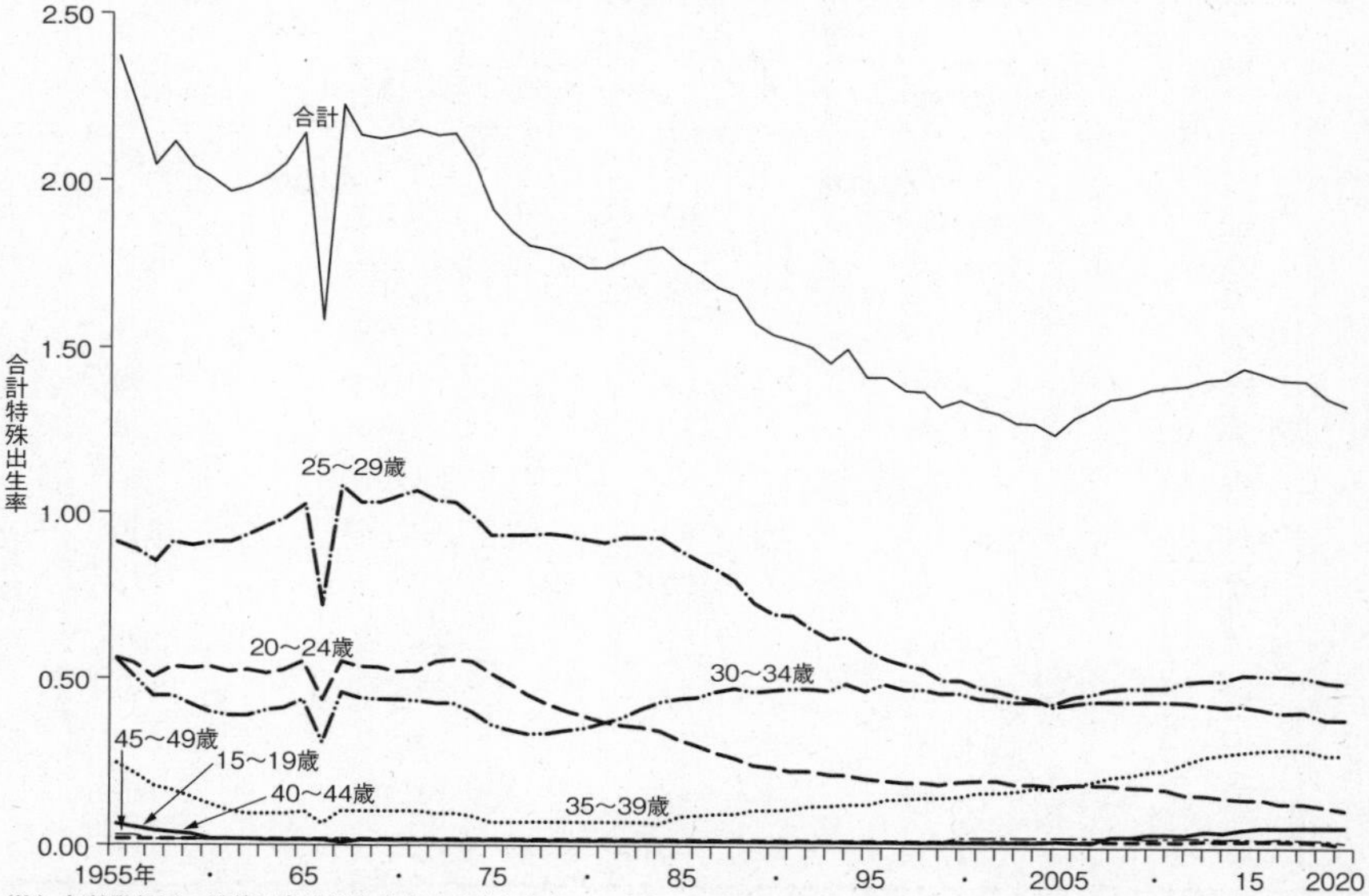

（注）年齢階級別の数値は各歳別出生率を合計したものであり、15歳及び49歳にはそれぞれ14歳以下、50歳以上を含んでいる。
資料出所：厚生労働省「人口動態統計」

図表付-8　出生順位別母の平均年齢の推移

（単位：歳）

年次	総　数	第１子	第２子	第３子
1960年	27.6	25.4	27.8	29.9
1970	27.5	25.6	28.3	30.6
1980	28.1	26.4	28.7	30.6
1985	28.6	26.7	29.1	31.4
1990	28.9	27.0	29.5	31.8
1995	29.1	27.5	29.8	32.0
2000	29.6	28.0	30.4	32.3
2005	30.4	29.1	31.0	32.6
2010	31.2	29.9	31.8	33.2
2015	31.8	30.7	32.5	33.5
2018	32.0	30.7	32.7	33.7
2019	32.0	30.7	32.7	33.8
2020	…	30.7	…	…

（注）１．1970年以前は沖縄県を含まない。2020年は概数。
　　　２．総数は第4子以上を含む平均年齢である。
資料出所：厚生労働省「人口動態統計」

図表付-9　婚姻・離婚件数の推移

年次	婚姻		離婚	
	件数（組）	率（人口千対）	件数（組）	率（人口千対）
1947年	934,170	12.0	79,551	1.02
1960	866,115	9.3	69,410	0.74
1970	1,029,405	10.0	95,937	0.93
1980	774,702	6.7	141,689	1.22
1985	735,850	6.1	166,640	1.39
1990	722,138	5.9	157,608	1.28
1995	791,888	6.4	199,016	1.60
2000	798,138	6.4	264,246	2.10
2005	714,265	5.7	261,917	2.08
2010	700,222	5.5	251,379	1.99
2015	635,225	5.1	226,238	1.81
2018	586,481	4.7	208,333	1.68
2019	599,007	4.8	208,496	1.69
2020	525,490	4.3	193,251	1.57

（注）1970年以前は沖縄県を含まない。2020年は概数。
資料出所：厚生労働省「人口動態統計」

図表付-10　平均婚姻年齢の推移

（単位：歳）

年次	全婚姻		初婚	
	妻	夫	妻	夫
1975年	25.2	27.8	24.7	27.0
1980	25.9	28.7	25.2	27.8
1985	26.4	29.3	25.5	28.2
1990	26.9	29.7	25.9	28.4
1995	27.3	29.8	26.3	28.5
2000	28.2	30.4	27.0	28.8
2005	29.4	31.7	28.0	29.8
2010	30.3	32.5	28.8	30.5
2015	31.1	33.3	29.4	31.1
2018	31.2	33.5	29.4	31.1
2019	31.4	33.6	29.6	31.2
2020	…	…	29.4	31.0

（注）2020年は概数。
資料出所：厚生労働省「人口動態統計」

図表付－11　同居期間別離婚件数の推移（1）

同居期間	1985年	1995	2005	2015	2018	2019	2020	対前年増加率（%）
総数	166,640	199,016	261,917	226,238	208,333	208,496	193,251	－7.3
5年未満	56,442	76,710	90,885	71,729	64,862	63,826	58,839	－7.8
1年未満	12,656	14,893	16,558	13,865	12,327	11,834	10,972	－7.3
1～2	12,817	18,081	20,159	16,272	14,623	14,513	13,399	－7.7
2～3	11,710	16,591	19,435	15,352	14,146	13,634	12,586	－7.7
3～4	10,434	14,576	18,144	13,810	12,588	12,612	11,626	－7.8
4～5	8,825	12,569	16,589	12,430	11,178	11,233	10,256	－8.7
5～10	35,338	41,185	57,562	47,086	40,863	40,052	36,570	－8.7
10～15	32,310	25,308	35,093	31,112	27,597	27,220	25,556	－6.1
15～20	21,528	19,153	24,885	23,942	22,460	22,629	21,008	－7.2
20年以上	20,434	31,877	40,395	38,648	38,537	40,396	38,980	－3.5
20～25	12,706	17,847	18,401	17,051	17,125	17,827	17,320	－2.8
25～30	4,827	8,684	10,747	10,014	10,247	10,924	10,517	－3.7
30～35	1,793	3,506	6,453	5,315	5,031	5,283	5,035	－4.7
35年以上	1,108	1,840	4,794	6,268	6,134	6,362	6,108	－4.0
不詳	588	4,783	13,097	13,721	14,014	14,373	12,298	－14.4

（注）「同居期間」は結婚生活に入ってから同居をやめたときまでの期間。2020年は概数。
資料出所：厚生労働省「人口動態統計」

図表付-12　同居期間別離婚件数の推移（2）

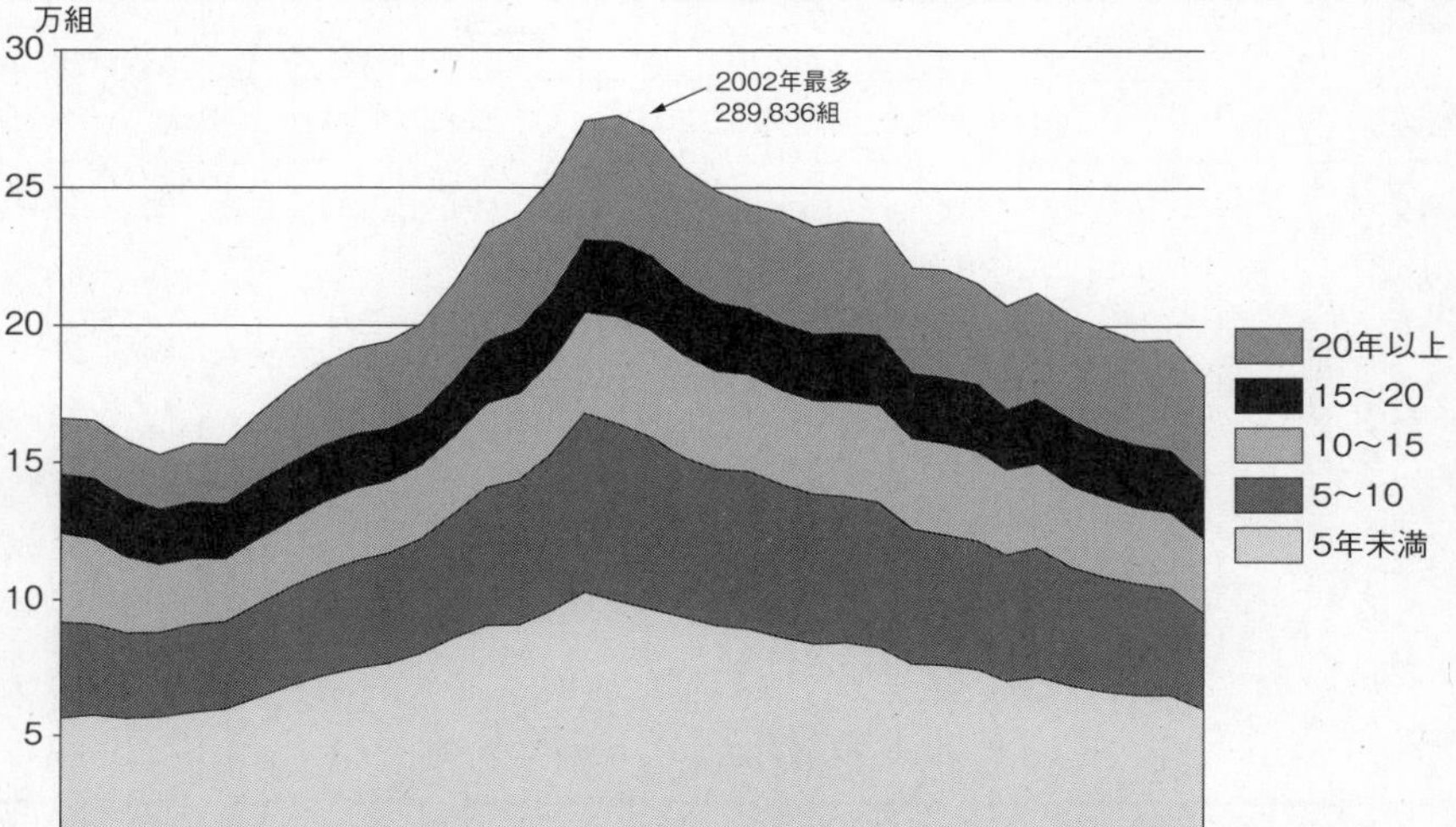

（注）2020年は概数。
資料出所：厚生労働省「人口動態統計」

図表付-13　性、死因順位別死亡数・死亡率（2020年）

女			男		
死亡順位、死因	死亡数	死亡率（人口10万対）	死亡順位、死因	死亡数	死亡率（人口10万対）
全死因	665,898	1,051.7	全死因	706,750	1,179.2
1　悪性新生物〈腫瘍〉	157,391	248.6	1　悪性新生物〈腫瘍〉	220,965	368.7
2　心疾患（高血圧性を除く）	106,271	167.8	2　心疾患（高血圧性を除く）	99,247	165.6
3　老衰	96,658	152.7	3　脳血管疾患	50,376	84.0
4　脳血管疾患	52,580	83.0	4　肺炎	44,898	74.9
5　肺炎	33,547	53.0	5　老衰	35,777	59.7
6　誤嚥性肺炎	17,665	27.9	6　誤嚥性肺炎	25,081	41.8
7　不慮の事故	16,164	25.5	7　不慮の事故	21,905	36.5
8　アルツハイマー病	13,608	21.5	8　腎不全	13,960	23.3
9　血管性及び詳細不明の認知症	13,167	20.8	9　自殺	13 576	22.7
10　腎不全	12,986	20.5	10　慢性閉塞性肺疾患（COPD）	13 466	22.5

（注）月報年計による概数。
資料出所：厚生労働省「人口動態統計」

図表付-14　人口動態率の国際比較

国名	出生率（人口千対）		死亡率（人口千対）		乳児死亡率（出生千対）		婚姻率（人口千対）		離婚率（人口千対）		合計特殊出生率	
日本	2020)	*6.8	'20)	*11.1	'20)	*1.8	'20)	*4.3	'20)	*1.57	'20)	1.34
韓国	'19)	5.9	'19)	5.7	'19)	2.7	'20)	4.2	'20)	2.1	'19)	0.92
シンガポール	'20)	8.5	'20)	5.2	'20)	1.8	'19)	5.9	'19)	1.9	'20)	1.1
アメリカ	'19)	11.4	'19)	8.7	'19)	5.6	'19)	6.1	'19)	*2.7	'19)	1.71
フランス	'18)	11.1	'18)	9.2	'18)	3.6	'18)	*3.5	'16)	1.93	'19)	*1.86
ドイツ	'19)	9.4	'19)	11.3	'18)	3.2	'18)	5.4	'18)	1.79	'19)	1.54
イタリア	'18)	7.3	'18)	10.5	'18)	2.8	'18)	3.2	'18)	1.46	'19)	1.27
スウェーデン	'18)	11.4	'18)	9.1	'18)	2.0	'18)	5.0	'18)	2.47	'19)	1.71
イギリス	'19)	10.7	'19)	9.0	'18)	3.9	'16)	4.4	'17)	1.68	'18)	1.68

（注）＊印は暫定値。
資料出所：1．厚生労働省「人口動態統計月報年計（概数）」
2．韓国統計庁資料
3．国連統計部（UNSD），Demographic Yearbook 2019
4．アメリカ全国保健統計センター（National Center for Health Statistics）資料
5．欧州連合統計局（Eurostat）資料
6．シンガポール統計局資料

図表付-15　世帯人員別世帯数と平均世帯人員の推移

（単位：千世帯）

年次	総数	１人世帯	２人世帯	３人世帯	４人世帯	５人世帯	６人以上の世帯	平均世帯人員(人)
1975年	32,877	5,991	5,078	5,982	8,175	4,205	3,446	3.35
1980	35,338	6,402	5,983	6,274	9,132	4,280	3,268	3.28
1985	37,226	6,850	6,895	6,569	9,373	4,522	3,017	3.22
1990	40,273	8,446	8,542	7,334	8,834	4,228	2,889	3.05
1995	40,770	9,213	9,600	7,576	7,994	3,777	2,611	2.91
2000	45,545	10,988	11,968	8,767	8,211	3,266	2,345	2.76
2005	47,043	11,580	13,260	9,265	7,499	3,250	2,189	2.68
2010	48,638	12,386	14,237	10,016	7,476	2,907	1,616	2.59
2015	50,361	13,517	15,765	9,927	7,242	2,617	1,294	2.49
2017	50,425	13,613	15,901	9,753	7,420	2,557	1,181	2.47
2018	50,991	14,125	16,212	9,922	7,167	2,482	1,084	2.44
2019	51,785	14,907	16,579	10,217	6,776	2,248	1,058	2.39

（注）1995年は兵庫県を除く。
資料出所：厚生労働省「国民生活基礎調査」

図表付-16　世帯人員別世帯数（構成割合）の推移

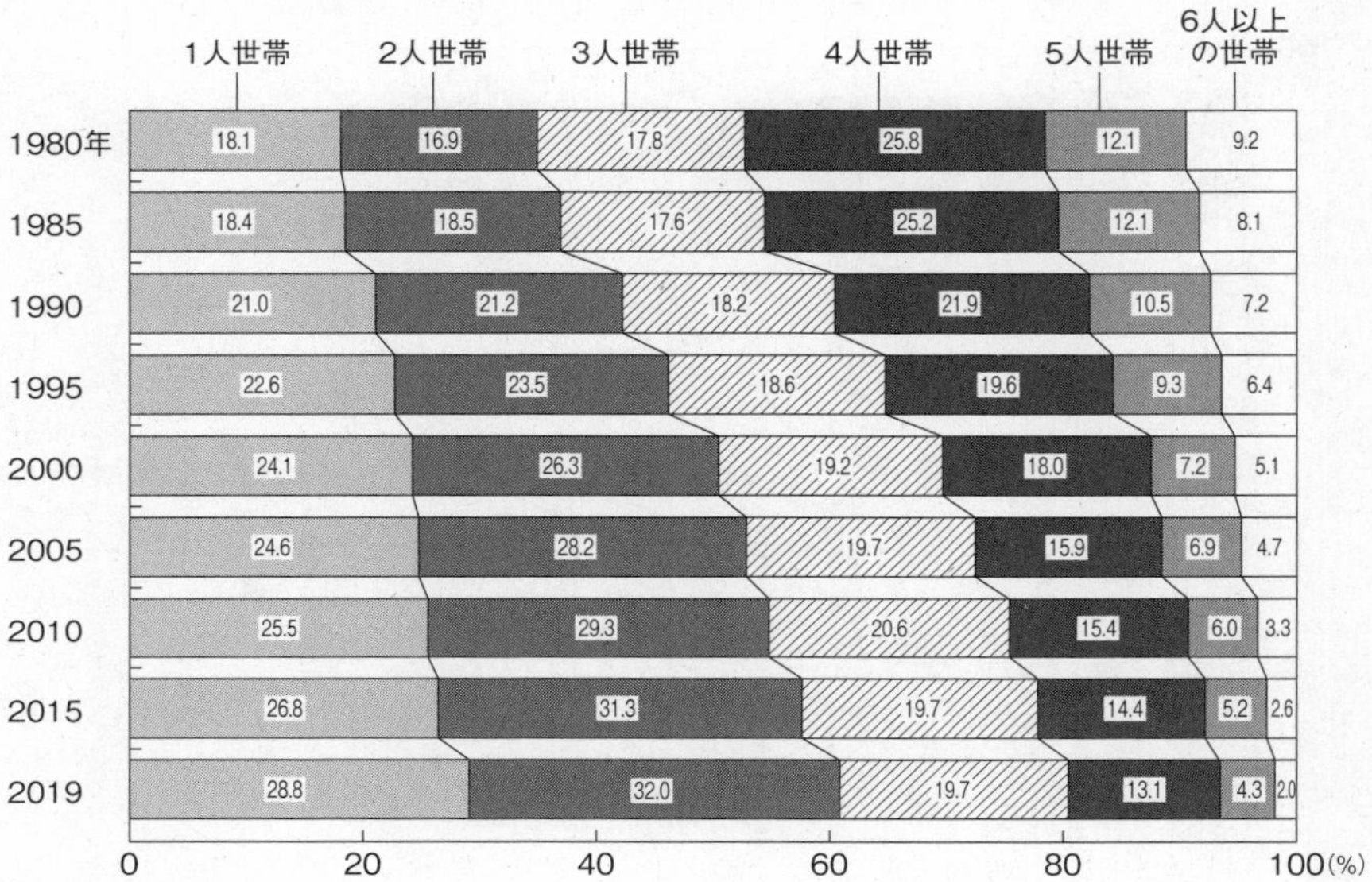

（注）1995年は兵庫県を除く。
資料出所：厚生労働省「国民生活基礎調査」

図表付-17　世帯構造別世帯数の推移

（単位：千世帯）

年次	総数	単独世帯	核家族世帯	夫婦のみの世帯	夫婦と未婚の子のみの世帯	ひとり親と未婚の子のみの世帯	三世代世帯	その他の世帯
1975年	32,877	5,991	19,304	3,877	14,043	1,385	5,548	2,034
1980	35,338	6,402	21,318	4,619	15,220	1,480	5,714	1,904
1985	37,226	6,850	22,744	5,423	15,604	1,718	5,672	1,959
1990	40,273	8,446	24,154	6,695	15,398	2,060	5,428	2,245
1995	40,770	9,213	23,997	7,488	14,398	2,112	5,082	2,478
2000	45,545	10,988	26,938	9,422	14,924	2,592	4,823	2,796
2005	47,043	11,580	27,872	10,295	14,609	2,968	4,575	3,016
2010	48,638	12,386	29,097	10,994	14,922	3,180	3,835	3,320
2015	50,361	13,517	30,316	11,872	14,820	3,624	3,264	3,265
2017	50,425	13,613	30,632	12,096	14,891	3,645	2,910	3,270
2018	50,991	14,125	30,804	12,270	14,851	3,683	2,720	3,342
2019	51,785	14,907	30,973	12,639	14,718	3,616	2,627	3,278

（注）1995年は兵庫県を除く。
資料出所：厚生労働省「国民生活基礎調査」

図表付-18　世帯構造別世帯数（構成割合）の推移

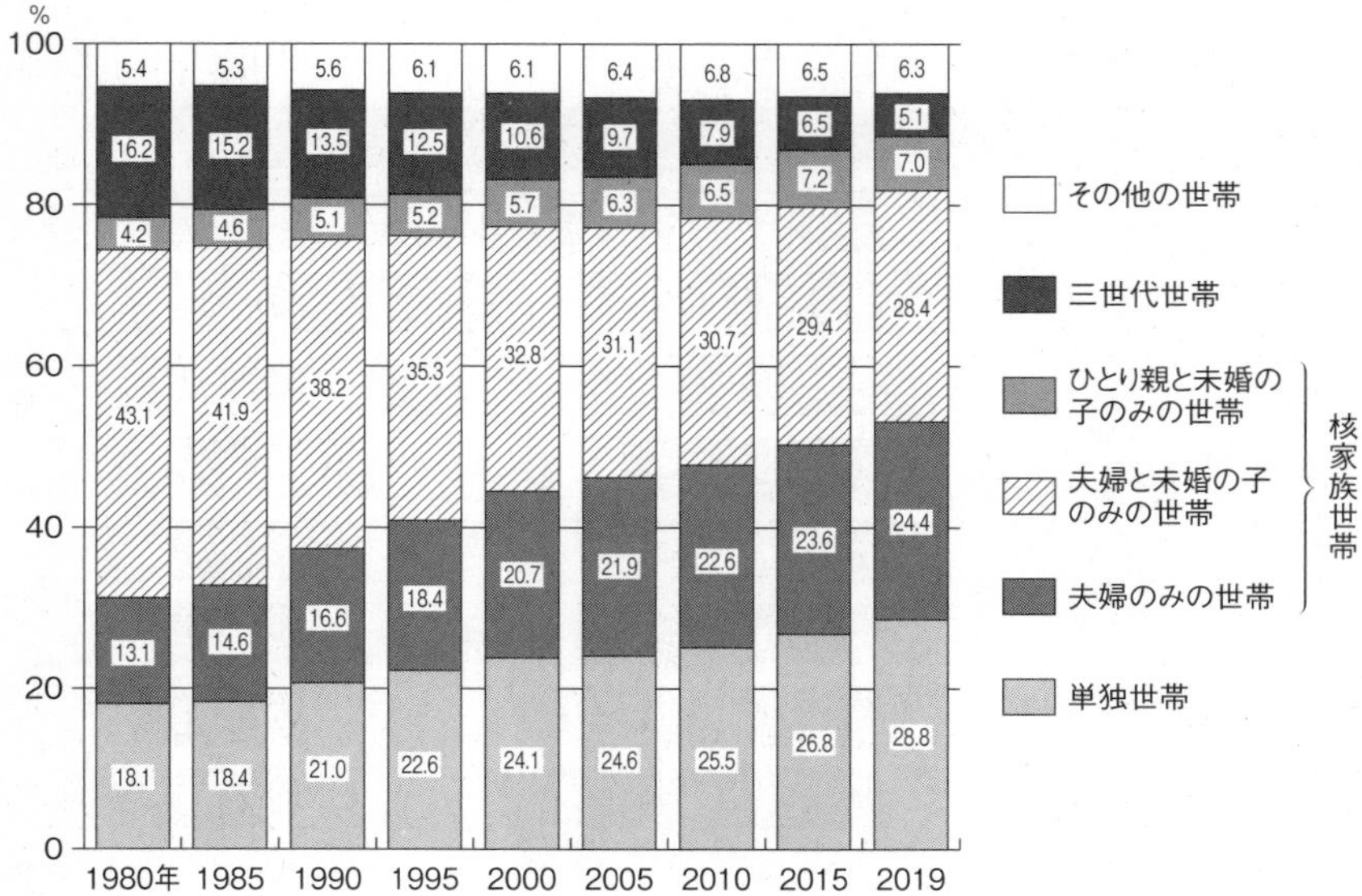

（注）1995年は兵庫県を除く。
資料出所：厚生労働省「国民生活基礎調査」

図表付-19　世帯類型別世帯数の推移

年次	推計数（千世帯）					構成割合（%）			
	総数	高齢者世帯	母子世帯	父子世帯	その他の世帯	高齢者世帯	母子世帯	父子世帯	その他の世帯
1975年	32,877	1,089	374	65	31,349	3.3	1.1	0.2	95.4
1980	35,338	1,684	439	95	33,121	4.8	1.2	0.3	93.7
1985	37,226	2,192	508	99	34,427	5.9	1.4	0.3	92.5
1990	40,273	3,113	543	102	36,515	7.7	1.3	0.3	90.7
1995	40,770	4,390	483	84	35,812	10.8	1.2	0.2	87.8
2000	45,545	6,261	597	83	38,604	13.7	1.3	0.2	84.8
2005	47,043	8,349	691	79	37,924	17.7	1.5	0.2	80.6
2010	48,638	10,207	708	77	37,646	21.0	1.5	0.2	77.4
2015	50,361	12,714	793	78	36,777	25.2	1.6	0.2	73.0
2017	50,425	13,223	767	97	36,338	26.2	1.5	0.2	72.1
2018	50,991	14,063	662	82	36,184	27.6	1.3	0.2	71.0
2019	51,785	14,878	644	76	36,187	28.7	1.2	0.1	69.9

（注）1.「高齢者世帯」とは、65歳以上の者のみで構成するか、又はこれに18歳未満の者が加わった世帯をいう。
2.「母子世帯」とは、死別・離別・その他の理由で、現に配偶者がいない65歳未満の女と20歳未満のその子のみで構成している世帯をいう。
3.「父子世帯」とは、死別・離別・その他の理由で、現に配偶者のいない65歳未満の男と20歳未満のその子のみで構成している世帯をいう。
4.1995年は兵庫県を除く。
資料出所：厚生労働省「国民生活基礎調査」

図表付-20　世帯構造別高齢者世帯数の推移（1）

年次	総数	単独世帯	女	男	夫婦のみの世帯	その他の世帯
		推計数（単位：千世帯）				
1975年	1,089	611	473	138	443	36
1980	1,684	910	718	192	722	52
1985	2,192	1,131	913	218	996	65
1990	3,113	1,613	1,318	295	1,400	100
1995	4,390	2,199	1,751	449	2,050	141
2000	6,261	3,079	2,398	682	2,982	199
2005	8,349	4,069	3,059	1,010	4,071	209
2010	10,207	5,018	3,598	1,420	4,876	313
2015	12,714	6,243	4,292	1,951	5,998	473
2017	13,223	6,274	4,228	2,046	6,435	514
2018	14,063	6,830	4,604	2,226	6,648	585
2019	14,878	7,369	4,793	2,577	6,938	571
		構成割合（単位：%）				
1975年	100.0	56.0	43.4	12.6	40.7	3.3
1980	100.0	54.0	42.7	11.4	42.9	3.1
1985	100.0	51.6	41.7	9.9	45.4	3.0
1990	100.0	51.8	42.3	9.5	45.0	3.2
1995	100.0	50.1	39.9	10.2	46.7	3.2
2000	100.0	49.2	38.3	10.9	47.6	3.2
2005	100.0	48.7	36.6	12.1	48.8	2.5
2010	100.0	49.2	35.3	13.9	47.8	3.1
2015	100.0	49.1	33.8	15.3	47.2	3.7
2017	100.0	47.4	32.0	15.5	48.7	3.9
2018	100.0	48.6	32.7	15.8	47.3	4.2
2019	100.0	49.5	32.2	17.3	46.6	3.8

（注）1995年は兵庫県を除く。
資料出所：厚生労働省「国民生活基礎調査」

図表付-21　世帯構造別高齢者世帯数の推移(2)

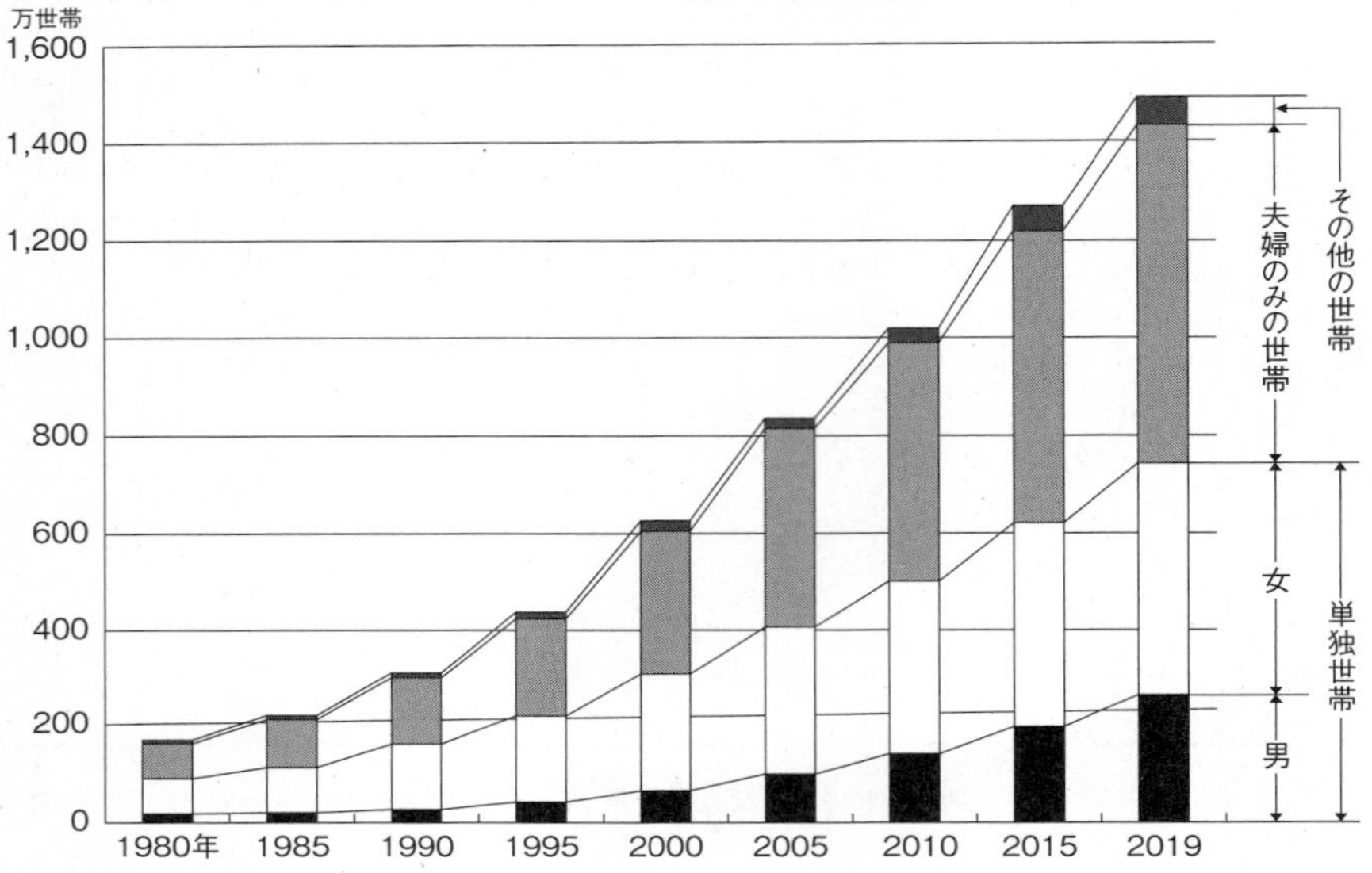

（注）1995年は兵庫県を除く。
資料出所：厚生労働省「国民生活基礎調査」

図表付-22　性、年齢階級別高齢単独世帯の構成割合の推移

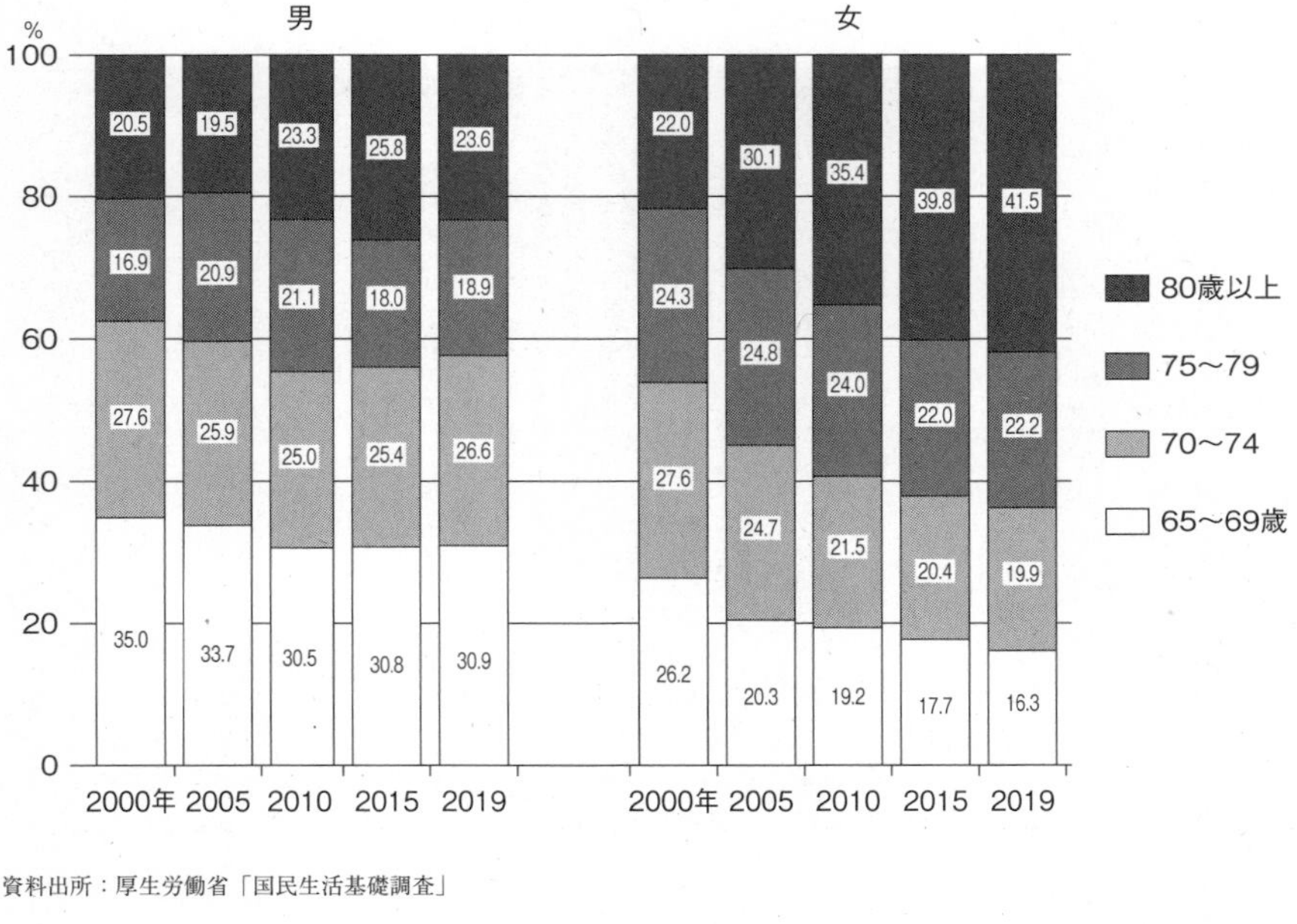

資料出所：厚生労働省「国民生活基礎調査」

図表付-23　世帯構造別65歳以上の者のいる世帯数の推移

（単位：千世帯）

年次	総数	全世帯に占める割合（%）	単独世帯	夫婦のみの世帯	いずれかが65歳未満	ともに65歳以上	親と未婚の子のみの世帯	三世代世帯	その他の世帯	65歳以上の者のみの世帯（再掲）
1975年	7,118	(21.7)	611	931	487	443	683	3,871	1,023	1,069
1980	8,495	(24.0)	910	1,379	657	722	891	4,254	1,062	1,659
1985	9,400	(25.3)	1,131	1,795	799	996	1,012	4,313	1,150	2,171
1990	10,816	(26.9)	1,613	2,314	914	1,400	1,275	4,270	1,345	3,088
1995	12,695	(31.1)	2,199	3,075	1,024	2,050	1,636	4,232	1,553	4,370
2000	15,647	(34.4)	3,079	4,234	1,252	2,982	2,268	4,141	1,924	6,240
2005	18,532	(39.4)	4,069	5,420	1,349	4,071	3,010	3,947	2,088	8,337
2010	20,705	(42.6)	5,018	6,190	1,314	4,876	3,837	3,348	2,313	10,188
2015	23,724	(47.1)	6,243	7,469	1,471	5,998	4,704	2,906	2,402	12,688
2017	23,787	(47.2)	6,274	7,731	1,297	6,435	4,734	2,621	2,427	13,197
2018	24,927	(48.9)	6,830	8,045	1,397	6,648	5,122	2,493	2,437	14,041
2019	25,584	(49.4)	7,369	8,270	1,332	6,938	5,119	2,404	2,423	14,856

（注）1995年は兵庫県を除く。
資料出所：厚生労働省「国民生活基礎調査」

図表付-24　世帯構造別65歳以上の者のいる世帯数の構成割合の推移

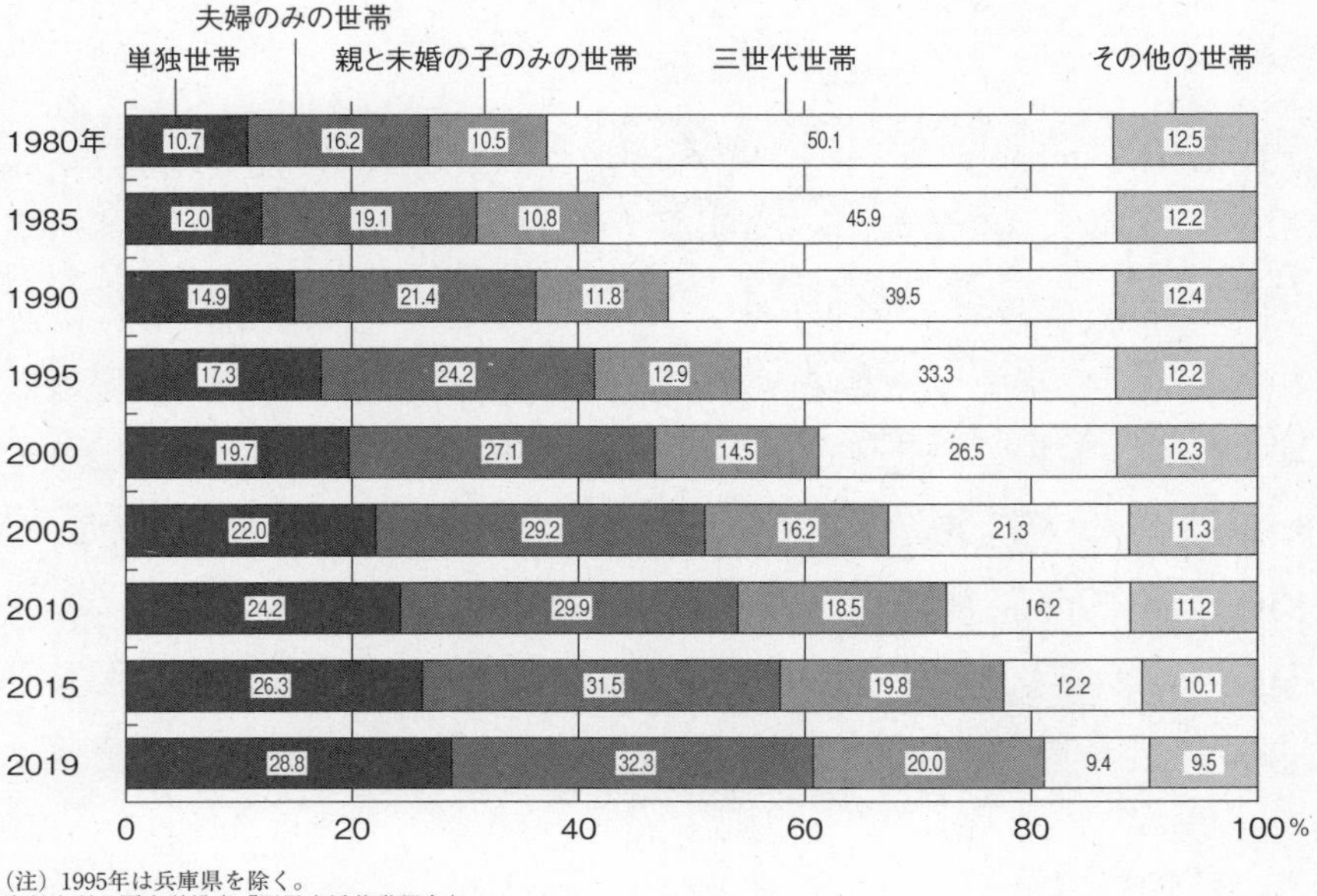

（注）1995年は兵庫県を除く。
資料出所：厚生労働省「国民生活基礎調査」

図表付-25　児童の有（児童数）無別世帯数と平均児童数の推移

（単位：千世帯）

年次	総数	児童のいる世帯	1人	2人	3人	4人以上	児童のいない世帯	児童のいる世帯の平均児童数(人)
1975年	32,877	17,427	6,578	8,089	2,401	360	15,450	1.81
1980	35,338	17,630	6,251	8,568	2,497	315	17,708	1.83
1985	37,226	17,385	6,174	8,417	2,520	274	19,841	1.83
1990	40,273	15,573	5,803	7,176	2,348	247	24,700	1.81
1995	40,770	13,586	5,495	5,854	1,999	238	27,183	1.78
2000	45,545	13,060	5,485	5,588	1,768	219	32,485	1.75
2005	47,043	12,366	5,355	5,323	1,480	208	34,677	1.72
2010	48,638	12,324	5,514	5,181	1,433	195	36,314	1.70
2015	50,361	11,817	5,487	4,779	1,338	213	38,545	1.69
2017	50,425	11,734	5,202	4,937	1,381	213	38,691	1.71
2018	50,991	11,267	5,117	4,551	1,408	191	39,724	1.71
2019	51,785	11,221	5,250	4,523	1,250	198	40,564	1.68

（注）１．「児童のいる世帯」とは、18歳未満の未婚の者が同居している世帯をいう。
　　　２．1995年は兵庫県を除く。
資料出所：厚生労働省「国民生活基礎調査」

図表付-26　児童の有（児童数）無別世帯数の構成割合の推移

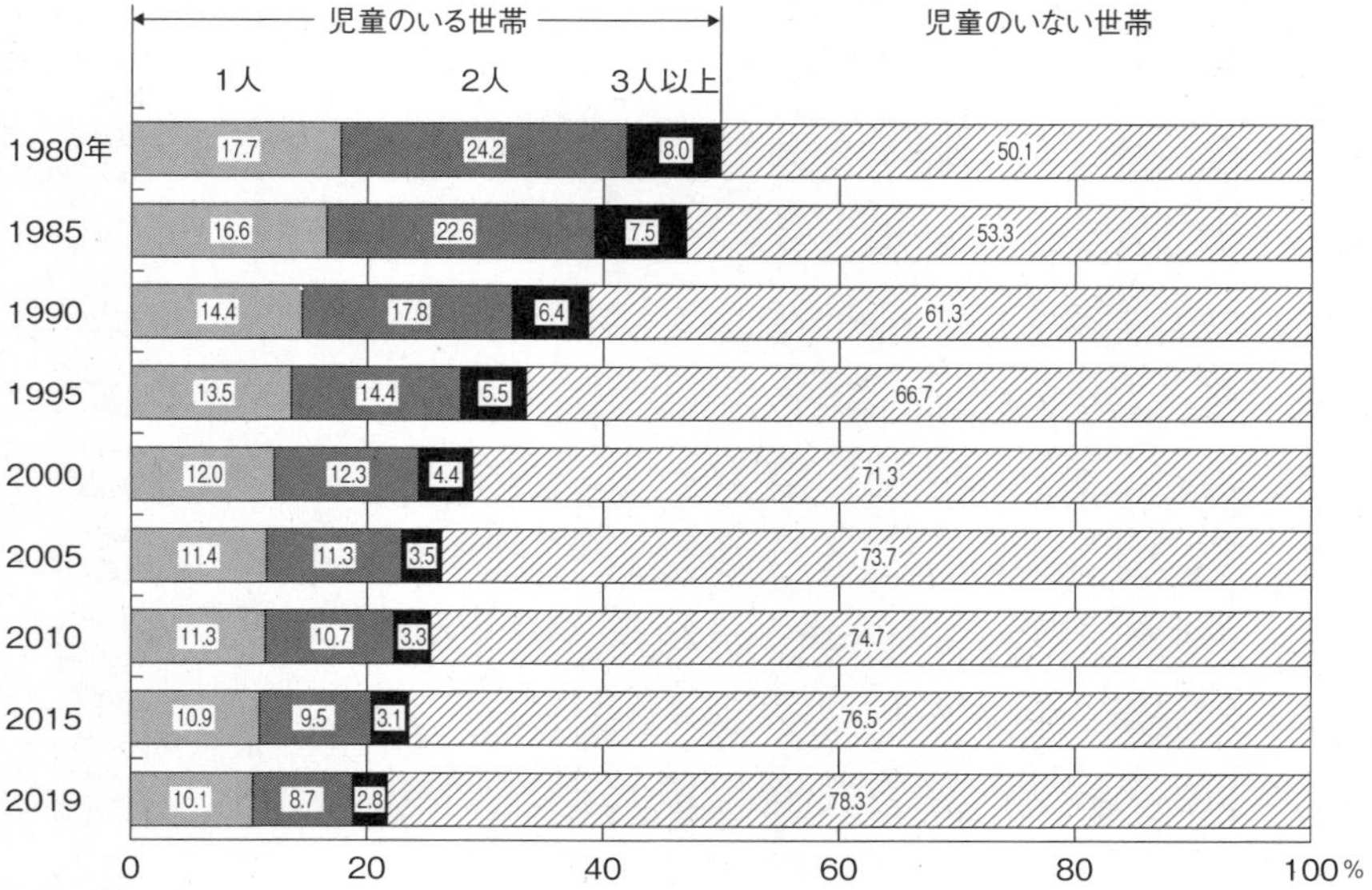

（注）1995年は兵庫県を除く。
資料出所：厚生労働省「国民生活基礎調査」

図表付-27　児童のいる世帯の末子の母の仕事の有無別構成割合の推移

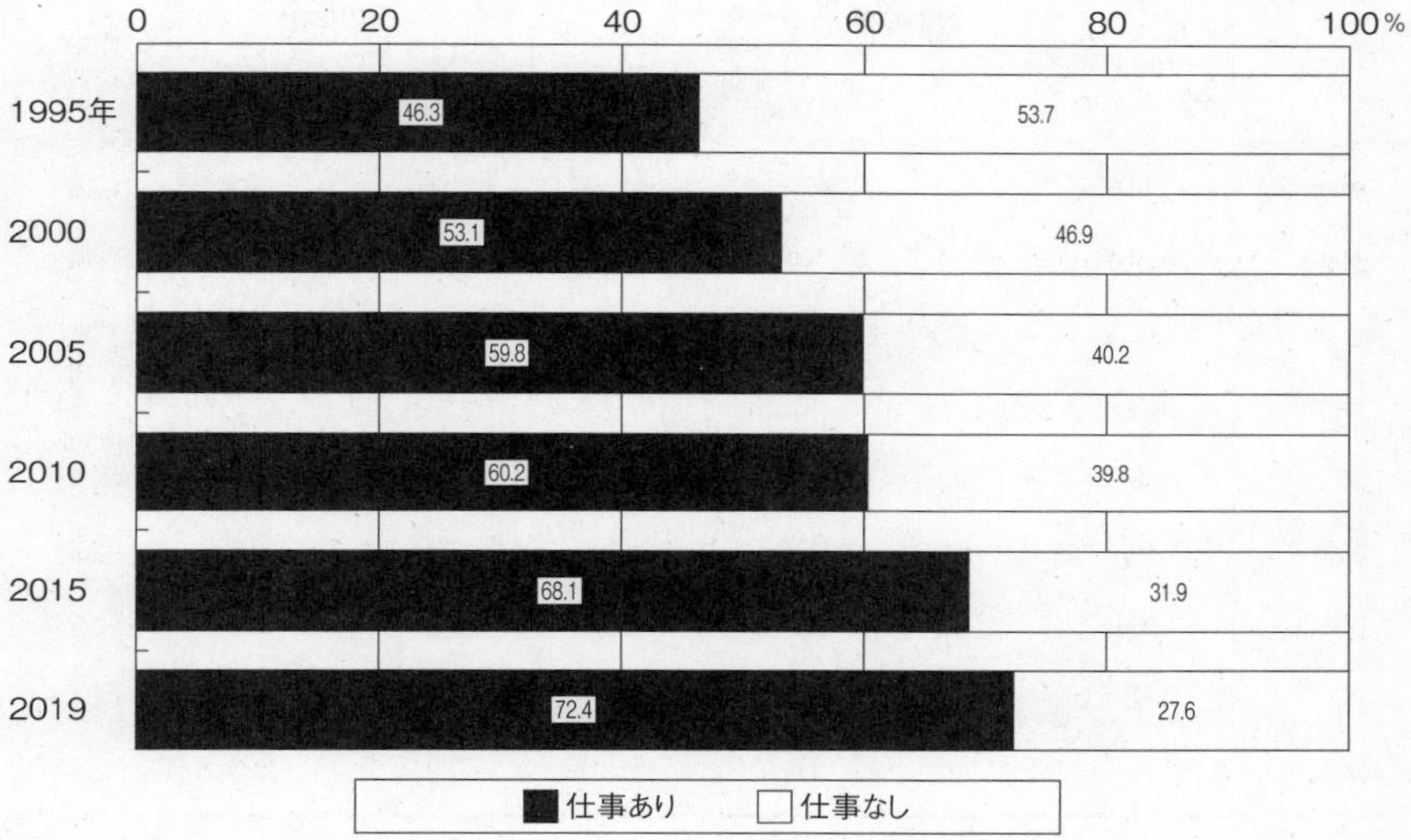

(注) 1.「母子世帯」を含む。
2.「母のいない世帯」及び「母の仕事の有無不詳の世帯」は除く。
3. 1995年は兵庫県を除く。
資料出所：厚生労働省「国民生活基礎調査」

図表付-28　末子の年齢階級、仕事の有無、正規・非正規等別児童のいる世帯の末子の母の構成割合（2019年）

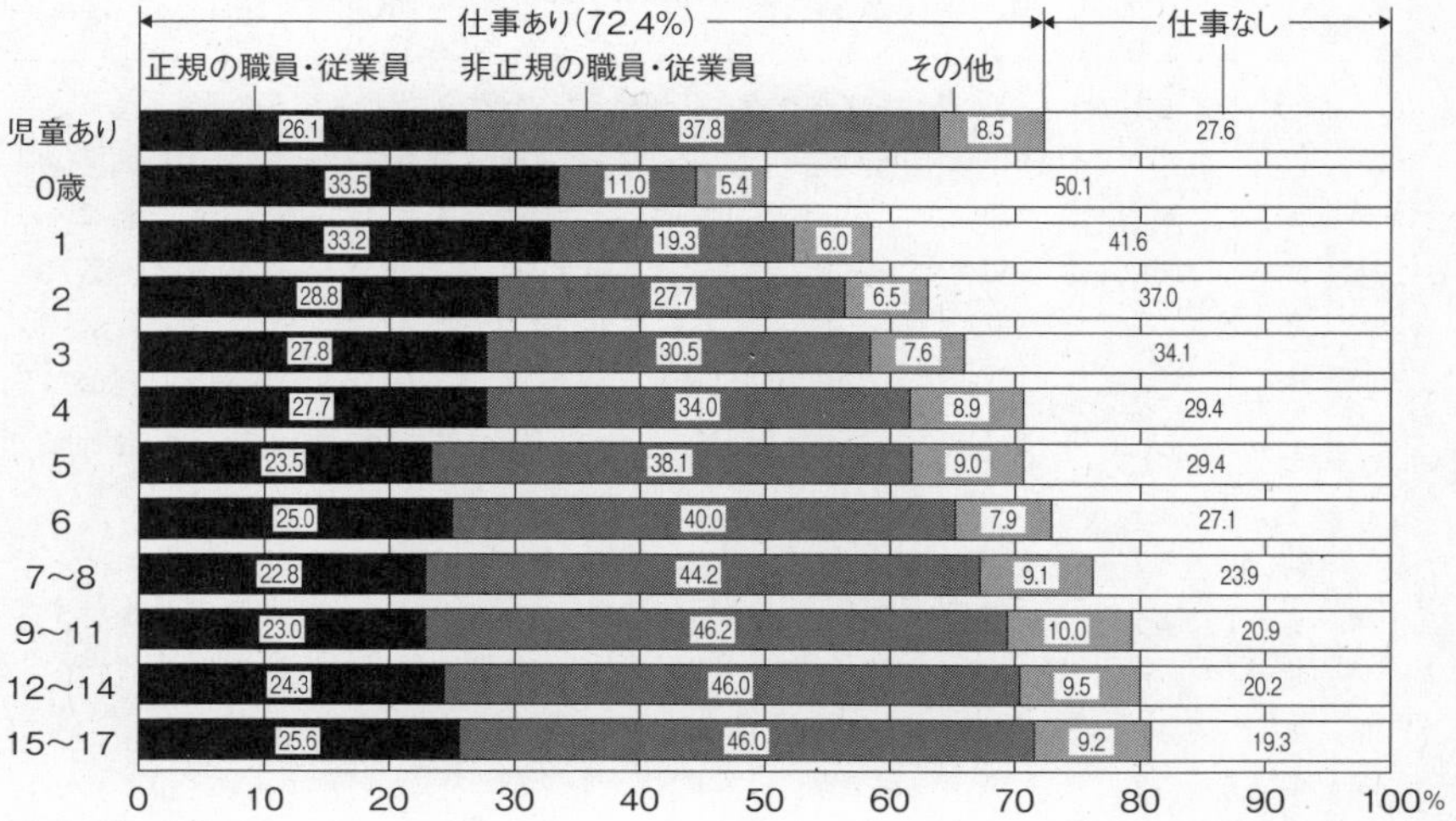

(注) 1.「その他」には、自営業主、家族従業者、会社・団体等の役員、内職、その他、勤めか自営か不詳及び勤め先での呼称不詳を含む。
2.「母の仕事の有無不詳」は含まない。
資料出所：厚生労働省「国民生活基礎調査」

図表付-29　１世帯当たり・世帯人数１人当たり平均所得金額の推移

年次	１世帯当たり平均所得金額（万円）	対前年増加率（％）	１世帯当たり平均可処分所得金額（万円）	対前年増加率（％）	世帯人員１人当たり平均所得金額（万円）	対前年増加率（％）	平均世帯人員（人）
1990年	596.6	5.3	…	…	183.6	5.2	3.25
1995	659.6	－0.7	545.4	－0.3	219.2	1.3	3.01
2000	616.9	－1.5	512.0	－2.3	212.1	－3.5	2.91
2005	563.8	－2.9	448.5	－4.9	205.9	1.3	2.74
2010	538.0	－2.1	420.4	－2.3	200.4	－3.3	2.68
2015	545.4	0.6	416.4	－0.9	212.2	0.6	2.57
2016	560.2	2.7	428.8	3.0	219.5	3.4	2.55
2017	551.6	－1.5	421.3	－1.7	222.1	1.2	2.48
2018	552.3	－1.4	417.7	－2.6	222.3	1.3	2.48

（注）１．まかない付きの寮・寄宿舎は除く。
２．金額不詳の世帯は除く。
３．2010年は岩手県、宮城県及び福島県を除く。
４．2015年は熊本県を除く。
資料出所：厚生労働省「国民生活基礎調査」

図表付-30　所得五分位階級別１世帯当たり平均所得金額の推移

所得五分位階級	1995年	2000	2005	2010	2015	2016	2017	2018
	１世帯当たり平均所得金額（万円）							
総　数	659.6	616.9	563.8	538.0	545.4	560.2	551.6	552.3
第　Ⅰ	163.1	136.5	129.0	124.3	126.0	133.4	126.8	125.2
第　Ⅱ	364.0	316.0	289.8	276.4	271.7	287.3	271.6	277.9
第　Ⅲ	555.4	497.4	459.5	431.1	431.0	445.4	427.2	441.1
第　Ⅳ	792.3	743.3	679.7	650.9	654.4	674.8	657.3	667.7
第　Ⅴ	1,423.2	1,391.2	1,261.4	1,207.4	1,243.8	1,260.0	1,275.2	1,249.8
	対前年増加率（％）							
総　数	－0.7	－1.5	－2.9	－2.1	0.6	2.7	－1.5	0.1
第　Ⅰ	8.4	－3.8	4.1	－3.9	0.2	5.9	－4.9	－1.3
第　Ⅱ	3.0	－1.3	－0.7	－2.4	0.6	5.7	－5.5	2.3
第　Ⅲ	1.6	－1.9	－1.4	－2.3	0.5	3.3	－4.1	3.3
第　Ⅳ	0.4	－1.5	－6.3	－1.3	－0.7	3.1	－2.6	1.6
第　Ⅴ	－3.9	－1.0	－2.6	－2.2	1.5	1.3	1.2	－2.0

（注）１．2010年は岩手県、宮城県及び福島県を除く。
２．2015年は熊本県を除く。
資料出所：厚生労働省「国民生活基礎調査」

図表付-31　世帯主の年齢階級別１世帯当たり・世帯人員１人当たり平均所得金額（2018年）

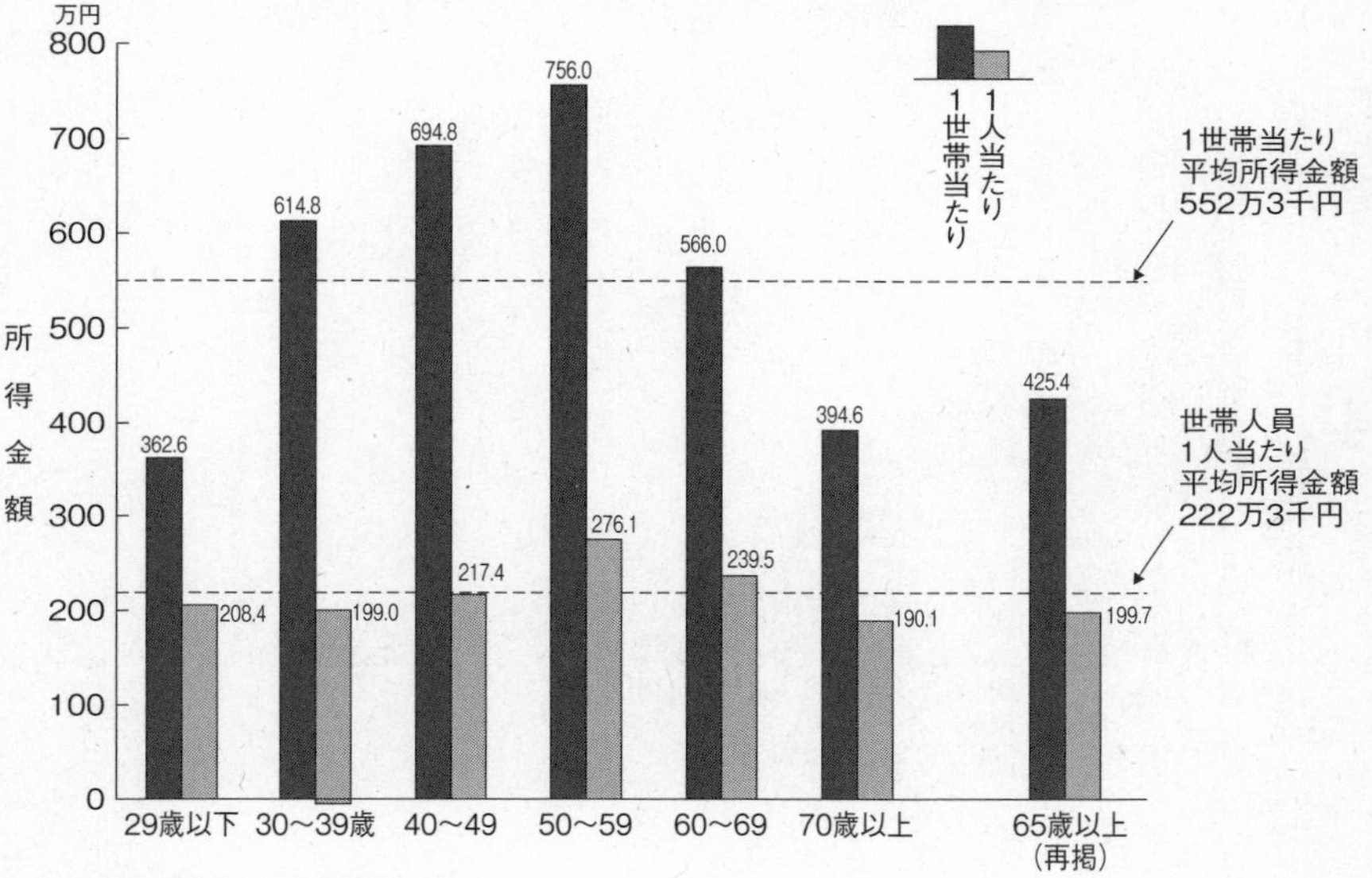

資料出所：厚生労働省「国民生活基礎調査」

図表付-32　世帯構造別１世帯当たり平均所得金額の推移

（単位：万円）

年次	総数	単独世帯	核家族世帯				三世代世帯	その他の世帯
				夫婦のみの世帯	夫婦と未婚の子のみの世帯	ひとり親と未婚の子のみの世帯		
1990年	596.6	247.1	621.8	497.5	701.6	417.0	809.9	611.0
1995	659.6	291.4	692.9	560.7	797.5	468.3	967.9	715.3
2000	616.9	277.9	651.7	550.5	757.9	427.8	915.9	667.1
2005	563.8	267.5	606.4	501.8	738.7	378.6	910.3	584.9
2010	538.0	246.5	582.5	491.2	706.1	369.4	871.0	598.3
2015	545.4	255.2	601.7	499.0	731.1	414.9	877.0	638.1
2016	560.2	289.5	618.5	506.0	758.0	422.9	925.5	602.1
2017	551.6	280.9	626.4	529.1	774.6	408.7	873.4	573.3
2018	552.3	274.7	622.0	520.1	760.0	442.8	900.3	584.9

（注）１．2010年は岩手県、宮城県及び福島県を除く。
　　　２．2015年は熊本県を除く。
資料出所：厚生労働省「国民生活基礎調査」

図表付-33　所得金額階級別世帯数の相対度数分布（2018年）

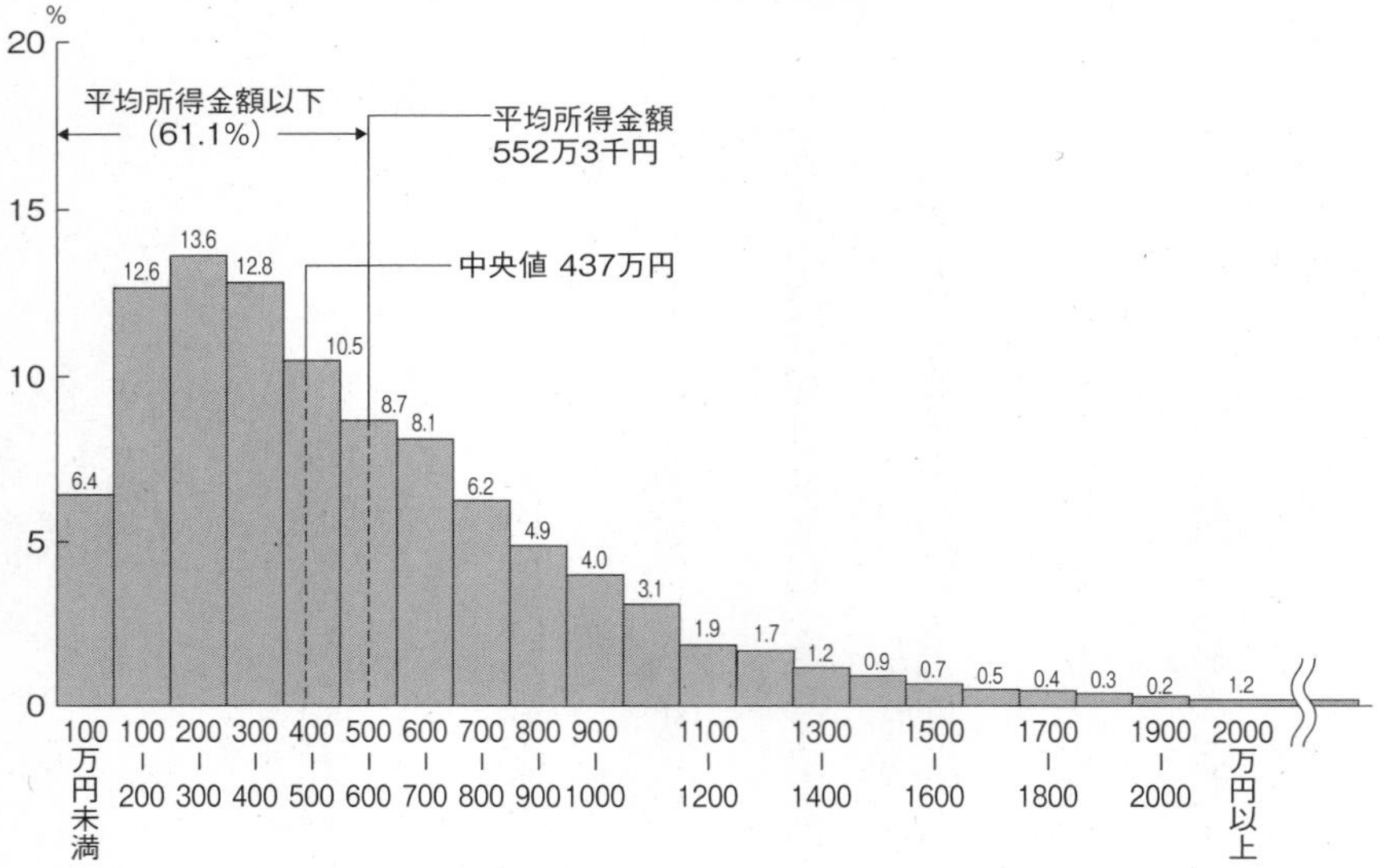

資料出所：厚生労働省「2019年 国民生活基礎調査の概況」

図表付-34　世帯類型別1世帯当たり平均所得金額の推移

（単位：万円）

年次	総数	高齢者世帯	母子世帯	その他の世帯	児童のいる世帯（再掲）
1990年	596.6	263.9	249.0	636.0	670.4
1995	659.6	316.9	252.0	713.9	737.2
2000	616.9	319.5	252.8	684.2	725.8
2005	563.8	301.9	211.9	640.4	718.0
2010	538.0	307.2	252.3	615.6	658.1
2015	545.4	308.1	270.1	644.7	707.6
2016	560.2	318.6	290.5	663.5	739.8
2017	551.6	334.9	282.9	661.0	743.6
2018	552.3	312.6	306.0	664.5	745.9

（注）1．「その他の世帯」には「父子世帯」を含む。
2．「母子世帯」は客体が少ないため、数値の使用には注意を要する。
3．2010年は岩手県、宮城県及び福島県を除く。
4．2015年は熊本県を除く。
資料出所：厚生労働省「国民生活基礎調査」

図表付-35　生活意識別世帯数の構成割合の推移

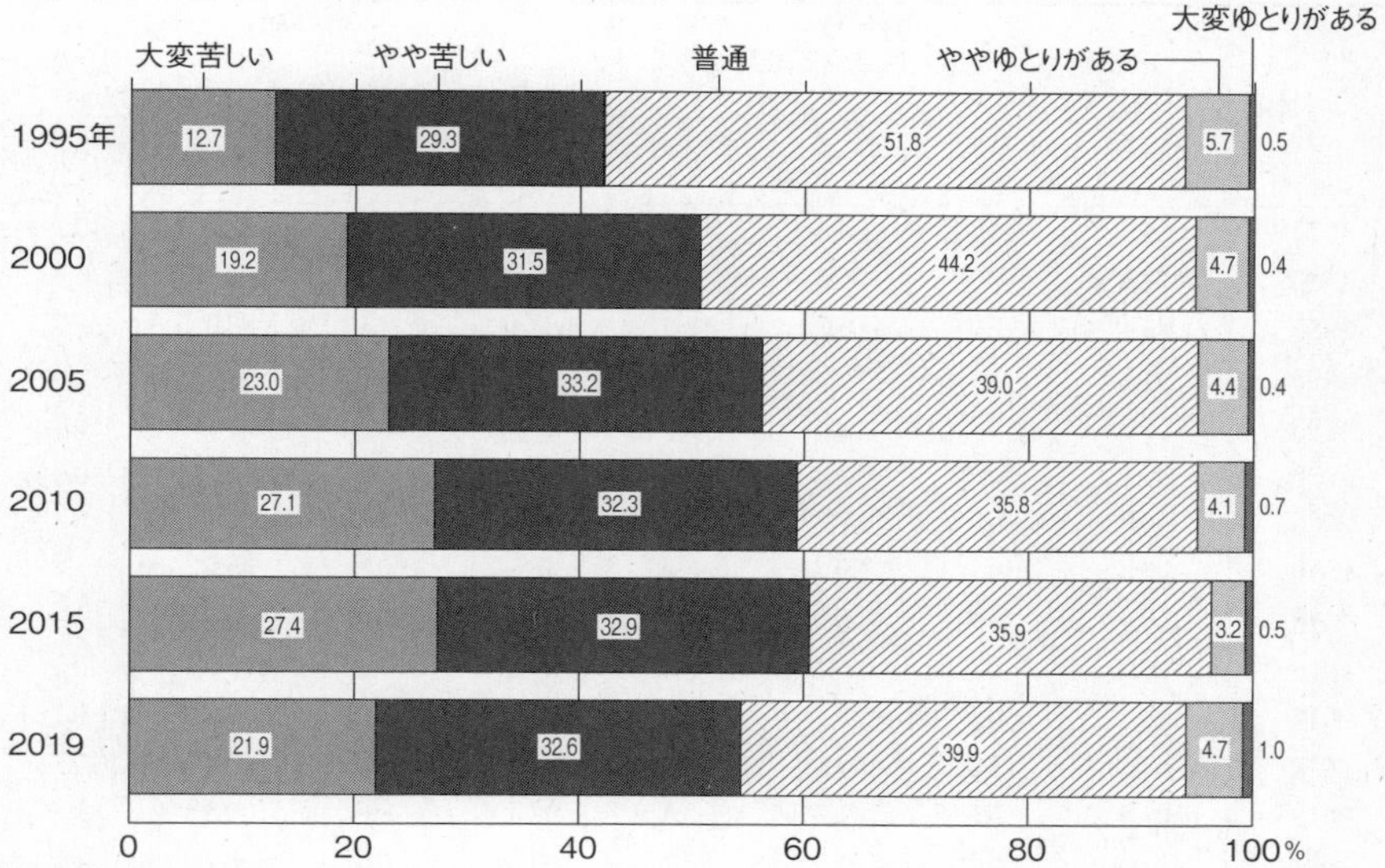

（注）1995年は兵庫県を除く。
資料出所：厚生労働省「国民生活基礎調査」

図表付-36　全世帯および特定世帯の生活意識別世帯数の構成割合（2019年）

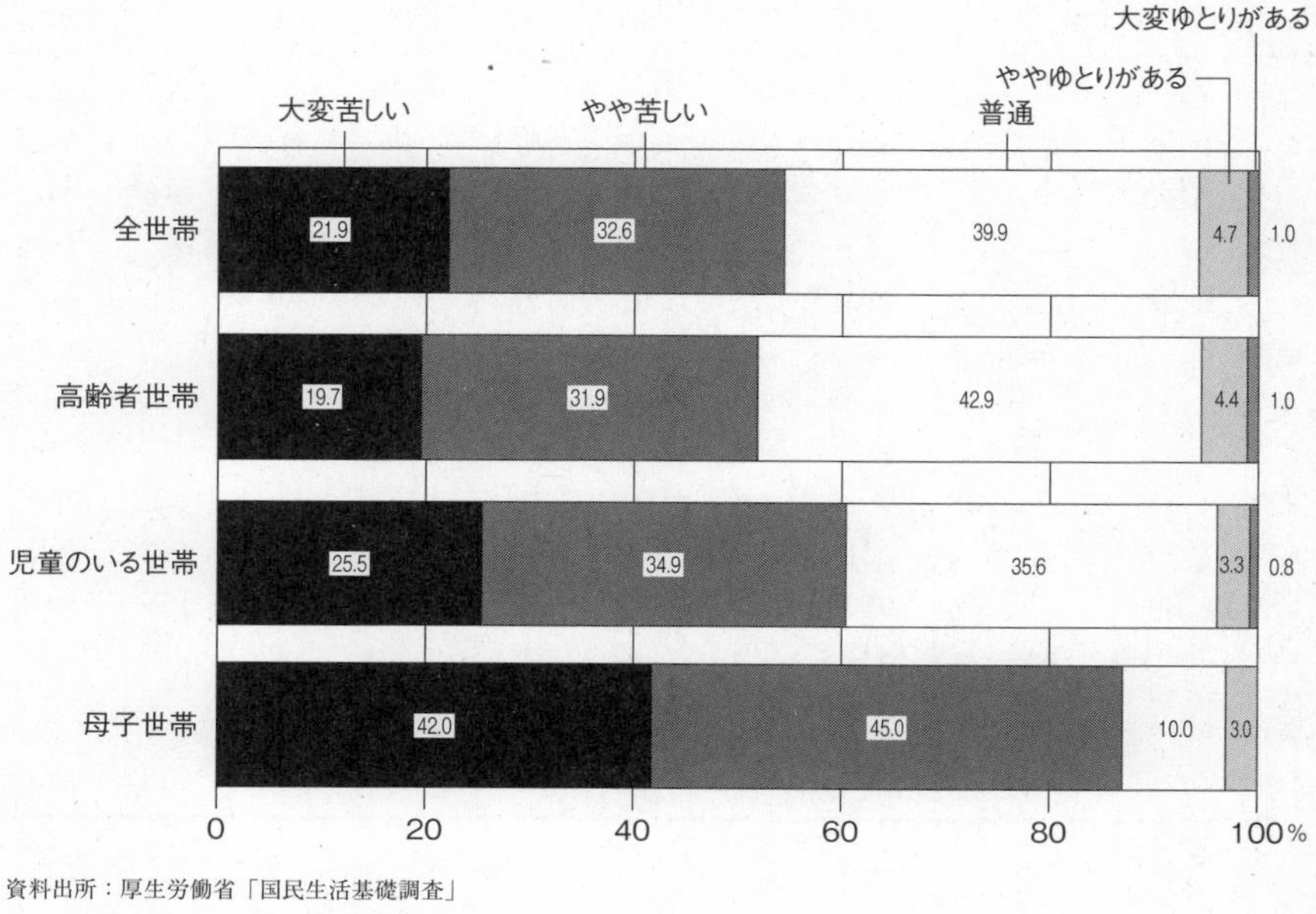

資料出所：厚生労働省「国民生活基礎調査」

図表付-37　消費者物価指数の推移

（2015年＝100）

年次	総合指数		生鮮食品を除く総合		持家の帰属家賃を除く総合		食料（酒類を除く）及びエネルギーを除く総合	
	指数	前年比（%）	指数	前年比（%）	指数	前年比（%）	指数	前年比（%）
1975年	54.0	11.7	54.4	11.9	55.0	11.8	52.6	10.7
1980	74.5	7.7	74.6	7.5	75.5	8.0	73.7	6.5
1985	85.4	2.0	85.5	2.0	86.4	2.1	86.0	2.7
1990	91.2	3.1	91.2	2.7	91.7	3.1	94.5	2.6
1995	97.6	－0.1	98.0	0.0	97.6	－0.3	102.3	0.7
2000	99.1	－0.7	99.8	－0.4	98.6	－0.9	104.7	－0.4
2005	96.9	－0.3	97.6	－0.1	95.9	－0.4	101.5	－0.4
2010	96.5	－0.7	96.9	－1.0	95.6	－0.8	98.9	－1.2
2015	100.0	0.8	100.0	0.5	100.0	1.0	100.0	1.0
2016	99.9	－0.1	99.7	－0.3	99.9	－0.1	100.3	0.3
2017	100.4	0.5	100.2	0.5	100.5	0.6	100.3	－0.1
2018	101.3	1.0	101.0	0.9	101.7	1.2	100.4	0.1
2019	101.8	0.5	101.7	0.6	102.3	0.6	100.8	0.4
2020	101.8	0.0	101.5	－0.2	102.3	0.0	100.7	－0.1

資料出所：総務省統計局「消費者物価指数」

図表付-38　栄養素等1人1日当たり摂取量の推移

栄養素等		1975年	1985	1995	2005	2015	2017	2018	2019
エネルギー	kcal	2,188	2,088	2,042	1,904	1,889	1,897	1,900	1,903
たん白質	g	80.0	79.0	81.5	71.1	69.1	69.4	70.4	71.4
うち動物性	g	38.9	40.1	44.4	38.3	37.3	37.8	38.9	40.1
脂質	g	52.0	56.9	59.9	53.9	57.0	59.0	60.4	61.3
うち動物性	g	25.6	27.6	29.8	27.3	28.7	30.0	31.8	32.4
炭水化物	g	337	298	280	267	258	255	251	248
カルシウム	mg	550	553	585	539	517	514	505	505
鉄	mg	13.4	10.8	11.8	8.0	7.6	7.5	7.5	7.6
ビタミンA	μgRE	1,602	2,188	2,840	604	534	519	518	534
ビタミンB_1	mg	1.11	1.34	1.22	0.87	0.86	0.87	0.90	0.95
ビタミンB_2	mg	0.96	1.25	1.47	1.18	1.17	1.18	1.16	1.18
ビタミンC	mg	117	128	135	106	98	94	95	94
穀類エネルギー比率	%	49.8	47.2	40.7	42.7	41.2	40.4	40.0	39.5
動物性たんぱく質比率	%	48.6	50.8	54.5	52.1	52.3	52.7	53.5	54.3

（注）1.　ビタミンAの単位はレチノール当量。1995年以前の単位はIU。
　　　2.「穀類エネルギー比率」及び「動物性たんぱく質比率」は個々人の計算値の平均。
資料：厚生労働省「国民健康・栄養調査」

図表付-39　国民1人1日当たり食品群別摂取量の推移

（単位：g）

食品群	1975年	1985	1995	2005	2015	2017	2018	2019
総量	1,411.6	1,345.6	1,449.2	2,080.7	2,205.8	2,038.0	1,994.0	1,979.9
穀類	340.0	308.9	264.0	452.0	430.7	421.8	415.1	410.7
米類	248.3	216.1	167.9	343.9	318.3	308.0	308.5	301.4
小麦類	90.2	91.3	93.7	99.3	102.6	103.6	97.3	99.4
その他	1.5	1.5	2.5	8.8	9.8	10.2	9.2	9.9
いも類	60.9	63.2	68.9	59.1	50.9	52.7	51.0	50.2
さつまいも・加工品	11.0	10.7	10.8	7.2	6.6	8.0	6.9	6.3
じゃがいも・加工品	22.1	25.6	30.3	28.5	25.1	25.1	24.8	23.0
その他	27.8	26.9	27.8	23.5	19.3	19.6	19.3	20.9
砂糖・甘味料類	14.6	11.2	9.9	7.0	6.6	6.8	6.4	6.3
豆類	70.0	66.6	70.0	59.3	60.3	62.8	62.9	60.6
大豆・加工品	67.2	64.3	68.0	57.7	58.6	61.6	61.4	59.2
その他の豆・加工品	2.8	2.3	2.0	1.5	1.7	1.2	1.4	1.4
種実類	1.5	1.4	2.1	1.9	2.3	2.6	2.4	2.5
果実類	193.5	140.6	133.0	125.7	107.6	105.0	96.7	96.4
緑黄色野菜	48.2	73.9	94.0	94.4	94.4	83.9	82.9	81.8
その他野菜	189.9	178.1	184.4	185.3	187.6	192.2	186.3	188.0
きのこ類	8.6	9.7	11.8	16.2	15.7	16.1	16.0	16.9
藻類	4.9	5.6	5.3	14.3	10.0	9.9	8.5	9.9
動物性食品	303.3	320.0	366.8	324.7	329.0	336.1	340.6	340.1
魚介類	94.0	90.0	96.9	84.0	69.0	64.4	65.1	64.1
肉類	64.2	71.7	82.3	80.2	91.0	98.5	104.5	103.0
卵類	41.5	40.3	42.1	34.2	35.5	37.6	41.1	40.4
乳類	103.6	116.7	144.5	125.1	132.2	135.7	128.8	131.2
油脂類	15.8	17.7	17.3	10.4	10.8	11.3	11.0	11.2
菓子類	29.0	22.8	26.8	25.3	26.7	26.8	26.1	25.7
嗜好飲料類	119.7（嗜好飲料類・調味料・香辛料類）	113.4（同）	190.2（同）	601.6	788.7	623.4	628.6	618.5
調味料・香辛料類				92.8	85.7	86.5	60.7	62.5
補助栄養素・特定保健用食品	…	…	…	11.8	–	–	–	–
その他	11.7	13.7	17.6	–	–	–	–	–

（注）１．2001年より次のとおり分類・計量方法が変更され、それ以前と接続しない。

・「ジャム」は「砂糖類」から「果実類」に、「味噌」は「豆類」から「調味料・香辛料類」に、「マヨネーズ」は「油脂類」から「調味料・香辛料類」に分類。

・「その他のいも・加工品」には「でんぷん・加工品」が含まれ、「その他の野菜」には「野菜ジュース」「漬けもの」が含まれる。

・「動物性食品」の「総量」には「バター」「動物性油脂」が含まれるため、内訳合計とは一致しない。

・数量は調理を加味、「米・加工品」の米は「めし」・「かゆ」など、「その他の穀類・加工品」の「干しそば」は「ゆでそば」など、「藻類」の「乾燥わかめ」は「水戻しわかめ」など、「嗜好飲料類」の「茶葉」は「茶浸出液」などで算出。

２．2003年～2011年までは補助栄養素及び特定保健用食品からの摂取量の調査が追加された。

資料：厚生労働省「国民健康・栄養調査」

図表付-40　年間収入五分位階級別家計収支
（二人以上の世帯のうち勤労者世帯）（2020年）

（単位：円/月）

	年間収入五分位階級						第Ⅰ階級に対する第Ⅴ階級の倍率
	平均	第Ⅰ階級 ～463万円	第Ⅱ階級 463～606万円	第Ⅲ階級 606～751万円	第Ⅳ階級 751～962万円	第Ⅴ階級 962万円～	
世帯人員（人）	3.31	2.97	3.26	3.36	3.42	3.52	－
有業人員（人）	1.79	1.56	1.72	1.79	1.89	1.99	－
世帯主の年齢（歳）	49.8	52.1	49.2	48.4	49.2	50.1	－
持家率（%）	80.1	69.6	78.4	81.8	85.3	85.6	－
実収入	609,535	343,798	459,497	566,287	691,456	986,638	2.87
世帯主収入	431,902	230,660	327,939	406,491	498,433	695,985	3.02
定期収入	352,079	207,166	284,614	334,121	399,550	534,942	2.58
臨時収入・賞与	79,823	23,494	43,325	72,369	98,883	161,043	6.85
世帯主の配偶者の収入	89,812	27,087	49,647	71,714	108,497	192,112	7.09
可処分所得	498,639	299,016	389,539	469,447	565,190	770,002	2.58
消費支出	305,811	227,107	258,127	295,441	328,177	420,200	1.85
食料	79,496	62,358	72,179	78,119	83,502	101,320	1.62
住居	18,824	21,494	17,993	16,618	16,772	21,245	0.99
光熱・水道	21,696	19,901	21,254	21,437	22,034	23,852	1.20
家具・家事用品	13,364	10,015	11,752	12,756	14,130	18,168	1.81
被服及び履物	10,654	6,328	8,505	9,935	11,245	17,259	2.73
保健医療	13,068	9,812	11,394	13,066	13,730	17,336	1.77
交通・通信	49,469	36,409	40,274	49,479	55,820	65,363	1.80
教育	16,548	7,060	9,771	13,943	18,958	33,007	4.68
教養娯楽	26,824	17,376	20,431	26,647	29,322	40,342	2.32
その他の消費支出	55,868	36,355	44,573	53,443	62,664	82,308	2.26
交際費	13,620	9,024	11,094	13,388	13,892	20,699	2.29
仕送り金	7,128	2,411	3,471	5,283	9,026	15,451	6.41
非消費支出	110,896	44,783	69,958	96,840	126,266	216,636	4.84
直接税	46,155	14,482	24,020	36,149	49,814	106,308	7.34
社会保険料	64,672	30,199	45,892	60,623	76,396	110,250	3.65
黒字率（%）	38.7	24.0	33.7	37.1	41.9	45.4	－
金融資産純増率（%）	35.7	24.0	31.1	34.5	38.4	41.5	－
平均消費性向（%）	61.3	76.0	66.3	62.9	58.1	54.6	－
非消費支出/実収入（%）	18.2	13.0	15.2	17.1	18.3	22.0	－

(注)「勤労者世帯」とは、世帯主（主たる家計支持者）が雇用されている人（ただし、会社団体の役員は除く）の世帯をいう。
資料出所：総務省統計局「家計調査」

図表付-41　高齢夫婦無職世帯の家計収支

	2018年		2019年		2020年		
	月平均額（円）	構成比（%）	月平均額（円）	構成比（%）	月平均額（円）	構成比（%）	（参考）総世帯の構成比（%）
世帯人員（人）	2.00	−	2.00	−	2.00	−	−
有業人員（人）	0.09	−	0.09	−	0.12	−	−
世帯主の年齢（歳）	75.4	−	75.6	−	75.7	−	−
実収入	222,834	100.0	237,659	100.0	257,763	100.0	−
勤め先収入	5,755	2.6	6,389	2.7	9,081	3.5	−
世帯主の配偶者の収入	5,755	2.6	6,389	2.7	9,081	3.5	−
事業・内職収入	4,483	2.0	5,092	2.1	6,624	2.6	−
他の経常収入	207,275	93.0	220,395	92.7	223,215	86.6	−
社会保障給付	203,824	91.5	216,910	91.3	217,670	84.4	−
仕送り金	768	0.3	469	0.2	494	0.2	−
可処分所得	193,743	−	206,678	−	225,806	-	−
消費支出	235,615	100.0	239,947	100.0	227,347	100.0	100.0
食料	65,319	27.7	66,458	27.7	66,131	29.1	27.0
住居	13,625	5.8	13,625	5.7	14,224	6.3	8.0
光熱・水道	19,905	8.4	19,983	8.3	19,810	8.7	7.8
家具・家事用品	9,385	4.0	10,100	4.2	10,453	4.6	4.3
被服及び履物	6,171	2.6	6,065	2.5	4,789	2.1	3.2
保健医療	15,181	6.4	15,759	6.6	16,158	7.1	5.0
交通・通信	28,071	11.9	28,328	11.8	28,475	12.5	13.9
教育	2	0.0	20	0.0	4	0.0	2.9
教養娯楽	24,239	10.3	24,804	10.3	20,155	8.9	9.1
その他の消費支出	53,717	22.8	54,806	22.8	47,149	20.7	18.9
諸雑費	20,539	8.7	20,845	8.7	19,727	8.7	8.7
交際費	25,596	10.9	25,749	10.7	19,780	8.7	6.2
仕送り金	1,050	0.4	1,134	0.5	1,414	0.6	1.8
非消費支出	29,092	−	30,982	−	31,957	−	−
直接税	11,796	−	11,976	−	13,051	−	−
社会保険料	17,278	−	18,966	−	18,887	−	−
黒字	−41,872	−	−33,269	−	−1,541	−	−
金融資産純増	−21,825	−	−5,171	−	20,861	−	−
平均消費性向（%）	121.6	−	116.1	−	100.7	−	−

(注)「高齢夫婦無職世帯」とは、夫65歳以上、妻60歳以上の夫婦のみの世帯で、世帯主が無職の世帯をいう。
資料出所：総務省統計局「家計調査」

図表付－42　性、年齢階級別単身世帯の家計消費支出

年齢階級、支出項目		女 2019年月平均（円）	女 2020年月平均（円）	女 構成比（％）	男 2019年月平均（円）	男 2020年月平均（円）	男 構成比（％）
35歳未満	平均年齢（歳）	27.3	26.5	－	27.0	27.2	－
	持家率（％）	8.0	5.6	－	3.8	2.9	－
	消費支出	178,958	145,870	100.0	167,710	152,268	100.0
	食料	39,055	29,457	20.2	47,553	39,999	26.3
	住居	34,873	43,832	30.0	32,474	33,487	22.0
	光熱・水道	7,497	7,874	5.4	7,109	7,493	4.9
	家具・家事用品	3,551	5,895	4.0	3,773	3,304	2.2
	被服及び履物	11,357	6,866	4.7	6,029	4,222	2.8
	保健医療	6,268	3,878	2.7	3,396	2,746	1.8
	交通・通信	26,877	16,182	11.1	27,422	20,646	13.6
	教育	0	0	0.0	0	0	0.0
	教養娯楽	18,841	11,693	8.0	20,960	23,135	15.2
	その他の消費支出	30,641	20,192	13.8	18,993	17,236	11.3
	交際費	14,099	7,849	5.4	9,230	5,374	3.5
	仕送り金	142	676	0.5	992	3,844	2.5
35～59歳	平均年齢（歳）	50.3	50.4	－	49.6	49.1	－
	持家率（％）	56.6	56.5	－	46.1	47.9	－
	消費支出	191,028	175,745	100.0	187,294	163,357	100.0
	食料	38,549	34,366	19.6	47,376	45,170	27.7
	住居	20,699	22,776	13.0	28,006	26,057	16.0
	光熱・水道	11,849	12,557	7.1	11,679	11,510	7.0
	家具・家事用品	7,162	7,138	4.1	4,494	4,124	2.5
	被服及び履物	11,405	9,754	5.6	4,567	4,791	2.9
	保健医療	9,297	8,452	4.8	6,111	5,494	3.4
	交通・通信	24,918	24,054	13.7	31,643	24,492	15.0
	教育	0	0	0.0	0	0	0.0
	教養娯楽	21,440	18,925	10.8	20,584	15,042	9.2
	その他の消費支出	45,708	37,724	21.5	32,835	26,676	16.3
	交際費	16,379	15,520	8.8	10,281	8,397	5.1
	仕送り金	7,380	2,041	1.2	9,880	4,971	3.0
60歳以上	平均年齢（歳）	75.2	75.6	－	73.6	72.5	－
	持家率（％）	82.9	85.1	－	81.5	79.2	－
	消費支出	146,425	143,359	100.0	152,747	139,304	100.0
	食料	35,719	36,270	25.3	40,047	40,762	29.3
	住居	13,443	13,478	9.4	15,961	11,633	8.4
	光熱・水道	13,206	13,323	9.3	12,974	12,509	9.0
	家具・家事用品	6,226	6,481	4.5	4,944	4,053	2.9
	被服及び履物	5,114	4,213	2.9	2,371	2,009	1.4
	保健医療	9,132	9,019	6.3	8,526	7,882	5.7
	交通・通信	13,011	12,500	8.7	18,248	19,492	14.0
	教育	54	0	0.0	0	0	0.0
	教養娯楽	14,795	12,810	8.9	21,793	15,844	11.4
	その他の消費支出	35,724	35,266	24.6	27,882	25,120	18.0
	交際費	18,833	18,647	13.0	13,296	11,673	8.4
	仕送り金	538	1,117	0.8	1,283	989	0.7

資料出所：総務省統計局「家計調査」

図表付-43　農家数の推移

（単位：千戸）

年次	総農家数	販売農家						自給的農家
		計	専業農家	兼業農家				
				計	第１種兼業	第２種兼業		
1990年	3,835	2,971	473	2,497	521	1,977		864
1995	3,444	2,651	428	2,224	498	1,725		792
2000	3,120	2,337	426	1,911	350	1,561		783
2005	2,848	1,963	443	1,520	308	1,212		885
2010	2,528	1,631	451	1,180	225	955		897
2015	2,155	1,330	443	887	165	722		825
2018	…	1,164	375	789	182	608		…
2019	…	1,130	368	762	177	584		…
2020	1,747	1,028	…	…	…	…		719

（注）１．各年2月1日（2005年までの沖縄県は前年12月1日）現在。
２．「農家」は経営耕地面積が10a以上、又は農産物販売金額が15万円以上の世帯。
３．「販売農家」は経営耕地面積が30a以上、又は過去１年間における農産物販売金額が50万円以上の農家。「自給的農家」は販売農家以外の「農家」。
４．「専業農家」とは、世帯員の中に兼業従事者（調査期日前１年間に30日以上雇用兼業に従事した者又は販売金額が15万円以上ある自営兼業に従事した者）が１人もいない農家、「兼業農家」とは、世帯員の中に兼業従事者が1人以上いる農家。
５．「第1種兼業」は農業所得を主とする兼業農家、「第2種兼業」農業所得を従とする兼業農家。
資料出所：農林水産省「農林業センサス」、「農業構造動態調査」（2018、2019年）

図表付-44　性、年齢階級別農業従事者数の推移

（単位：千人）

年次	総数	女							男						
		計	39歳以下	40～49	50～59	60～64	65～69	70歳以上	計	39歳以下	40～49	50～59	60～64	65～69	70歳以上
1990年	4,819	2,841	463	364	708	486	379	442	1,978	288	188	370	354	309	467
1995	4,140	2,372	296	289	468	404	415	501	1,767	207	174	227	276	361	523
2000	3,891	2,171	229	225	339	307	384	686	1,721	211	139	184	200	311	676
2005	3,353	1,788	145	143	284	216	284	717	1,564	173	98	195	150	234	716
2010	2,606	1,300	71	76	196	162	187	608	1,306	106	71	162	157	173	637
2015	2,097	1,009	53	53	127	145	163	469	1,088	88	57	107	135	184	515
2015＊	3,415	1,537	168	147	292	220	201	509	1,878	301	199	329	250	245	554
2020	2,494	1,095	95	93	165	145	180	417	1,399	184	150	194	158	212	501

（注）１．各年2月1日（2005年までの沖縄県は前年12月1日）現在。
２．2015年までは販売農家の15歳以上（1990年は16歳以上）の世帯員のうち、調査日前1年間に主として自営農業に従事した者。
３．2015＊及び2020年は農業経営体（個人経営体）の15歳以上の世帯員で、調査日前1年間に自営農業に従事した者。
４．「農業経営体」とは、次のいずれかに該当する事業を行う者。
①経営耕地面積が30a以上、②露地野菜作付面積が15a以上、③施設野菜栽培面積が350㎡以上、④果樹栽培面積が10a以上、⑤露地花き栽培面積が10a以上、⑥施設花き栽培面積が250㎡以上、⑦搾乳牛または肥育牛飼養頭数が1頭以上、⑧豚飼養頭数が15頭以上、⑨採卵鶏飼養羽数が150羽以上、⑩ブロイラー年間出荷羽数が1000羽以上、⑪調査期日前1年間の農業生産物の総販売額50万円に相当する事業規模、⑫農作業受託事業
５．「個人経営体」とは、個人（世帯）で事業を行う経営体で、法人化して事業を行う経営体は含まない。
資料出所：農林水産省「農林業センサス」

図表付-45　性、年齢階級別基幹的農業従事者の推移

（単位：千人）

年次	総数	女							男						
		計	39歳以下	40〜49	50〜59	60〜64	65〜69	70歳以上	計	39歳以下	40〜49	50〜59	60〜64	65〜69	70歳以上
1990年	2,927	1,405	164	241	446	261	173	120	1,522	195	182	351	303	238	253
1995	2,560	1,188	83	181	299	232	215	177	1,372	115	169	218	246	296	329
2000	2,400	1,140	50	140	228	193	227	301	1,260	83	131	172	174	255	444
2005	2,241	1,027	35	89	197	145	188	372	1,214	75	92	185	135	204	523
2010	2,051	903	26	53	153	123	142	407	1,148	70	68	156	149	161	544
2015	1,754	749	21	36	97	110	128	357	1,005	64	56	105	132	177	470
2015＊	1,757	751	21	35	96	110	128	360	1,006	63	55	105	132	178	474
2020	1,363	541	17	28	55	63	104	275	822	50	53	72	77	149	421

（注）１．各年2月1日（2005年までの沖縄県は前年12月1日）現在。
　２．2015年までは、販売農家の農業従事者のうち、ふだんの就業状態が「仕事が主」の者。
　３．2015＊及び2020年は農業経営体（個人経営体）の農業従事者のうち、ふだんの就業状態が「仕事が主」の者。
資料出所：農林水産省「農林業センサス」

図表付-46　性別海面漁業就業者の推移

（単位：千人）

年次	漁業就業者			自営漁業			漁業雇われ		
	計	女	男	計	女	男	計	女	男
1978年	478.2	80.1	398.1	314.8	75.6	239.2	163.4	4.5	158.9
1983	446.5	78.2	368.3	300.9	74.1	226.8	145.6	4.1	141.5
1988	392.4	68.1	324.3	269.7	64.1	205.6	122.7	3.9	118.8
1993	324.9	57.0	267.9	236.6	53.5	183.1	88.3	3.5	84.8
1998	277.0	46.4	230.6	201.7	42.8	159.0	75.3	3.7	71.7
2003	238.4	39.2	199.2	175.8	36.0	139.8	62.6	3.2	59.3
2008	221.9	34.1	187.8	141.1	28.7	112.4	80.9	5.4	75.4
2013	181.0	23.9	157.1	109.2	19.8	89.4	71.7	4.1	67.7
2018	151.7	17.5	134.2	86.9	14.0	72.9	64.8	3.5	61.3
2019	144.7	17.2	127.6	80.3	13.4	66.8	64.5	3.7	60.7

（注）１．各年11月1日現在。
　２．「漁業就業者」とは、満15歳以上で、過去1年間に漁業の海上作業に30日以上従事した者。2007年までは、沿岸市区町村内に居住する者。2008年以降は非沿岸市区町村に居住する漁業雇われ者を含む。
　３．2007年までは、自営のかたわら、雇われ漁業に従事した場合は、年間収入の多い方に分類、2008年以降は「漁業雇われ」に分類している。2008年以降の「自営漁業」は「自営漁業のみ」に従事した者。
　４．「漁業雇われ」に「漁業従事役員」を含む。
資料出所：農林水産省「漁業センサス」、「漁業構造動態調査」（2019年）

図表付-47　性、労働力状態別15歳以上人口の推移

（単位：万人）

性、年次		15歳以上人口	労働力人口	完全失業者	非労働力人口	家事	通学	その他	労働力人口比率（%）	労働力人口における性別割合（%）
女	1980年	4,591	2,185	43	2,391	1,560	370	461	47.6	38.7
	1985	4,863	2,367	63	2,472	1,528	407	537	48.7	39.7
	1990	5,178	2,593	57	2,562	1,514	451	597	50.1	40.6
	1995	5,402	2,701	87	2,698	1,637	424	636	50.0	40.5
	2000	5,583	2,753	123	2,824	1,739	381	705	49.3	40.7
	2005	5,684	2,750	116	2,929	1,681	346	902	48.4	41.3
	2010	5,712	2,768	127	2,940	1,601	322	1,017	48.5	42.0
	2015	5,733	2,842	88	2,888	1,455	318	1,115	49.6	43.1
	2018	5,739	3,014	67	2,721	1,311	293	1,117	52.5	44.1
	2019	5,733	3,058	66	2,670	1,261	282	1,128	53.3	44.4
	2020	5,726	3,044	76	2,677	1,240	277	1,160	53.2	44.3
男	1980年	4,341	3,465	71	859	8	464	386	79.8	61.3
	1985	4,602	3,596	93	978	11	496	472	78.1	60.3
	1990	4,911	3,791	77	1,095	14	538	543	77.2	59.4
	1995	5,108	3,966	123	1,139	22	489	627	77.6	59.5
	2000	5,253	4,014	196	1,233	36	435	761	76.4	59.3
	2005	5,323	3,901	178	1,416	39	404	973	73.3	58.7
	2010	5,337	3,822	207	1,512	53	376	1,083	71.6	58.0
	2015	5,344	3,756	134	1,585	68	356	1,160	70.3	56.9
	2018	5,362	3,817	99	1,542	67	328	1,147	71.2	55.9
	2019	5,359	3,828	96	1,526	67	318	1,142	71.4	55.6
	2020	5,354	3,823	115	1,527	75	311	1,141	71.4	55.7

（注）1．労働力人口比率＝労働力人口／15歳以上人口
　　　2．15歳以上人口には労働力状態不詳を含む。
資料出所：総務省統計局「労働力調査」

図表付-48　年齢階級別女性の労働力人口比率の推移

（単位：%）

年次	総数	15～19歳	20～24	25～29	30～34	35～39	40～44	45～49	50～54	55～59	60～64	65歳以上
1975年	45.7	21.7	66.2	42.6	43.9	54.0	59.9	61.5	57.8	48.8	38.0	15.3
1980	47.6	18.5	70.0	49.2	48.2	58.0	64.1	64.4	59.3	50.5	38.8	15.5
1985	48.7	16.6	71.9	54.1	50.6	60.0	67.9	68.1	61.0	51.0	38.5	15.5
1990	50.1	17.8	75.1	61.4	51.7	62.6	69.6	71.7	65.5	53.9	39.5	16.2
1995	50.0	16.0	74.1	66.4	53.7	60.5	69.5	71.3	67.1	57.0	39.7	15.6
2000	49.3	16.6	72.7	69.9	57.1	61.4	69.3	71.8	68.2	58.7	39.5	14.4
2005	48.4	16.5	69.8	74.9	62.7	63.0	71.0	73.9	68.8	60.0	40.1	12.7
2010	48.5	15.9	69.4	77.1	67.8	66.2	71.6	75.8	72.8	63.3	45.7	13.3
2015	49.6	16.8	68.5	80.3	71.2	71.8	74.8	77.5	76.3	69.0	50.6	15.3
2018	52.5	20.4	74.8	83.9	76.9	74.8	79.6	79.6	79.2	73.3	58.1	17.6
2019	53.3	22.1	76.3	85.1	77.5	76.7	80.2	81.4	80.0	74.7	59.9	18.0
2020	53.2	20.4	75.4	85.9	77.8	76.0	79.4	81.0	80.0	74.3	61.0	18.2

資料出所：総務省統計局「労働力調査」

図表付-49　配偶関係別女性の労働力人口比率の推移

（単位：%）

年次	総数	未婚	有配偶	死別・離別
1975年	45.7	54.4	45.2	36.1
1980	47.6	52.6	49.2	34.2
1985	48.7	53.0	51.1	32.9
1990	50.1	55.2	52.7	32.3
1995	50.0	59.2	51.2	32.0
2000	49.3	62.2	49.7	31.0
2005	48.4	63.0	48.7	29.4
2010	48.5	63.4	49.2	29.5
2015	49.6	63.3	51.4	29.6
2018	52.5	65.9	55.0	31.7
2019	53.3	66.7	56.0	31.9
2020	53.2	66.5	55.9	31.3

資料出所：総務省統計局「労働力調査」

図表付-50　　従業上の地位別女性就業者数および構成比の推移

年次	就業者数（万人）				構成比（%）		
	総数	自営業主	家　族 従業者	雇用者	自営業主	家　族 従業者	雇用者
1975年	1,953	280	501	1,167	14.3	25.7	59.8
1980	2,142	293	491	1,354	13.7	22.9	63.2
1985	2,304	288	461	1,548	12.5	20.0	67.2
1990	2,536	271	424	1,834	10.7	16.7	72.3
1995	2,614	234	327	2,048	9.0	12.5	78.3
2000	2,629	204	278	2,140	7.8	10.6	81.4
2005	2,633	166	226	2,229	6.3	8.6	84.7
2010	2,642	146	155	2,329	5.5	5.9	88.2
2015	2,754	136	132	2,474	4.9	4.8	89.8
2018	2,946	137	120	2,671	4.7	4.1	90.7
2019	2,992	137	115	2,720	4.6	3.8	90.9
2020	2,968	135	113	2,703	4.5	3.8	91.1

（注）総数には従業上の地位不詳を含む。
資料出所：総務省統計局「労働力調査」

図表付-51　性別完全失業者数および完全失業率の推移

年次	完全失業者数（万人）			完全失業率（%）		
	総数	女	男	総数	女	男
1975年	100	34	66	1.9	1.7	2.0
1980	114	43	71	2.0	2.0	2.0
1985	156	63	93	2.6	2.7	2.6
1990	134	57	77	2.1	2.2	2.0
1995	210	87	123	3.2	3.2	3.1
2000	320	123	196	4.7	4.5	4.9
2005	294	116	178	4.4	4.2	4.6
2010	334	127	207	5.1	4.6	5.4
2015	222	88	134	3.4	3.1	3.6
2018	166	67	99	2.4	2.2	2.6
2019	162	66	96	2.4	2.2	2.5
2020	191	76	115	2.8	2.5	3.0

（注）完全失業率＝完全失業者数/労働力人口
資料出所：総務省統計局「労働力調査」

図表付-52　性、年齢階級別完全失業者数の推移

（単位：万人）

	年次	総数	15～19歳	20～24	25～29	30～34	35～39	40～44	45～54	55～64	65歳以上
女	2000年	123	6	23	23	15	10	9	20	15	2
	2005	116	5	18	19	19	13	10	17	13	2
	2010	127	4	18	17	15	17	14	21	17	3
	2015	88	2	11	12	10	10	10	17	11	3
	2018	67	2	8	9	8	7	7	14	10	3
	2019	66	1	9	9	7	7	7	14	10	3
	2020	76	2	10	11	8	6	8	17	11	4
男	2000年	196	10	31	28	18	12	11	32	45	10
	2005	178	6	26	26	20	16	13	25	38	8
	2010	207	5	24	28	22	21	17	31	46	12
	2015	134	3	13	17	15	14	13	23	25	11
	2018	99	2	10	12	10	9	10	18	17	11
	2019	96	2	10	11	11	9	8	18	16	11
	2020	115	3	12	14	12	11	10	21	20	13

資料出所：総務省統計局「労働力調査」

図表付-53　性、求職理由別完全失業者数および構成比の推移

	年次	女 総数	女 非自発的な離職	女 自発的な離職	女 学卒未就職者	女 その他	男 総数	男 非自発的な離職	男 自発的な離職	男 学卒未就職者	男 その他
完全失業者（万人）	1985年	63	13	27	3	18	93	35	26	4	23
	1990	57	10	27	2	14	77	22	25	3	22
	1995	87	16	41	5	20	123	38	42	6	30
	2000	123	29	52	7	31	196	73	57	11	49
	2005	116	29	47	6	33	178	71	63	10	32
	2010	127	41	43	6	35	207	96	61	10	37
	2015	88	20	38	3	25	134	45	51	7	28
	2018	67	14	30	2	15	99	27	41	4	18
	2019	66	13	31	1	14	96	23	39	3	20
	2020	76	21	32	2	16	115	34	41	4	24
構成比（%）	1985年	100.0	20.6	42.9	4.8	28.6	100.0	37.6	28.0	4.3	24.7
	1990	100.0	17.5	47.4	3.5	24.6	100.0	28.6	32.5	3.9	28.6
	1995	100.0	18.4	47.1	5.7	23.0	100.0	30.9	34.1	4.9	24.4
	2000	100.0	23.6	42.3	5.7	25.2	100.0	37.2	29.1	5.6	25.0
	2005	100.0	25.0	40.5	5.2	28.4	100.0	39.9	35.4	5.6	18.0
	2010	100.0	32.3	33.9	4.7	27.6	100.0	46.4	29.5	4.8	17.9
	2015	100.0	22.7	43.2	3.4	28.4	100.0	33.6	38.1	5.2	20.9
	2018	100.0	20.9	44.8	3.0	22.4	100.0	27.3	41.4	4.0	18.2
	2019	100.0	19.7	47.0	1.5	21.2	100.0	24.0	40.6	3.1	20.8
	2020	100.0	27.6	42.1	2.6	21.1	100.0	29.6	35.7	3.5	20.9

(注) 総数には求職理由不詳を含む。
資料出所：総務省統計局「労働力調査」

図表付-54　性別雇用者数および対前年増減数の推移

（単位：万人）

年次	雇用者数 総数	雇用者数 女	雇用者数 男	対前年増減数 総数	対前年増減数 女	対前年増減数 男	雇用者における女性比率（%）
1975年	3,646	1,167	2,479	9	−5	13	32.0
1980	3,971	1,354	2,617	95	44	51	34.1
1985	4,313	1,548	2,764	48	30	17	35.9
1990	4,835	1,834	3,001	156	85	72	37.9
1995	5,263	2,048	3,215	27	14	13	38.9
2000	5,356	2,140	3,216	25	24	1	40.0
2005	5,393	2,229	3,164	38	26	12	41.3
2010	5,463	2,329	3,133	3	18	−16	42.6
2015	5,640	2,474	3,166	45	38	7	43.9
2018	5,936	2,671	3,264	117	81	35	45.0
2019	6,004	2,720	3,284	68	49	20	45.3
2020	5,973	2,703	3,270	−31	−17	−14	45.3

資料出所：総務省統計局「労働力調査」

図表付-55　性、産業別就業者数の推移

（単位：万人）

性、産業		2010年	2015	2018	2019	2020	構成比（%）
女	全産業	2,642	2,754	2,946	2,992	2,968	100.0
	農業、林業	97	82	82	83	79	2.7
	漁業	5	5	5	4	3	0.1
	鉱業、採石業、砂利採取業	1	1	0	0	0	0.0
	建設業	69	75	82	84	82	2.8
	製造業	314	313	322	319	312	10.5
	電気・ガス・熱供給・水道業	4	4	4	4	5	0.2
	情報通信業	49	55	58	65	68	2.3
	運輸業、郵便業	66	63	71	74	74	2.5
	卸売業、小売業	529	535	554	552	551	18.6
	金融業、保険業	85	83	88	88	91	3.1
	不動産業、物品賃貸業	40	45	52	52	56	1.9
	学術研究、専門・技術サービス業	66	71	84	85	86	2.9
	宿泊業、飲食サービス業	234	238	260	262	241	8.1
	生活関連サービス業、娯楽業	142	136	142	145	138	4.6
	教育、学習支援業	159	170	186	194	195	6.6
	医療、福祉	495	590	627	635	651	21.9
	複合サービス事業	20	23	24	22	20	0.7
	サービス業（他に分類されないもの）	189	157	178	185	182	6.1
	公務（他に分類されるものを除く）	52	62	63	67	74	2.5
男	全産業	3,615	3,622	3,717	3,733	3,709	100.0
	農業、林業	137	126	128	125	121	3.3
	漁業	13	14	13	12	11	0.3
	鉱業、採石業、砂利採取業	3	3	2	2	2	0.1
	建設業	429	425	421	415	410	11.1
	製造業	734	723	739	744	733	19.8
	電気・ガス・熱供給・水道業	30	25	24	24	27	0.7
	情報通信業	147	154	163	164	172	4.6
	運輸業、郵便業	284	271	270	273	273	7.4
	卸売業、小売業	529	518	518	507	506	13.6
	金融業、保険業	78	70	76	78	75	2.0
	不動産業、物品賃貸業	70	75	78	77	84	2.3
	学術研究、専門・技術サービス業	132	143	156	155	157	4.2
	宿泊業、飲食サービス業	153	145	157	158	150	4.0
	生活関連サービス業、娯楽業	97	94	93	96	96	2.6
	教育、学習支援業	129	133	136	140	144	3.9
	医療、福祉	158	194	204	208	211	5.7
	複合サービス事業	26	37	33	32	30	0.8
	サービス業（他に分類されないもの）	266	249	266	271	270	7.3
	公務（他に分類されるものを除く）	168	168	169	174	173	4.7

（注）総数には分類不能の産業を含む。
資料出所：総務省統計局「労働力調査」

図表付-56　性、職業別就業者数の推移

（単位：万人）

性、職業		2010年	2015	2018	2019	2020	構成比（%）
女	総数	2,642	2,754	2,946	2,992	2,968	100.0
	管理的職業従事者	17	18	20	19	17	0.6
	専門的・技術的職業従事者	440	494	538	561	574	19.3
	事務従事者	732	750	794	800	813	27.4
	販売従事者	361	369	379	381	376	12.7
	サービス職業従事者	502	533	576	580	565	19.0
	保安職業従事者	7	8	9	9	10	0.3
	農林漁業従事者	96	80	80	80	75	2.5
	生産工程従事者	262	253	267	262	253	8.5
	輸送・機械運転従事者	9	6	6	7	7	0.2
	建設・採掘従事者	6	5	6	7	7	0.2
	運搬・清掃・包装等従事者	185	198	215	225	219	7.4
男	総数	3,615	3,622	3,717	3,733	3,709	100.0
	管理的職業従事者	144	127	115	110	112	3.0
	専門的・技術的職業従事者	515	560	594	613	640	17.3
	事務従事者	497	506	517	520	538	14.5
	販売従事者	525	483	484	476	471	12.7
	サービス職業従事者	250	255	268	270	262	7.1
	保安職業従事者	115	118	121	123	123	3.3
	農林漁業従事者	153	142	142	138	134	3.6
	生産工程従事者	654	630	644	646	614	16.6
	輸送・機械運転従事者	213	211	212	214	209	5.6
	建設・採掘従事者	290	292	292	286	285	7.7
	運搬・清掃・包装等従事者	225	247	261	265	261	7.0

（注）総数には職業不詳を含む。
資料出所：総務省統計局「労働力調査」

図表付-57　年齢階級別女性雇用者数および構成比の推移

	年次	総数	15～19歳	20～24	25～29	30～34	35～39	40～44	45～49	50～54	55～64	65歳以上
雇用者数（万人）	1980年	1,354	68	247	164	153	158	161	152	117	107	25
	1985	1,548	65	262	167	153	205	209	180	145	134	30
	1990	1,834	78	301	211	150	205	263	231	178	176	40
	1995	2,048	60	331	255	174	186	245	286	220	236	55
	2000	2,140	53	276	303	209	203	222	262	272	275	65
	2005	2,229	47	236	283	264	235	243	244	253	350	75
	2010	2,329	42	207	255	250	279	270	263	240	406	117
	2015	2,474	46	194	237	236	270	328	302	270	410	181
	2018	2,671	57	217	238	244	263	331	348	296	440	238
	2019	2,720	60	222	242	240	264	319	360	308	453	252
	2020	2,703	54	219	245	234	257	304	361	312	460	257
構成比（%）	1980年	100.0	5.0	18.2	12.1	11.3	11.7	11.9	11.2	8.6	7.9	1.8
	1985	100.0	4.2	16.9	10.8	9.9	13.2	13.5	11.6	9.4	8.7	1.9
	1990	100.0	4.3	16.4	11.5	8.2	11.2	14.3	12.6	9.7	9.6	2.2
	1995	100.0	2.9	16.2	12.5	8.5	9.1	12.0	14.0	10.7	11.5	2.7
	2000	100.0	2.5	12.9	14.2	9.8	9.5	10.4	12.2	12.7	12.9	3.0
	2005	100.0	2.1	10.6	12.7	11.8	10.5	10.9	10.9	11.4	15.7	3.4
	2010	100.0	1.8	8.9	10.9	10.7	12.0	11.6	11.3	10.3	17.4	5.0
	2015	100.0	1.9	7.8	9.6	9.5	10.9	13.3	12.2	10.9	16.6	7.3
	2018	100.0	2.1	8.1	8.9	9.1	9.8	12.4	13.0	11.1	16.5	8.9
	2019	100.0	2.2	8.2	8.9	8.8	9.7	11.7	13.2	11.3	16.7	9.3
	2020	100.0	2.0	8.1	9.1	8.7	9.5	11.2	13.4	11.5	17.0	9.5

資料出所：総務省統計局「労働力調査」

図表付-58　企業規模別女性雇用者数および構成比の推移（非農林業）

年次	雇用者（万人）						構成比（%）				
	総数	1～29人	30～99人	100～499人	500人以上	官公	1～29人	30～99人	100～499人	500人以上	官公
1975年	1,159	440	182	158	242	134	38.0	15.7	13.6	20.9	11.6
1980	1,345	521	222	187	253	160	38.7	16.5	13.9	18.8	11.9
1985	1,539	590	257	233	288	168	38.3	16.7	15.1	18.7	10.9
1990	1,823	674	305	290	373	174	37.0	16.7	15.9	20.5	9.5
1995	2,034	735	341	339	417	196	36.1	16.8	16.7	20.5	9.6
2000	2,125	744	365	361	431	209	35.0	17.2	17.0	20.3	9.8
2005	2,213	725	379	407	470	214	32.8	17.1	18.4	21.2	9.7
2010	2,306	717	381	440	548	201	31.1	16.5	19.1	23.8	8.7
2015	2,452	704	397	464	634	218	28.7	16.2	18.9	25.9	8.9
2018	2,644	730	414	491	749	220	27.6	15.7	18.6	28.3	8.3
2019	2,692	728	420	505	772	224	27.0	15.6	18.8	28.7	8.3
2020	2,677	710	412	509	776	235	26.5	15.4	19.0	29.0	8.8

（注）総数には企業規模不詳を含む。
資料出所：総務省統計局「労働力調査」

図表付-59　外国人雇用事業所数および外国人労働者数の推移

（単位：所、人、％）

年次	事業所数		外国人労働者数					
			総数		女		男	
2008年	76,811		486,398		222,689		263,709	
2009	95,294	(24.1)	562,818	(15.7)	262,562	(17.9)	300,256	(13.9)
2010	108,760	(14.1)	649,982	(15.5)	306,991	(16.9)	342,991	(14.2)
2011	116,561	(7.2)	686,246	(5.6)	326,768	(6.4)	359,478	(4.8)
2012	119,731	(2.7)	682,450	(−0.6)	329,750	(0.9)	352,700	(−1.9)
2013	126,729	(5.8)	717,504	(5.1)	348,043	(5.5)	369,461	(4.8)
2014	137,053	(8.1)	787,627	(9.8)	378,377	(8.7)	409,250	(10.8)
2015	152,261	(11.1)	907,896	(15.3)	428,226	(13.2)	479,670	(17.2)
2016	172,798	(13.5)	1,083,769	(19.4)	509,113	(18.9)	574,656	(19.8)
2017	194,595	(12.6)	1,278,670	(18.0)	600,968	(18.0)	677,702	(17.9)
2018	216,348	(11.2)	1,460,463	(13.1)	687,537	(14.4)	772,926	(14.1)
2019	242,608	(12.1)	1,658,804	(13.6)	776,891	(13.0)	881,913	(14.1)
2020	267,243	(10.2)	1,724,328	(4.0)	806,159	(3.8)	918,169	(4.1)

（注）各年10月末現在。（　）内は、対前年増加率。
資料出所：厚生労働省「外国人雇用状況の届出状況」

図表付-60　国籍、在留資格別外国人労働者数（2020年10月末現在）

（単位：人）

国籍	総数	専門的・技術的分野の在留資格	特定活動	技能実習	資格外	うち、留学	身分に基づく在留資格	不明
計	1,724,328	359,520	45,565	402,356	370,346	306,557	546,469	72
中国	419,431	122,485	5,120	76,922	95,878	79,677	119,018	8
韓国	68,897	30,719	3,084	38	8,260	7,136	26,789	7
フィリピン	184,750	12,537	5,207	34,590	3,176	2,339	129,235	5
ベトナム	443,998	62,155	10,403	218,600	136,781	127,512	16,057	2
ネパール	99,628	17,017	2,529	644	74,673	44,143	4,764	1
インドネシア	53,395	5,718	2,919	33,239	5,356	5,042	6,162	1
ブラジル	131,112	1,039	78	96	278	224	129,621	0
ペルー	29,054	154	28	64	70	63	28,738	0
アメリカ	33,697	20,310	94	3	678	464	12,581	31
イギリス	12,330	7,049	292	1	222	164	4,766	0
その他	248,036	80,337	15,811	38,159	44,974	39,793	68,738	17

（注）1.「中国」には香港等を含む。
2.「特定活動」は、ワーキング・ホリデー、外交官等に雇用される家事使用人等の合計。
3.「身分に基づく在留資格」は永住者、永住者の配偶者、日本人の配偶者等。
資料出所：厚生労働省「外国人雇用状況の届出状況」

図表付-61　産業別外国人雇用事業所数および外国人労働者数（2020年10月末現在）

産業	事業所数 総数（所）	うち、派遣・請負		構成比（%）	外国人労働者数 総数（人）	うち、派遣・請負		構成比（%）
計	267,243	19,005	(7.1)	100.0	1,724,328	342,179	(19.8)	100.0
A 農業、林業	10,540	189	(1.8)	3.9	38,208	1,042	(2.7)	2.2
うち農業	10,466	188	(1.8)	3.9	38,064	1,041	(2.7)	2.2
B 漁業	937	7	(0.7)	0.4	3,630	34	(0.9)	0.2
C 鉱業、採石業、砂利採取業	85	4	(4.7)	0.0	308	34	(11.0)	0.0
D 建設業	31,314	1,528	(4.9)	11.7	110,898	7,037	(6.3)	6.4
E 製造業	51,657	4,173	(8.1)	19.3	482,002	69,415	(14.4)	28.0
うち 食料品製造業	7,729	391	(5.1)	2.9	135,740	11,921	(8.8)	7.9
うち 飲料・たばこ・飼料製造業	359	10	(2.8)	0.1	1,284	78	(6.1)	0.1
うち 繊維工業	4,492	184	(4.1)	1.7	32,543	1,757	(5.4)	1.9
うち 金属製品製造業	7,662	419	(5.5)	2.9	46,256	4,196	(9.1)	2.7
うち 生産用機械器具製造業	2,814	301	(10.7)	1.1	23,018	3,623	(15.7)	1.3
うち 電気機械器具製造業	3,563	328	(9.2)	1.3	32,042	7,877	(24.6)	1.9
うち 輸送用機械器具製造業	6,105	1,117	(18.3)	2.3	89,790	23,318	(26.0)	5.2
F 電気・ガス・熱供給・水道業	177	13	(7.3)	0.1	574	49	(8.5)	0.0
G 情報通信業	11,912	1,114	(9.4)	4.5	71,284	11,643	(16.3)	4.1
H 運輸業、郵便業	8,071	563	(7.0)	3.0	61,680	12,069	(19.6)	3.6
I 卸売業、小売業	48,299	1,311	(2.7)	18.1	232,014	9,886	(4.3)	13.5
J 金融業、保険業	1,510	74	(4.9)	0.6	10,571	986	(9.3)	0.6
K 不動産業、物品賃貸業	3,542	147	(4.2)	1.3	14,761	1,905	(12.9)	0.9
L 学術研究、専門・技術サービス業	10,633	790	(7.4)	4.0	58,435	14,741	(25.2)	3.4
M 宿泊業、飲食サービス業	37,274	707	(1.9)	13.9	202,913	7,844	(3.9)	11.8
うち宿泊業	4,193	144	(3.4)	1.6	23,246	2,745	(11.8)	1.3
うち飲食店	32,637	550	(1.7)	12.2	178,326	5,046	(2.8)	10.3
N 生活関連サービス業、娯楽業	5,317	256	(4.8)	2.0	24,446	3,814	(15.6)	1.4
O 教育、学習支援業	6,663	270	(4.1)	2.5	71,775	5,155	(7.2)	4.2
P 医療、福祉	13,804	444	(3.2)	5.2	43,446	1,964	(4.5)	2.5
うち 医療業	4,262	161	(3.8)	1.6	13,392	680	(5.1)	0.8
うち 社会保険・社会福祉・介護事業	9,451	279	(3.0)	3.5	29,838	1,273	(4.3)	1.7
Q 複合サービス事業	1,383	61	(4.4)	0.5	5,355	659	(12.3)	0.3
R サービス業（他に分類されないもの）	21,195	7,190	(33.9)	7.9	276,951	192,279	(69.4)	16.1
うち自動車整備業	1,091	29	(2.7)	0.4	3,083	123	(4.0)	0.2
うち 職業紹介・労働者派遣業	5,204	3,999	(76.8)	1.9	135,073	120,545	(89.2)	7.8
うち その他の事業サービス業	10,474	2,790	(26.6)	3.9	114,133	64,990	(56.9)	6.6
S 公務（他に分類されるものを除く）	1,874	73	(3.9)	0.7	9,639	789	(8.2)	0.6
T 分類不能の産業	1,056	91	(8.6)	0.4	5,438	834	(15.3)	0.3

（注）「うち、派遣・請負」欄の（　）内は、当該産業総数に対する比率（%）。
資料出所：厚生労働省「外国人雇用状況の届出状況」

図表付-62　性、週間就業時間別雇用者数、構成比および平均週間就業時間の推移

年次			総数	1～14時間	15～34時間	35～42時間	43～48時間	49～59時間	60時間以上	平均週間就業時間（時間）
実数（万人）	女	2000年	2,103	137	624	729	346	183	82	36.3
		2010	2,271	196	780	755	296	163	73	34.3
		2015	2,398	233	889	774	276	150	65	33.1
		2018	2,576	282	962	832	277	148	61	32.4
		2019	2,622	297	960	848	290	152	61	32.3
		2020	2,565	317	946	870	246	123	49	31.7
	男	2000年	3,182	51	249	905	755	664	551	47.5
		2010	3,097	81	373	970	665	565	433	45.1
		2015	3,129	90	441	995	646	547	389	44.0
		2018	3,221	110	484	1,055	662	550	339	43.0
		2019	3,236	118	498	1,074	669	540	316	42.6
		2020	3,194	136	548	1,198	600	446	247	41.1
構成比（%）	女	2000年	100.0	6.5	29.7	34.7	16.5	8.7	3.9	−
		2010	100.0	8.6	34.3	33.2	13.0	7.2	3.2	−
		2015	100.0	9.7	37.1	32.3	11.5	6.3	2.7	−
		2018	100.0	10.9	37.3	32.3	10.8	5.7	2.4	−
		2019	100.0	11.3	36.6	32.3	11.1	5.8	2.3	−
		2020	100.0	12.4	36.9	33.9	9.6	4.8	1.9	−
	男	2000年	100.0	1.6	7.8	28.4	23.7	20.9	17.3	−
		2010	100.0	2.6	12.0	31.3	21.5	18.2	14.0	−
		2015	100.0	2.9	14.1	31.8	20.6	17.5	12.4	−
		2018	100.0	3.4	15.0	32.8	20.6	17.1	10.5	−
		2019	100.0	3.6	15.4	33.2	20.7	16.7	9.8	−
		2020	100.0	4.3	17.2	37.5	18.8	14.0	7.7	−

(注) 総数は休業者を除く雇用者で、週間就業時間不詳を含む。月末1週間の就業時間。
資料出所：総務省統計局「労働力調査」

図表付-63　1人当たり年間労働時間数の推移（事業所規模30人以上）

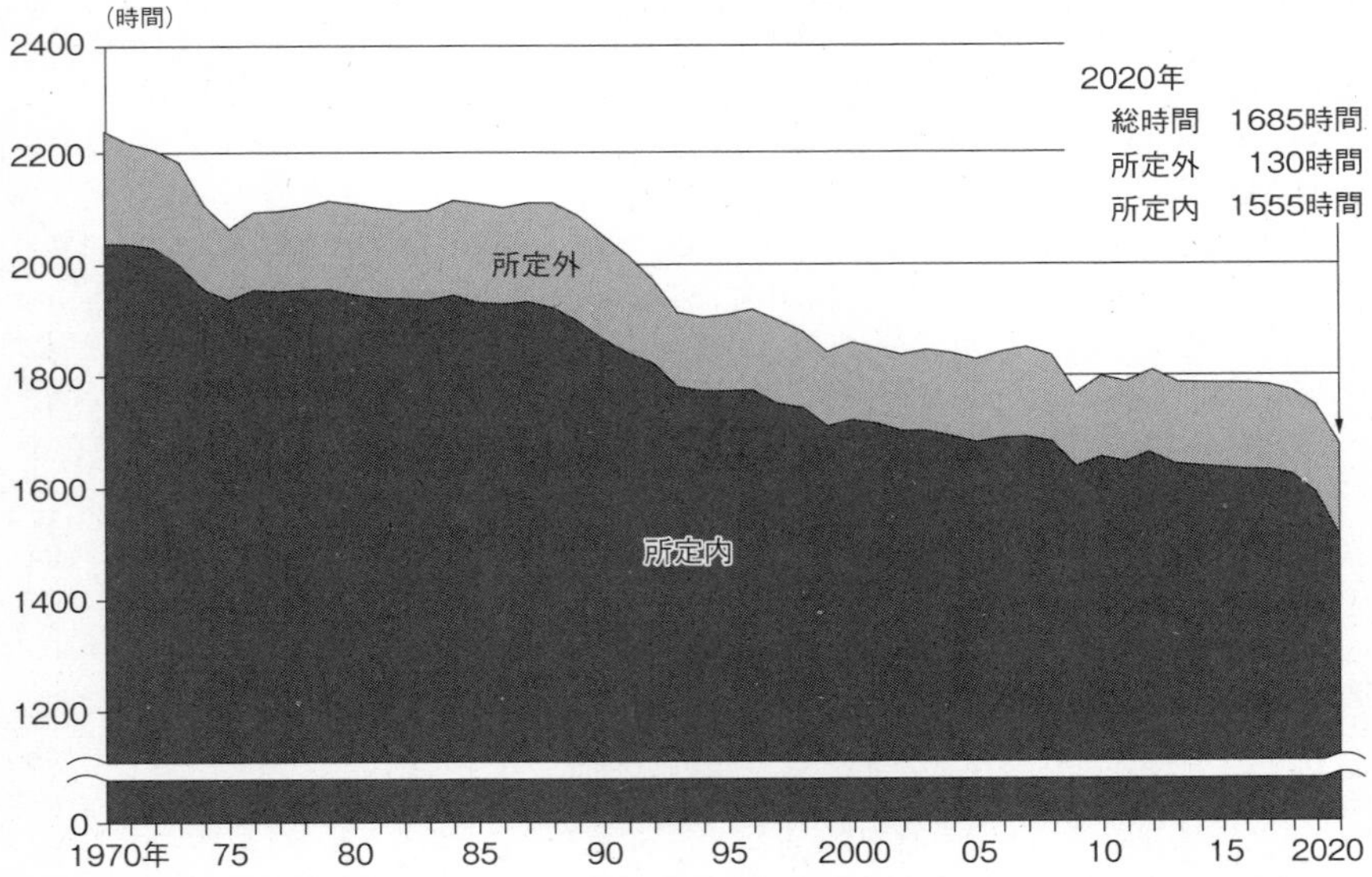

(注) パートタイム労働者を含む。月平均時間×12で算出。2012年～2018年は再集計値。
資料出所：厚生労働省「毎月勤労統計調査」

図表付-64　性別１人平均月間実労働時間の推移

事業所規模5人以上

（単位：時間）

年次	総実労働時間数		所定内		所定外	
	女	男	女	男	女	男
1990年	155.6	182.0	149.7	164.6	5.9	17.4
1995	143.0	169.6	138.6	156.7	4.4	12.9
2000	136.4	166.5	131.5	153.4	4.9	13.1
2005	130.9	164.5	125.6	150.3	5.3	14.2
2010	126.9	161.4	121.6	147.7	5.3	13.7
2015	124.9	160.6	119.2	145.2	5.7	15.4
2018	123.4	158.2	117.6	143.2	5.8	15.0
2019	120.7	155.1	115.0	140.3	5.7	14.8
2020	117.4	150.8	112.5	137.8	4.9	13.0

事業所規模30人以上

（単位：時間）

年次	総実労働時間数		所定内		所定外	
	女	男	女	男	女	男
1990年	155.3	179.4	148.1	159.5	7.2	19.9
1995	143.8	167.7	138.4	152.9	5.4	14.8
2000	137.7	165.5	131.7	150.4	6.0	15.1
2005	134.0	164.6	127.5	148.2	6.5	16.4
2010	131.9	162.5	125.2	146.7	6.7	15.8
2015	130.8	161.9	123.8	144.6	7.0	17.3
2018	130.7	160.3	123.6	143.6	7.1	16.7
2019	128.1	157.4	121.0	140.8	7.1	16.6
2020	124.6	152.7	118.5	138.3	6.1	14.4

（注）パートタイム労働者を含む。2015年～2018年は再集計値。
資料出所：厚生労働省「毎月勤労統計調査」

図表付-65　性別きまって支給する現金給与額、所定内給与額の推移（民営、企業規模10人以上）

（単位:千円）

年次	きまって支給する現金給与額			所定内給与額		
	女	男	男女間格差（男＝100.0）	女	男	男女間格差（男＝100.0）
1975年	88.5	150.2	58.9	85.7	139.6	61.4
1980	122.5	221.7	55.3	116.9	198.6	58.9
1985	153.6	274.0	56.1	145.8	244.6	59.6
1990	186.1	326.2	57.1	175.0	290.5	60.2
1995	217.5	361.3	60.2	206.2	330.0	62.5
2000	235.1	370.3	63.5	220.6	336.8	65.5
2005	239.0	372.1	64.2	222.5	337.8	65.9
2010	243.6	360.0	67.7	227.6	328.3	69.3
2015	259.6	370.3	70.1	242.0	335.1	72.2
2018	265.6	374.7	70.9	247.5	337.6	73.3
2019	269.0	374.9	71.8	251.0	338.0	74.3
2019＊	267.4	372.1	71.9	249.8	336.1	74.3
2020	265.9	366.6	72.5	251.8	338.8	74.3

（注）１．各年6月。短時間労働者を除く。
２．「決まって支給する現金給与額」とは、労働契約、労働協約、就業規則などによってあらかじめ定められている支給条件、算定方法によって6月分として支給された現金給与額をいい、「所定内給与額」に超過労働給与額を加えたものである。
３．2020年調査より一部の調査事項や推計方法などを変更。2019＊は2020年と同じ推計方法で集計した2019年参考数値。
資料出所：厚生労働省「賃金構造基本統計調査」

図表付-66　主な産業、性、年齢階級別所定内給与額（2020年6月）

(民営、企業規模10人以上)

性	区分	年齢階級	建設業	製造業	情報通信業	運輸業、郵便業	卸売業、小売業	金融業、保険業	学術研究、専門・技術サービス業	宿泊業、飲食サービス業	生活関連サービス業、娯楽業	教育、学習支援業	医療、福祉	サービス業（他に分類されないもの）
女	所定内給与額（千円）	年齢計	251.2	222.7	315.5	223.3	236.0	281.4	301.4	208.9	225.1	306.9	264.0	228.5
		20～24歳	217.0	186.0	229.2	200.2	201.2	212.7	216.4	193.1	202.8	210.0	222.6	211.0
		25～29	237.9	206.0	264.5	219.5	226.3	237.3	265.6	207.3	222.6	235.6	243.7	224.6
		30～34	252.0	222.5	289.6	226.9	238.0	261.4	292.9	218.6	235.6	267.9	255.0	226.1
		35～39	249.0	232.4	310.2	234.9	248.9	287.6	328.7	226.4	237.8	295.7	261.2	240.8
		40～44	245.0	242.0	352.0	226.9	253.4	295.8	327.5	229.1	244.5	327.4	276.6	242.3
		45～49	273.0	247.1	352.9	231.5	253.7	307.7	332.6	220.1	242.0	345.0	280.4	238.2
		50～54	279.7	247.6	430.9	236.8	256.0	318.2	341.9	219.1	219.8	372.0	282.5	236.8
		55～59	266.8	229.8	458.4	225.7	242.7	307.5	326.0	206.1	244.2	399.0	288.8	233.8
		60～64	243.2	182.1	249.1	198.2	192.1	295.1	288.4	196.8	192.3	411.4	258.1	196.6
		65～69	203.8	173.6	＊229.2	190.3	188.0	331.9	＊235.6	172.9	180.6	412.7	238.1	180.4
	対前年増減率(%)		−1.7	2.8	1.1	−0.8	−2.0	0.0	−1.0	1.3	0.9	−1.4	0.7	0.7
	平均年齢(歳)		42.9	42.6	37.6	42.3	41.4	41.9	39.3	41.9	41.5	40.4	42.9	42.7
	勤続年数(年)		11.1	11.5	9.2	8.9	9.6	11.3	9.5	8.1	7.8	9.3	8.6	6.8
男	所定内給与額（千円）	年齢計	345.5	321.8	405.0	285.3	346.1	479.2	420.9	278.2	300.7	429.4	354.5	283.5
		20～24歳	221.7	203.2	227.5	222.2	214.4	233.3	227.7	203.1	203.4	217.9	223.6	210.8
		25～29	256.8	236.4	266.6	246.0	252.6	293.9	283.3	225.9	248.0	278.8	264.6	235.0
		30～34	292.0	267.8	326.7	271.9	283.6	385.3	341.4	254.6	281.4	337.1	300.2	266.4
		35～39	334.1	307.1	374.0	289.7	325.9	483.5	412.1	281.6	313.2	379.4	331.4	286.4
		40～44	369.8	338.1	427.9	302.1	369.9	578.6	462.6	308.7	333.3	436.0	355.0	308.9
		45～49	402.1	369.3	489.9	306.8	402.6	606.6	484.7	323.1	356.7	473.9	388.7	320.7
		50～54	424.0	407.0	519.3	307.8	446.3	636.1	547.0	324.2	358.3	510.3	461.1	335.3
		55～59	427.2	416.4	561.1	308.1	439.5	551.7	525.0	310.1	343.7	532.7	488.0	323.4
		60～64	356.7	290.6	414.1	247.5	298.2	351.3	386.3	272.5	275.4	488.4	420.3	257.9
		65～69	298.1	247.4	334.8	219.0	263.1	＊357.5	341.6	239.5	210.0	433.7	452.6	228.4
	対前年増減率(%)		−0.5	1.2	0.9	−1.1	−1.1	3.3	1.5	−0.7	1.2	−2.5	4.9	0.0
	平均年齢(歳)		45.1	43.1	41.3	46.9	43.0	43.3	43.6	43.3	41.8	46.3	41.8	45.7
	勤続年数(年)		13.9	15.4	13.7	12.7	14.5	15.5	13.7	10.1	10.5	13.0	9.1	9.9

(注) 1．短時間労働者を除く。＊は調査対象労働者数が少ないため、利用に際し注意を要する。
2．2020年調査より一部の調査事項や推計方法などを変更。対前年増減率は、2020年と同じ推計方法で集計した2019年の数値を基に算出。

資料出所：厚生労働省「賃金構造基本統計調査」

図表付-67　企業規模、性、年齢階級別所定内給与額（2020年6月）

（民営）　　（単位：千円）

年齢	女			男		
	1000人以上	100～999人	10～99人	1000人以上	100～999人	10～99人
年齢計	266.4	253.1	232.9	377.1	331.7	302.4
20～24歳	219.0	207.9	197.3	222.3	211.6	207.6
25～29	244.9	233.8	216.3	266.6	248.2	236.7
30～34	264.4	244.8	226.9	313.8	281.8	266.2
35～39	278.7	257.6	234.3	363.8	321.1	294.3
40～44	289.0	270.6	242.4	403.5	354.0	319.8
45～49	288.9	273.3	247.1	437.0	379.7	340.9
50～54	285.7	282.2	252.2	485.4	408.7	347.6
55～59	283.8	274.9	252.4	478.2	419.6	349.1
60～64	237.0	234.2	225.7	330.0	314.6	301.2
65～69	229.2	211.6	210.5	285.2	280.4	267.7
平均年齢(歳)	41.2	41.9	43.2	42.9	43.2	45.6
勤続年数(年)	9.5	9.2	9.1	15.1	13.0	11.8

(注) 短時間労働者を除く。
資料出所：厚生労働省「賃金構造基本統計調査」

図表付-68　性別1人平均月間現金給与額の推移

事業所規模5人以上

年次	現金給与総額（円）		男女間格差（男＝100）
	女	男	
1995年	227,440	448,130	50.8
2000	221,920	445,643	49.8
2005	211,184	425,541	49.6
2010	206,134	404,576	51.0
2015	209,406	403,669	51.9
2018	218,026	414,012	52.7
2019	218,661	414,018	52.8
2020	218,971	405,838	54.0

事業所規模30人以上

年次	現金給与総額（円）		男女間格差（男＝100）
	女	男	
1995年	252,837	496,049	51.0
2000	242,359	494,466	49.0
2005	235,917	476,334	49.5
2010	232,442	450,913	51.5
2015	238,943	452,770	52.8
2018	250,804	466,005	53.8
2019	252,743	464,981	54.4
2020	252,970	452,936	55.9

(注) パートタイム労働者を含む。2015年～2018年は再集計値。
資料出所：厚生労働省「毎月勤労統計調査」

図表付-69　性、学歴、年齢階級別標準労働者の所定内給与額、年齢階級間賃金格差および男女間賃金格差（2020年6月）

（民営、企業規模10人以上）

学歴、年齢階級		所定内給与額（千円）		年齢階級間格差（20～24歳＝100.0）		男女間格差（男＝100.0）
		女	男	女	男	
中学卒	年齢計	200.8	297.1	170.0	125.9	67.6
	19歳以下	155.7	188.8	131.8	80.0	82.5
	20～24歳	118.1	235.9	100.0	100.0	50.1
	25～29	158.1	256.2	133.9	108.6	61.7
	30～34	－	257.8	－	109.3	－
	35～39	206.3	271.3	174.7	115.0	76.0
	40～44	196.9	316.0	166.7	134.0	62.3
	45～49	265.6	348.5	224.9	147.7	76.2
	50～54	237.4	367.5	201.0	155.8	64.6
	55～59	383.5	387.7	324.7	164.3	98.9
	60～64	188.3	267.2	159.4	113.3	70.5
	65～69	144.4	250.8	122.3	106.3	57.6
高校卒	年齢計	238.4	324.6	123.5	157.6	73.4
	19歳以下	175.3	182.4	90.8	88.5	96.1
	20～24歳	193.1	206.0	100.0	100.0	93.7
	25～29	213.7	245.2	110.7	119.0	87.2
	30～34	229.0	280.0	118.6	135.9	81.8
	35～39	251.2	324.2	130.1	157.4	77.5
	40～44	275.7	359.0	142.8	174.3	76.8
	45～49	309.5	400.9	160.3	194.6	77.2
	50～54	328.2	438.6	170.0	212.9	74.8
	55～59	351.5	458.3	182.0	222.5	76.7
	60～64	234.4	296.2	121.4	143.8	79.1
	65～69	185.2	277.7	95.9	134.8	66.7
高専・短大卒	年齢計	270.0	362.9	134.7	173.4	74.4
	20～24歳	200.5	209.3	100.0	100.0	95.8
	25～29	226.3	250.9	112.9	119.9	90.2
	30～34	251.9	290.7	125.6	138.9	86.7
	35～39	266.5	342.7	132.9	163.7	77.8
	40～44	312.3	394.4	155.8	188.4	79.2
	45～49	344.6	458.8	171.9	219.2	75.1
	50～54	380.2	494.0	189.6	236.0	77.0
	55～59	370.0	522.7	184.5	249.7	70.8
	60～64	313.6	347.2	156.4	165.9	90.3
	65～69	288.9	385.8	144.1	184.3	74.9
大学卒	年齢計	276.7	389.1	122.3	169.9	71.1
	20～24歳	226.3	229.0	100.0	100.0	98.8
	25～29	250.1	266.2	110.5	116.2	94.0
	30～34	287.4	327.0	127.0	142.8	87.9
	35～39	319.8	383.8	141.3	167.6	83.3
	40～44	355.7	448.6	157.2	195.9	79.3
	45～49	418.3	508.4	184.8	222.0	82.3
	50～54	477.5	568.1	211.0	248.1	84.1
	55～59	504.6	562.0	223.0	245.4	89.8
	60～64	346.9	376.1	153.3	164.2	92.2
	65～69	462.7	366.0	204.5	159.8	126.4

(注)「標準労働者」は、学校卒業後直ちに企業に就職し、同一企業に継続勤務しているとみなされる労働者。
資料出所：厚生労働省「賃金構造基本統計調査」

図表付-70　性別平均年齢および平均勤続年数の推移

（民営、企業規模10人以上）

年次	平均年齢（歳）		平均勤続年数（年）	
	女	男	女	男
1975年	33.4	36.8	5.8	10.1
1980	34.8	37.8	6.1	10.8
1985	35.4	38.6	6.8	11.9
1990	35.7	39.5	7.3	12.5
1995	36.5	40.1	7.9	12.9
2000	37.6	40.8	8.8	13.3
2005	38.7	41.6	8.7	13.4
2010	39.6	42.1	8.9	13.3
2015	40.7	43.1	9.4	13.5
2018	41.4	43.6	9.7	13.7
2019	41.8	43.8	9.8	13.8
2020	42.0	43.8	9.3	13.4

(注) 1．各年6月。短時間労働者を除く。

2．2020年調査より一部の調査事項や推計方法などを変更。

資料出所：厚生労働省「賃金構造基本統計調査」

図表付-71　性、雇用形態別雇用者数および非正規の職員・従業員の割合の推移

			2010年	2015	2018	2019	2020
実数（万人）	総数	雇用者	5,479	5,632	5,927	5,995	5,963
		雇用者（役員を除く）	5,111	5,284	5,596	5,660	5,620
		正規の職員・従業員	3,355	3,304	3,476	3,494	3,529
		非正規の職員・従業員	1,756	1,980	2,120	2,165	2,090
		パート・アルバイト	1,192	1,365	1,490	1,519	1,473
		労働者派遣事業所の派遣社員	96	126	136	141	138
		契約社員・嘱託	330	404	414	419	395
		その他	137	83	80	86	85
	女	雇用者	2,351	2,473	2,670	2,719	2,702
		雇用者（役員を除く）	2,263	2,388	2,588	2,635	2,619
		正規の職員・従業員	1,046	1,042	1,137	1,160	1,193
		非正規の職員・従業員	1,217	1,345	1,451	1,475	1,425
		パート・アルバイト	933	1,053	1,143	1,164	1,125
		労働者派遣事業所の派遣社員	61	76	85	85	85
		契約社員・嘱託	151	176	183	182	174
		その他	73	41	40	43	42
	男	雇用者	3,128	3,158	3,256	3,275	3,261
		雇用者（役員を除く）	2,848	2,896	3,008	3,024	3,001
		正規の職員・従業員	2,309	2,261	2,339	2,334	2,336
		非正規の職員・従業員	538	634	669	691	665
		パート・アルバイト	259	312	347	355	348
		労働者派遣事業所の派遣社員	35	50	51	56	54
		契約社員・嘱託	180	229	231	237	221
		その他	65	42	40	43	43
対前年増減（万人）	総数	雇用者（役員を除く）	9	44	136	64	−40
		正規の職員・従業員	−25	26	53	18	35
		非正規の職員・従業員	35	18	84	45	−75
		パート・アルバイト	39	18	76	29	−46
		労働者派遣事業所の派遣社員	−12	7	2	5	−3
		契約社員・嘱託	9	−7	3	5	−24
		その他	−2	−3	2	6	−1
	女	雇用者（役員を除く）	21	37	85	47	−16
		正規の職員・従業員	0	23	23	23	33
		非正規の職員・従業員	22	13	62	24	−50
		パート・アルバイト	30	11	53	21	−39
		労働者派遣事業所の派遣社員	−11	5	4	0	0
		契約社員・嘱託	3	−1	3	−1	−8
		その他	0	−1	2	3	−1
	男	雇用者（役員を除く）	−12	7	51	16	−23
		正規の職員・従業員	−25	2	29	−5	2
		非正規の職員・従業員	12	4	22	22	−26
		パート・アルバイト	9	8	23	8	−7
		労働者派遣事業所の派遣社員	−2	2	−2	5	−2
		契約社員・嘱託	7	−6	0	6	−16
		その他	−2	−1	0	3	0
役員を除く雇用者に占める非正規の職員・従業員の割合（%）							
		総数	34.4	37.5	37.9	38.3	37.2
		女	53.8	56.3	56.1	56.0	54.4
		男	18.9	21.9	22.2	22.9	22.2

資料出所：総務省統計局「労働力調査詳細集計」

図表付-72　性、年齢階級別人口に占める雇用形態別雇用者の割合（2020年）

〈女〉

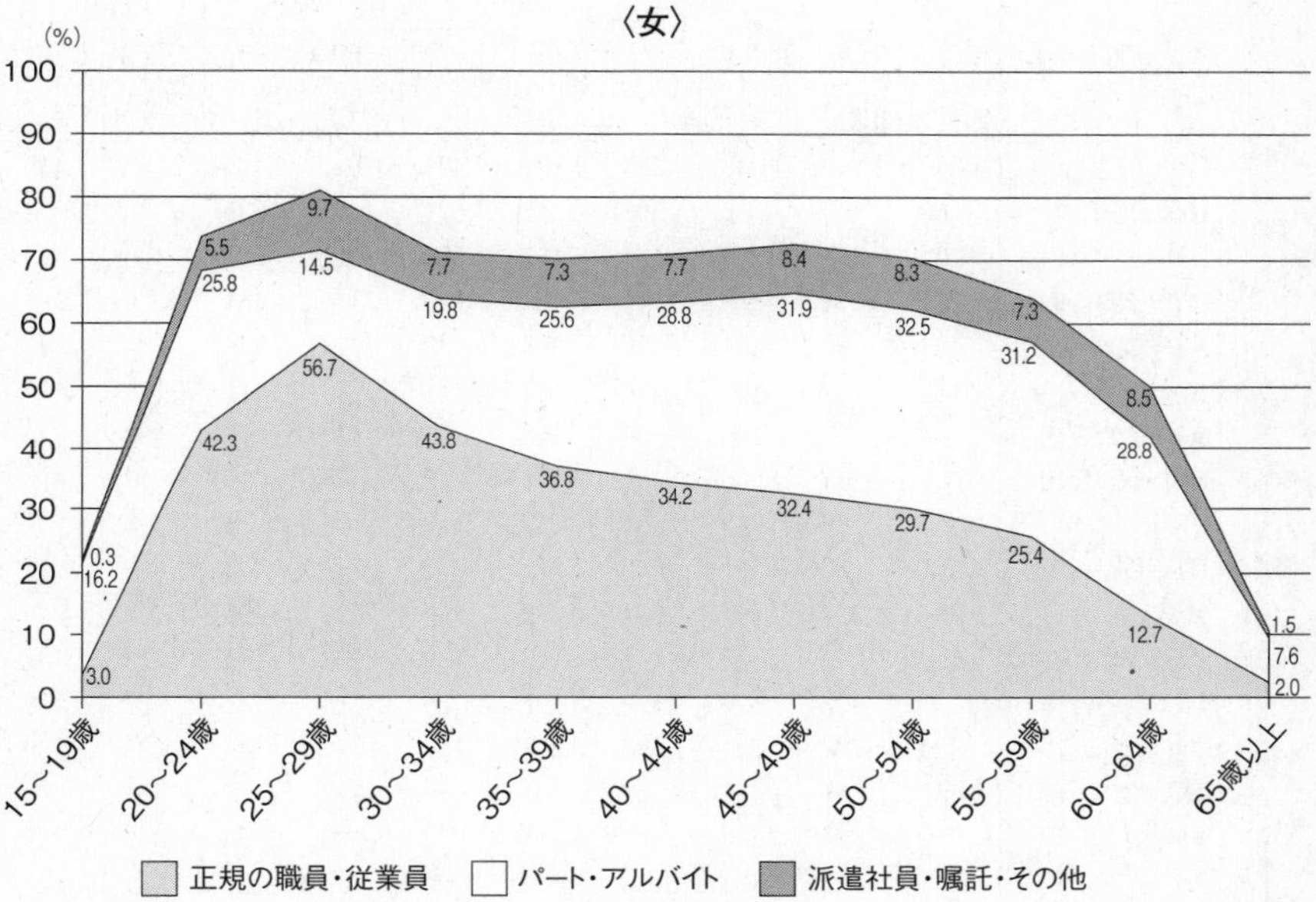

〈男〉

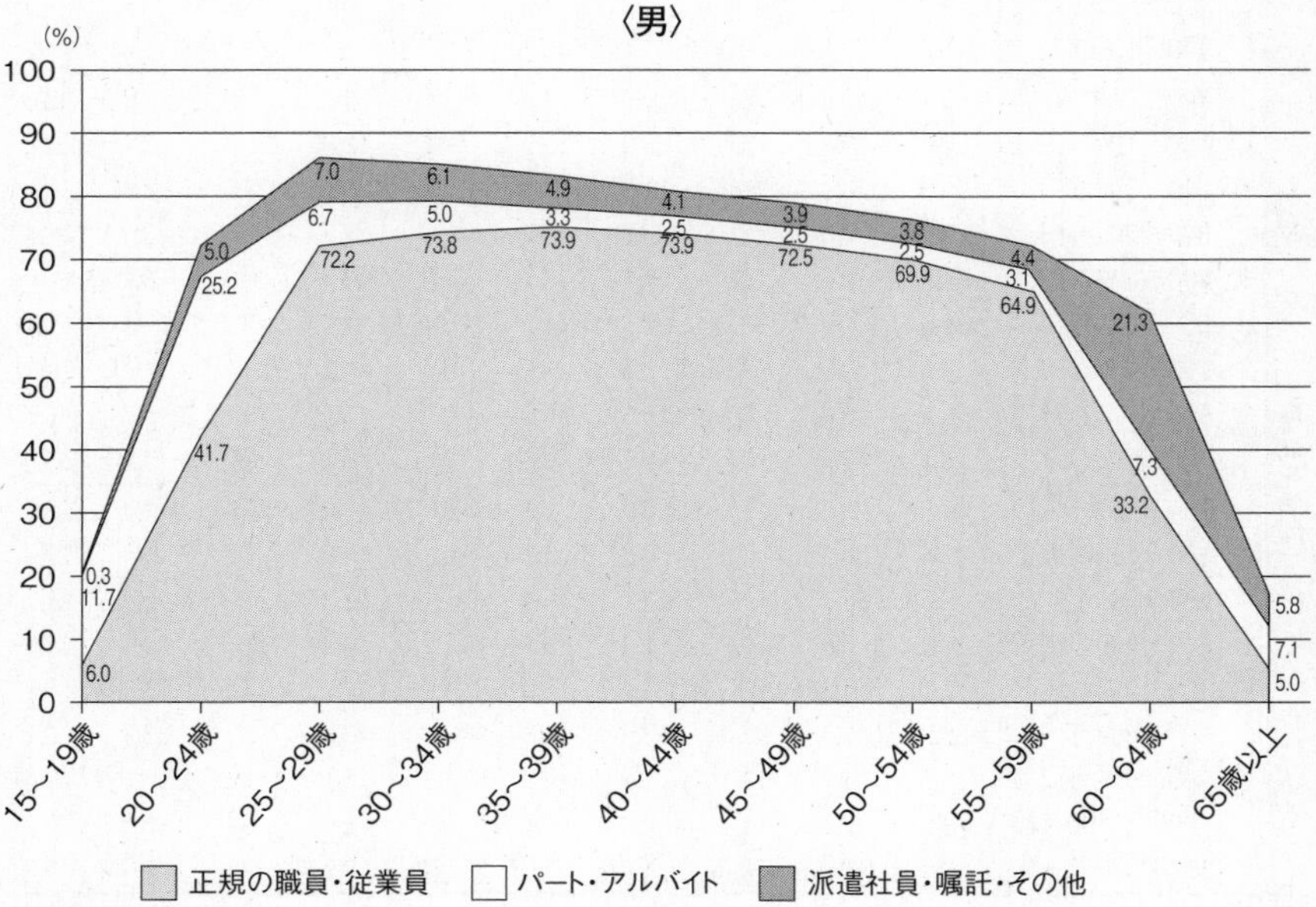

（注）役員を除く。
資料出所：総務省統計局「労働力調査詳細集計」

図表付-73　性、仕事からの年間収入階級、雇用形態別雇用者数および構成比の推移

		性、年収	2010年		2015		2018		2019		2020	
			正規の職員・従業員	非正規の職員・従業員	正規の職員・従業員	非正規の職員・従業員	正規の職員・従業員	非正規の職員・従業員	正規の職員・従業員	非正規の職員・従業員	正規の職員・従業員	非正規の職員・従業員
実数（万人）	女	総数	1,046	1,217	1,042	1,345	1,137	1,451	1,160	1,475	1,193	1,425
		100万円未満	58	585	52	592	47	624	46	635	42	595
		100～199万円	209	438	172	521	163	554	143	557	143	543
		200～299万円	284	123	283	149	308	176	308	181	309	190
		300～399万円	203	30	221	39	260	43	275	49	288	47
		400～499万円	118	7	127	9	144	11	155	12	171	12
		500～699万円	97	4	106	4	123	6	130	5	136	6
		700～999万円	39	2	36	1	43	2	47	2	54	2
		1000～1499万円	5	0	5	1	7	0	8	1	8	1
		1500万円以上	1	0	1	0	1	0	2	0	2	0
	男	総数	2,309	538	2,261	634	2,339	669	2,334	691	2,336	665
		100万円未満	29	149	25	164	26	189	23	193	23	187
		100～199万円	131	158	115	190	97	186	90	186	87	180
		200～299万円	353	108	324	138	307	139	279	146	285	136
		300～399万円	457	51	451	68	451	72	450	77	441	76
		400～499万円	396	24	388	28	411	32	426	33	419	33
		500～699万円	471	19	484	18	520	20	529	21	531	20
		700～999万円	319	9	310	8	340	9	344	8	359	9
		1000～1499万円	87	3	90	2	109	3	111	3	118	3
		1500万円以上	15	1	16	1	22	1	21	1	24	2
構成比（%）	女	100万円未満	5.7	49.2	5.2	45.0	4.3	44.1	4.1	44.0	3.6	42.6
		100～199万円	20.6	36.8	17.1	39.6	14.9	39.1	12.8	38.6	12.4	38.9
		200～299万円	28.0	10.3	28.2	11.3	28.1	12.4	27.6	12.6	26.8	13.6
		300～399万円	20.0	2.5	22.0	3.0	23.7	3.0	24.7	3.4	25.0	3.4
		400～499万円	11.6	0.6	12.7	0.7	13.1	0.8	13.9	0.8	14.8	0.9
		500～699万円	9.6	0.3	10.6	0.3	11.2	0.4	11.7	0.3	11.8	0.4
		700～999万円	3.8	0.2	3.6	0.1	3.9	0.1	4.2	0.1	4.7	0.1
		1000～1499万円	0.5	0.0	0.5	0.1	0.6	0.0	0.7	0.1	0.7	0.1
		1500万円以上	0.1	0.0	0.1	0.0	0.1	0.0	0.2	0.0	0.2	0.0
	男	100万円未満	1.3	28.5	1.1	26.6	1.1	29.0	1.0	28.9	1.0	28.9
		100～199万円	5.8	30.3	5.2	30.8	4.2	28.6	4.0	27.8	3.8	27.9
		200～299万円	15.6	20.7	14.7	22.4	13.4	21.4	12.3	21.9	12.5	21.1
		300～399万円	20.2	9.8	20.5	11.0	19.8	11.1	19.8	11.5	19.3	11.8
		400～499万円	17.5	4.6	17.6	4.5	18.0	4.9	18.7	4.9	18.3	5.1
		500～699万円	20.9	3.6	22.0	2.9	22.8	3.1	23.3	3.1	23.2	3.1
		700～999万円	14.1	1.7	14.1	1.3	14.9	1.4	15.1	1.2	15.7	1.4
		1000～1499万円	3.9	0.6	4.1	0.3	4.8	0.5	4.9	0.4	5.2	0.5
		1500万円以上	0.7	0.2	0.7	0.2	1.0	0.2	0.9	0.1	1.0	0.3

(注) 役員を除く。総数には年収不詳を含む。構成比は年収不詳を除いて算出。
資料出所：総務省統計局「労働力調査詳細集計」

図表付-74　短時間労働者の性別1時間当たり所定内給与額の推移

(民営、企業規模10人以上)

年次	女		男		男女格差(男＝100.0)
	1時間当たり所定内給与額(円)	対前年増減率(%)	1時間当たり所定内給与額(円)	対前年増減率(%)	
1990年	712	7.6	944	10.4	75.4
1995	854	0.7	1,061	2.3	80.5
2000	889	0.2	1,026	0.1	86.6
2005	942	4.2	1,069	5.6	88.1
2010	979	0.6	1,081	－0.5	90.6
2015	1,032	2.0	1,133	1.2	91.1
2018	1,105	2.9	1,189	3.0	92.9
2019	1,127	2.0	1,207	1.5	93.4
2019＊	1,184	－	1,612	－	73.4
2020	1,321	11.6	1,658	2.9	79.7

(注) 1．各年6月。「短時間労働者」とは、1日の所定労働時間が一般の労働者よりも短い、又は1日の所定労働時間が一般の労働者と同じでも1週の所定労働日数が一般の労働者よりも少ない労働者をいう。
2．2019年調査までは、1時間当たり賃金が著しく高い一部の職種の労働者について集計対象から除いていたが、2020年調査より短時間労働者全体を集計対象に含む調査方法に変更。2019＊は2020年と同じ推計方法で集計した2019年参考数値。

資料出所：厚生労働省「賃金構造基本統計調査」

図表付-75　短時間労働者の性、主な産業別1時間当たり所定内給与額および対前年増減率（2020年6月）

(民営、企業規模10人以上)

女				男			
産業	1時間当たり所定内給与額(円)	対前年増減率(%)	産業間賃金格差（産業計＝100)	産業	1時間当たり所定内給与額(円)	対前年増減率(%)	産業間賃金格差（産業計＝100)
産業計	1,321	11.6	100.0	産業計	1,658	2.9	100.0
製造業	1,204	17.9	91.1	卸売業，小売業	1,160	6.9	70.0
卸売業、小売業	1,156	11.2	87.5	宿泊業，飲食サービス業	1,177	11.0	71.0
宿泊業、飲食サービス業	1,242	20.8	94.0	教育，学習支援業	3,088	－3.8	186.2
医療，福祉	1,555	4.3	117.7	医療，福祉	3,807	－11.3	229.6
サービス業（他に分類されないもの）	1,232	11.6	93.3	サービス業（他に分類されないもの）	1,339	11.8	80.8

(注) 2020年調査より一部の調査事項や推計方法などを変更。対前年増減率は、2020年と同じ推計方法で集計した2019年の数値を基に算出。

資料出所：厚生労働省「賃金構造基本統計調査」

図表付-76　短時間労働者の企業規模、性別１時間当たり所定内給与額および企業規模間賃金格差の推移（民営）

（民営）

性、企業規模		1時間当たり所定内給与額（円）					賃金格差（企業規模1000人以上＝100）				
		2010年	2015	2019	2019＊	2020	2010年	2015	2019	2019＊	2020
女	1000人以上	970	1,025	1,131	1,167	1,288	100	100	100	100	100
	100～999人	1,000	1,045	1,133	1,245	1,392	103	102	100	107	108
	10～99人	970	1,032	1,115	1,153	1,306	100	101	99	99	101
男	1000人以上	1,043	1,088	1,166	1,406	1,464	100	100	100	100	100
	100～999人	1,115	1,153	1,237	2,007	2,052	107	106	106	143	140
	10～99人	1,096	1,172	1,237	1,532	1,579	105	108	106	109	108

（注）１．各年６月
２．2019年調査までは、１時間当たり賃金が著しく高い一部の職種の労働者について集計対象から除いていたが、2020年調査より短時間労働者全体を集計対象に含む調査方法に変更。2019＊は2020年と同じ推計方法で集計した2019年参考数値。
資料出所：厚生労働省「賃金構造基本統計調査」

図表付-77　短時間労働者の性、年齢階級別１時間当たり所定内給与額

（民営、企業規模10人以上）　（単位：円）

年齢階級	女					男				
	2010年	2015	2019	2019＊	2020	2010年	2015	2019	2019＊	2020
年齢計	979	1,032	1,127	1,184	1,321	1,081	1,133	1,207	1,612	1,658
～19歳	836	892	988	992	1,068	856	914	997	1,004	1,063
20～24	928	986	1,064	1,070	1,176	953	1,009	1,083	1,099	1,190
25～29	1,007	1,052	1,148	1,194	1,386	1,061	1,109	1,155	1,346	1,507
30～34	1,027	1,090	1,200	1,284	1,410	1,150	1,204	1,295	2,235	2,126
35～39	1,007	1,082	1,197	1,301	1,471	1,145	1,205	1,330	2,373	2,364
40～44	995	1,048	1,164	1,263	1,379	1,149	1,233	1,317	2,191	2,310
45～49	998	1,046	1,137	1,201	1,373	1,189	1,227	1,292	2,330	2,117
50～54	983	1,040	1,137	1,205	1,357	1,185	1,191	1,278	2,681	2,367
55～59	970	1,032	1,120	1,190	1,338	1,122	1,214	1,291	2,528	2,229
60～64	980	1,022	1,125	1,193	1,295	1,205	1,253	1,376	1,976	1,900
65～69	969	1,010	1,107	1,148	1,299	1,181	1,198	1,282	1,565	1,654
平均年齢（歳）	45.1	45.9	46.8	…	46.8	41.4	43.9	44.2	…	43.7

（注）１．各年６月
２．2019年調査までは、１時間当たり賃金が著しく高い一部の職種の労働者について集計対象から除いていたが、2020年調査より短時間労働者全体を集計対象に含む調査方法に変更。2019＊は2020年と同じ推計方法で集計した2019年参考数値。
資料出所：厚生労働省「賃金構造基本統計調査」

図表付-78　雇用形態、性、年齢階級別所定内給与額、対前年増減率および雇用形態間賃金格差（2020年6月）

（民営、企業規模10人以上）

年齢階級	女					男				
	正社員・正職員		正社員・正職員以外		雇用形態間賃金格差（正社員・正職員＝100）	正社員・正職員		正社員・正職員以外		雇用形態間賃金格差（正社員・正職員＝100）
	所定内給与額（千円）	対前年増減率（%）	所定内給与額（千円）	対前年増減率（%）		所定内給与額（千円）	対前年増減率（%）	所定内給与額（千円）	対前年増減率（%）	
年齢計	269.2	0.2	193.3	2.4	71.8	350.7	0.3	240.2	3.4	68.5
20～24歳	213.3	0.4	179.7	1.1	84.2	217.3	－0.1	187.8	1.8	86.4
25～29	239.5	－0.2	196.5	3.7	82.0	256.2	0.0	210.0	1.7	82.0
30～34	258.1	－0.5	195.1	1.8	75.6	294.6	－0.5	222.6	1.0	75.6
35～39	272.9	0.5	200.6	3.4	73.5	334.7	－0.1	235.3	5.2	70.3
40～44	286.5	－0.3	196.6	0.9	68.6	367.6	0.2	240.6	4.7	65.5
45～49	293.9	－0.3	198.5	3.1	67.5	396.3	－0.3	245.6	2.2	62.0
50～54	302.6	－0.9	195.6	3.1	64.6	431.2	0.0	242.6	1.3	56.3
55～59	303.6	1.6	190.5	3.4	62.7	435.3	1.4	252.1	6.9	57.9
60～64	272.0	0.7	190.0	1.3	69.9	350.0	2.8	266.7	3.1	76.2
65～69	257.0	0.0	180.9	1.1	70.4	309.7	6.3	234.7	2.2	75.8
平均年齢（歳）	40.6	－	46.9	－	－	42.9	－	51.1	－	－
勤続年数（年）	9.8	－	7.4	－	－	13.8	－	10.3	－	－

（注）1．短時間労働者を除く。
2．2020年調査より一部の調査事項や推計方法などを変更。対前年増減率は、2020年と同じ推計方法で集計した2019年の数値を基に算出。

資料出所：厚生労働省「賃金構造基本統計調査」

図表付-79　雇用形態、性、企業規模別所定内給与額、対前年増減率および雇用形態間賃金格差（2020年6月）

（民営）

企業規模	女					男				
	正社員・正職員		正社員・正職員以外		雇用形態間賃金格差（正社員・正職員＝100）	正社員・正職員		正社員・正職員以外		雇用形態間賃金格差（正社員・正職員＝100）
	所定内給与額（千円）	対前年増減率（%）	所定内給与額（千円）	対前年増減率（%）		所定内給与額（千円）	対前年増減率（%）	所定内給与額（千円）	対前年増減率（%）	
1000人以上	294.8	－1.3	201.1	4.2	68.2	395.7	－0.4	246.7	4.3	62.3
100～999人	269.9	1.4	190.9	1.6	70.7	343.5	1.6	238.9	3.5	69.5
10～99人	243.1	1.1	180.2	－0.3	74.1	308.7	0.8	230.6	1.5	74.7

（注）1．短時間労働者を除く。
2．2020年調査より一部の調査事項や推計方法などを変更。対前年増減率は、2020年と同じ推計方法で集計した2019年の数値を基に算出。

資料出所：厚生労働省「賃金構造基本統計調査」

図表付-80　労働者派遣された派遣労働者数等

（単位：所、人）

		（参考）2015年度	2016年度	2017	2018	2019
労働者派遣事業	集計事業所数	18,403	22,153	25,282	38,128	38,040
	①無期雇用派遣労働者	125,792	215,073	286,087	510,815	604,215
	②有期雇用派遣労働者	948,260	1,289,437	1,272,950	1,171,716	1,231,710
	③登録者数	2,717,674	4,347,990	3,819,197	4,794,355	6,187,007
（旧）特定労働者派遣事業	集計事業所数	59,553	48,601	37,126	－	－
	④無期雇用	177,049	214,356	163,989	－	－
	⑤有期雇用	46,011	52,158	37,711	－	－
合計	①+②+④+⑤（派遣労働者数）	1,297,112	1,771,024	1,760,737	1,682,531	1,835,925
	①+④無期雇用	302,841	429,429	450,076	510,815	604,215
	②+⑤有期雇用	994,271	1,341,595	1,310,661	1,171,716	1,231,710

（注）1．労働者派遣事業報告書の集計結果。
2．報告対象期間（各派遣元事業主の事業年度）の末日が年度内に属する報告について集計した報告対象期間末日現在の実人員。
3．2015年度は、2015年の法改正後（2015.9.30～2016.3.31）の集計値。
4．2018年以降は2015年の改正法附則の経過措置期間が2018年9月29日で満了のため、許可を有する労働者派遣事業者から提出された事業報告書のみの集計。
資料出所：厚生労働省「労働者派遣事業報告書」の集計結果

図表付-81　家内労働従事者数、家内労働者数、補助者数および委託者数の推移

（単位：人）

			1985年	1995	2005	2015	2018	2019	2020
家内労働従事者数①＋②			1,223,200	576,701	216,625	114,655	114,511	108,293	108,539
（対前年増減率％）			（－3.2）	（－12.3）	（－4.4）	（－2.1）	（2.6）	（－5.4）	（0.2）
家内労働者数①			1,149,000	549,585	207,142	111,038	110,812	105,054	105,301
（対前年増減率％）			（－3.2）	（－12.3）	（－4.2）	（－1.8）	（2.3）	（－5.2）	（0.2）
性別	女	実数	1,070,900	513,142	188,384	99,198	97,488	94,021	94,081
		（構成比％）	（93.2）	（93.4）	（90.9）	（89.3）	（88.0）	（89.5）	（89.3）
	男	実数	78,100	36,443	18,758	11,840	13,324	11,033	11,220
		（構成比％）	（6.8）	（6.6）	（9.1）	（10.7）	（12.0）	（10.5）	（10.7）
類型別	専業	実数	76,200	31,848	10,813	5,343	4,890	4,741	4,905
		（構成比％）	（6.6）	（5.8）	（5.2）	（4.8）	（4.4）	（4.5）	（4.7）
	内職	実数	1,058,500	512,900	193,778	104,929	104,818	99,056	99,244
		（構成比％）	（92.1）	（93.3）	（93.6）	（94.5）	（94.6）	（94.3）	（94.2）
	副業	実数	14,300	4,837	2,551	766	1,104	1,257	1,152
		（構成比％）	（1.2）	（0.9）	（1.2）	（0.7）	（1.0）	（1.2）	（1.1）
補助者数②			74,200	27,116	9,483	3,617	3,699	3,239	3,238
委託者数			80,600	38,538	15,010	7,760	7,654	7,328	7,500

（注）1．各年10月
2．「家内労働従事者数」は、「家内労働者数」と「補助者数」の合計をいう。
3．1985年の数値は下2桁で四捨五入している。
資料出所：厚生労働省「家内労働概況調査」

図表付-82　保育所・幼保連携型認定こども園の施設数・定員・在籍人員の推移

年次	施設数			定員（人）	在籍人員（人）		
	総数	公立	私立		総数	入所人員	私的契約人員
1975年	18,009	11,387	6,622	1,676,720	1,578,033	1,561,397	16,636
1980	21,960	13,275	8,685	2,128,190	1,953,461	1,940,793	12,668
1985	22,899	13,600	9,299	2,080,451	1,779,367	1,770,430	8,937
1990	22,703	13,380	9,323	1,978,989	1,647,073	1,637,073	10,000
1995	22,496	13,194	9,302	1,923,697	1,600,597	1,593,873	6,724
2000	22,195	12,723	9,472	1,923,157	1,792,149	1,788,425	3,724
2005	22,570	12,090	10,480	2,052,635	1,998,307	1,993,796	4,511
2010	23,069	10,760	12,309	2,158,045	2,085,882	2,080,072	5,810
2015	25,465	9,568	15,897	2,449,168	2,341,211	2,336,244	4,950
2018	27,906	8,990	18,916	2,670,799	2,508,746	2,504,934	3,799
2019	28,681	8,766	19,915	2,737,614	2,555,071	2,551,791	3,267
2020	29,402	…	…	2,799,015	2,589,562	…	…

（注）１．各年4月1日現在。「入所人員」は、児童福祉法に基づく入所契約児童数。 2020年は概数。
　　　２．2015年以降、幼保連携型認定こども園を含む。
　　　３．2015年以降、「定員」は子ども・子育て支援法による利用定員。「在籍人員」総数には児童福祉法による措置人員を含む。
資料出所：厚生労働省「福祉行政報告例」

図表付-83　世帯類型別児童扶養手当受給者数の推移

（単位：人）

年度	総数	母子世帯						父子世帯	その他の世帯
		生別母子世帯		死別母子世帯	未婚の母子世帯	障害者世帯	遺棄世帯		
		離　婚	その他						
1975年度	251,316	128,330	2,710	32,084	24,632	21,284	34,941	−	7,335
1980	470,052	300,269	2,609	38,479	36,215	30,903	52,576	−	9,001
1985	647,606	490,891	2,500	31,948	35,224	30,000	47,280	−	9,763
1990	588,782	494,561	1,703	18,326	30,943	8,114	26,315	−	8,820
1995	603,534	526,013	1,050	11,895	34,690	4,508	17,217	−	8,161
2000	708,395	622,357	1,191	9,570	51,678	2,919	7,460	−	13,220
2005	936,579	824,654	1,626	9,325	70,543	2,714	5,382	−	22,335
2010	1,055,181	868,709	1,514	8,362	85,292	2,550	3,546	55,389	29,819
2015	1,037,645	829,066	1,786	7,016	98,970	5,169	2,302	60,537	32,799
2017	973,188	772,202	1,651	6,148	100,308	4,789	1,875	53,470	32,745
2018	939,262	743,872	1,603	5,699	100,018	4,665	1,672	49,546	32,187
2019	900,673	712,157	1,524	5,175	98,996	4,544	1,521	45,545	31,211

（注）１．各年度末現在。
　　　２．2009年までは母子世帯の障害者世帯及び遺棄世帯に母以外の者が養育している世帯を含む。
　　　３．2010年８月分より父子家庭の父を支給対象とした。
　　　４．生別母子世帯の「その他」に、「DV保護命令世帯」を含む。
　　　５．東日本大震災の影響により、2010年度は郡山市及びいわき市以外の福島県を除いて集計した数値。
資料出所：厚生労働省「福祉行政報告例」

図表付-84　医療保険適用者数の推移

（単位：千人）

年度	総数	被用者保険								国民健康保険	後期高齢者医療制度
		総数	全国健康保険協会管掌健康保険			組合管掌健康保険	船員保険	共済組合			
			総数	一般被保険者	法第3条第2項被保険者						
2000年度	126,351	78,723	36,805	36,758	47	31,677	228	10,013		47,628	−
2005	127,176	75,549	35,675	35,650	25	30,119	168	9,587		51,627	−
2010	126,907	73,797	34,863	34,845	18	29,609	136	9,189		38,769	14,341
2011	126,678	73,632	34,895	34,877	18	29,504	132	9,101		38,313	14,733
2012	126,452	73,605	35,122	35,103	19	29,353	129	9,000		37,678	15,168
2013	126,339	73,976	35,662	35,643	18	29,273	127	8,914		36,927	15,436
2014	126,207	74,503	36,411	36,392	19	29,131	125	8,836		35,937	15,767
2015	126,141	75,217	37,184	37,165	19	29,136	124	8,774		34,687	16,237
2016	126,091	76,373	38,091	38,071	19	29,463	122	8,697		32,940	16,778
2017	125,887	77,192	38,946	38,930	17	29,479	121	8,645		31,475	17,219

（注）１．各年度末現在。「法第3条第2項被保険者」は有効被保険者手帳所有者数。
　　　２．「全国健康保険協会管掌健康保険」は2007年度以前は「政府管掌健康保険」。
資料出所：厚生労働省「厚生統計要覧」

図表付-85　公的年金被保険者数の推移

（単位：万人）

年度	総数	国民年金被保険者			厚生年金被保険者	
		計	第1号	第3号	第1号	第2～4号
2000年度	7,049	3,307	2,154	1,153	3,219	523
2005	7,045	3,283	2,190	1,092	3,302	460
2010	6,826	2,943	1,938	1,005	3,441	442
2011	6,775	2,882	1,904	978	3,451	441
2012	6,736	2,824	1,864	960	3,472	440
2013	6,718	2,751	1,805	945	3,527	439
2014	6,713	2,674	1,742	932	3,599	441
2015	6,712	2,583	1,668	915	3,686	443
2016	6,731	2,464	1,575	889	3,822	445
2017	6,733	2,375	1,505	870	3,911	447
2018	6,746	2,318	1,471	847	3,981	448
2019	6,762	2,274	1,453	820	4,037	450

（注）１．各年度末現在
　　　２．国民年金被保険者第1号には任意加入被保険者を含む。
　　　３．2014年度以前は、厚生年金第1号は厚生年金保険の被保険者、第2～4号は共済組合の組合員を計上
　　　４．厚生年金被保険者には国民年金第2号被保険者のほか、65歳以上で老齢又は退職を支給事由とする年金給付の受給権を有する被保険者が含まれている。
資料出所：厚生労働省「厚生年金保険・国民年金事業年報」

図表付-86　性別公的年金被保険者数の推移

（単位：万人）

年度	国民年金第1号		国民年金第3号		厚生年金第1号		厚生年金第2～4号	
	女	男	女	男	女	男	女	男
2005年度	1,089	1,101	1,083	10	1,128	2,174	157	303
2010	947	992	993	11	1,217	2,224	158	284
2011	931	973	967	11	1,227	2,224	159	282
2012	907	956	949	11	1,244	2,228	161	279
2013	878	928	934	11	1,271	2,257	162	277
2014	846	896	921	11	1,306	2,293	164	277
2015	809	859	904	11	1,349	2,338	167	275
2016	759	816	878	11	1,424	2,398	170	275
2017	726	779	859	11	1,470	2,442	173	274
2018	707	764	836	11	1,512	2,469	175	272
2019	696	757	809	11	1,550	2,488	179	272

（注）1. 各年度末現在
2. 国民年金被保険者第1号には任意加入被保険者を含む。
3. 2014年度以前は、厚生年金第1号は厚生年金保険の被保険者、第2～4号は共済組合の組合員を計上
4. 厚生年金被保険者には国民年金第2号被保険者のほか、65歳以上で老齢又は退職を支給事由とする年金給付の受給権を有する被保険者が含まれている。

資料出所：厚生労働省「厚生年金保険・国民年金事業年報」

図表付-87　性別年金月額階級別国民年金老齢年金受給権者数（2019年度末現在）

（単位：人）

年金月額階級	総数			基礎のみ・旧国年（再掲）		
	総数	女	男	総数	女	男
合計	32,992,112	18,644,442	14,347,670	6,762,840	5,133,034	1,629,806
1万円未満	78,940	66,247	12,693	35,505	33,853	1,652
1～2	305,498	244,695	60,803	114,345	103,338	11,007
2～3	962,046	740,063	221,983	337,936	296,986	40,950
3～4	2,970,367	2,264,161	706,206	1,159,131	988,229	170,902
4～5	4,705,988	3,360,406	1,345,582	1,119,869	882,697	237,172
5～6	7,665,866	4,541,337	3,124,529	1,398,371	1,060,834	337,537
6～7	14,481,778	5,987,227	8,494,551	2,095,636	1,367,354	728,282
7万円以上	1,821,629	1,440,306	381,323	502,047	399,743	102,304
平均年金月額(円)	55,946	53,699	58,866	52,341	51,042	56,431

（注）「基礎のみ・旧国年（再掲）」とは、厚生年金保険（旧共済組合を除く。）の受給権を有しない老齢基礎年金受給権者及び旧法国民年金（5年年金を除く。）の受給権者をいう。

資料出所：厚生労働省「厚生年金保険・国民年金事業年報」

図表付-88　性別年金月額階級別厚生年金保険（第1号）老齢年金受給権者数（2019年度末現在）

（単位：人）

年金月額階級	総数	女	男	年金月額階級	総数	女	男
合計	15,986,959	5,319,978	10,666,981	16〜17	972,110	105,709	866,401
2万円未満	139,315	41,791	97,524	17〜18	1,004,084	73,398	930,686
2〜3	72,361	66,447	5,914	18〜19	977,454	50,595	926,859
3〜4	124,485	112,352	12,133	19〜20	906,204	36,865	869,339
4〜5	129,916	94,510	35,406	20〜21	778,400	24,660	753,740
5〜6	174,221	102,317	71,904	21〜22	608,254	16,860	591,394
6〜7	390,931	234,005	156,926	22〜23	430,276	11,111	419,165
7〜8	687,211	454,336	232,875	23〜24	295,935	6,957	288,978
8〜9	941,392	702,350	239,042	24〜25	199,802	3,951	195,851
9〜10	1,124,290	848,313	275,977	25〜26	128,421	2,234	126,187
10〜11	1,107,208	751,045	356,163	26〜27	80,312	1,099	79,213
11〜12	1,002,179	559,793	442,386	27〜28	47,813	503	47,310
12〜13	913,139	392,715	520,424	28〜29	24,606	193	24,413
13〜14	881,277	277,622	603,655	29〜30	11,790	137	11,653
14〜15	892,573	201,335	691,238	30万円以上	18,005	379	17,626
15〜16	922,995	146,396	776,599	平均年金月額(円)	144,268	103,159	164,770

（注）1．年金月額には基礎年金額を含む。
2．特別支給の老齢厚生年金の定額部分の支給開始年齢の引上げにより、定額部分のない、報酬比例部分のみの65歳未満の受給権者が含まれている。
3．共済組合等の組合員等たる厚生年金保険の被保険者期間（平成27年９月以前の共済組合等の組合員等の期間を含む）を含めて該当した者もいるが、これらの者の年金月額には共済組合等から支給される分が含まれていない。

資料出所：厚生労働省「厚生年金保険・国民年金事業年報」

図表付-89　介護保険被保険者数および要介護（要支援）認定者数の推移

（単位：万人）

年度	被保険者数				要介護、要支援認定者数			
	第1号被保険者	65歳以上75歳未満	75歳以上	第2号被保険者	第1号被保険者	65歳以上75歳未満	75歳以上	第2号被保険者
2000年度	2,242	1,319	923	4,308	247 (11.0)	45 (3.4)	202 (21.9)	9
2005	2,588	1,412	1,175	4,276	418 (16.1)	68 (4.8)	349 (29.7)	15
2010	2,910	1,482	1,428	4,263	491 (16.9)	64 (4.3)	427 (29.9)	15
2011	2,978	1,505	1,472	4,299	515 (17.3)	65 (4.3)	450 (30.5)	16
2012	3,094	1,574	1,520	4,275	546 (17.6)	69 (4.4)	477 (31.4)	15
2013	3,202	1,652	1,549	4,247	584 (18.2)	72 (4.4)	497 (32.1)	15
2014	3,302	1,716	1,586	4,220	592 (17.9)	75 (4.4)	517 (32.6)	14
2015	3,382	1,745	1,637	4,204	607 (17.9)	76 (4.3)	531 (32.5)	14
2016	3,440	1,745	1,695	4,200	619 (18.0)	75 (4.3)	544 (32.1)	13
2017	3,488	1,746	1,742	4,195	628 (18.0)	74 (4.2)	555 (31.8)	13
2018	3,525	1,730	1,796	4,192	645 (18.3)	73 (4.2)	572 (31.9)	13

（注）1．各年度末現在。ただし、第2号被保険者数は当該年度の月平均。
2．「要介護、要支援認定者数」の（　）内は、被保険者に占める認定者の割合（認定率％）。
3．2010年度は東日本大震災の影響により、報告が困難であった福島県の５町１村（広野町、楢葉町、富岡町、川内村、双葉町、新地町）を除く。

資料出所：厚生労働省「介護保険事業状況報告（年報）」

図表付-90　介護サービス受給者数の推移

（単位：千人）

年度	居宅介護サービス	地域密着型サービス	施設介護サービス				
			総数	介護老人福祉施設	介護老人保健施設	介護療養型医療施設	介護医療院
2000年度	1,237	−	604	285	219	100	−
2005	2,583	−	787	373	287	127	−
2010	3,019	264	842	435	325	85	−
2011	3,191	295	855	448	330	80	−
2012	3,379	328	874	466	337	74	−
2013	3,575	354	893	482	344	70	−
2014	3,743	385	898	490	347	65	−
2015	3,894	410	912	506	348	60	−
2016	3,909	770	923	518	352	56	−
2017	3,765	834	930	528	355	50	−
2018	3,741	862	941	542	356	43	4

（注）１．2000年度は４月から翌年２月、他は各年３月から翌年２月までの累計（人・月）を月数で除した数（月平均）。
２．2010年度以降の施設介護サービスは、同一月に２施設以上でサービスを受けた場合、施設ごとにそれぞれ受給者数を１人と計上しているが、総数には１人と計上しているため、施設の合算と総数は一致しない。
３．2010年度は東日本大震災の影響により、報告が困難であった福島県の５町１村（広野町、楢葉町、富岡町、川内村、双葉町、新地町）を除く。

資料出所：厚生労働省「介護保険事業状況報告（年報）」

図表付-91　性別進学率の推移

（単位：％）

年次	高等学校等への進学率			短期大学への進学率			大学への進学率			大学院への進学率		
	計	女	男	計	女	男	計	女	男	計	女	男
1980年	94.2	95.4	93.1	11.3	21.0	2.0	26.1	12.3	39.3	3.9	1.6	4.7
1985	93.8	94.9	92.8	11.1	20.8	2.0	26.5	13.7	38.6	5.5	2.5	6.5
1990	94.4	95.6	93.2	11.7	22.2	1.7	24.6	15.2	33.4	6.4	3.1	7.7
1995	95.8	97.0	94.7	13.1	24.6	2.1	32.1	22.9	40.7	9.0	5.5	10.7
2000	95.9	96.8	95.0	9.4	17.2	1.9	39.7	31.5	47.5	10.3	6.3	12.8
2005	96.5	96.8	96.1	7.3	13.0	1.8	44.2	36.8	51.3	11.6	7.2	14.8
2010	96.3	96.5	96.1	5.9	10.8	1.3	50.9	45.2	56.4	12.9	7.1	17.4
2015	96.6	97.0	96.2	5.1	9.3	1.1	51.5	47.4	55.4	10.7	5.8	14.8
2018	96.3	96.5	96.0	4.6	8.3	1.0	53.3	50.1	56.3	10.6	5.8	14.8
2019	95.8	96.0	95.6	4.4	7.9	1.0	53.7	50.7	56.6	10.3	5.5	14.3
2020	95.5	95.7	95.3	4.4	8.0	1.0	54.1	51.1	57.1	10.1	5.6	14.2

（注）１．各年5月1日現在。通信教育を除く。
２．高等学校等への進学率：中学校卒業者及び中等教育学校前期課程修了者のうち、高等学校、中等教育学校後期課程及び特別支援学校高等部の本科・別科並びに高等専門学校に進学した者（就職進学した者を含み、過年度中卒者等は含まない。）の占める比率。
３．短期大学・大学への進学率：大学学部・短期大学本科入学者数（過年度高卒者等を含む。）を３年前の中学校卒業者及び中等教育学校前期課程修了者数で除した比率。
４．大学院への進学率：大学学部卒業者のうち、ただちに大学院に進学した者の比率。

資料出所：文部科学省「学校基本調査」

図表付-92　学校別在学者数及び女性比率の推移

	年次	高等学校	高等専門学校	短期大学	大学	大学院	専修学校
男女計（人）	1980年	4,621,930	46,348	371,124	1,835,312	53,992	432,914
	1985	5,177,681	48,288	371,095	1,848,698	69,688	538,175
	1990	5,623,336	52,930	479,389	2,133,362	90,238	791,431
	1995	4,724,945	56,234	498,516	2,546,649	153,423	813,347
	2000	4,165,434	56,714	327,680	2,740,023	205,311	750,824
	2005	3,605,242	59,160	219,355	2,865,051	254,480	783,783
	2010	3,368,693	59,542	155,273	2,887,414	271,454	637,897
	2015	3,319,114	57,611	132,681	2,860,210	249,474	656,106
	2018	3,235,661	57,467	119,035	2,909,159	254,013	653,132
	2019	3,168,369	57,124	113,013	2,918,668	254,621	659,693
	2020	3,092,064	56,974	107,596	2,915,605	254,529	661,174
女（人）	1980年	2,292,286	917	330,468	405,529	6,259	287,938
	1985	2,568,483	1,723	333,175	434,401	9,182	312,185
	1990	2,793,739	4,677	438,443	584,155	14,566	410,543
	1995	2,351,055	9,966	455,439	821,893	32,990	420,282
	2000	2,074,642	10,624	293,690	992,312	54,216	406,073
	2005	1,777,708	9,835	191,131	1,124,900	75,734	417,918
	2010	1,665,296	9,359	137,791	1,185,580	82,133	347,286
	2015	1,647,789	10,059	117,461	1,231,868	77,831	364,592
	2018	1,601,672	10,937	105,530	1,280,406	81,464	364,520
	2019	1,566,392	11,321	99,866	1,293,095	82,427	366,802
	2020	1,529,081	11,671	94,644	1,294,320	82,982	368,139
女性比率（％）	1980年	49.6	2.0	89.0	22.1	11.6	66.5
	1985	49.6	3.6	89.8	23.5	13.2	58.0
	1990	49.7	8.8	91.5	27.4	16.1	51.9
	1995	49.8	17.7	91.4	32.3	21.5	51.7
	2000	49.8	18.7	89.6	36.2	26.4	54.1
	2005	49.3	16.6	87.1	39.3	29.8	53.3
	2010	49.4	15.7	88.7	41.1	30.3	54.4
	2015	49.6	17.5	88.5	43.1	31.2	55.6
	2018	49.5	19.0	88.7	44.0	32.1	55.8
	2019	49.4	19.8	88.4	44.3	32.4	55.6
	2020	49.5	20.5	88.0	44.4	32.6	55.7

(注) 各年5月1日現在。通信教育、盲学校、聾学校、養護学校、特別支援学校を除く。
資料出所：文部科学省「学校基本調査」

図表付-93　性、学歴別新規学卒者就職率の推移

（単位：%）

年次	中学校		高等学校		高等専門学校		短期大学		大学	
	女	男	女	男	女	男	女	男	女	男
1980年	3.2	4.5	45.6	40.2	92.6	89.0	76.4	71.8	65.7	78.5
1985	2.9	4.5	43.4	38.7	89.1	89.0	81.3	72.6	72.4	78.8
1990	1.8	3.7	36.2	34.2	92.3	85.6	88.1	72.9	81.0	81.0
1995	0.9	2.2	23.4	27.9	78.5	73.6	66.0	57.3	63.7	68.7
2000	0.5	1.5	16.5	20.7	65.1	58.4	57.4	41.3	57.1	55.0
2005	0.4	1.0	14.9	19.8	60.4	52.3	66.8	50.6	64.1	56.6
2010	0.2	0.6	13.1	18.3	63.9	49.2	67.3	48.0	66.6	56.4
2015	0.1	0.6	14.0	21.5	67.7	56.4	80.0	61.3	78.5	67.8
2018	0.1	0.3	13.8	21.2	70.5	57.2	83.6	61.9	82.9	72.3
2019	0.1	0.3	13.7	21.4	71.2	56.8	84.0	62.8	83.6	73.2
2020	0.1	0.3	14.1	21.6	70.4	56.7	82.9	60.0	83.2	73.0

（注）１．各年5月1日現在。各年3月卒業者のうち、就職者（就職進学者を含む。）の占める割合である。
　　　２．2000年以降の中学校に義務教育学校及び中等教育学校前期課程修了者を、高等学校に中等教育学校後期課程卒業者を加えて算出。

資料出所：文部科学省「学校基本調査」

図表付-94　性、卒業後の状況別大学、短大卒業者数の推移

			計	進学者	うち就職している者	就職者等	臨床研修医（予定者を含む）	専修学校・外国の学校等入学者	左記以外	死亡・不詳
実数（人）	大学（女）	2005年	232,569	17,902	61	158,712	2,729	5,521	40,544	7,161
		2015	256,482	15,997	17	207,204	3,087	3,228	24,423	2,543
		2018	260,111	15,927	24	219,623	3,473	2,541	16,816	1,731
		2019	265,181	15,639	36	225,570	3,490	2,437	16,270	1,775
		2020	267,619	15,921	119	226,603	3,533	2,354	17,565	1,643
	大学（男）	2005年	318,447	48,206	19	189,840	5,174	6,540	57,450	11,237
		2015	307,553	46,241	32	214,236	5,969	3,492	33,679	3,936
		2018	305,325	45,728	35	225,158	6,130	2,634	23,038	2,637
		2019	307,458	44,724	52	229,389	6,361	2,555	21,962	2,467
		2020	306,328	43,989	81	228,063	6,372	2,363	23,244	2,297
	短大（女）	2005年	93,167	9,230	7	68,286	−	2,667	12,032	952
		2015	53,439	4,300	5	44,002	−	804	4,232	101
		2018	49,121	3,658	3	41,938	−	647	2,811	67
		2019	47,437	3,303	14	40,668	−	607	2,792	67
		2020	44,878	3,363	61	38,064	−	528	2,852	71
構成比（%）	大学（女）	2005年	100.0	7.7	0.0	68.2	1.2	2.4	17.4	3.1
		2015	100.0	6.2	0.0	80.8	1.2	1.3	9.5	1.0
		2018	100.0	6.1	0.0	84.4	1.3	1.0	6.5	0.7
		2019	100.0	5.9	0.0	85.1	1.3	0.9	6.1	0.7
		2020	100.0	5.9	0.0	84.7	1.3	0.9	6.6	0.6
	大学（男）	2005年	100.0	15.1	0.0	59.6	1.6	2.1	18.0	3.5
		2015	100.0	15.0	0.0	69.7	1.9	1.1	11.0	1.3
		2018	100.0	15.0	0.0	73.7	2.0	0.9	7.5	0.9
		2019	100.0	14.5	0.0	74.6	2.1	0.8	7.1	0.8
		2020	100.0	14.4	0.0	74.5	2.1	0.8	7.6	0.7
	短大（女）	2005年	100.0	9.9	0.0	73.3	−	2.9	12.9	1.0
		2015	100.0	8.0	0.0	82.3	−	1.5	7.9	0.2
		2018	100.0	7.4	0.0	85.4	−	1.3	5.7	0.1
		2019	100.0	7.0	0.0	85.7	−	1.3	5.9	0.1
		2020	100.0	7.5	0.1	84.8	−	1.2	6.4	0.2

（注）各年3月卒業者の5月1日現在の状況。

資料出所：文部科学省「学校基本調査」

図表付-95　性、産業別大学卒就職者数（構成比）の推移

（単位：%）

性、産業		2010年	2015	2018	2019	2020
女	総数	100.0	100.0	100.0	100.0	100.0
	農業、林業	0.2	0.2	0.1	0.2	0.2
	漁業	0.0	0.0	0.0	0.0	0.0
	鉱業、採石業、砂利採取業	0.0	0.0	0.0	0.0	0.0
	建設業	1.7	2.4	2.6	2.6	2.7
	製造業	8.9	8.7	9.2	9.5	8.9
	電気・ガス・熱供給・水道業	0.2	0.2	0.2	0.2	0.3
	情報通信業	6.2	6.5	7.9	8.7	9.3
	運輸業、郵便業	2.5	2.8	3.0	3.4	3.6
	卸売業、小売業	15.3	15.5	15.0	14.7	14.6
	金融業、保険業	11.8	10.5	9.2	7.5	6.7
	不動産業、物品賃貸業	1.7	2.4	2.7	2.6	2.6
	学術研究、専門・技術サービス業	2.8	3.4	3.8	4.0	4.1
	宿泊業、飲食サービス業	2.9	3.0	3.0	3.0	3.3
	生活関連サービス業、娯楽業	3.7	3.6	3.2	3.2	3.2
	教育、学習支援業	11.4	10.0	9.2	9.0	9.0
	医療、福祉	19.0	19.6	19.3	19.3	19.2
	複合サービス事業	1.6	1.5	1.1	1.1	0.9
	サービス業（他に分類されないもの）	4.2	4.1	4.9	5.3	5.7
	公務（他に分類されるものを除く）	4.7	4.5	4.8	4.8	5.0
	上記以外のもの	1.3	1.1	0.8	0.8	0.9
男	総数	100.0	100.0	100.0	100.0	100.0
	農業、林業	0.4	0.3	0.3	0.3	0.3
	漁業	0.0	0.0	0.0	0.0	0.0
	鉱業、採石業、砂利採取業	0.1	0.0	0.0	0.0	0.0
	建設業	6.5	6.9	6.7	6.6	6.8
	製造業	15.9	14.8	14.6	14.7	14.1
	電気・ガス・熱供給・水道業	0.7	0.6	0.6	0.6	0.7
	情報通信業	8.8	9.7	11.3	12.2	13.2
	運輸業、郵便業	3.7	3.3	3.3	3.3	3.5
	卸売業、小売業	17.4	17.6	16.4	15.9	15.7
	金融業、保険業	8.0	7.5	6.9	6.1	5.8
	不動産業、物品賃貸業	2.3	3.2	3.8	3.8	3.7
	学術研究、専門・技術サービス業	2.8	3.8	3.9	4.3	4.4
	宿泊業、飲食サービス業	2.6	2.0	1.8	1.8	1.9
	生活関連サービス業、娯楽業	3.1	2.5	2.2	2.2	2.2
	教育、学習支援業	5.4	5.6	5.6	5.6	5.3
	医療、福祉	6.1	6.3	6.2	6.1	6.1
	複合サービス事業	1.6	1.4	1.2	1.1	1.0
	サービス業（他に分類されないもの）	4.5	5.5	6.5	6.8	7.4
	公務（他に分類されるものを除く）	8.1	7.5	7.4	7.3	6.9
	上記以外のもの	1.9	1.4	1.2	1.2	1.2

（注）各年3月卒業者の5月1日現在の状況。就職進学者を含む。
資料出所：文部科学省「学校基本調査」

図表付-96　性、職業別大学卒就職者数（構成比）の推移

（単位：％）

性	性、職業	2010年
女	総数	100.0
女	専門的・技術的職業従事者	35.9
女	科学研究者・技術者	5.7
女	教員	8.2
女	保健医療従事者	13.1
女	その他	8.9
女	管理的職業従事者	0.4
女	事務従事者	36.2
女	販売従事者	17.6
女	サービス職業従事者	6.0
女	保安職業従事者	0.6
女	農林漁業作業者	0.1
女	運輸・通信従事者	0.2
女	生産工程・労務作業者	0.2
女	上記以外のもの	3.0
男	総数	100.0
男	専門的・技術的職業従事者	32.2
男	科学研究者・技術者	20.4
男	教員	4.0
男	保健医療従事者	3.7
男	その他	4.2
男	管理的職業従事者	0.5
男	事務従事者	28.9
男	販売従事者	24.2
男	サービス職業従事者	5.2
男	保安職業従事者	3.9
男	農林漁業作業者	0.3
男	運輸・通信従事者	0.9
男	生産工程・労務作業者	0.7
男	上記以外のもの	3.3

性	職業	2015年	2018	2019	2020
女	総数	100.0	100.0	100.0	100.0
女	専門的・技術的職業従事者	36.5	39.0	40.0	40.4
女	研究者・技術者	5.9	7.8	8.5	9.2
女	教員	7.7	7.2	7.1	7.1
女	保健医療従事者	15.2	15.9	16.2	16.2
女	その他	7.7	8.1	8.2	7.9
女	管理的職業従事者	0.5	0.4	0.4	0.5
女	事務従事者	32.5	30.8	29.8	29.1
女	販売従事者	20.9	20.6	20.1	20.2
女	サービス職業従事者	6.9	6.3	6.6	6.7
女	保安職業従事者	0.6	0.6	0.6	0.6
女	農林漁業従事者	0.1	0.1	0.1	0.1
女	生産工程従事者	0.3	0.4	0.4	0.4
女	輸送・機械運転従事者	0.2	0.1	0.1	0.1
女	建設・採掘従事者	0.0	0.0	0.0	0.0
女	運搬・清掃等従事者	0.0	0.0	0.0	0.1
女	上記以外のもの	1.6	1.6	1.7	1.8
男	総数	100.0	100.0	100.0	100.0
男	専門的・技術的職業従事者	33.7	36.2	37.1	37.5
男	研究者・技術者	21.1	22.9	23.7	24.3
男	教員	4.4	4.4	4.3	4.0
男	保健医療従事者	4.6	5.0	5.1	5.1
男	その他	3.6	3.9	4.0	4.0
男	管理的職業従事者	0.7	0.7	0.7	0.8
男	事務従事者	24.9	24.1	23.8	23.5
男	販売従事者	29.1	28.0	27.5	27.1
男	サービス職業従事者	4.8	4.2	4.2	4.4
男	保安職業従事者	3.1	2.8	2.6	2.4
男	農林漁業従事者	0.2	0.2	0.2	0.2
男	生産工程従事者	0.9	1.0	1.0	1.0
男	輸送・機械運転従事者	0.5	0.5	0.5	0.5
男	建設・採掘従事者	0.2	0.2	0.2	0.3
男	運搬・清掃等従事者	0.2	0.2	0.2	0.2
男	上記以外のもの	1.7	1.9	1.8	1.9

(注) 1．各年3月卒業者の5月1日現在の状況。就職進学者を含む。
　　2．「保健医療従事者」には「医師、歯科医師、獣医師、薬剤師」を含む。
資料出所：文部科学省「学校基本調査」

図表付-97　性別高校卒業予定者の就職内定率の推移

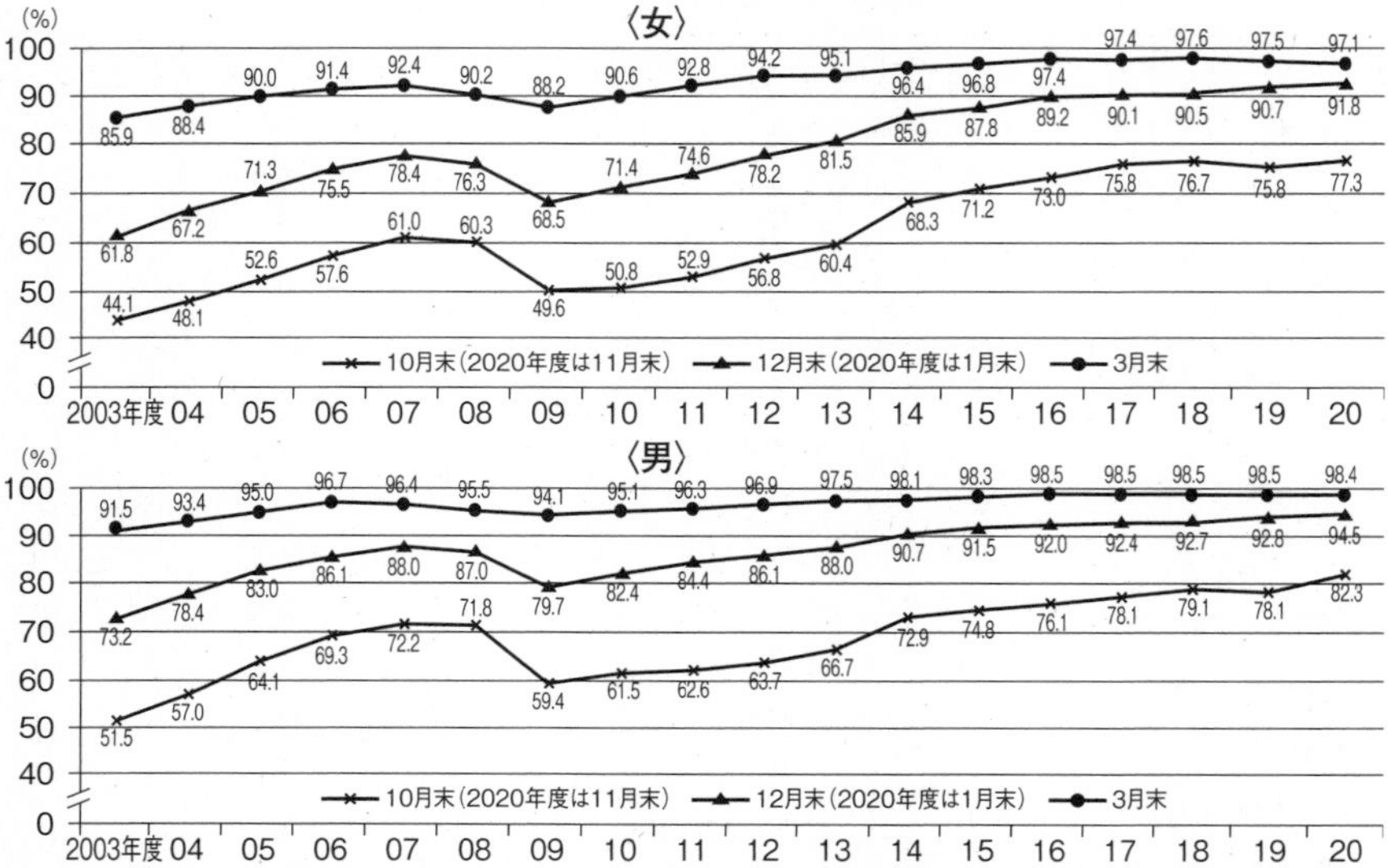

（注）1．2010年度3月31日の数値は、東日本大震災の影響により調査が困難とする岩手県の5校及び福島県の5校について調査から除外。
2．2020年度調査は、新型コロナウイルス感染症の影響により、例年「10月末、12月末、3月末」時点での調査を「11月末、1月末、3月末」時点で調査。

資料出所：文部科学省、厚生労働省「高等学校卒業（予定）者の就職（内定）状況調査」

図表付-98　性別大学卒業予定者の就職内定率の推移

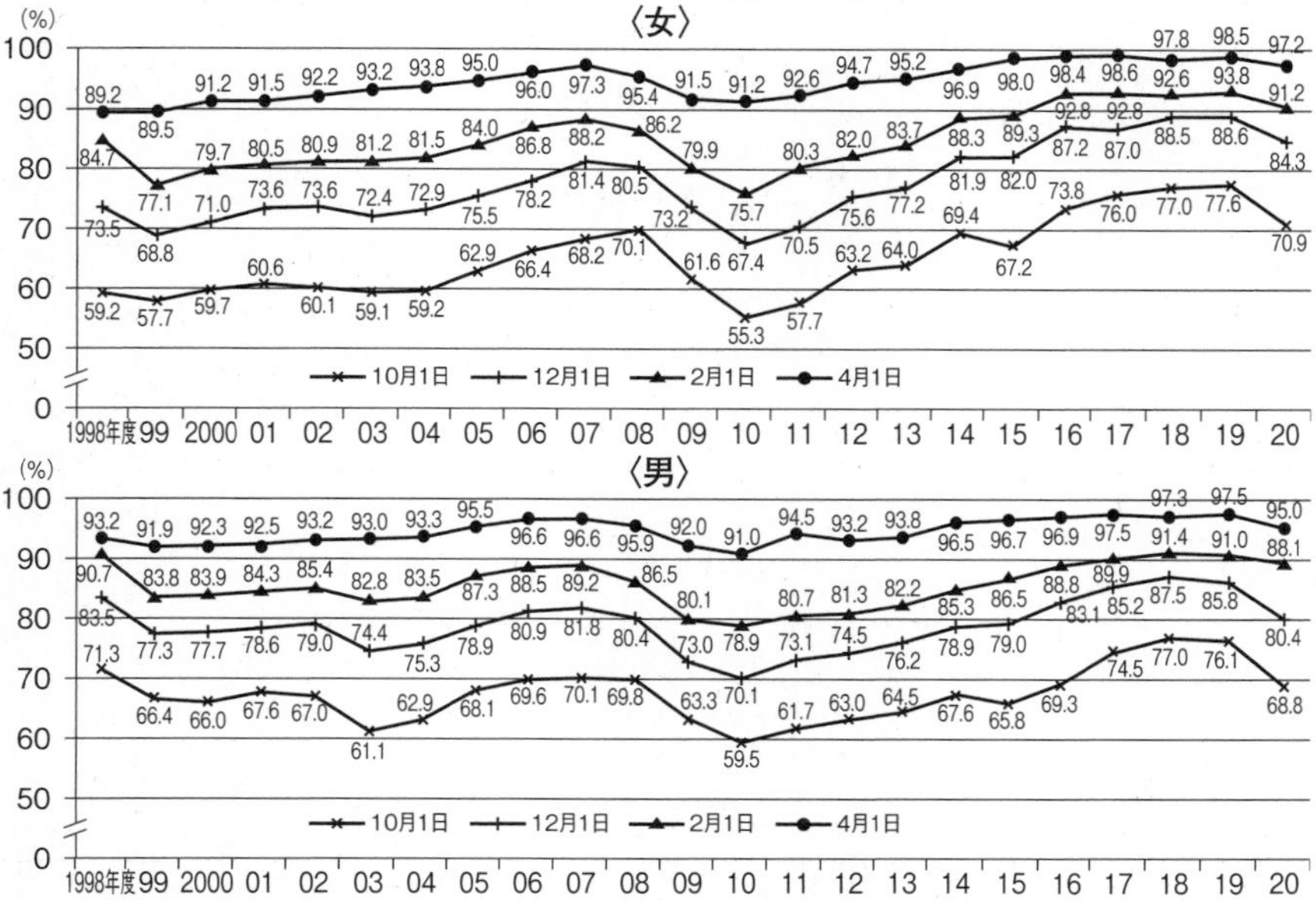

資料出所：文部科学省、厚生労働省
「大学・短期大学・高等専門学校及び専修学校卒業者の就職内定状況等調査」

図表付-99　性別国政選挙における投票率の推移

(衆議院議員総選挙)

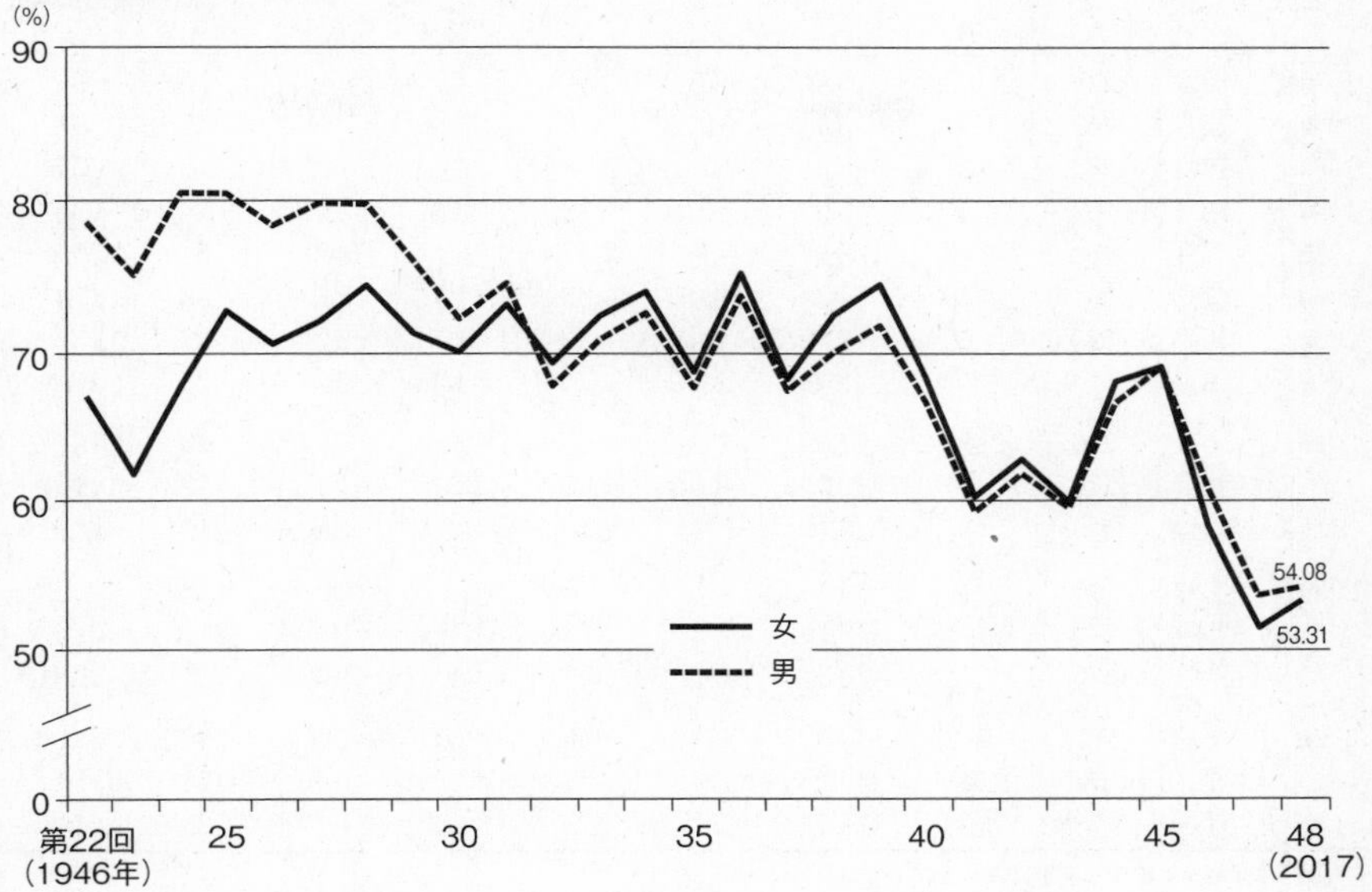

(参議院議員通常選挙)

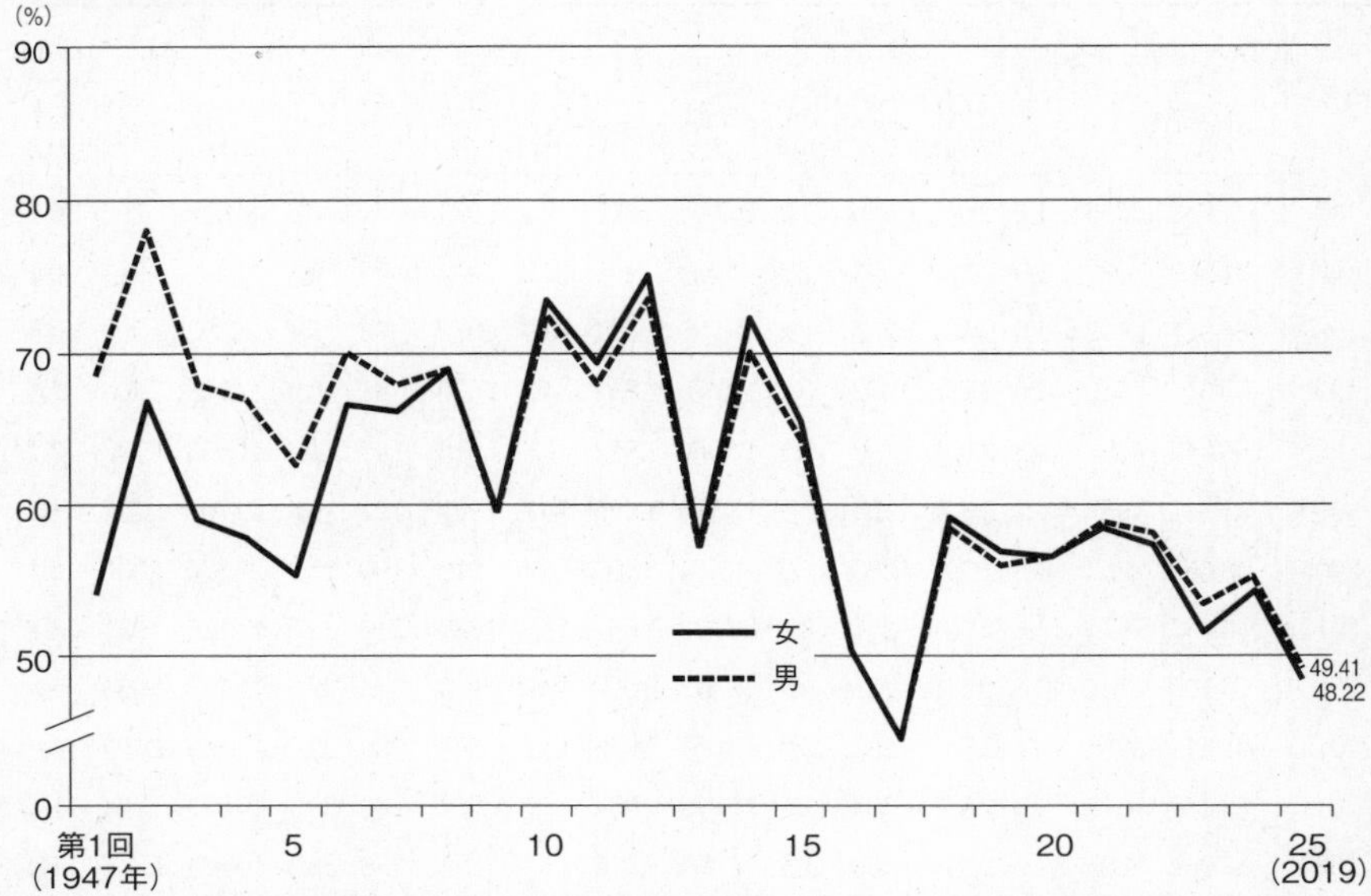

(注) 衆議院総選挙の第41回以降は比例代表、参議院通常選挙の第１回〜第12回は全国区、第13回以降は比例代表の数値。
資料出所：総務省「衆議院議員総選挙・最高裁判所裁判官国民審査結果調」、「参議院議員通常選挙結果調」

図表付-100　女性国会議員数の推移

年月	国会議員総数			衆議院議員			参議院議員		
	計（人）	女（人）	女性比率（%）	計（人）	女（人）	女性比率（%）	計（人）	女（人）	女性比率（%）
1975年　10月	726	25	3.4	475	7	1.5	251	18	7.2
1980　7月	762	26	3.4	511	9	1.8	251	17	6.8
1985　10月	752	27	3.6	504	8	1.6	248	19	7.7
1990　12月	762	46	6.0	510	12	2.4	252	34	13.5
1995　7月	752	46	6.1	500	12	2.4	252	34	13.5
2000　7月	731	78	10.7	480	35	7.3	251	43	17.1
2005　6月	720	66	9.2	478	33	6.9	242	33	13.6
2010　6月	721	96	13.3	480	54	11.3	241	42	17.4
2015　6月	716	83	11.6	474	45	9.5	242	38	15.7
（比例区）	(276)	(46)	(16.7)	(180)	(27)	(15.0)	(96)	(19)	(19.8)
（選挙区）	(440)	(37)	(8.4)	(294)	(18)	(6.1)	(146)	(19)	(13.0)
2020　6月	710	102	14.4	465	46	9.9	245	56	22.9
（比例区）	(274)	(44)	(16.1)	(176)	(23)	(13.1)	(98)	(21)	(21.4)
（選挙区）	(436)	(58)	(13.3)	(289)	(23)	(8.0)	(147)	(35)	(23.8)
2021　6月	707	102	14.4	463	46	9.9	244	56	23.0
（比例区）	(274)	(44)	(16.1)	(176)	(23)	(13.1)	(98)	(21)	(21.4)
（選挙区）	(433)	(58)	(13.4)	(287)	(23)	(8.0)	(146)	(35)	(24.0)

資料出所：衆議院、参議院事務局調べ

図表付-101　地方議会における女性議員数の推移

年次	合計			都道府県議会			市議会			特別区議会			町村議会		
	議員総数（人）	女（人）	女性比率（%）	議員総数（人）	女（人）	女性比率（%）	議員総数（人）	女（人）	女性比率（%）	議員総数（人）	女（人）	女性比率（%）	議員総数（人）	女（人）	女性比率（%）
1976年	71,952	735	1.0	2,807	35	1.2	20,062	397	2.0	1,073	71	6.6	48,010	232	0.5
1980	71,207	822	1.2	2,833	34	1.2	20,080	441	2.2	1,073	73	6.8	47,221	274	0.6
1985	68,911	1,102	1.6	2,857	38	1.3	19,729	601	3.0	1,032	73	7.1	45,293	390	0.9
1990	65,616	1,633	2.5	2,798	72	2.6	19,070	862	4.5	1,020	91	8.9	42,728	608	1.4
1995	64,642	2,757	4.3	2,927	92	3.1	19,050	1,392	7.3	1,012	145	14.3	41,653	1,128	2.7
2000	61,941	3,982	6.4	2,888	159	5.5	18,379	1,855	10.1	967	191	19.8	39,707	1,777	4.5
2005	48,652	4,263	8.8	2,790	200	7.2	23,574	2,505	10.6	912	199	21.8	21,376	1,359	6.4
2010	35,837	3,974	11.1	2,681	217	8.1	20,142	2,557	12.7	889	219	24.6	12,125	981	8.1
2015	33,165	4,127	12.4	2,675	261	9.8	18,443	2,559	13.9	900	243	27.0	11,147	1,064	9.5
2018	32,448	4,259	13.1	2,609	262	10.0	18,057	2,656	14.7	873	236	27.0	10,909	1,105	10.1
2019	32,430	4,640	14.3	2,668	303	11.4	17,973	2,864	15.9	900	269	29.9	10,889	1,204	11.1
2020	32,251	4,685	14.5	2,643	303	11.5	17,905	2,895	16.2	895	270	30.2	10,808	1,217	11.3

（注）各年12月末日現在
資料出所：総務省「地方公共団体の議会の議員及び長の所属党派別人員調」

図表付-102　女性の首長数の推移

年次	都道府県知事			市長、特別区長			町村長		
	総数（人）	女（人）	女性比率（%）	総数（人）	女（人）	女性比率（%）	総数（人）	女（人）	女性比率（%）
2005年	47	4	8.5	777	9	1.2	1,384	6	0.4
2010	47	3	6.4	808	18	2.2	940	6	0.6
2015	47	2	4.3	813	17	2.1	927	5	0.5
2018	47	3	6.4	815	24	2.9	925	7	0.8
2019	47	2	4.3	815	27	3.3	925	8	0.9
2020	47	2	4.3	813	26	3.2	926	8	0.9
2020年女性が首長の自治体	山形県 東京都			仙台市、土浦市、栃木市 那須烏山市、安中市、君津市 足立区、武蔵野市、横浜市 座間市、加茂市、大野市 諏訪市、島田市、伊豆の国市 鈴鹿市、宇治市、木津川市 尼崎市、芦屋市、宝塚市 倉敷市、周南市、徳島市 宗像市、那覇市			青森県外ヶ浜町 栃木県野木町 埼玉県長瀞町 神奈川県二宮町 新潟県津南町 兵庫県播磨町 和歌山県美浜町 高知県いの町		

(注) 各年12月末日現在
資料出所：総務省「地方公共団体の議会の議員及び長の所属党派別人員調」

図表付-103　審議会等における女性委員数の推移

年月日	審議会等数			審議会等委員数			専門委員等数		
	総数	女性委員を含む審議会等数	女性委員を含む審議会等の比率（%）	総数（人）	女（人）	女性比率（%）	総数（人）	女（人）	女性比率（%）
1975. 1. 1	237	73	30.8	5,436	133	2.4	…	…	…
1980. 6. 1	199	92	46.2	4,504	186	4.1	…	…	…
1985. 6. 1	206	114	55.3	4,664	255	5.5	…	…	…
1990. 3.31	204	141	69.1	4,559	359	7.9	…	…	…
1995. 3.31	207	175	84.5	4,484	631	14.1	…	…	…
2000. 9.30	197	186	94.4	3,985	831	20.9	…	…	…
2005. 9.30	104	103	99.0	1,792	554	30.9	9,039	1,165	12.9
2010. 9.30	105	102	97.1	1,708	577	33.8	8,752	1,514	17.3
2015. 9.30	121	119	98.3	1,798	659	36.7	7,770	1,924	24.8
2018. 9.30	122	119	97.5	1,805	678	37.6	8,100	2,150	26.5
2019. 9.30	123	121	98.4	1,825	723	39.6	7,824	2,213	28.3
2020. 9.30	127	124	97.6	1,848	753	40.7	7,765	2,356	30.3

(注) 1．国家行政組織法第8条、内閣府設置法第37条及び第54条に基づく審議会等。
2．「専門委員等」は、臨時委員、特別委員および専門委員で、審議会委員とは別に、専門又は特別の事項を調査審議するため必要がある場合に置くことができ、当該事項の調査審議が終了したときに解任される委員。2005年度には試験委員が含まれている。
資料出所：内閣府調べ

図表付-104　国家公務員管理職（本省課室長相当職以上）における女性比率の推移

年度	計			指定職			行政職俸給表（一）		
	総数（人）	女（人）	女性比率（%）	総数（人）	女（人）	女性比率（%）	総数（人）	女（人）	女性比率（%）
1975年度	6,938	20	0.3	1,271	1	0.1	5,667	19	0.3
1980	8,018	42	0.5	1,559	3	0.2	6,459	39	0.6
1985	8,118	40	0.5	1,606	4	0.2	6,512	36	0.6
1990	8,789	67	0.8	1,627	9	0.6	7,162	58	0.8
1995	9,352	90	1.0	1,673	10	0.6	7,679	80	1.0
2000	9,739	122	1.3	1,660	6	0.4	8,079	116	1.4
2005	8,452	154	1.8	887	11	1.2	7,565	143	1.9
2010	8,836	229	2.6	891	20	2.2	7,945	209	2.6
2015	8,902	325	3.7	911	28	3.1	7,991	297	3.7
2018	9,137	453	5.0	929	38	4.1	8,208	415	5.1
2019	9,268	485	5.2	959	41	4.3	8,309	444	5.3
2020	9,249	541	5.8	969	43	4.4	8,280	498	6.0

（注）1．2000年度までは、年度末現在、2005～2014年度は各年度1月15日現在。2015年度以降は7月1日現在。
2．行政職俸給表（一）の本省課室長相当職以上は、1975年度及び1980年度が1等級と2等級、1985年度～2005年度が9～11級、2010年度以降が7～10級の適用職員。

資料出所：内閣官房人事局「一般職国家公務員在職状況統計表」、人事院「一般職の国家公務員の任用状況調査報告」（2015年度以前）

図表付-105　地方公務員の管理職（課長相当職以上）における女性比率の推移

年次	都道府県			政令指定都市			市区町村（政令指定都市を含む）		
	総数（人）	女（人）	女性比率（%）	総数（人）	女（人）	女性比率（%）	総数（人）	女（人）	女性比率（%）
2005年	40,432	1,944	4.8	16,232	1,067	6.6	130,685	10,229	7.8
2010	36,481	2,203	6.0	17,754	1,619	9.1	119,809	11,717	9.8
2015	37,349	2,890	7.7	15,745	1,880	11.9	108,510	13,666	12.6
2018	37,651	3,646	9.7	15,650	2,213	14.1	106,799	15,699	14.7
2019	37,853	3,883	10.3	15,520	2,300	14.8	106,292	16,262	15.3
2020	37,931	4,200	11.1	15,728	2,405	15.3	107,206	16,975	15.8

（注）各年4月1日現在。ただし、自治体により、時点が異なる場合もある。

資料出所：内閣府「地方公共団体における男女共同参画社会の形成又は女性に関する施策の推進状況」

図表付-106　教員における女性比率の推移

学校、職名		1985年	1995	2005	2015	2018	2019	2020		
		女性比率（%）						総数（人）	女（人）	女性比率（%）
小学校	教員総数	56.0	61.2	62.7	62.3	62.2	62.2	422,554	263,185	62.3
	校長	2.3	9.6	18.2	19.1	19.6	20.6	18,903	4,113	21.8
	副校長	–	–	–	28.0	31.5	30.9	1,913	606	31.7
	教頭	4.3	19.3	21.6	22.3	25.6	27.0	17,894	5,080	28.4
中学校	教員総数	33.9	39.2	41.1	42.8	43.3	43.5	246,814	107,981	43.7
	校長	0.3	1.9	4.7	6.1	6.7	7.4	9,034	682	7.5
	副校長	–	–	–	10.0	15.6	15.6	1,120	169	15.1
	教頭	1.4	5.5	7.8	8.7	12.0	13.3	9,359	1,386	14.8
高等学校	教員総数	18.7	23.2	27.6	31.3	32.1	32.3	229,245	74,577	32.5
	校長	2.4	2.5	4.7	7.7	8.1	8.1	4,694	393	8.4
	副校長	–	–	–	8.2	8.3	9.0	1,333	134	10.1
	教頭	1.2	2.9	5.7	8.0	9.4	10.0	6,285	716	11.4
高等専門学校	教員総数	0.8	3.0	5.4	9.5	10.7	11.2	4,114	472	11.5
	校長	–	–	–	–	3.5	3.5	57	2	3.5
	教授	0.3	0.6	1.9	4.1	4.9	4.7	1,699	86	5.1
	准教授	0.3	1.9	6.1	10.8	12.6	13.4	1,612	230	14.3
短期大学	教員総数	38.8	39.8	46.6	52.1	52.3	52.6	7,211	3,832	53.1
	学長	14.3	11.5	14.2	18.5	22.2	21.3	201	45	22.4
	副学長	13.5	12.0	13.6	27.3	30.7	33.1	123	42	34.1
	教授	24.1	27.4	33.9	39.0	40.6	41.4	2,567	1,055	41.1
	准教授	39.0	39.8	47.4	54.8	53.2	54.1	1,846	1,028	55.7
大学	教員総数	8.5	10.7	16.7	23.2	24.8	25.3	189,599	49,138	25.9
	学長	4.0	4.5	7.6	10.2	11.3	11.9	773	99	12.8
	副学長	1.5	2.5	5.2	9.3	11.7	12.3	1,569	222	14.1
	教授	4.3	6.1	10.1	15.0	16.9	17.4	69,870	12,443	17.8
	准教授	7.1	10.2	17.0	23.3	24.6	25.1	44,587	11,451	25.7

（注）各年5月1日現在、本務教員。2005年以前の「准教授」は「助教授」。小中高校の「副校長」は2008年から。
資料出所：文部科学省「学校基本調査」

図表付-107　裁判官における女性比率の推移

年月	合計			判事			判事補		
	総数（人）	女（人）	女性比率（%）	総数（人）	女（人）	女性比率（%）	総数（人）	女（人）	女性比率（%）
1980.6	2,747	76	2.8	2,134	43	2.0	613	33	5.4
1985.6	2,792	93	3.3	2,183	49	2.2	609	44	7.2
1990.6	2,823	141	5.0	2,214	68	3.1	609	73	12.0
1995.4	2,864	236	8.2	2,214	97	4.4	650	139	21.4
2000.4	3,019	328	10.9	2,214	156	7.0	805	172	21.4
2005.4	3,266	449	13.7	2,386	234	9.8	880	215	24.4
2010.4	3,611	596	16.5	2,611	292	11.2	1,000	304	30.4
2015.12	3,548	733	20.7	2,731	442	16.2	817	291	35.6
2017.12	3,525	765	21.7	2,712	472	17.4	813	293	36.0
2018.12	3,486	773	22.2	2,707	502	18.5	779	271	34.8
2019.12	3,484	787	22.6	2,705	518	19.1	779	269	34.5

資料出所：最高裁判所調べ

図表付-108　指定職相当以上の判事、最高裁判所判事・高等裁判所長官における女性比率の推移

年月	指定職相当以上の判事			最高裁判所判事・高等裁判所長官		
	総数（人）	女（人）	女性比率（%）	総数（人）	女（人）	女性比率（%）
2005.4	1,557	189	12.1	23	1	4.3
2010.4	1,782	264	14.8	23	2	8.7
2015.12	1,915	412	21.5	23	3	13.0
2017.12	1,946	441	22.7	23	3	13.0
2018.12	1,972	465	23.6	23	4	17.4
2019.12	1,996	484	24.2	23	3	13.0

（注）「指定職以上の判事」とは、一般職国家公務員における指定職俸給表適用者に準じた取り扱いを受ける者。
資料出所：最高裁判所調べ

図表付-109　検察官における女性比率の推移

年次	合計			検事			副検事		
	総数（人）	女（人）	女性比率（%）	総数（人）	女（人）	女性比率（%）	総数（人）	女（人）	女性比率（%）
1980年	2,129	25	1.2	1,238	24	1.9	891	1	0.1
1985	2,103	27	1.3	1,230	26	2.1	873	1	0.1
1990	2,059	44	2.1	1,187	42	3.5	872	2	0.2
1995	2,057	77	3.7	1,229	70	5.7	828	7	0.8
2000	2,231	135	6.1	1,375	127	9.2	856	8	0.9
2005	2,473	234	9.5	1,627	225	13.8	846	9	1.1
2010	2,621	357	13.6	1,806	343	19.0	815	14	1.7
2015	2,652	439	16.6	1,896	424	22.4	756	15	2.0
2018	2,691	505	18.8	1,957	482	24.6	734	23	3.1
2019	2,713	522	19.2	1,976	494	25.0	737	28	3.8
2020	2,716	534	19.7	1,977	503	25.4	739	31	4.2

（注）各年3月31日現在。
資料出所：法務省調べ

図表付-110　指定職相当以上の検事、検事総長・次長検事・検事長における女性比率の推移

年次	指定職相当以上の検事			検事総長・次長検事・検事長		
	総数（人）	女（人）	女性比率（%）	総数（人）	女（人）	女性比率（%）
2005年	824	66	8.0	10	0	0.0
2010	945	108	11.4	10	0	0.0
2015	1,055	156	14.8	10	0	0.0
2018	1,196	219	18.3	10	0	0.0
2019	1,245	241	19.4	10	0	0.0
2020	1,272	264	20.8	10	0	0.0

（注）各年７月１日現在。「指定職以上の検事」とは、一般職国家公務員における指定職俸給表適用者に準じた取り扱いを受ける者。
資料出所：法務省調べ

図表付-111　日本弁護士連合会登録会員における女性比率の推移

年次	総数（人）	女（人）	女性比率（%）
1975年11月 1日	10,476	323	3.1
1980年11月 1日	11,711	445	3.8
1985年11月 1日	12,899	618	4.8
1990年 2月 1日	13,817	766	5.5
1995年 3月31日	15,108	996	6.6
2000年 3月31日	17,126	1,530	8.9
2005年 3月31日	21,185	2,648	12.5
2010年 9月30日	28,881	4,696	16.3
2015年 9月 30日	36,365	6,614	18.2
2018年 9月 30日	39,948	7,463	18.7
2019年 9月 30日	41,048	7,742	18.9
2020年 9月 30日	42,087	8,041	19.1

資料出所：日本弁護士連合会事務局調べ

図表付-112　日本公認会計士協会登録公認会計士における女性比率の推移

年次	総数（人）	女（人）	女性比率（%）
2005年	21,097	2,425	11.5
2010	29,751	4,083	13.7
2015	34,780	5,021	14.4
2018	37,291	5,581	15.0
2019	38,242	5,814	15.2
2020	39,213	6,112	15.6

（注）各年7月31日現在。
資料出所：日本公認会計士協会調べ

図表付-113　日本司法書士会連合会登録会員における女性比率の推移

年次	総数（人）	女（人）	女性比率（%）
2005年	17,816	2,071	11.6
2010	19,766	2,850	14.4
2015	21,658	3,506	16.2
2016	22,013	3,639	16.5
2017	22,283	3,747	16.8
2018	22,488	3,869	17.2
2019	22,632	3,972	17.6
2020	22,724	4,067	17.9

（注）各年4月1日現在。
資料出所：日本司法書士会連合会調べ

図表付-114　日本弁理士会登録会員における女性比率の推移

年次	総数（人）	女（人）	女性比率（%）
2005年	6,127	613	10.0
2010	8,148	1,012	12.4
2015	10,655	1,530	14.4
2018	11,185	1,687	15.1
2019	11,336	1,732	15.3
2020	11,460	1,801	15.7
2021	11,556	1,840	15.9

（注）各年3月31日現在。
資料出所：日本弁理士会調べ

図表付-115　日本税理士会連合会登録会員における女性比率の推移

年次	総数（人）	女（人）	女性比率（%）
2005年	68,642	7,794	11.4
2010	71,606	9,097	12.7
2015	75,146	10,593	14.1
2018	77,327	11,423	14.8
2019	78,028	11,649	14.9
2020	78,795	11,906	15.1

（注）各年3月31日現在。
資料出所：日本税理士会連合会調べ

図表付-116　研究主体別研究者数および女性比率の推移

（単位：人）

年次	総数			企業等		非営利団体・公的機関		大学等	
	総数	女	女性比率（%）	総数	女	総数	女	総数	女
1975年	310,111	17,499	5.6	146,604	1,918	29,049	1,282	134,458	14,299
1980	363,534	22,888	6.3	173,244	3,655	31,844	1,450	158,446	17,783
1985	447,719	28,615	6.4	231,097	4,905	36,016	1,815	180,606	21,895
1990	560,276	40,720	7.3	313,948	10,740	40,819	2,324	205,509	27,656
1995	658,866	58,525	8.9	376,639	18,100	46,525	3,154	235,702	37,271
2000	739,504	77,720	10.5	433,758	24,009	46,734	4,069	259,012	49,642
2005	830,474	98,690	11.9	490,551	31,541	48,776	5,724	291,147	61,425
2010	889,341	121,141	13.6	534,568	40,664	45,786	6,497	308,987	73,980
2015	926,671	136,206	14.7	560,466	45,578	44,634	7,200	321,571	83,428
2018	930,720	150,545	16.2	557,050	53,557	44,315	7,882	329,355	89,106
2019	935,658	154,964	16.6	559,983	55,970	44,248	8,001	331,427	90,993
2020	942,180	158,927	16.9	562,901	57,368	44,637	8,368	334,642	93,191

（注）1．2005年以降は各年3月31日現在。2000年以前は4月1日現在で、兼務者を除く。
2．「研究者」とは大学（短大を除く）の課程を終了した者、又はこれと同等以上の専門的知識を有する者で、2年以上の研究の経歴を有し、かつ、特定の研究テーマをもって研究を行っている者をいう。
3．2000年以前の「企業等」は「会社等」、「非営利団体・公的機関」は「研究機関等」。
4．2002年調査から、従来の「会社等」に「卸売業」、「金融保険業」の一部、「サービス業」の一部を加え「企業等」とし、「研究機関」について「非営利団体・公的機関」とするとともに、従来「会社等」に含まれていた特殊法人の一部が加えられた。
5．2012年より、「企業等」の対象としていた一部の特殊法人・独立行政法人を「非営利団体」の対象に変更。「企業等」を「企業」に変更。
資料出所：総務省統計局「科学技術研究調査」

図表付-117　専門的・技術的、管理的職業従事者における女性比率の推移

年次	就業者			専門的・技術的職業従事者			管理的職業従事者		
	総数（万人）	女（万人）	女性比率（%）	総数（万人）	女（万人）	女性比率（%）	総数（万人）	女（万人）	女性比率（%）
1975年	5,223	1,953	37.4	364	156	42.9	206	11	5.3
1980	5,536	2,142	38.7	438	205	46.8	220	11	5.0
1985	5,807	2,304	39.7	538	245	45.5	211	14	6.6
1990	6,249	2,536	40.6	690	290	42.0	239	19	7.9
1995	6,457	2,614	40.5	790	342	43.3	236	21	8.9
2000	6,446	2,629	40.8	856	381	44.5	206	19	9.2
2005	6,356	2,633	41.4	937	431	46.0	189	19	10.1
2010	6,257	2,642	42.2	955	440	46.1	161	17	10.6
2015	6,376	2,754	43.2	1,054	494	46.9	144	18	12.5
2018	6,664	2,946	44.2	1,131	538	47.6	134	20	14.9
2019	6,724	2,992	44.5	1,174	561	47.8	128	19	14.8
2020	6,676	2,968	44.5	1,214	574	47.3	128	17	13.3

（注）2010年以降は改定日本標準職業分類（2009年12月統計基準）による。
資料出所：総務省統計局「労働力調査」

図表付-118　役職者における女性比率の推移（民営、企業規模100人以上）

年次	部長相当			課長相当			係長相当		
	総数（人）	女（人）	女性比率（%）	総数（人）	女（人）	女性比率（%）	総数（人）	女（人）	女性比率（%）
1980年	224,620	2,140	1.0	533,310	7,020	1.3	617,040	19,090	3.1
1985	267,050	2,750	1.0	679,470	10,740	1.6	756,560	29,330	3.9
1990	356,490	4,090	1.1	822,810	16,580	2.0	809,640	40,170	5.0
1995	399,260	5,370	1.3	889,160	24,480	2.8	785,100	57,110	7.3
2000	377,250	8,380	2.2	880,870	35,140	4.0	803,900	65,370	8.1
2005	414,450	11,660	2.8	956,410	48,330	5.1	850,740	88,160	10.4
2010	366,650	15,430	4.2	872,320	60,870	7.0	751,000	103,090	13.7
2015	417,530	25,740	6.2	991,100	97,190	9.8	891,690	151,860	17.0
2018	375,680	24,700	6.6	932,670	104,900	11.2	794,880	145,270	18.3
2019	403,350	27,890	6.9	962,400	109,520	11.4	891,810	168,740	18.9
2020	539,410	45,970	8.5	1,231,650	142,080	11.5	1,081,890	229,950	21.3

（注）各年6月現在。一般労働者（短時間労働者を除く。）
出所資料：厚生労働省「賃金構造基本統計調査」

図表付-119　各種メディアにおける女性比率の推移

新聞・通信社等

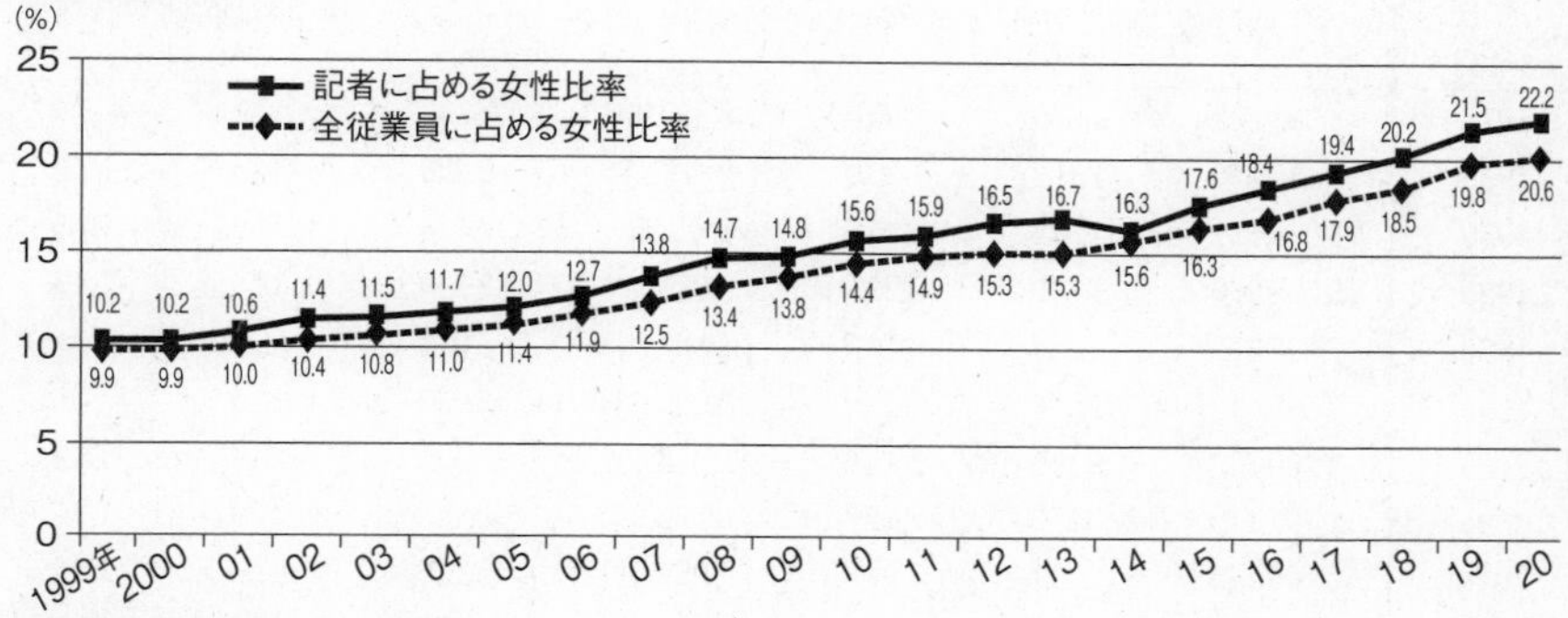

(注) 各年4月1日現在。
出所資料：日本新聞協会経営業務部調べ

民間放送

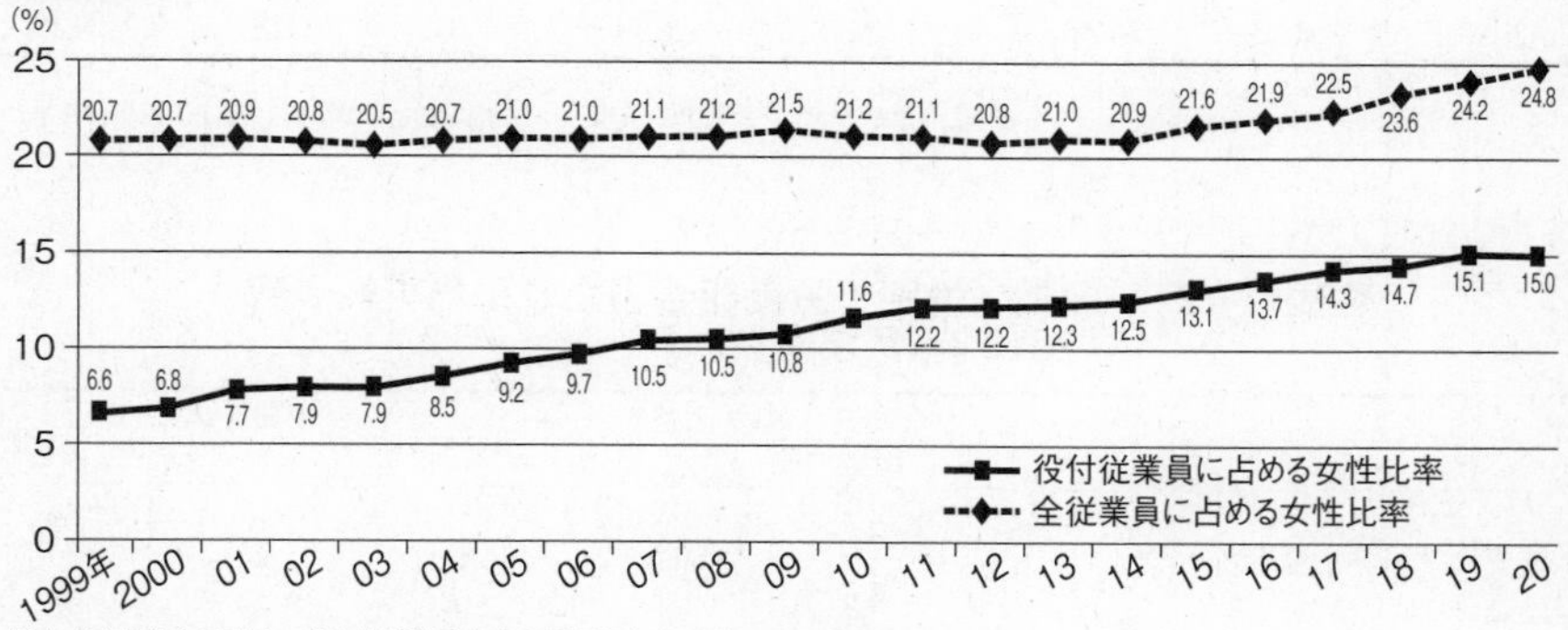

(注) 各年7月末日現在。「役付従業員」とは課長級以上の職で、現業役員を含む。
出所資料：日本民間放送連盟調べ

日本放送協会

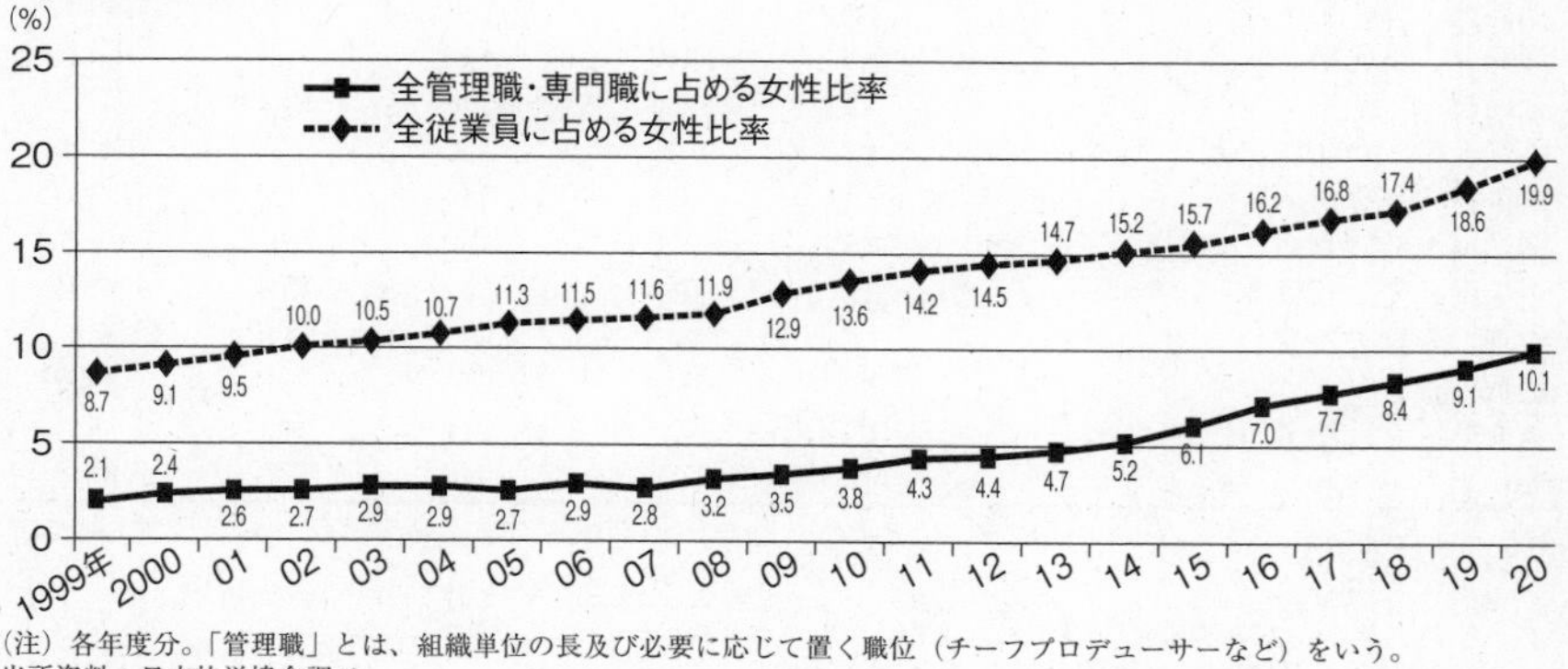

(注) 各年度分。「管理職」とは、組織単位の長及び必要に応じて置く職位（チーフプロデューサーなど）をいう。
出所資料：日本放送協会調べ

図表付-120　性別労働組合員数、推定組織率および組合員女性比率の推移

年次	女			男			組合員女性比率（%）
	労働組合員数（人）	雇用者数（万人）	推定組織率（%）	労働組合員数（人）	雇用者数（万人）	推定組織率（%）	
1970年	3,201,202	1,089	29.4	8,280,004	2,187	37.9	27.9
1975	3,445,776	1,192	28.9	9,027,198	2,470	36.5	27.6
1980	3,378,131	1,374	24.6	8,862,521	2,638	33.6	27.6
1985	3,393,970	1,545	22.0	8,925,386	2,756	32.4	27.5
1990	3,393,343	1,854	18.3	8,800,053	3,021	29.1	27.8
1995	3,569,610	2,076	17.2	8,925,694	3,232	27.6	28.6
2000	3,209,122	2,159	14.9	8,216,682	3,221	25.5	28.1
2005	2,795,110	2,253	12.4	7,239,323	3,163	22.9	27.9
2010	2,962,143	2,311	12.8	7,026,311	3,136	22.4	29.7
2015	3,111,881	2,490	12.5	6,713,419	3,175	21.1	31.7
2018	3,344,597	2,665	12.6	6,651,407	3,275	20.3	33.5
2019	3,371,547	2,722	12.4	6,644,254	3,301	20.1	33.7
2020	3,421,897	2,677	12.8	6,622,166	3,252	20.4	34.1

（注）1．各年、6月末現在。
2．労働組合員数は単位労働組合で把握したもの。「単位労働組合」とは、下部組織をもたない組合及び下部組織をもつ組合の最下部組織。
3．推定組織率＝（労働組合員数/雇用者数）×100
出所資料：厚生労働省「労働組合基礎調査」、総務省統計局「労働力調査」

図表付-121　産業、性別１労働組合当たり平均専従者数（2018年6月末現在）

産業	平均専従者数（人）			性別構成比（%）	
	総数	女	男	女	男
計	2.9	0.7	2.2	25.3	74.7
鉱業、採石業，砂利採取業　＊	1.9	0.5	1.4	27.3	72.7
建設業	2.5	0.5	2.0	19.1	80.9
製造業	3.1	0.8	2.3	25.3	74.7
電気・ガス・熱供給・水道業	8.6	0.8	7.9	8.9	91.1
情報通信業	3.0	0.7	2.3	23.7	76.3
運輸業、郵便業	2.9	0.3	2.6	10.7	89.3
卸売業、小売業	2.8	0.9	1.8	34.3	65.7
金融業、保険業	3.5	0.6	2.9	16.2	83.8
不動産業、物品賃貸業　＊	1.9	−	1.9	−	100.0
学術研究、専門・技術サービス業	2.4	0.4	1.9	17.9	82.1
宿泊業、飲食サービス業	2.5	0.6	1.8	25.9	74.1
生活関連サービス業、娯楽業	3.3	0.9	2.5	25.9	74.1
教育、学習支援業	1.7	1.3	0.4	74.9	25.1
医療、福祉	1.6	0.9	0.7	55.7	44.3
複合サービス事業	1.7	0.7	0.9	44.3	55.7
サービス業（他に分類されないもの）	2.4	0.4	2.0	18.0	82.0

（注）1．民営事業所の組合員30人以上の労働組合（単位組織組合並びに単一組織組合の単位扱組合及び本部組合）を対象としている。
2．「平均専従者数」は、労働組合の運営・活動に専念する者で、労働組合内における役職・肩書の有無にかかわらず、常態として当該労働組合の業務に専ら従事する者として数の記入があった労働組合について集計。
3．「＊」の産業はサンプル数が3未満のため、利用の際には注意を要する。
出所資料：厚生労働省「平成30年　労働組合活動等に関する実態調査」

図表付-122　農業委員会、農協、漁協への女性の参画状況の推移

年度	農業委員数			農協役員数			農協個人正組合員数			漁協役員数			漁協個人正組合員数		
	総数（人）	女（人）	女性比率（%）	総数（人）	女（人）	女性比率（%）	総数（千人）	女（千人）	女性比率（%）	総数（人）	女（人）	女性比率（%）	総数（千人）	女（千人）	女性比率（%）
1985年度	64,080	40	0.1	77,490	39	0.1	5,536	574	10.4	22,563	13	0.1	382	21	5.5
1990	62,524	93	0.1	68,611	70	0.1	5,538	667	12.1	22,022	22	0.1	354	20	5.8
1995	60,917	203	0.3	50,735	102	0.2	5,432	707	13.0	20,449	29	0.1	318	18	5.8
2000	59,254	1,081	1.8	32,003	187	0.6	5,241	747	14.2	17,974	43	0.2	276	16	5.7
2005	45,379	1,869	4.1	22,799	438	1.9	4,988	805	16.1	13,861	45	0.3	232	16	6.8
2010	36,330	1,792	4.9	19,161	741	3.9	4,707	891	18.9	10,305	38	0.4	178	10	5.7
2015	35,604	2,636	7.4	18,139	1,313	7.2	4,416	937	21.2	9,537	50	0.5	144	8	5.6
2017	26,119	2,773	10.6	17,272	1,327	7.7	4,284	940	22.0	9,330	51	0.5	135	8	5.7
2018	23,196	2,747	11.8	16,916	1,347	8.0	4,226	945	22.4	9,195	47	0.5	129	7	5.5
2019	23,125	2,788	12.1	…	…	…	…	…	…	…	…	…	…	…	…

（注）１．「農業委員」については各年10月1日現在（ただし、1985年度は8月1日）。農協、漁協については、各事業年度末（期日は組合により異なる）現在。
２．漁協は、沿海地区出資漁業協同組合の数値。
資料出所：内閣府「令和2年度 女性の政策・方針決定参画状況調べ」

図表付-123　管理的職業従事者、専門的・技術的職業従事者における女性比率の国際比較（2020年）

国名	就業者			管理的職業従事者			専門的·技術的職業従事者		
	総数（千人）	女（千人）	女性比率（%）	総数（千人）	女（千人）	女性比率（%）	総数（千人）	女（千人）	女性比率（%）
日本	66,760	29,680	44.5	1,280	170	13.3	12,140	5,740	47.3
イタリア	22,904	9,623	42.0	828	226	27.3	7,648	3,555	46.5
オーストリア	4,297	2,019	47.0	217	71	32.8	1,657	826	49.8
オランダ	8,981	4,204	46.8	471	124	26.2	4,045	2,015	49.8
スエーデン	5,064	2,389	47.2	320	135	42.3	2,515	1,304	51.8
スペイン	19,202	8,773	45.7	762	267	35.0	5,976	3,009	50.4
デンマーク	2,852	1,338	46.9	78	22	27.9	1,330	674	50.7
ドイツ	41,862	19,765	47.2	1,666	480	28.8	16,746	8,575	51.2
ノルウェー	2,702	1,272	47.1	223	76	34.1	1,174	616	52.5
ハンガリー	4,461	2,000	44.8	170	66	39.2	1,489	806	54.1
フランス	26,995	13,110	48.6	2,107	749	35.5	10,809	5,571	51.5
アメリカ合衆国	147,795	69,234	46.8	27,143	12,114	44.6	36,502	20,796	57.0
韓国	26,904	11,523	42.8	395	62	15.7	5,480	2,626	47.9

（注）アメリカは16歳以上、他は15歳以上。ヨーロッパ諸国の「専門的·技術的職業従事者」は「専門職」と「技師、准専門職」の計。
資料出所：１．総務省統計局「労働力調査」
２．Eurostat
３．U.S. Bureau of Labor Statistics , Current Population Survey
４．韓国統計庁、Economically Active Population Survey

図表付-124　国会議員における女性比率の国際比較

順位	国名	下院又は一院制 選挙 月、年	議員総数（人）	女（人）	女性比率（%）	（参考）上院 選挙 月、年	議員総数（人）	女（人）	女性比率（%）
1	ルワンダ	09.2018	80	49	61.3	09.2019	26	10	38.5
2	キューバ	03.2018	586	313	53.4	–	–	–	–
3	アラブ首長国連邦	10.2019	40	20	50.0	–	–	–	–
4	ニュージーランド	10.2020	120	58	48.3	–	–	–	–
5	メキシコ	07.2018	500	241	48.2	07.2018	128	63	49.2
6	ニカラグア	11.2016	91	43	47.3	–	–	–	–
7	スウェーデン	09.2018	349	164	47.0	–	–	–	–
8	グレナダ	03.2018	15	7	46.7	04.2018	13	2	15.4
9	南アフリカ共和国	05.2019	400	186	46.5	05.2019	53	22	41.5
10	アンドラ	04.2019	28	13	46.4	–	–	–	–
11	ボリビア	10.2020	130	60	46.2	10.2020	36	20	55.6
12	フィンランド	04.2019	200	92	46.0	–	–	–	–
13	コスタリカ	02.2018	57	26	45.6	–	–	–	–
14	ノルウェー	09.2017	169	75	44.4	–	–	–	–
15	ナミビア	11.2019	104	46	44.2	12.2020	42	6	14.3
16	スペイン	11.2019	350	154	44.0	11.2019	265	108	40.8
17	セネガル	07.2017	165	71	43.0	–	–	–	–
18	アルゼンチン	10.2019	257	109	42.4	10.2019	72	29	40.3
18	モザンビーク	10.2019	250	106	42.4	–	–	–	–
20	ベルギー	05.2019	150	63	42.0	07.2019	60	27	45.0
20	スイス	10.2019	200	84	42.0	10.2019	46	12	26.1
22	ポルトガル	10.2019	230	92	40.0	–	–	–	–
24	オーストリア	09.2019	183	73	39.9	–	61	22	36.1
25	デンマーク	06.2019	179	71	39.7	–	–	–	–
25	アイスランド	10.2017	63	25	39.7	–	–	–	–
27	フランス	06.2017	577	228	39.5	09.2020	348	121	34.8
28	オランダ	03.2021	150	59	39.3	05.2019	75	29	38.7
36	イタリア	03.2018	630	225	35.7	03.2018	320	110	34.4
39	イギリス	12.2019	650	220	33.9	–	792	221	27.9
48	ドイツ	09.2017	709	223	31.5	–	69	25	36.2
50	オーストラリア	05.2019	151	47	31.1	05.2019	76	39	51.3
53	カナダ	10.2019	338	100	29.6	–	91	45	49.5
59	ポーランド	10.2019	459	130	28.3	10.2019	100	24	24.0
67	アメリカ合衆国	11.2020	430	117	27.2	11.2020	100	24	24.0
105	ギリシャ	07.2019	300	65	21.7	–	–	–	–
122	韓国	04.2020	300	57	19.0	–	–	–	–
130	トルコ	06.2018	600	104	17.3	–	–	–	–
157	ハンガリー	04.2018	199	24	12.1	–	–	–	–
166	日本	10.2017	464	46	9.9	07.2019	244	56	23.0

（注）調査対象は190か国。順位は女性比率の高い順（二院制の場合は下院の数値）。
資料出所：IPU「Percentage of women in national parliaments」（2021年4月1日）

図表付-125　HDI、GII、GGIにおける日本の順位

①HDI（2019年）（人間開発指数）／②GII（2019年）（ジェンダー不平等指数）／③GGI（2020年）（ジェンダー・ギャップ指数）

順位	国名	HDI値	順位	国名	GII値	順位	国名	GGI値
1	ノルウェイ	0.957	1	スイス	0.025	1	アイスランド	0.892
2	アイルランド	0.955	2	デンマーク	0.038	2	フィンランド	0.861
2	スイス	0.955	3	スウェーデン	0.039	3	ノルウェー	0.849
4	香港	0.949	4	ベルギー	0.043	4	ニュージーランド	0.840
4	アイスランド	0.949	4	オランダ	0.043	5	スウェーデン	0.823
6	ドイツ	0.947	6	ノルウェイ	0.045	6	ナミビア	0.809
7	スウェーデン	0.945	7	フィンランド	0.047	7	ルワンダ	0.805
8	オーストラリア	0.944	8	フランス	0.049	8	リトアニア	0.804
8	オランダ	0.944	9	アイスランド	0.058	9	アイルランド	0.800
10	デンマーク	0.940	10	スロベニア	0.063	10	スイス	0.798
11	フィンランド	0.938	11	韓国	0.064	11	ドイツ	0.796
11	シンガポール	0.938	12	ルクセンブルグ	0.065	12	ニカラグア	0.796
13	イギリス	0.932	12	シンガポール	0.065	13	ベルギー	0.789
14	ベルギー	0.931	14	オーストリア	0.069	14	スペイン	0.788
14	ニュージーランド	0.931	14	イタリア	0.069	15	コスタリカ	0.786
16	カナダ	0.929	16	スペイン	0.070	16	フランス	0.784
17	アメリカ合衆国	0.926	17	ポルトガル	0.075	17	フィリピン	0.784
18	オーストリア	0.922	18	アラブ首長国連邦	0.079	18	南アフリカ共和国	0.781
19	イスラエル	0.919	19	カナダ	0.080	19	セルビア	0.780
19	日本	0.919	20	ドイツ	0.084	20	ラトビア	0.778
19	リヒテンシュタイン	0.919	21	エストニア	0.086	21	オーストリア	0.777
22	スロベニア	0.917	23	アイルランド	0.093	22	ポルトガル	0.775
23	韓国	0.916	24	日本	0.094	23	イギリス	0.775
23	ルクセンブルグ	0.916	25	オーストラリア	0.097	24	カナダ	0.772
25	スペイン	0.904	26	イスラエル	0.109	29	デンマーク	0.768
26	フランス	0.901	28	ポーランド	0.115	30	アメリカ合衆国	0.763
27	チェコ	0.900	29	ギリシャ	0.116	31	オランダ	0.762
29	エストニア	0.892	31	イギリス	0.118	34	メキシコ	0.757
29	イタリア	0.892	33	ニュージーランド	0.123	35	アルゼンチン	0.752
32	ギリシャ	0.888	34	リトアニア	0.124	50	オーストラリア	0.731
35	ポーランド	0.880	36	チェコ	0.136	55	ルクセンブルグ	0.726
37	ラトビア	0.866	41	ラトビア	0.176	63	イタリア	0.721
38	ポルトガル	0.864	45	スロバキア	0.191	77	スロバキア	0.712
39	スロバキア	0.860	46	アメリカ合衆国	0.204	78	チェコ	0.711
40	ハンガリー	0.854	51	ハンガリー	0.233	98	ギリシャ	0.689
43	チリ	0.851	55	チリ	0.247	99	ハンガリー	0.688
54	トルコ	0.820	68	トルコ	0.306	102	韓国	0.687
74	メキシコ	0.779	71	メキシコ	0.322	120	日本	0.656
83	コロンビア	0.767	101	コロンビア	0.428	133	トルコ	0.638

（注）測定対象の国・地域はHDIが189、GIIが162、GGIが156。
資料出所：UNDP「Human Development Report 2020」、世界経済フォーラム「The Global Gender Gap Report 2021」

図表付-126　部門別社会保障給付費（対国民所得比）の推移

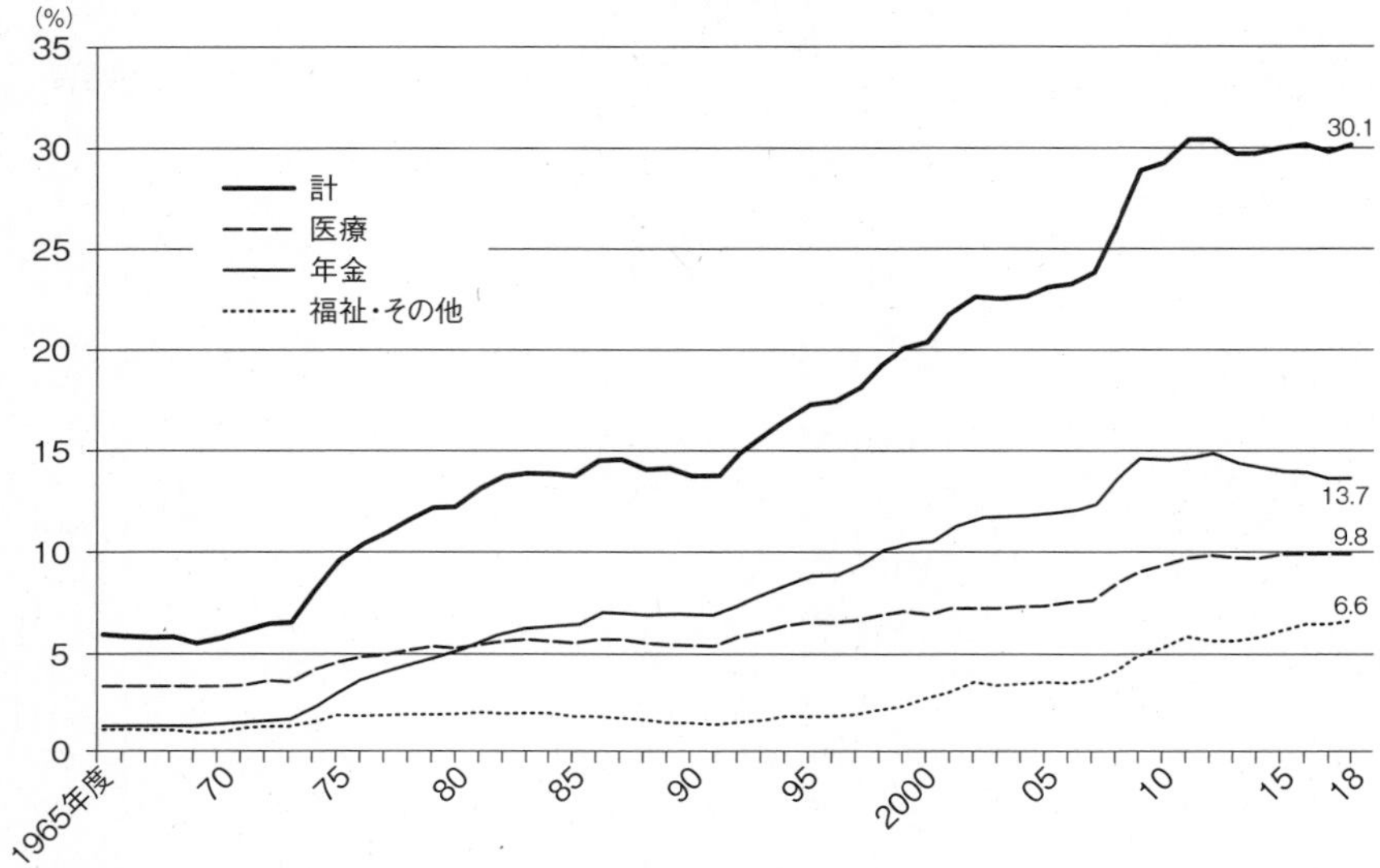

（注）国民所得は、1977年度以前は経済企画庁「長期遡及主要系列国民経済計算報告」、1978、1979年度は同「平成12年版国民経済計算年報」、1980年度以降は内閣府の各年版「国民経済計算年報」による。
資料出所：国立社会保障・人口問題研究所「社会保障費用統計」

図表付-127　部門別社会保障給付費および対国民所得比の推移

年度	社会保障給付費（億円）					1人当たり社会保障給付費（1,000円）	対国民所得比（%）	国民所得（億円）
	計	医療	年金	福祉・その他	介護対策			
1980年度	249,016	107,598	103,330	38,089	−	212.7	12.21	2,038,787
1985	356,798	143,595	167,193	46,009	−	294.8	13.69	2,605,599
1990	474,153	186,254	237,772	50,128	−	383.6	13.67	3,468,929
1995	649,842	246,608	330,614	72,619	−	517.5	17.17	3,784,796
2000	783,985	266,049	405,367	112,570	32,806	617.7	20.31	3,859,685
2005	888,529	287,444	461,194	139,891	58,701	695.4	22.94	3,873,699
2010	1,053,647	336,440	522,286	194,921	75,082	822.8	29.11	3,618,953
2015	1,168,404	385,605	540,929	241,869	95,060	919.3	29.95	3,901,683
2016	1,183,784	388,128	543,800	251,856	97,063	932.6	30.18	3,922,435
2017	1,202,017	394,196	548,349	259,471	101,016	948.7	29.98	4,008,779
2018	1,215,408	397,445	552,581	265,382	103,872	961.2	30.06	4,042,622

（注）1．「医療」には、医療保険、後期高齢者医療（老人保健）の医療給付、生活保護の医療扶助、労災保険の医療給付、結核、精神その他の公費負担医療等が含まれる。
2．「年金」には、厚生年金、国民年金等の公的年金、恩給及び労災保険の年金給付等が含まれる。
3．「福祉・その他」には、社会福祉サービスや介護対策に係る費用、生活保護の医療扶助以外の各種扶助、児童手当等の各種手当、医療保険の傷病手当金，労災保険の休業補償給付、雇用保険の失業給付が含まれる。
4．国民所得は、内閣府の各年版「国民経済計算年報」による。
資料出所：国立社会保障・人口問題研究所「社会保障費用統計」

図表付-128　機能別社会保障給付費の推移

（単位:億円）

		2000年度	2005	2010	2015	2017	2018
給付費（億円）	合計	783,985	888,529	1,053,647	1,168,404	1,202,017	1,215,408
	高齢	366,882	441,027	513,347	553,361	565,209	572,766
	遺族	59,583	64,584	67,947	66,701	65,514	64,976
	障害	21,510	23,971	33,984	42,833	45,622	47,506
	労働災害	10,584	9,842	9,428	9,155	9,076	9,147
	保健医療	255,763	274,896	322,125	368,900	377,436	380,830
	家族	23,650	32,323	50,085	71,781	82,199	86,374
	失業	26,392	14,525	22,501	14,410	13,999	14,286
	住宅	2,007	4,290	5,129	6,172	6,082	6,032
	生活保護その他	17,613	23,070	29,100	35,091	36,878	33,490
構成割合（%）	合計	100.0	100.0	100.0	100.0	100.0	100.0
	高齢	46.8	49.6	48.7	47.4	47.0	47.1
	遺族	7.6	7.3	6.4	5.7	5.5	5.3
	障害	2.7	2.7	3.2	3.7	3.8	3.9
	労働災害	1.4	1.1	0.9	0.8	0.8	0.8
	保健医療	32.6	30.9	30.6	31.6	31.4	31.3
	家族	3.0	3.6	4.8	6.1	6.8	7.1
	失業	3.4	1.6	2.1	1.2	1.2	1.2
	住宅	0.3	0.5	0.5	0.5	0.5	0.5
	生活保護その他	2.2	2.6	2.8	3.0	3.1	2.8

（注）ILO事務局「第19次社会保障費用調査」の分類に従って算出。
資料出所：国立社会保障・人口問題研究所「社会保障費用統計」

（単位：億円）

支出						収支差	
給付計	管理費	運用損失	その他	他制度への移転	支出合計		
1,215,408	16,424	−	18,285	437,841	1,687,958	73,672	総　計
							社会保険
							1.健康保険
60,823	1,143	−	541	45,122	107,629	5,381	(A)全国健康保険協会管掌健康保険
43,771	1,414	−	2,527	43,107	90,819	8,183	(B)組合管掌健康保険
93,555	2,453	−	4,896	24,704	125,608	5,998	2.国民健康保険
151,533	831	−	3,590	−	155,954	4,452	3.後期高齢者医療制度
101,800	2,417	−	1,432	−	105,649	4,414	4.介護保険
236,831	2,316	−	204	235,145	474,496	24,245	5.厚生年金保険
9,880	277	−	10	11	10,178	−5,645	6.厚生年金基金
6	1	−	0	−	7	−2	7.石炭鉱業年金基金
233,845	1,164	−	498	7,204	242,711	10,233	8.国民年金
2,255	74	−	100	−	2,429	−370	9.国民年金基金
883	15	−	829	−	1,727	17	10.農業者年金基金
267	26	−	1	131	426	52	11.船員保険
209	23	−	1	−	232	83	12.農林漁業団体職員共済組合
4,612	67	−	1	7,058	11,738	1,454	13.日本私立学校振興・共済事業団
18,762	1,014	−	364	−	20,140	3,084	14.雇用保険
8,760	578	−	604	131	10,072	1,611	15.労働者災害補償保険
							家族手当
26,067	20	−	348	−	26,435	2,811	16.児童手当
							公務員
17,417	110	−	18	20,624	38,169	828	17.国家公務員共済組合
677	11	−	−	806	1,494	−263	18.存続組合等
52,642	308	−	39	53,798	106,787	6,410	19.地方公務員等共済組合
10	1	−	15	−	27	0	20.旧令共済組合等
118	−	−	−	−	118	0	21.国家公務員災害補償等
275	22	−	1	−	298	66	22.地方公務員等災害補償
42	−	−	1	−	43	0	23.旧公共企業体職員業務災害
73	0	−	−	−	74	0	24.国家公務員恩給
86	−	−	−	−	86	0	25.地方公務員恩給
							公衆保健サービス
6,555	89	−	748	−	7,391	0	26.公衆衛生
							公的扶助及び社会福祉
36,316	402	−	−	−	36,719	0	27.生活保護
64,798	61	−	1,358	−	66,217	0	28.社会福祉
							雇用対策
25	1	−	161	−	186	0	29.雇用対策
							戦争犠牲者
2,921	31	−	−	−	2,952	0	30.戦争犠牲者
39,594	1,554	−	−	−	41,148	630	他の社会保障制度

図表付-129　社会保障費用（2018年度）

	収入							
	拠出		国庫負担	他の公費負担	資産収入	その他	他制度からの移転	収入合計
	被保険者	事業主						
総　　計	383,382	342,508	335,990	167,879	44,284	51,919	435,667	1,761,630
社会保険								
1.健康保険								
(A)全国健康保険協会管掌健康保険	50,410	49,683	12,729	−	−	186	2	113,010
(B)組合管掌健康保険	42,562	49,957	799	−	358	5,324	2	99,001
2.国民健康保険	32,078	−	37,410	17,786	−	7,259	37,074	131,606
3.後期高齢者医療制度	12,365	−	51,594	28,213	−	5,348	62,886	160,406
4.介護保険	24,260	−	24,824	30,873	4	3,084	27,019	110,063
5.厚生年金保険	159,644	159,644	98,618	−	22,133	8,687	50,014	498,740
6.厚生年金基金	316	624	−	−	3,319	25	249	4,534
7.石炭鉱業年金基金	−	0	−	−	−2	7	−	5
8.国民年金	13,904	−	18,667	−	1,344	10,101	208,928	252,944
9.国民年金基金	989	−	29	−	1,041	0	−	2,059
10.農業者年金基金	−	−	1,197	−	−	548	−	1,745
11.船員保険	169	206	30	−	0	19	54	477
12.農林漁業団体職員共済組合	−	279	3	−	25	9	−	315
13.日本私立学校振興・共済事業団	3,947	3,886	1,287	74	1,177	13	2,808	13,191
14.雇用保険	5,439	10,864	239	−	6	6,676	−	23,224
15.労働者災害補償保険	−	8,255	1	−	1,256	2,171	−	11,683
家族手当								
16.児童手当	−	7,174	12,419	8,214	−	1,440	−	29,246
公務員								
17.国家公務員共済組合	10,088	12,047	2,854	−	1,956	535	11,517	38,996
18.存続組合等	−	1,115	3	−	108	6	−	1,232
19.地方公務員等共済組合	27,025	32,274	58	7,119	11,542	64	35,115	113,197
20.旧令共済組合等	−	−	27	−	−	−	−	27
21.国家公務員災害補償等	−	118	−	−	−	−	−	118
22.地方公務員等災害補償	0	300	−	−	10	54	−	364
23.旧公共企業体職員業務災害	−	43	−	−	−	−	−	43
24.国家公務員恩給	−	73	0	−	−	−	−	74
25.地方公務員恩給	−	86	−	−	−	−	−	86
公衆保健サービス								
26.公衆衛生	−	−	5,697	1,695	−	−	−	7,391
公的扶助及び社会福祉								
27.生活保護	−	−	27,544	9,175	−	−	−	36,719
28.社会福祉	−	−	34,197	32,020	−	−	−	66,217
雇用対策								
29.雇用対策	−	−	186	0	−	−	−	186
戦争犠牲者								
30.戦争犠牲者	−	−	2,952	−	−	−	−	2,952
他の社会保障制度	187	5,882	2,625	32,712	9	363	−	41,777

資料出所：国立社会保障・人口問題研究所「社会保障費用統計」

図表付-130　社会保障財源の推移

	年度	合計	被保険者拠出	事業主拠出	公費負担	国庫負担	他の公費	資産収入	その他
金額（億円）	1980年度	335,258	88,844	97,394	110,409	97,936	12,473	32,682	5,929
	1985	485,773	131,583	144,363	137,837	117,880	19,957	62,020	9,970
	1990	652,777	184,966	210,188	161,600	134,663	26,936	83,580	12,443
	1995	836,962	244,118	268,047	207,178	165,793	41,385	98,118	19,501
	2000	890,477	266,560	283,077	250,710	197,102	53,608	64,976	25,155
	2005	1,159,019	283,663	269,633	300,370	222,611	77,759	188,454	116,898
	2010	1,096,787	303,291	281,530	407,983	295,287	112,697	8,388	95,594
	2015	1,253,516	353,727	315,561	482,527	325,522	157,005	20,571	81,132
	2016	1,364,937	364,949	323,977	493,190	332,198	160,991	103,224	79,597
	2017	1,412,751	373,647	334,332	498,847	333,293	165,555	141,126	64,799
	2018	1,325,963	383,382	342,508	503,870	335,990	167,879	44,284	51,919
構成比（%）	1980年度	100.0	26.5	29.1	32.9	29.2	3.7	9.7	1.8
	1985	100.0	27.1	29.7	28.4	24.3	4.1	12.8	2.1
	1990	100.0	28.3	32.2	24.8	20.6	4.1	12.8	1.9
	1995	100.0	29.2	32.0	24.8	19.8	4.9	11.7	2.3
	2000	100.0	29.9	31.8	28.2	22.1	6.0	7.3	2.8
	2005	100.0	24.5	23.3	25.9	19.2	6.7	16.3	10.1
	2010	100.0	27.7	25.7	37.2	26.9	10.3	0.8	8.7
	2015	100.0	28.2	25.2	38.5	26.0	12.5	1.6	6.5
	2016	100.0	26.7	23.7	36.1	24.3	11.8	7.6	5.8
	2017	100.0	26.4	23.7	35.3	23.6	11.7	10.0	4.6
	2018	100.0	28.9	25.8	38.0	25.3	12.7	3.3	3.9

（注）1．ILO事務局「第18次社会保障費用調査」の分類（他制度からの移転を除く部分）に従って算出したものである。但し、「社会保障特別税」はわが国では存在しないため表示していない。
2．公費負担とは「国庫負担」と「他の公費」の合計である。「他の公費負担」とは、①国の制度等に基づいて地方公共団体が負担しているもの、②地方公共団体の義務的経費に付随して、地方公共団体が独自に負担をしているもの、である。ただし、③国の制度等に基づかず地方公共団体が独自に行っている事業については、認可外保育所等の一部の就学前教育・保育に係る事業及び公費負担医療給付分が含まれている。
3．「資産収入」については、公的年金制度等における運用実績により変動することに留意する必要がある。また、「その他」は積立金からの受入を含む。

資料出所：国立社会保障・人口問題研究所「社会保障費用統計」

図表付-131　OECD基準による政策分野別社会支出の推移

	政策分野	1995年度	2005	2015	2016	2017	2018
金額（億円）	合計	695,297	919,898	1,207,639	1,221,793	1,241,845	1,254,294
	高齢	274,065	442,758	557,110	560,867	569,397	576,766
	遺族	53,521	64,642	66,792	65,793	65,618	65,074
	障害、業務災害、傷病	32,991	35,292	55,596	56,980	58,923	60,810
	保健	263,004	307,606	409,950	411,682	418,871	421,870
	家族	21,801	37,536	76,022	80,412	86,451	90,547
	積極的労働市場政策	15,685	4,366	8,049	7,841	8,141	8,376
	失業	25,618	14,165	9,285	8,649	8,430	8,535
	住宅	1,275	4,290	6,228	6,093	6,131	6,084
	他の政策分野	7,338	9,242	18,608	23,475	19,881	16,231
	（国内総生産）	5,162,017	5,256,427	5,327,860	5,368,508	5,475,860	5,483,670
対国内総生産比（％）	合計	13.47	17.50	22.67	22.76	22.68	22.87
	高齢	5.31	8.42	10.46	10.45	10.40	10.52
	遺族	1.04	1.23	1.25	1.23	1.20	1.19
	障害、業務災害、傷病	0.64	0.67	1.04	1.06	1.08	1.11
	保健	5.09	5.85	7.69	7.67	7.65	7.69
	家族	0.42	0.71	1.43	1.50	1.58	1.65
	積極的労働市場政策	0.30	0.08	0.15	0.15	0.15	0.15
	失業	0.50	0.27	0.17	0.16	0.15	0.16
	住宅	0.02	0.08	0.12	0.11	0.11	0.11
	他の政策分野	0.14	0.18	0.35	0.44	0.36	0.30
対前年増加率（％）	合計	5.2	2.3	5.4	1.2	1.6	1.0
	高齢	9.3	3.3	2.1	0.7	1.5	1.3
	遺族	5.0	2.0	0.0	−1.5	−0.3	−0.8
	障害、業務災害、傷病	7.8	−3.6	9.3	2.5	3.4	3.2
	保健	1.3	4.0	7.9	0.4	1.7	0.7
	家族	−2.3	5.1	23.4	5.8	7.5	4.7
	積極的労働市場政策	−0.1	−62.1	−1.4	−2.6	3.8	2.9
	失業	12.5	−6.5	−3.2	−6.8	−2.5	1.2
	住宅	5.7	39.6	5.0	−2.2	0.6	−0.8
	他の政策分野	4.7	0.6	9.6	26.2	−15.3	−18.4
	（国内総生産）	2.7	0.8	2.8	0.8	2.0	0.1

（注）1．「保健」の2010年以前はOECD Health Dataの公的保健支出から介護保険医療系サービスと補装具費を除いた額。以降は国立社会保障・人口問題研究所による集計。
2．「積極的労働市場政策」は、1995年度は予算ベース、2005年度からは決算ベース。
3．2010年度集計時に新たに追加した費用について、2005年度まで遡及した。
4．国内総生産は、内閣府の各年版「国民経済計算年報」による。
5．OECD基準の社会支出は、ILO基準に比べて範囲が広く、施設整備費などの直接個人に移転されない費用も計上されている。

資料出所：国立社会保障・人口問題研究所「社会保障費用統計」

図表付-132　政策分野別社会支出の国際比較（対国内総生産比）（2017年）

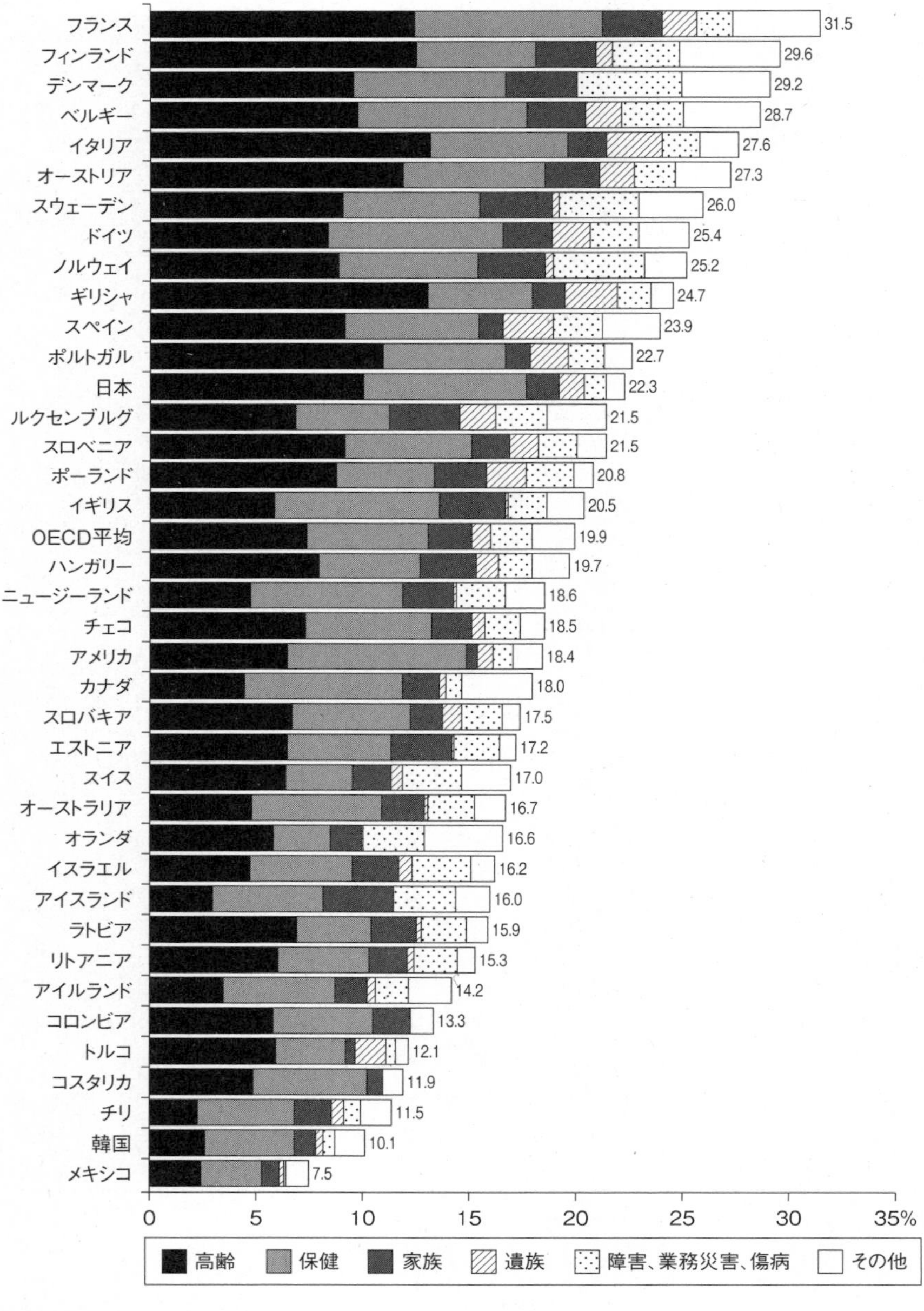

資料出所：OECD Social Expenditure Database（2021年6月12日ダウンロード）
（http://www.oecd.org/els/social/expenditure）

図表付-133　DV相談件数の推移

・DV相談件数の推移を見ると、2020年4月から2021年2月の相談件数は、17万5,693件で、前年同期の約1.5倍。
・既に昨年度（2019年度）全体の相談件数（11万9,276件）を大きく上回っている。

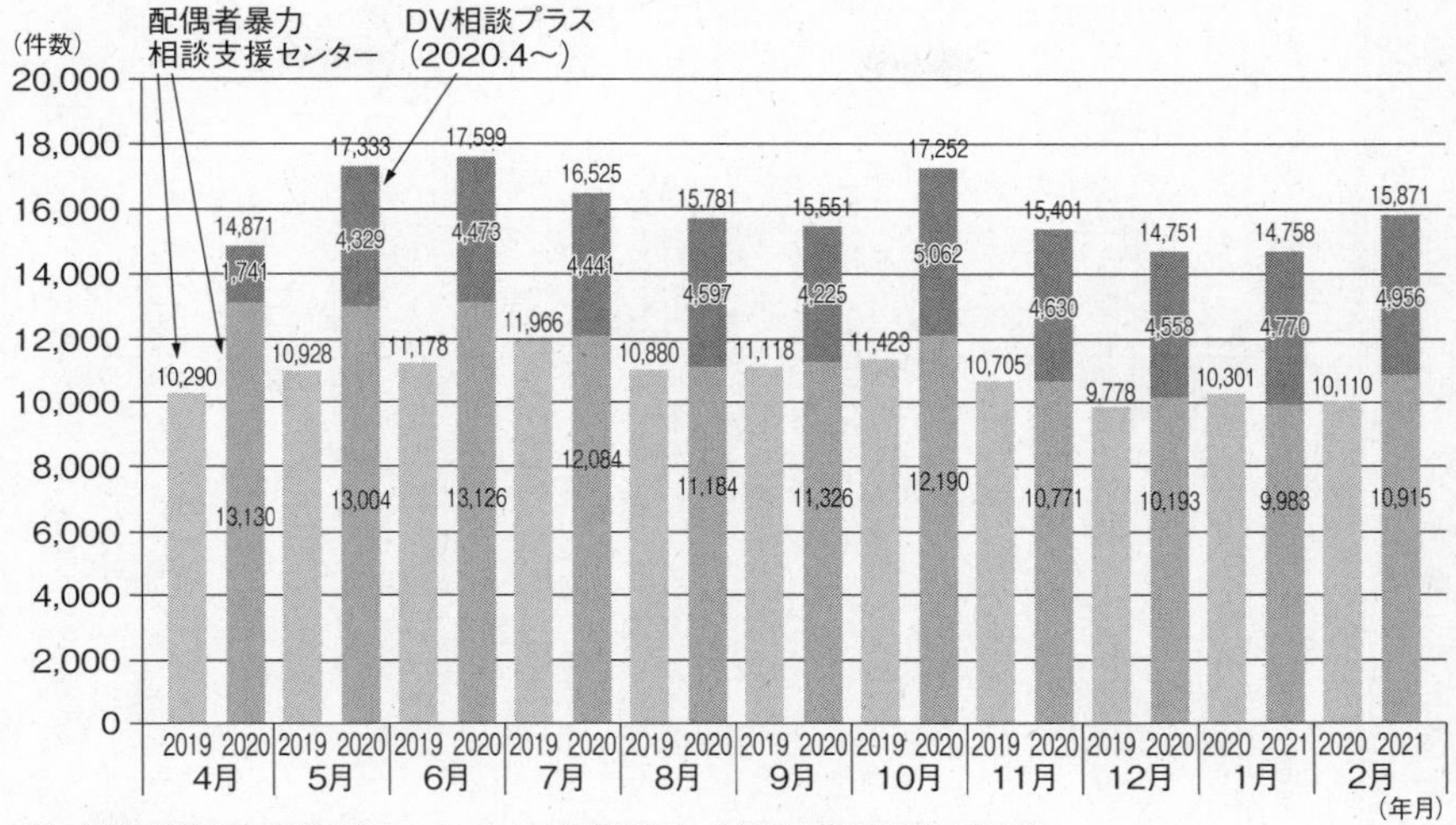

(注) 全国の配偶者暴力相談支援センターからの相談件数は、令和3年3月31日時点の暫定値。
資料出所：内閣府男女共同参画局調べ

図表付-134　雇用者数（役員を除く）の推移

・女性の雇用者数（役員を除く）は、正規雇用労働者の増加が続く一方、非正規雇用労働者は2020年3月以降12カ月連続で減少
・年平均で見ると、男女とも対前年で正規雇用労働者は増加する一方、非正規雇用労働者は減少。特に女性の非正規雇用労働者の減少幅が大きい。（男性：26万人減、女性：50万人減）

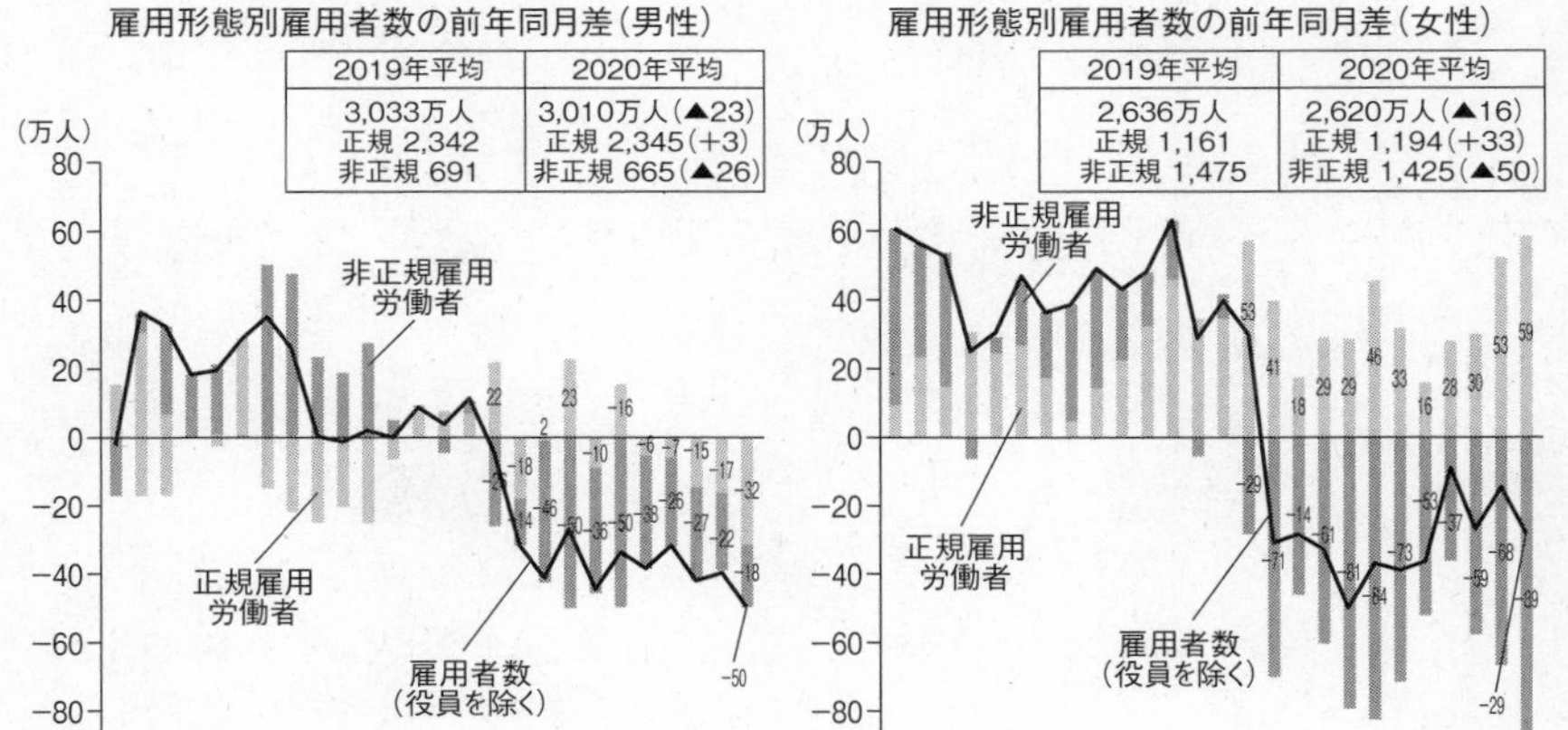

(注) 原数値。
資料出所：総務省「労働力調査」より作成

図表付-135　産業別就業者数の増減

・産業別就業者数の前年同月差を見ると、男女とも「飲食業」「製造業」の減少幅が大きい。
・女性は、「飲食業」「製造業」「生活，娯楽業」「宿泊業」「小売業」の就業者数の減少幅が大きい一方、「医療業」「金融、保険業」「福祉業」「不動産、物品賃貸業」「情報通信業」「運輸，郵便業」は増加。

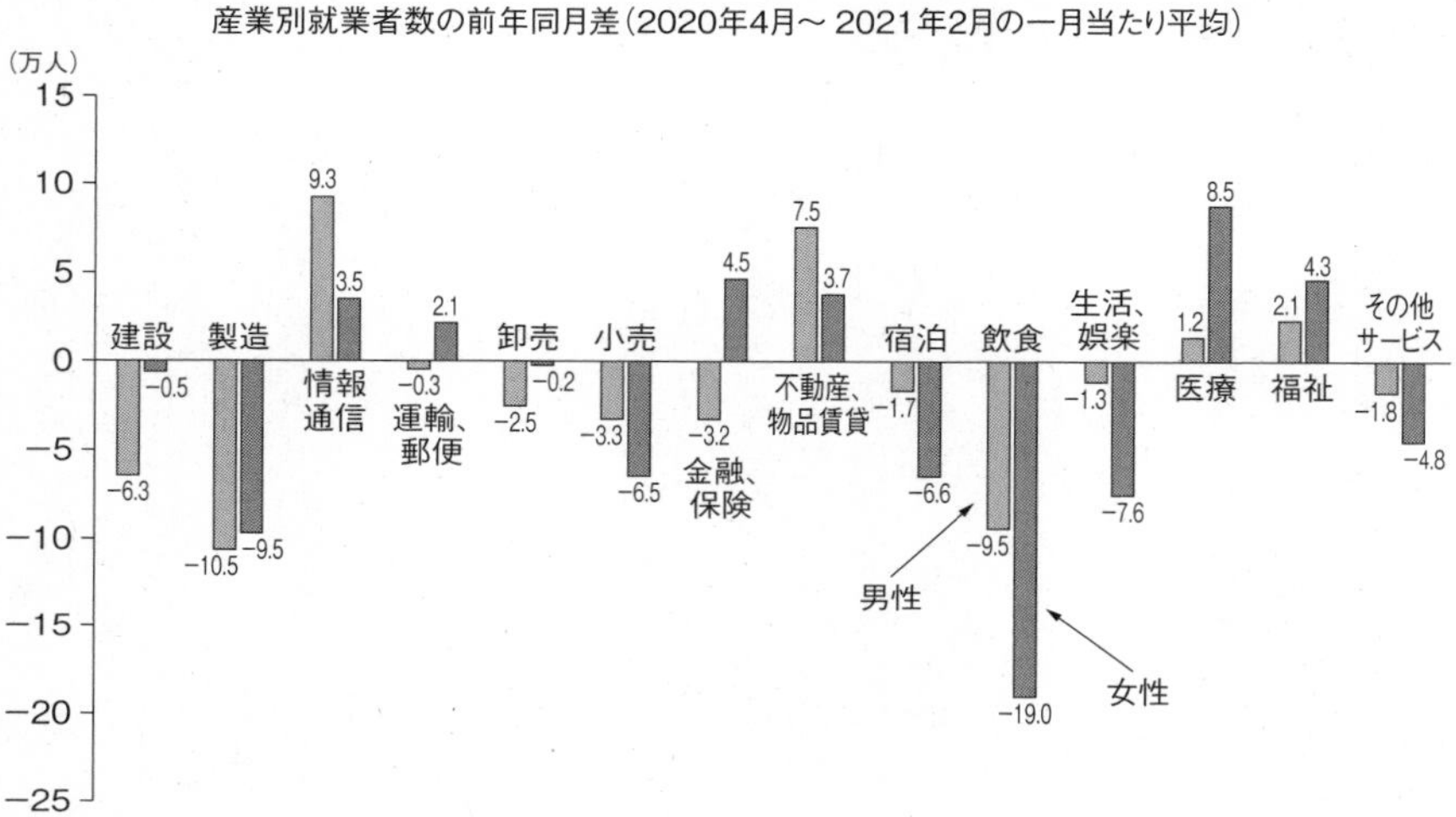

（注）原数値。
資料出所：総務省「労働力調査」より作成

図表付-136　女性の収入減少の有無別、家計の逼迫度（%、8月調査）

・女性の収入が1割以上減った家庭では、5世帯に1世帯が食費の切詰めを行っており、1割弱が公共料金等の滞納をしている。
・女性の収入があまり減っていない家庭と比較すると、食費切詰めと料金滞納の発生割合は、2倍～4倍もの高さとなっている。

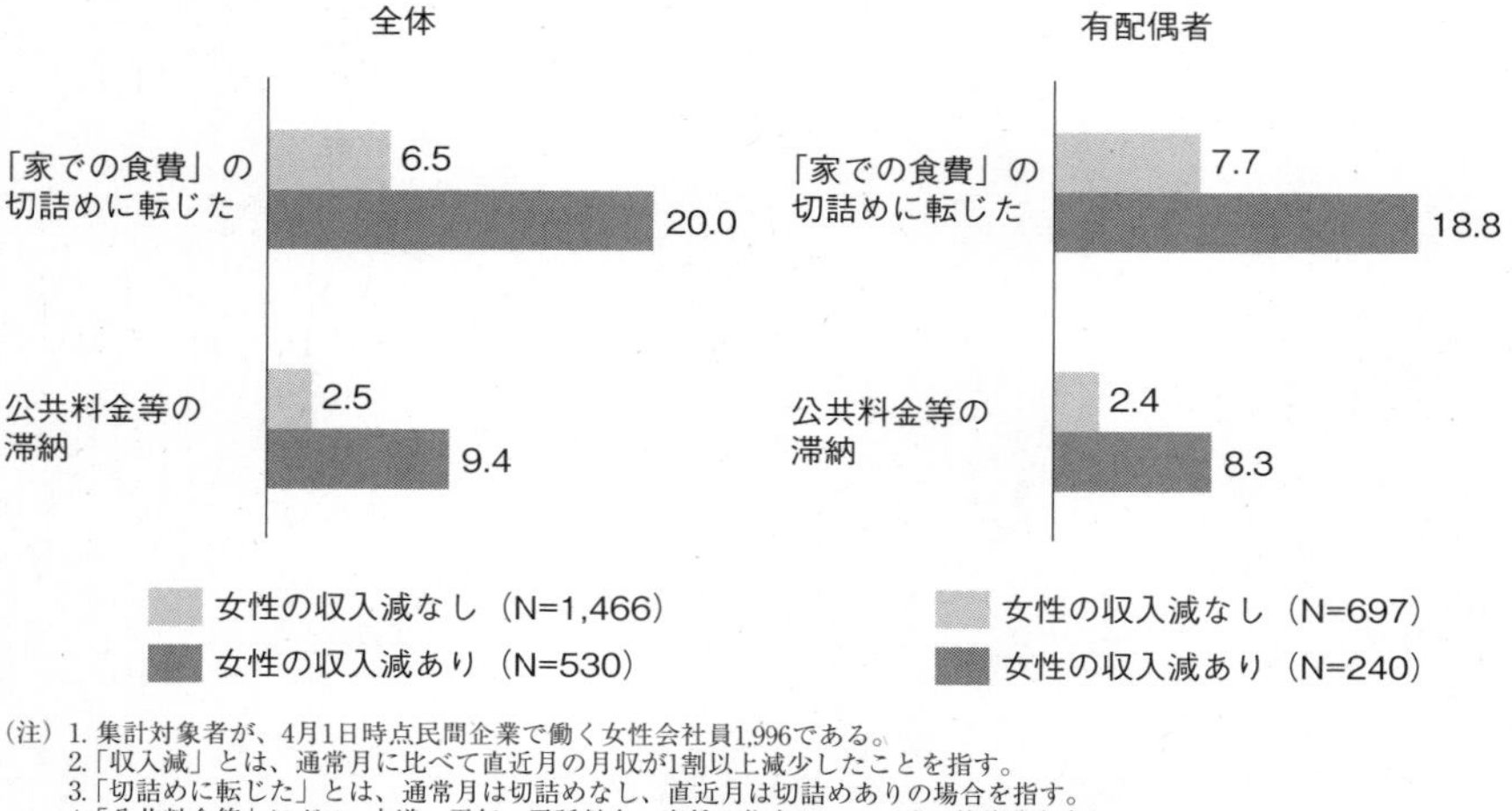

（注）1. 集計対象者が、4月1日時点民間企業で働く女性会社員1,996である。
2.「収入減」とは、通常月に比べて直近月の月収が1割以上減少したことを指す。
3.「切詰めに転じた」とは、通常月は切詰めなし、直近月は切詰めありの場合を指す。
4.「公共料金等」にガス・水道・電気・電話料金、家賃、住宅ローン、その他債務を含む。
資料出所：新型コロナと女性の雇用危機　政策研究・研修機構（JILPT）周燕飛主任研究員（第3回コロナ研究会資料）

図表付-137　テレワーク実施状況〈働き方〉就業者への質問

・2020年5月時点と比べるとテレワーク実施割合はやや低下

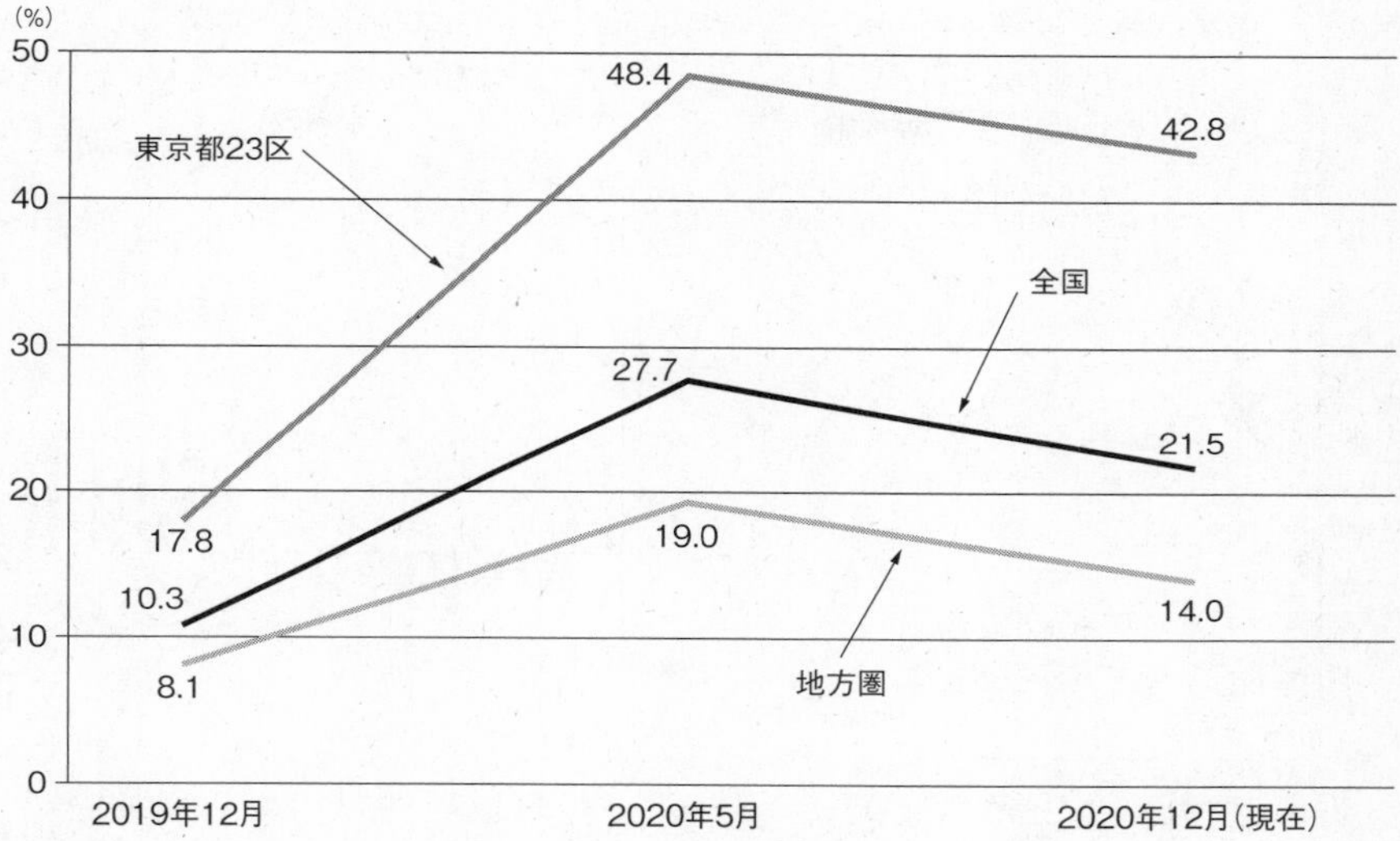

資料出所：内閣府男女共同参画局「コロナ下の女性への影響と課題に関する研究会報告書」

図表付-138　仕事の状況とコロナによる影響

・女性の方が、「光熱費等の出費が増える」「家事が増える」「自分の時間が減ることがストレス」など、マイナス要素が高い。
・男性では、仕事の効率などマイナス要素も挙がるが、「通勤時間分を有意義に使える」「通勤が減りストレス減少」「家族と一緒の時間が増える」などプラス要素も高い。

テレワークを経験して感じたこと　①有業者のテレワーク経験男女比較

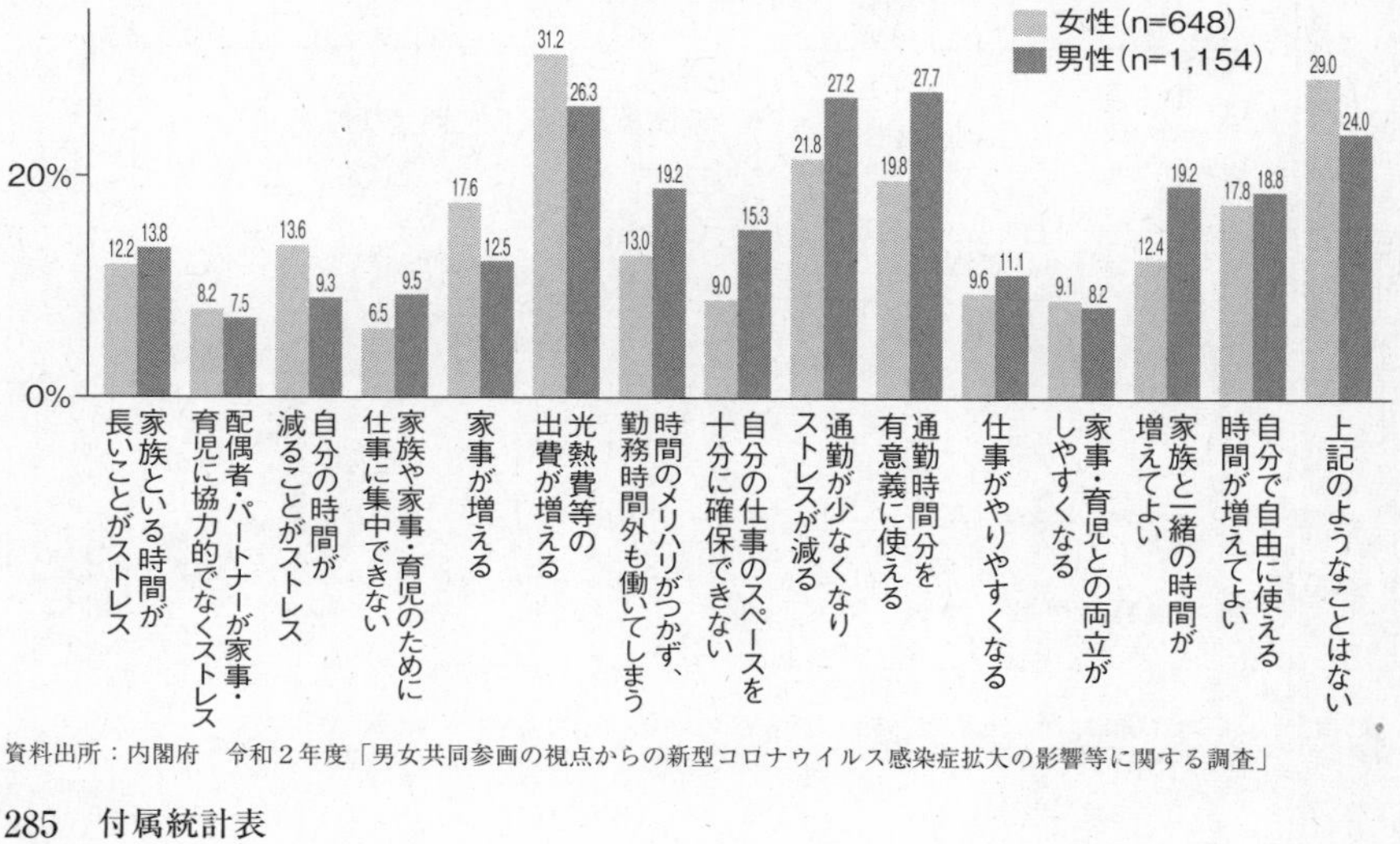

資料出所：内閣府　令和２年度「男女共同参画の視点からの新型コロナウイルス感染症拡大の影響等に関する調査」

図表付-139　自殺者数の推移

・女性の自殺者数は、2021年3月は658人で、対前年同月150人増加。対前年同月では10か月連続の増加。
・2020年合計では、男性は対前年で23人の減少であったが、女性は935人の増加。

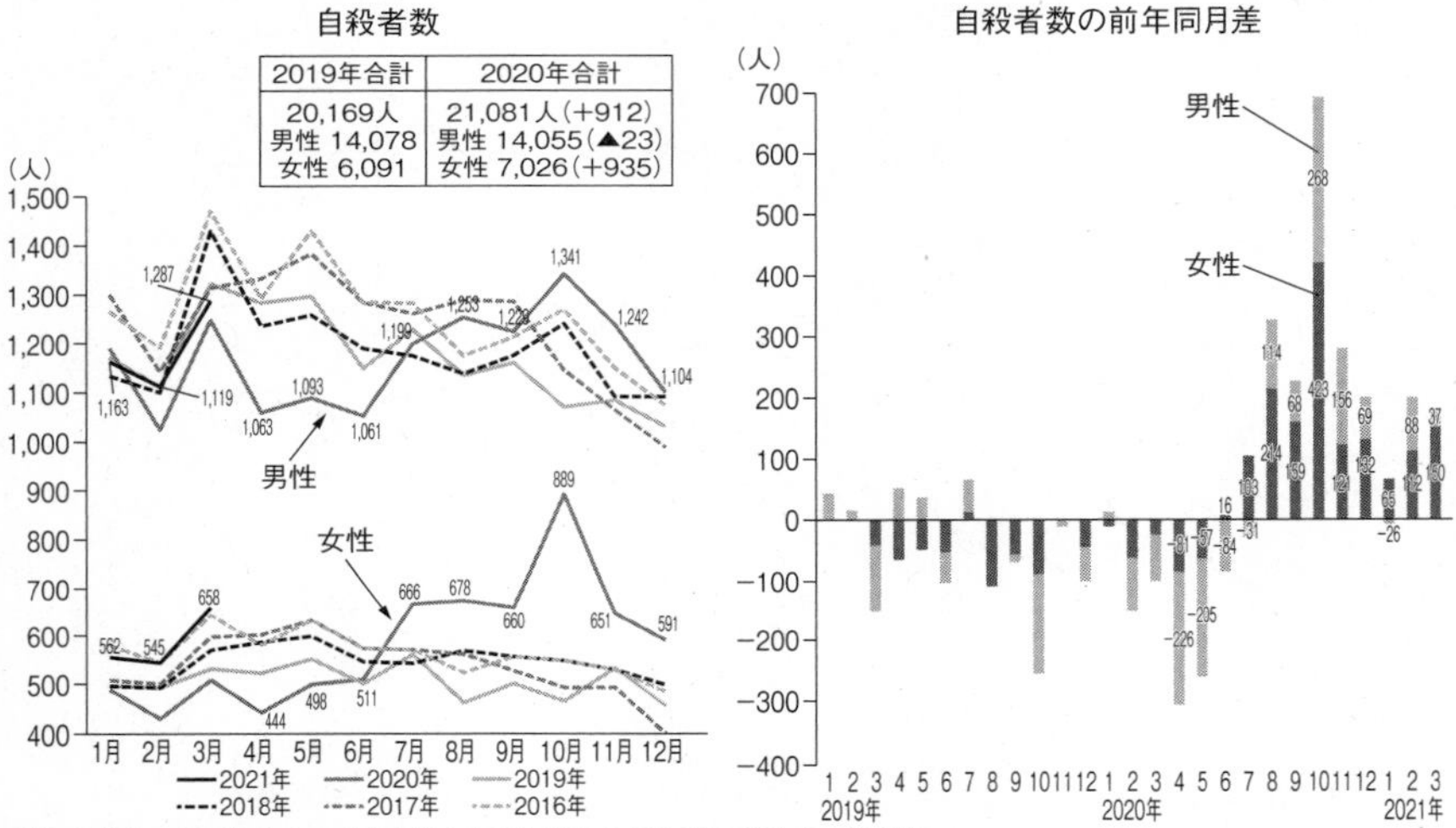

（注）原数値。2020年分までは確定値。2021年分は2021年4月16日時点の暫定値。
資料出所：警察庁ＨＰ「自殺者数」より作成

図表付-140　自殺者数の増減

・女性は、「無職者」では「主婦」が、「学生・生徒等」では「高校生」が、特に増加。

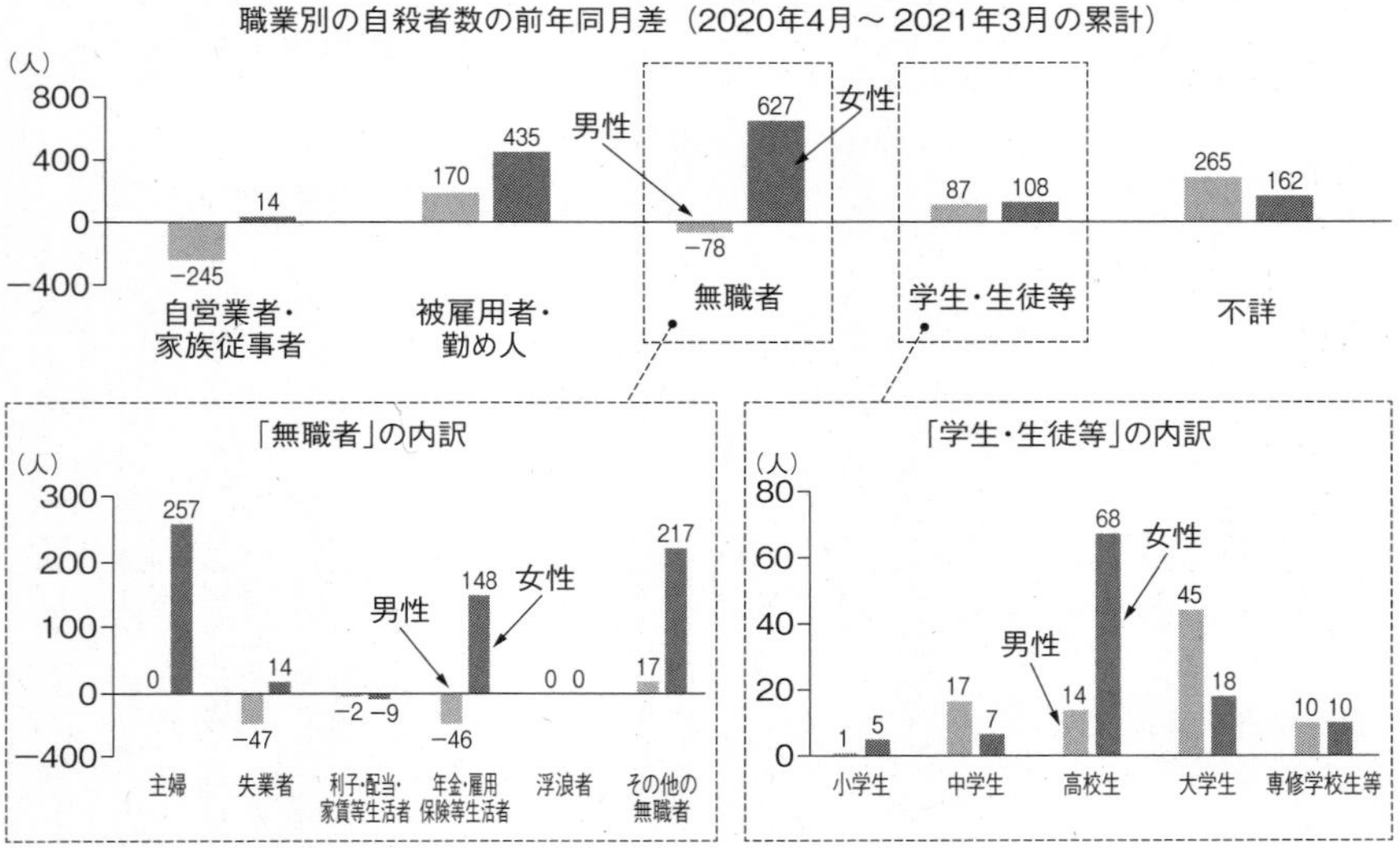

（注）2020年分までは確定値。2021年分は2021年4月21日時点の「地域における自殺の基礎資料」の暫定値。
資料出所：厚生労働省ＨＰ「自殺の統計」より作成

図表付-141　生活全般の状況とコロナによる影響

第一回緊急事態宣言中の不安やストレス　※小3以下の子供がいる有配偶の男女比較

「家事・育児・介護の負担が大きすぎると感じた」は女性が18ポイント高く、「健康を守る責任が大きすぎると感じた」も女性が9ポイント高い。

第一回緊急事態宣言中に不安を感じた機会がどれだけあったか

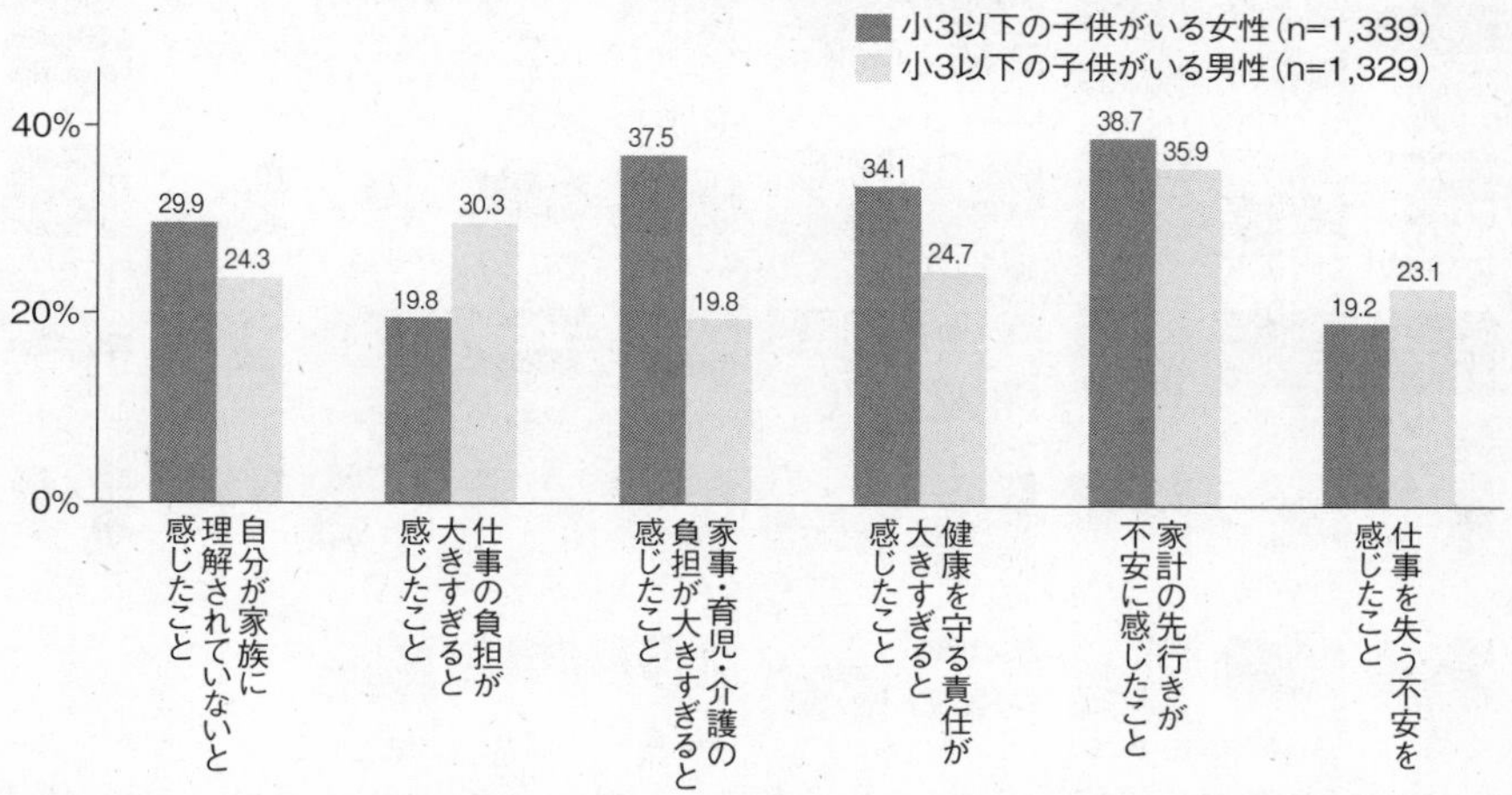

資料出所：内閣府　令和2年度「男女共同参画の視点からの新型コロナウイルス感染症拡大の影響等に関する調査」

図表付-142　生活全般の状況とコロナによる影響

第一回緊急事態宣言中（2020年4-5月）の時間の使い方変化
（第一回緊急事態宣言前と比べての増減、「小3以下の子供がいる有配偶者」が対象）

・小3以下の子供がいる家庭において、女性で「家事・育児時間」共に3割が「増えた」と実感=負担が大きかったと推測される。
・家事・育児時間がもともと少ない男性も、「家事・育児時間が増えた」が25%前後だが、女性より5ポイント程度低い。

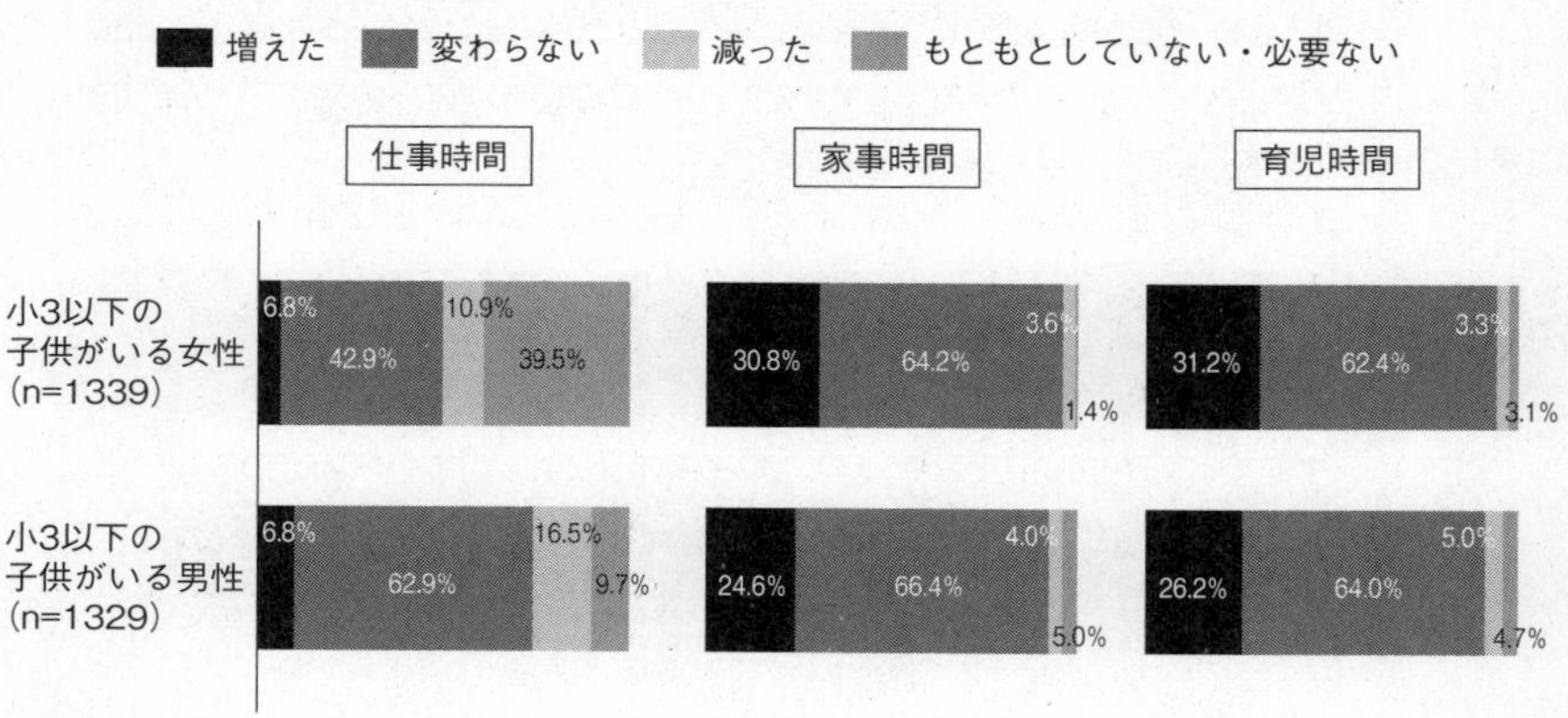

資料出所：内閣府調査　令和2年度「男女共同参画の視点からの 新型コロナウイルス感染症拡大の影響等に関する調査」

図表付-143　新型コロナ感染拡大を受けた付加価値税減税実施国

58の国と地域がコロナ危機を受けて「付加価値税」の減税を実施・予定

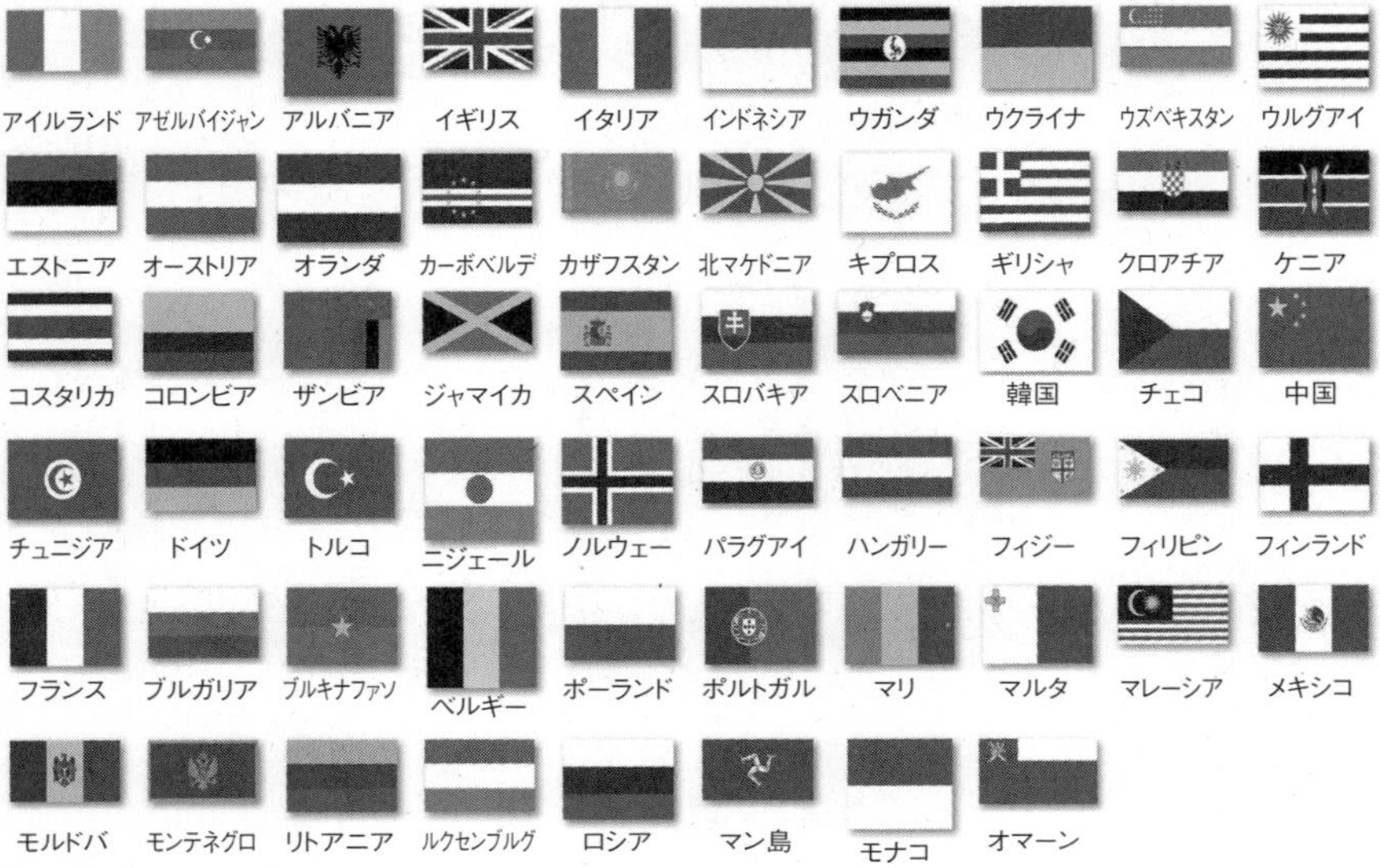

(注) 2021年4月30日現在
資料出所：消費税廃止各界連絡会作成

図表付-144　妊娠・出産・子育てを理由に仕事をやめた経験の有無別比率

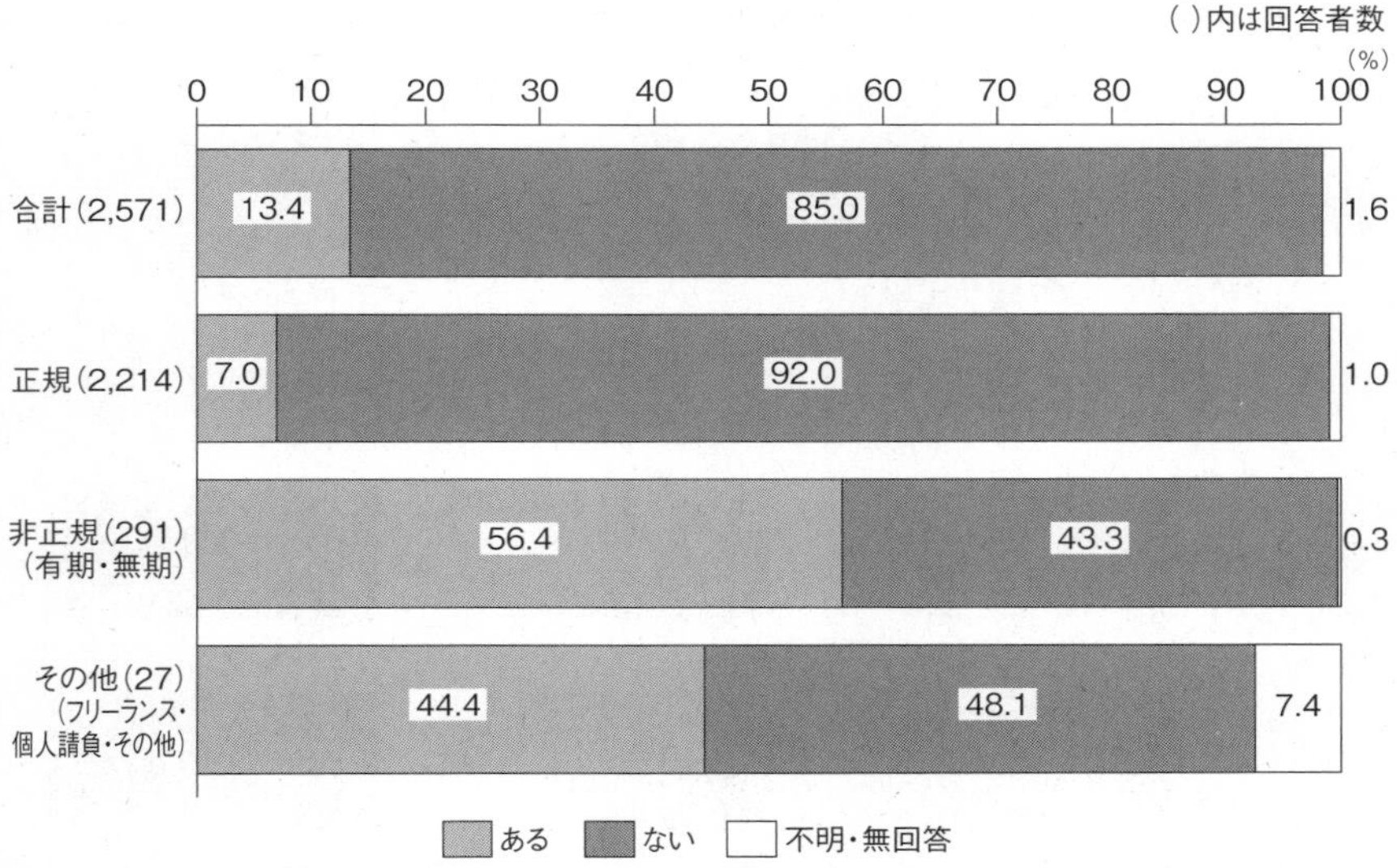

(注) 2020年4月～7月調査。2015年以降に妊娠・出産した労働者が対象
資料出所：全国労働組合総連合女性部「妊娠・出産・育児に関する実態調査」

図表付-145　妊娠・出産・子育てを理由に仕事をやめた理由別比率

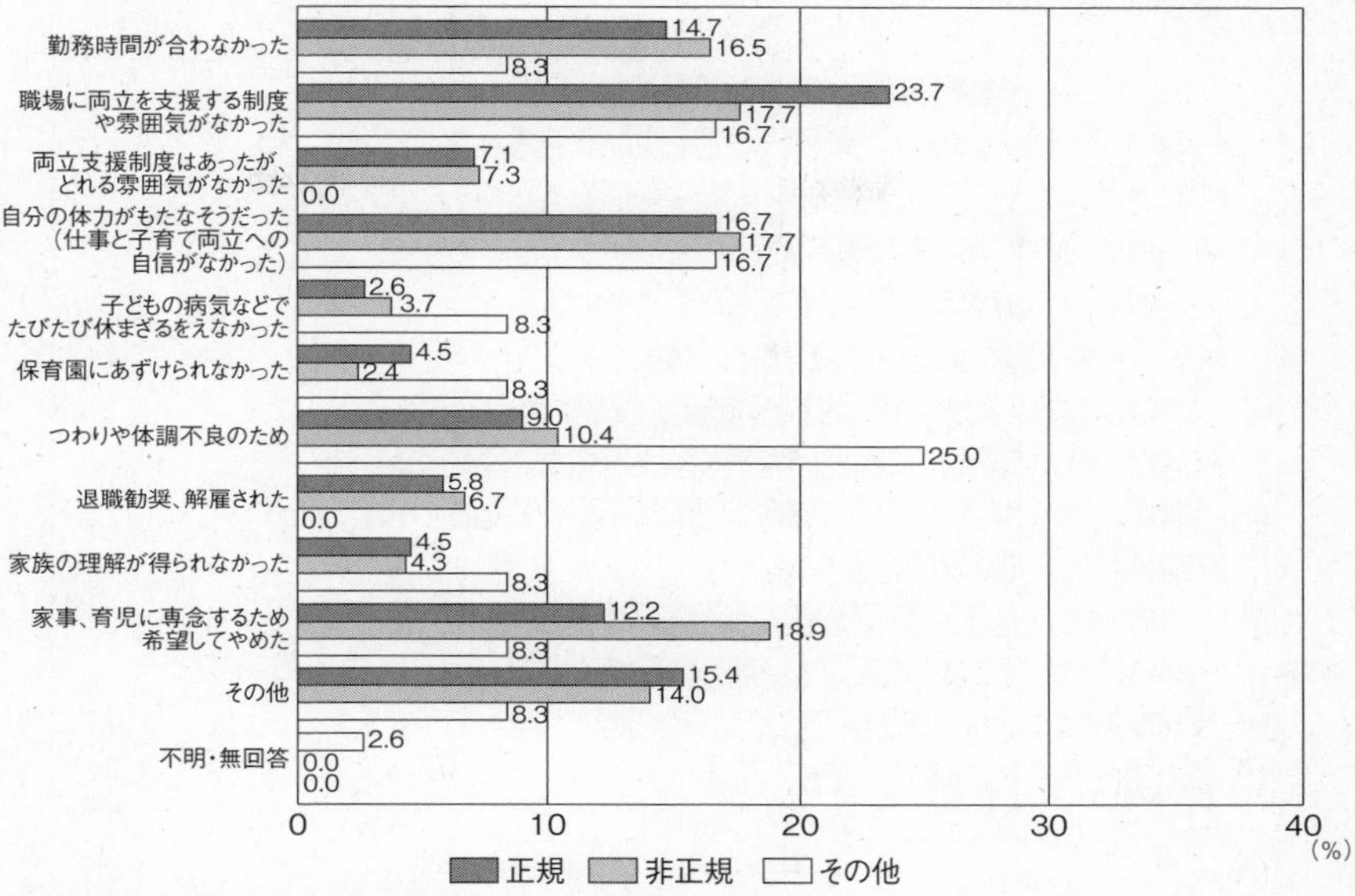

（注）2020年4月～7月調査。2015年以降に妊娠・出産した労働者が対象
資料出所：全国労働組合総連合女性部「妊娠・出産・育児に関する実態調査」

図表付-146　過去に流産した経験の有無別比率

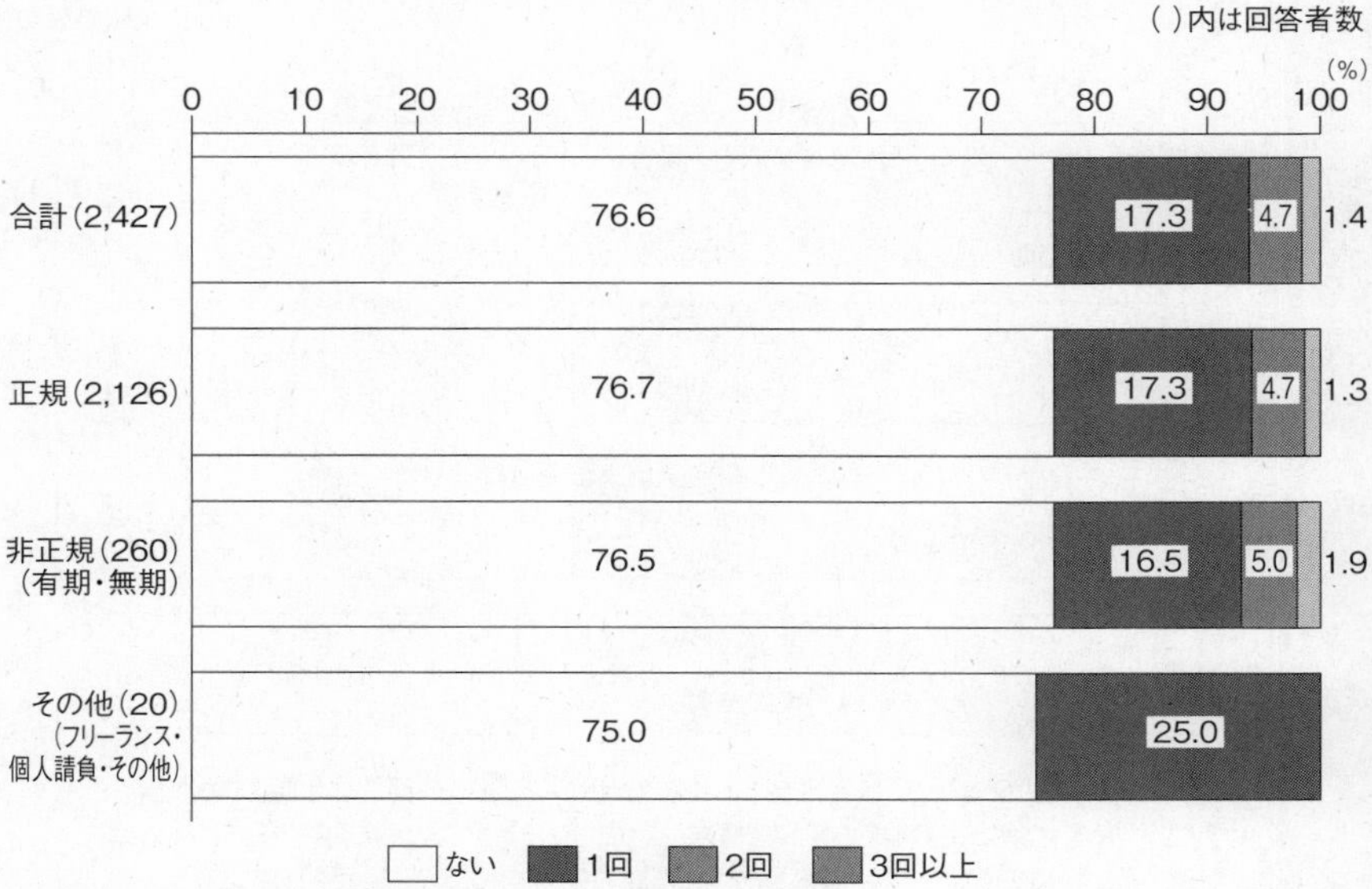

（注）2020年4月～7月調査。2015年以降に妊娠・出産した労働者が対象
資料出所：全国労働組合総連合女性部「妊娠・出産・育児に関する実態調査」

図表付-147　「切迫流産・切迫早産」と回答した人の職種別割合

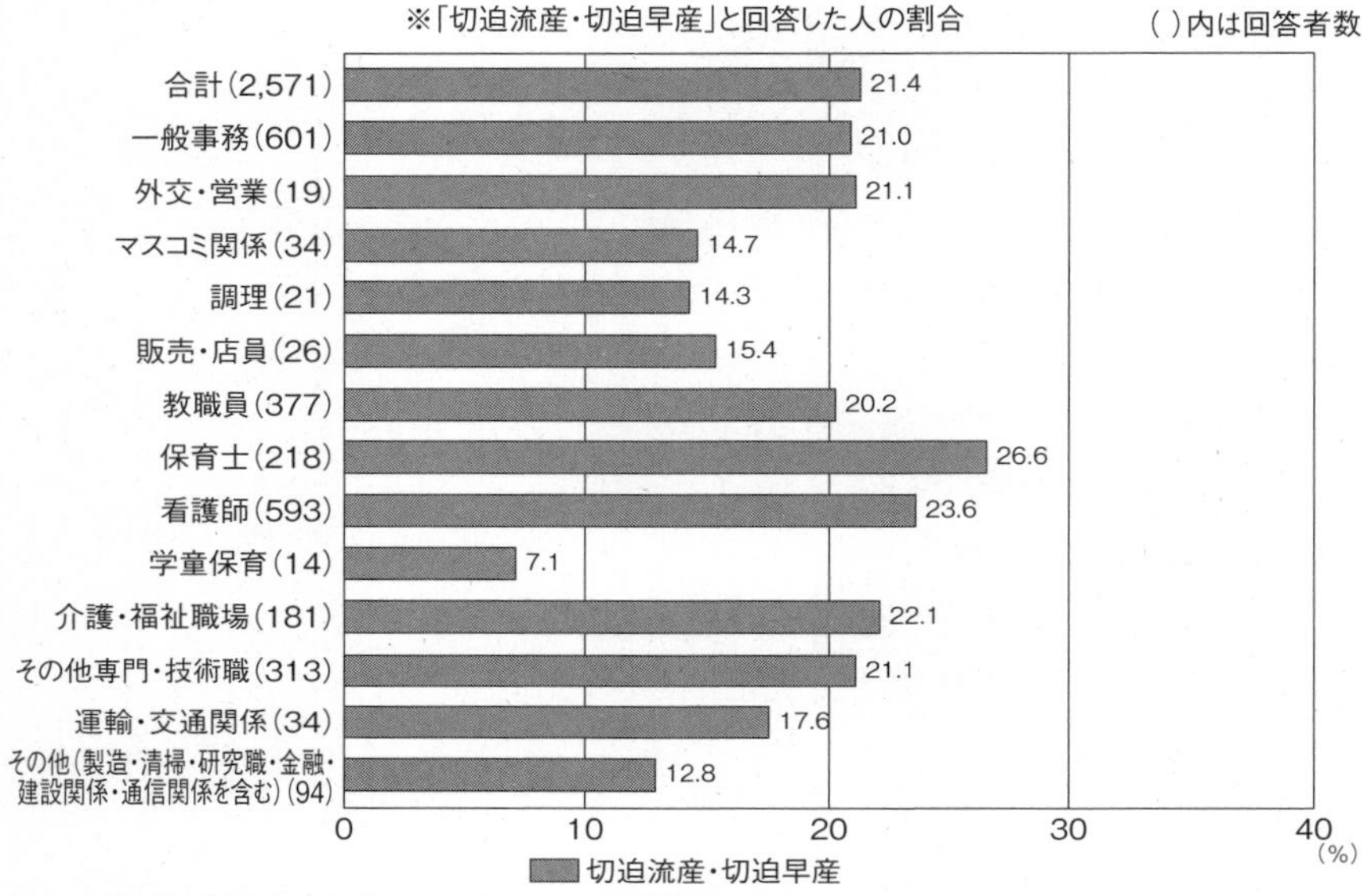

(注) 2020年4月～7月調査。2015年以降に妊娠・出産した労働者が対象
資料出所：全国労働組合総連合女性部「妊娠・出産・育児に関する実態調査」

図表付-148　妊娠中の時間外労働免除の状況

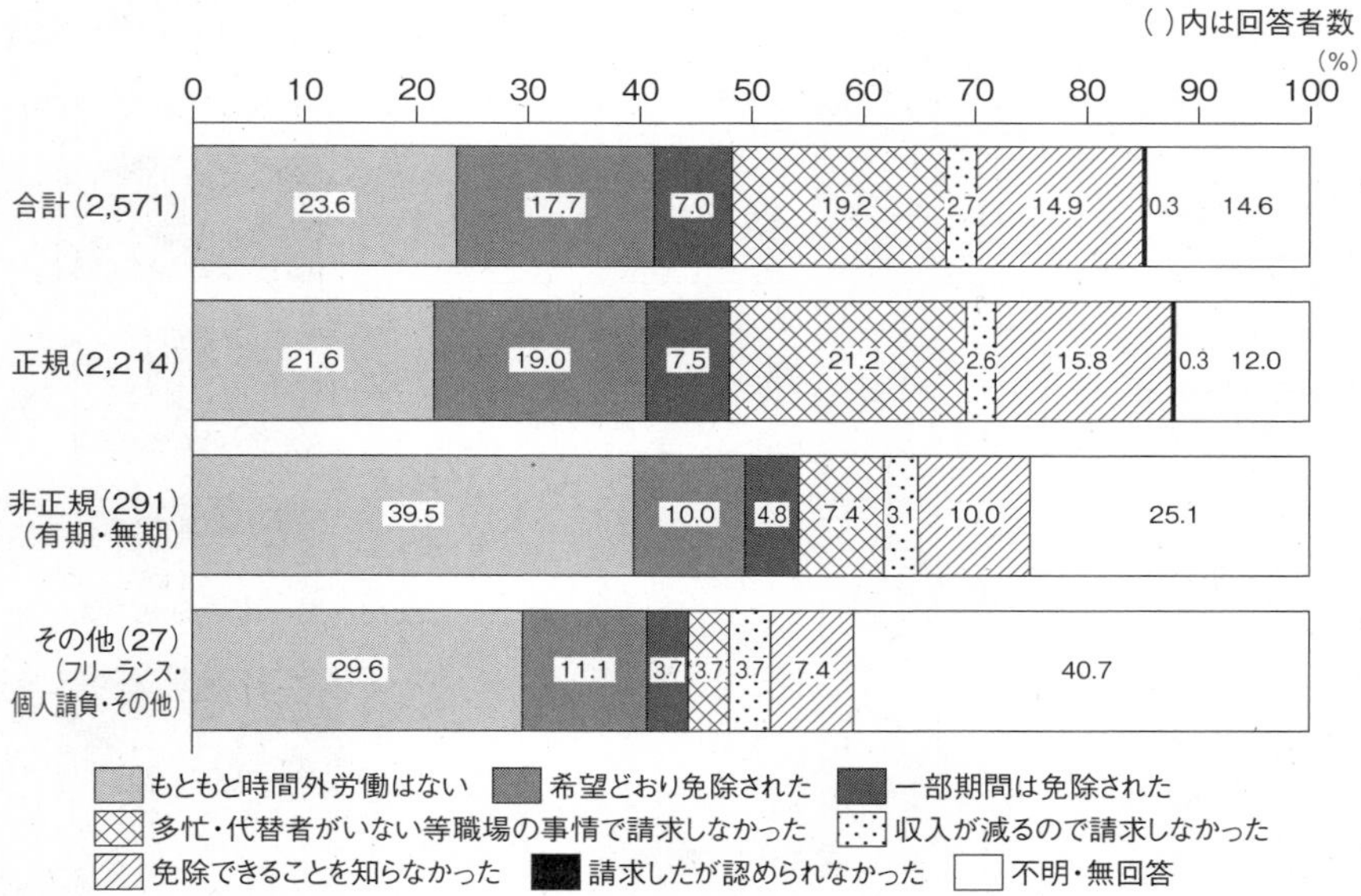

(注) 2020年4月～7月調査。2015年以降に妊娠・出産した労働者が対象
資料出所：全国労働組合総連合女性部「妊娠・出産・育児に関する実態調査」

図表付-149　産後休暇終了後の育児休業取得状況

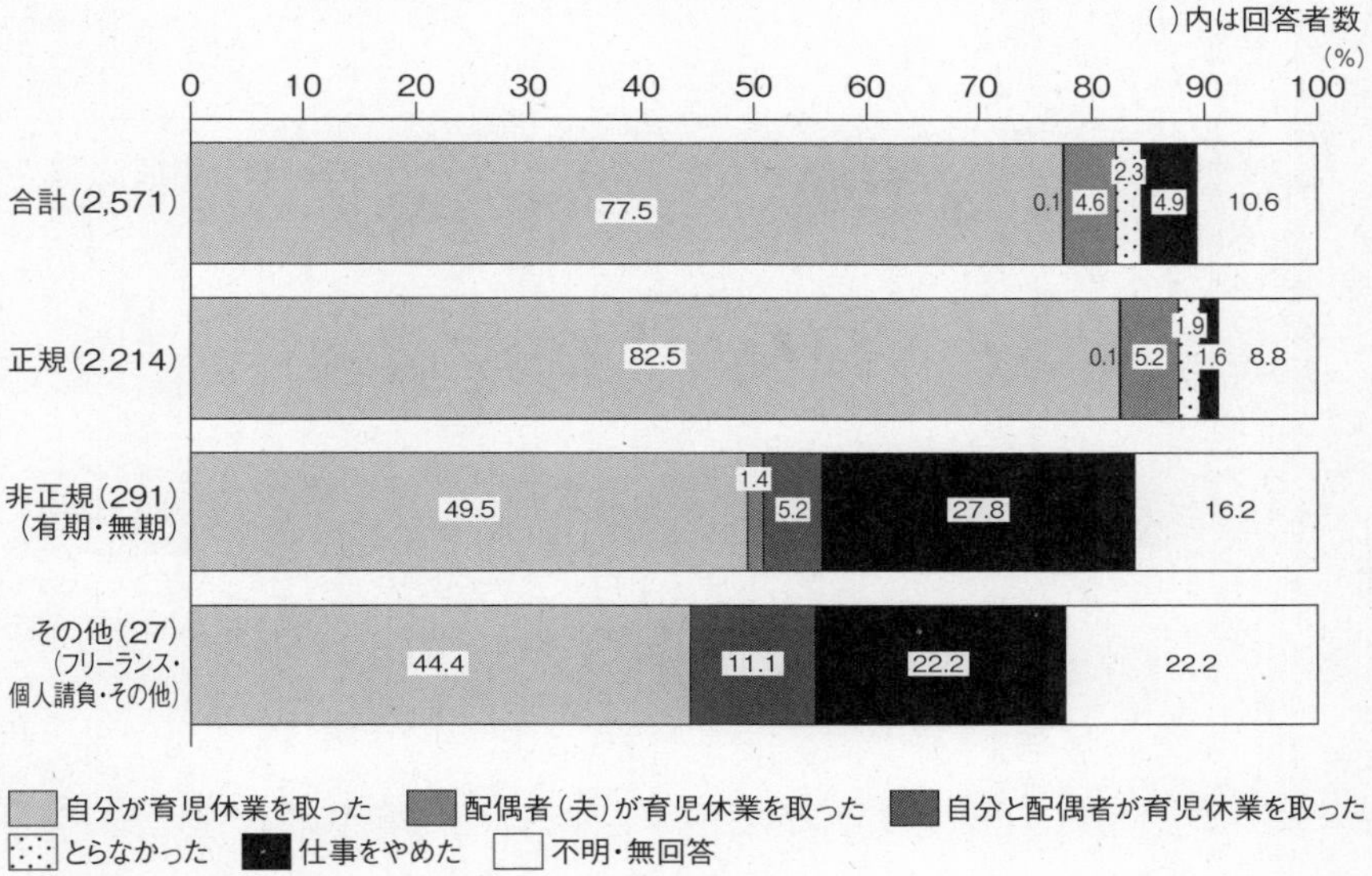

(注) 2020年4月～7月調査。2015年以降に妊娠・出産した労働者が対象
資料出所：全国労働組合総連合女性部「妊娠・出産・育児に関する実態調査」

年表

年表——2020年

1・3　全国の男性地方公務員で2019年までの15年間に妻が出産した627人のうち、出産に伴う休みを取得した人は23人（約4％）であったことが東京都豊島区の永野裕子区議による調査（2019年9月～12月、都道府県と市区町村の全1788議会対象に実施し1662議会から回答）でわかった。配偶者の出産に伴う欠席や休暇に関する「育休規定」がある議会は88議会で約5％。

1・9　睡眠に関する調査（2019年9月11～16日、30～59歳の全国の男女2971人対象にオークローンマーケティングがインターネットにて実施）で、30～40代男女の85・1％、女性のみでは90％が睡眠に悩みを抱えていることがわかった。

1・11　東京都医学総合研究所や東京大学などのチームによる2012～15年の調査（東京都世田谷区と三鷹市、調布市に住む10歳の男女約4500人対象）によると、SNSを使っている10歳の女児は、使ったことのない女児に比べてやせ願望を抱く確率が1・9倍高いことがわかった。

1・11　「公的発言におけるジェンダー差別を許さない会」の呼びかけによる2019年中の性差別ワースト発言結果が発表された。1位は、麻生太郎副総理兼財務大臣による「（日本人の平均寿命が延びたのは）いいことじゃないですか。素晴らしいことですよ。いかにも年寄りが悪いみたいなことを言っている変なのがいっぱいいるけど間違ってますよ。子供を産まなかったほうが問題なんだから」で34・1％（2588票）、2位は、安倍晋三内閣総理大臣による「お父さんも恋人を誘って、お母さんは昔の恋人を探し出して投票箱に足を運んで」で23・2％（1765票）。投票総数は7593票（前回3933票）。

1・11　文部科学省の調査によると、2019年度の公立小中高校などの女性管理職は1万2808人（昨年より638人増）で全体の18・6％となり、人数と割合ともに6年連続で過去最高を更新。

1・16　順天堂大学女性スポーツ研究センター調査（関東甲信・東海地区の女子中学生と女子高校生1214

人。定期的に運動している生徒598人、体育の授業以外に運動習慣が全くない生徒616人）で、女子中高生の8割以上が運動量とエネルギー摂取量のバランスが崩れ、無月経や骨粗しょう症のリスクが高い状態にあることが判明。運動習慣の有無に関わらずリスクが高く、運動量に応じた食事をとっていなかったり、強いやせ願望があることが原因とされた。

2・5 34歳女性のマリン首相が就任したフィンランドで、妻と夫が取れる育児休業期間を男女同じく7カ月とする方針が発表された。

2・12 入学試験で女性や浪人生に対する差別的取り扱いを行ったことを第三者委員会に認定された後も認めない聖マリアンナ医科大学に対し、抗議する緊急集会が参院議員会館で開かれた。

2・13 埼玉県議会で、女性職員らが県議にお茶を出す慣例が廃止された。

2・18 日本とスウェーデンの研究者による共同調査（2019年、日本と米国の女性それぞれ1573人対象に過去1年間の職場でのセクハラについて調査）で、非管理職の女性より管理職の女性の方がセクハラ被害を受けることが多いと判明。日本の管理職女性68%、米国の管理職女性57%、日本の非管理職女性52%、米国の非管理職女性37%が被害を受けたと回答した。

2・27 選択的夫婦別姓を求め市民団体や訴訟原告・弁護士、超党派国会議員らが民法改正を求め院内集会を開催した。mネット・民法改正情報ネットワーク主催、日弁連共催。

3・2 日経新聞社の調査（全国の働く女性2000人にインターネット調査。未婚1004人、既婚786人、離死別210人）で、働く未婚女性の約65%が、仕事をする上で旧姓使用を希望していることがわかった。その理由（複数回答）は「単純に名字を変えたくない」49・8%、「仕事関係者が呼び慣れている」43・1%、「新姓にして仕事関係者に説明するのが面倒」40・9%。選択的夫婦別姓については75・1%が賛成と回答、既婚・離死別を含めた全体でも賛成は74・1%であった。既婚女性で仕事上で旧姓を使っているのは32・1%。

3・5 警察庁の集計で、昨年1年間に全国の警察が摘発したDVは9161件（前年比73件増）で、16年連続で増加し過去最多を更新。警察への相談件数も8万2207件（4725件増）で最多を更新。ストーカーの被害相談は2万912件と前年より644件減。

3・6 特定適格消費者団体「消費者機構日本」が、女性への入試における差別的取り扱いを行った東京医科大に対し、消費者裁判手続き特例法に基づき受験料などの返還義務があることの確認を求めた訴訟の判決が東京地裁であり、前沢達朗裁判長は「得点調整が告知されていれば出願しなかったと推認できる」として受験料の返還義務を認めた。消費者団体が被害者に代わって事業者を提訴する被害回復訴訟で初の判決。

3・7　日本マスコミ文化情報労組会議による初の、役員や管理職、従業員に占める女性割合調査（新聞41社、放送12社、出版41社）公表。新聞社や通信社の女性管理職7・71％、テレビ局では、在京・在阪とも番組制作にかかわる部門で最高責任者にあたる「局長」に女性は1人もいないことがわかった。

3・8　花を手に性暴力に抗議し性暴力の被害者へ連帯を示す「フラワーデモ」が、各地で開催された。

3・8　２０２０年国際女性デー中央大会はコロナ禍により取り止め、東京・中野駅前でリレートークを行った。

3・9　国連女性差別撤廃委員会（ＣＥＤＡＷ）が日本への25項目の「質問事項」を発表。「選択議定書の批准」について政府による「検討」内容や、「選択的夫婦別姓のための民法改正」開始のために政府が何をしたのかなど、踏み込んだ質問である。

3・9　列国議会同盟（ＩＰＵ）が世界各国議会で女性議員が占める割合についての報告書を発表。日本は９・９％で、世界１９１カ国中１６５位。先進国の中ではもっとも低かった。

3・12　東京五輪の聖火リレー第1走者を、２０１６年リオデジャネイロ五輪射撃女性金メダリストのアナ・コラカキ選手（23歳）が走り、史上初めて女性が務めた。

3・19　日本航空が女性の客室乗務員などの社員にヒール高３～６センチのパンプスを履くよう義務づけていた規定を4月1日に改定すると発表。職場でのパンプス着用強制をめぐっては昨年から「靴・苦痛」を掛け合わせた「#KuToo」運動が広がっていた。

3・24　学術出版大手エルゼビア（本社・オランダ）が、日本や欧米など15カ国・地域で26の分野における研究への男女の参加状況などについて検証し「ジェンダーの視点から見た研究者のキャリアパス」を発表。２０１４年～２０１８年の男性研究者１００人に対する女性研究者数は、１９９９年～２００３年と比較し約20人分増加。日本は調査対象国のうち女性研究者の割合が最も低かったものの、男性研究者１００人に対する女性研究者数は11人から18人へと大幅に増加。論文を発表する女性著者の割合はアルゼンチンを除くすべての国・研究分野で男性の数が上回った。日本は女性の割合が最も低い15%だった。

3・25　内閣府が、全都道府県に計49カ所ある性犯罪や性暴力の被害を受けた人たちのための「ワンストップ支援センター」の支援状況について初調査（2019年6~8月全体の相談件数のべ9450件）。被害者の性別は、女性の被害者が電話相談で87・7%、面談で97・8%、男性の被害者は電話相談で10・4%、面談で2・2%。被害者の年齢は、19歳以下が40・6%と面談全体の約4割で若年層への被害の深刻さが浮かび上がった。

3・25　国際女性デー中央大会実行委員会は「日本政府への決議」を持ち、内閣府へ要請行動を行いコロナ対策等を求めた。

4・2　英国「ジェンダーとグローバル健康センター」による「セックス、ジェンダー、新型コロナ（COVID—19）」報告書によると、資料提供がなされた11カ国のすべてで男性致命率が少なくとも10%、多くて2倍以上も女性より高い（イタリアとデンマークでは死亡者の71%が男性で、女性の2・4倍）ことが判明したと報道。要因として生活方式の差異（男性は病気の初期には病院に行かない、男性は女性より手を洗わない）、生物学的要因（エストロゲンが強力な抗ウイルス機能を果たす）、遺伝的要因（人体の免疫システム反応情報が入力されたX染色体は女性は2個、男性は1個）が指摘された。

4・5　徳島市長選で女性市長としては最年少の内藤佐和子さん（36歳）が当選した。

4・13　しんぐるまざあず・ふぉーらむ（東京）による会員への調査（2020年4月2日~4月5日、インターネット調査で215人回答）で、新型コロナウイルスの感染拡大により54・4%が「収入は減る」「収入がなくなる」、そのうち88・5%が「すぐに現金給付が欲しい」と回答、シングルマザーの厳しい状況が明らかにされた。

4・14　同性パートナーシップ・ネット（東京）の調査で、同性カップルを公的に承認する「パートナーシップ制度」を導入した自治体が4月1日時点で全国の47自治体に上り、日本の総人口の4分の1をカバーすることがわかった。

4・28　総務省が公表した3月の労働力調査で、前年同月比で男性の非正規労働者が2万人増だったのに対し女性は29万人減少、うち25万人は子育て世代の35~44歳に集中。3月初めからの一斉休校に伴い、子どもの世話で仕事に出られなくなった人が多いとみられる。

4・29　DV相談体制が拡充され、従来の電話窓口に加えて24時間態勢で電話（0120—279—889つなぐはやく）やSNS、メールなどによる相談を受けつける「DV相談＋」が開始された。

5・1 新型コロナウイルスの感染拡大に伴い一人当たり10万円の「特別定額給付金」を世帯主に一括給付することへの見直しを求める声があがっていたことで、内閣府・総務省・厚労省から「配偶者からの暴力だけではなく、配偶者やその他親族からの暴力や、性暴力被害、貧困その他の理由が複合的に重なる等して避難している事例」でも、給付金の受け取りの申出ができるという通知が出された。

5・6 日本を含む59カ国の政府が共同で「COVID—19危機下においてセクシュアル・リプロダクティブ・ヘルス／ライツを擁護しジェンダーに基づいた対策の促進を求める」という声明を発表した。

5・10 ウィメンズアクションネットワーク（WAN）が、コロナ禍対策としての住民一人当たり10万円給付「特別定額給付金」を、WAN基金運営委員会が厳選した「しんどい女性を支援する女性活動団体」に助成する「コロナ禍対策女性連帯プロジェクト」を設置。市民的再分配の試み。

5・20 婦団連は「憲法と女性差別撤廃条約に基づくジェンダー平等・女性の地位向上を求める要望書—第4次男女共同参画基本計画実施と実効ある第5次男女共同参画基本計画策定に向けて」を橋本聖子女性活躍担当大臣・内閣府特命担当大臣、池永肇恵内閣府男女共同参画局長に提出した。

5・28 独立行政法人「国立女性教育会館」による2015年に民間企業に入社した新規学卒者を入社5年目まで追跡した「男女の初期キャリア形成と活躍推進に関する調査」（正社員800人以上の企業の男女726人回答）で、男女の8割（女性83・4％、男性79・9％）が「リーダーには女性よりも男性が向いている」を否定していることがわかった。

5・28 婦団連が憲法と女性差別撤廃条約に基づくジェンダー平等実現をめざす「ジェンダー4署名」提出行動を行った（ジェンダー4署名の提出総数　16万8406人分）。

6・1 改正労働施策総合推進法が施行され、大企業に職場でのハラスメント対策の強化が義務づけられた。

6・11 性暴力のない社会を実現しようと、フラワーデモが全国各地とオンラインで開催された。

6・30 国連人口基金（UNFPA）が2020年版『世界人口白書』を公表し、毎年、何百万人もの少女が有害な女性器切除の慣習の被害を受けていると告発。また、地域により過度な男児選好の考え方に基づく「性の選別」が行われている影響で、出生前後に「消失」した女児が20年に累計1億4260万人に達すると推定した。

6・30 衆参両院が国会議員653人の2019年分の所得に関する報告書を公開。女性国会議員88人の平均所得は2084万円で、男性議員の平均2480万円を約400万円下回った（前回はほぼ同額）。女性トップの立憲・阿部知子議員は全体順位で57位と男女の所得格差が浮き彫りになった。

7・3 婦団連は「新型コロナ対策にジェンダー視点を求めます」の要望書を提出。男女共同参画局に要請した。

7・11 新型コロナウイルス対策のため各地で学校が休校になった3〜5月、NPO法人ピッコラーレが運営する妊娠相談窓口「にんしんSOS東京」に10代から寄せられた相談は、前年同時期の1・8倍（213人）であったことが判明。また同時期、若者の性の問題に取り組むNPO法人ピルコンに寄せられた「妊娠・避妊に関する10代からの相談件数」は、3月40件、4月40件、5月30件、6月31件と、2月以前の約2倍に増加したことも判明した。

7・16 自身の女性器の3Dデータを提供したとして、芸術家のろくでなし子さん（48歳）がわいせつ電磁的記録頒布などの罪に問われていた刑事裁判で、小池裕裁判長は「わいせつな記録の頒布が目的と言わざるを得ない」と述べ、ろくでなし子さん側の上告を棄却、1、2審の罰金40万円が確定した。

7・18 工業製品の品質基準などの規格をつくっている「日本規格協会」（東京）が、就職活動などで使う履歴書について、性別や年齢、顔写真の欄があった様式例を取りやめた。

7・31 2020年版『男女共同参画白書』によると、仕事をする単身世帯の男女の「仕事がある日」の家事時間（1日あたり）は女性が1時間10分、男性が1時間と同水準だったのに対し、子どもがいない夫婦家庭では妻が1時間59分で夫が45分と、妻が夫の2・6倍、家事に時間をかけていることがわかった。

7・31 2019年度の男性の育休取得率は7・48％（前年6・16％）で過去最高だった。

7・31 2019年の日本人の平均寿命は女性が87・45歳、男性が81・41歳となり、ともに過去最高を更新。いずれも8年連続のプラスで、女性は5年連続で世界2位、男性は3年連続で3位だった。

8・6 離婚した元夫名義の建物に元妻が住み続けている場合、財産分与を巡る家裁の審判で明け渡しを命じることができると最高裁（木沢克之裁判長）が初判断を示した。

8・8 「核兵器なくそう女性のつどい」

がオンラインで開催。アメリカ、韓国、フィリピン、オランダ、イタリアの代表が参加。各分野の運動交流が行われた。

8・14　中学生時代に望まぬ性別の制服着用に悩んだ経験を持つ東京都江戸川区の若者が、区長らと面談し、33ある全区立中で性別に関係なく制服を選べるよう求めて全国各地から集めた約1万人分の署名を提出した。

8・17　帝国データバンクによる調査（２０２０年7月26日～31日、調査対象全国２万３６８０社、有効回答１万１７３２社）で、女性管理職の割合は平均７・８％と前年比０・１ポイント上昇したものの、女性登用を進めている企業は42・６％で前年から７・４ポイント減少していることがわかった。今後、女性管理職の割合が増えると見込んでいる企業は21・７％で、前年より１・９ポイント減少した。

8・26　「ホームヘルパー働き方調査」（介護保険制度では労働基準法は守れないとして国家賠償訴訟を起こしている弁護団が実施。３３６人の回答を分析）で、68％の訪問介護ヘルパーが待機時間に給与を支払われていないことが判明。また利用者側の突然のキャンセルに休業手当が出るのは14％であることもわかった。

8・28　婦団連は「戦争はごめん　女性のつどい」アピール行動を新宿駅頭にて実施。「コロナ対策を最優先に！　憲法を生かし、いのち・くらしを守ろう」「５兆円を超える軍事費をコロナ対策へ回すべき」などと各団体の代表がリレートークを行った。

8・31　トランスジェンダーのタクシー運転手（60歳）が、化粧を理由に乗務を禁じられたのは不当だとして勤務先タクシー会社に賃金支払い等を求めていた訴訟で、大阪地裁（溝口達裁判官）は訴えを認め、月18万円の支払いを命じた。

9・2　国連女性機関（ＵＮウィメン）と国連開発計画（ＵＮＤＰ）は、新型コロナウイルス感染拡大の影響で２０２１年までに９６００万人が極度の貧困（貧困ラインは１日１・９ドル、約２０２円）に追いやられ、そのうちの４７００万人が女性と少女であり、全体で4億３５００万人に達すると発表。新型コロナからの復興を進めるうえで、今回の危機の影響を最も受けている女性を中心に据えた迅速な政策行動をとるよう、世界各国に求めた。

9・3　婦団連は第5次男女共同参画基本計画策定に当たっての基本的な考え方についてパブリックコメントを内閣府に送った。

9・16　菅義偉内閣誕生。閣僚20人中女性は2人。

9・18　２０１９年の国連総会決議で２０

２０年以降毎年行うことを確認した初の「同一賃金国際デー」に、グテレス事務総長は男女の賃金格差の是正に向けて各国に取り組みの加速化を求めた。

9・29 自民党の杉田水脈衆議院議員が性暴力被害の相談事業などがテーマになった自民党内の会議で「女性はいくらでもうそをつけますから」と発言、婦団連が官邸前緊急抗議行動を行った。

10・1 内閣府がDV相談電話に4桁の全国共通短縮ダイヤル「＃８００８」（晴れれば）を導入した。

10・1 7党による連立政権のベルギー新内閣が発足。20人の閣僚は男女同数で、性的少数者や移民系市民を起用している。

10・1 日本航空は、機内や空港で使用していた「ladies and gentlemen」の英語アナウンスを「all passengers」「everyone」などジェンダーに中立的な表現に変更した。

10・10 第65回はたらく女性の中央集会がはじめてオンラインで開催され、４００人を超える登録視聴があった。

10・11 セクシュアル・マイノリティに関する情報発信を行う「プライドハウス東京レガシー」コンソーシアムが、国際カミングアウト・デーにあわせて東京・新宿にオープン。日本初の大型常設施設。

10・13 「同一労働同一賃金」を定めた働き方改革関連法が4月に一部で施行されて以降、正社員と非正規社員の待遇格差をめぐりボーナスや退職金支給の是非が争われた訴訟の初の最高裁判決があった。大阪医科薬科大学で約2年間フルタイムで勤務した元アルバイト職員の女性が起こした訴訟ではボーナス支給が争われ、宮崎裕子裁判長は、「正職員の職務を遂行し得る人材確保の目的があった」と請求を退けた。東京メトロ子会社メトロコマースの駅売店で約10年間働いた元契約社員の女性2人が起こした訴訟では退職金支給が争われ林景一裁判長は、業務内容はおおむね共通するものの正社員は配置転換があるなど一定の相違があるとし支給を認めない判断をした。

10・21 厚生労働相の指定を受けて自殺対策の調査研究を行う「いのち支える自殺対策推進センター」が、２０２０年7月以降の女性の自殺者の数が増えているのは新型コロナウイルスの感染拡大による経済面や家庭での悩みが影響している可能性があるとの分析結果を発表。警察庁による8月の自殺者数（速報値）は前年同月より２５１人多い１８５４人で、うち女性は６５１人と約4割増加した。

10・22 第66回日本母親大会実行委員会が、国民のいのちと暮らしを守ることを求め、緊急の課題を中心に財務省や内閣府をはじめとした５

つの省庁に要請行動を行った。

10・24 人類史上はじめて核兵器を違法化する核兵器禁止条約をホンジュラスが批准し、条約発効に必要な50カ国に到達し、90日後の２０２１年1月22日に発効することとなった。日本政府は批准をしていないが、原水協の調べによれば核兵器禁止条約の署名・批准・参加を求める地方議会の意見書は４９５自治体で採択されている。

10・27 市民団体「緊急避妊薬の薬局での入手を実現する市民プロジェクト」が、緊急避妊薬へのアクセス改善を求める要望書とオンライン署名（10万７０００筆超）を厚生労働省に提出した。

11・3 日本学術会議の会員候補6人を菅義偉首相が任命しなかった問題で、学者や市民ら約８００人が東京・永田町の国会議事堂前で抗議集会を行った。

11・5 世界最大のビジネス特化型ソーシャルネットワーキングサービス「リンクトイン」による「日本女性の仕事と生活に関する意識調査」（18～65歳の日本女性約７５０名対象）で、「組織内でより大きな機会を得ることを妨げているものは何か」に対し、「仕事と家庭生活のバランス」が69％、「家族の世話、育児の責任などの社会的な期待」が51％。「将来的に幹部職まで昇進したい」は7％で、67％は「現在の職位を維持したい」「幹部職にはなりたくない」と回答した。

11・8 国際婦人年連絡会主催の２０２０ＮＧＯ日本女性大会「私たちは黙らない　女性の権利を国際水準に！」が昭和大学（東京・品川）でオンライン併用で開催され、約４００人が参加。

11・16 日本労働組合総連合会（連合）が実施した「男性の育児等家庭的責任に関する意識調査」（２０２０年10月26日～10月28日インターネットで実施。未就学の子どもがいる全国の20歳～59歳の働く男女５００人対象）で、「育児休業」取得者は女性の64・4％、男性では13・4％、実際の取得日数は男性は「1週間以内」が49・3％で最多、女性は「6カ月超1年以内」が47・5％で最多であったことがわかった。

11・17 世界保健機関（ＷＨＯ）は、子宮頸がんの撲滅に向けＨＰＶワクチン接種率を２０３０年までに15歳以下の女子の90％にまで高めることを盛り込んだ新たな目標を設定。日本では副作用の訴えが相次いだことを受け、厚生労働省が２０１３年にＨＰＶワクチンの積極的な接種勧奨を中止し、7割を超えていた接種率は1％未満となっている。

11・18 早稲田大学法学部・棚村政行教授の研究室と市民団体の「選択的夫

婦別姓・全国陳情アクション」による合同調査（２０２０年10月22～26日、全国の20～59歳の男女７０００人対象）で、自分が同姓・別姓を希望するかに関わらず「ほかの夫婦は同姓でも別姓も構わない」とした人の合計は全体の70・6％、「反対」の立場を示したのは14・4％であった。別姓が選べないことを理由に結婚そのものを諦めたり事実婚を選択したりしたケースでは、94人（１・３％）が「ある」と回答した。

11・24 スコットランドで生理用品の無料提供を自治体に義務づける法案を全会一致で可決。世界初。

11・25 「女性に対する暴力撤廃国際デー」を受け、婦団連など13団体22人が国会議員会館前でリレートーク。

11・26 国連女性機関（ＵＮウィメン）が、無給労働に関して日本を含む54カ国の統計分析や聞き取り調査を実施した報告書を公表。感染拡大以降、無償労働に費やす時間が「増加した」と答えた人の割合は女性が60％、男性が54％。特に子どもの身の回りの世話は、１週間当たり女性５・２時間増、男性３・５時間増。この他女性の方が増えたのは、料理や掃除・洗濯、買い物などで、男性の方が増えたのはペットの世話と高齢者や障害がある大人の家族の世話。

11・28～29 第66回日本母親大会in沖縄は２０２１年11月13日に延期された。

11・30 旧優生保護法（１９４８～96年）下で不妊手術を強制されたとして、近畿地方に住む３人（70～80代）が国に計５５００万円の国家賠償を求めた訴訟の判決で、大阪地裁（林潤裁判長）は旧法を違憲と判断した一方、不法行為から20年で賠償請求権が消える「除斥期間」が経過し消滅したと判断して原告の請求を棄却した。

12・25 第５次男女共同参画基本計画が閣議決定。２０２０年までに指導的地位に女性が占める割合30％をめざすとの目標は、「２０２０年代の可能な限り早期に」と先送りされ、焦点だった選択的夫婦別姓の導入は「夫婦の氏に関する具体的な制度の在り方」に関し「更なる検討を進める」と後退した。婦団連は閣議決定を受け、談話を発出した。

（渡辺　典子）

執筆者一覧（50音順）

浅倉むつ子（早稲田大学名誉教授）

姉歯　曉（駒澤大学経済学部教授）

井口克郎（神戸大学大学院人間発達環境学研究科准教授）

石川康宏（神戸女学院大学教授）

伊藤圭一（全国労働組合総連合・雇用労働法制局長）

伊藤周平（鹿児島大学教授）

岩島　史（同志社大学政策学部助教）

浦野広明（立正大学法制研究所特別研究員・税理士）

太田美音

岡野八代（同志社大学大学院グローバル・スタディーズ研究科教授）

岡田知弘（京都大学名誉教授）

戒能民江（お茶の水大学名誉教授）

粕谷美砂子（昭和女子大学人間社会学部教授）

川田忠明（日本平和委員会常任理事）

児美川孝一郎（法政大学教授）

柴田真佐子（日本婦人団体連合会会長）

角田季代子（全日本建設交運一般労働組合中央執行委員長）

関口久志（“人間と性”教育研究協議会幹事・元京都教育大学教授）

津川　剛（全労働省労働組合書記長）

鳥畑与一（静岡大学教授・全国大学高専教職員組合中央執行委員長）

土井淳子（全商連婦人部協議会事務局長）

藤井住枝（新日本婦人の会中央常任委員）

舟橋初恵（全国労働組合総連合女性部長）

堀内光子（公益財団法人アジア女性交流・研究フォーラム理事長）

前田美津恵（全国生活と健康を守る会連合会副会長）

馬奈木厳太郎（「生業を返せ、地域を返せ！」福島原発訴訟弁護団事務局長・弁護士）

松山　洋（全国保険医団体連合会事務局主幹）

森田しのぶ（日本医療労働組合連合会中央執行委員長）

吉田敬一（駒澤大学名誉教授）

渡辺典子（日本女子大学非常勤講師）

渡辺美奈（アクティブ・ミュージアム「女たちの戦争と平和資料館」［wam］館長）

女性白書 2021

編　日本婦人団体連合会

〒151-0051　東京都渋谷区千駄ヶ谷4-11-9-303　TEL　03-3401-6147

2021年８月20日　第１刷

発行者　中村　宏平

発行所　株式会社ほるぷ出版

〒102-0073　東京都千代田区九段北1-15-15　TEL　03-6261-6691

印刷・製本　株式会社光陽メディア

ISBN 978-4-593-10303-4　　NDC 367.2　　Printed in Japan